श्री रामभक्त

शक्तिपुंज हनुमान

(जीवन और दर्शन)

श्री रामभक्त

शक्तिपुंज हनुमान

डॉ. जयराम मिश्र

लोकभारती प्रकाशन

पहली मंजिल, दरबारी बिल्डिंग, महात्मा गाँधी मार्ग, इलाहाबाद-1

लोकभारती प्रकाशन
पहली मंजिल, दरबारी बिल्डिंग, महात्मा गांधी मार्ग
प्रयागराज-211 001

वेबसाइट : www.lokbhartiprakashan.com
ईमेल : info@lokbhartiprakashan.com

शाखाएँ : 1-बी, नेताजी सुभाष मार्ग, दरियागंज
नई दिल्ली-110 002
अशोक राजपथ, साइंस कॉलेज के सामने
पटना-800 006
36-ए, शेक्सपियर सरणी, कोलकाता-700 017

प्रथम संस्करण : 1986
तृतीय संस्करण : 2021

मूल्य : ₹695

बी.के. ऑफसेट
नवीन शाहदरा, दिल्ली-110 032
द्वारा मुद्रित

SRI RAMBHAKT
SHAKTIPUNJ HANUMAN
by Dr. Jai Ram Mishra

ISBN : 978-81-8031-509-1

प्राक्कथन

मर्यादा पुरुषोत्तम भगवान् श्रीराम ने कहा है-लोक पर जब कोई विपत्ति आती है तब वह त्राण पाने के लिये मेरी अभ्यर्थना करता है परंतु जब मुझ पर कोई संकट आता है तब मैं उसके निवारणार्थ पवनपुत्र का स्मरण करता हूँ। अवतार श्रीराम का यह कथन हनुमान्‌जी के महान् व्यक्तित्व का बहुत सुन्दर प्रकाशन कर देता है। श्रीराम का कितना अनुग्रह है उन पर कि वे अपने लौकिक जीवन के संकट-मोचन के श्रेय का सौभाग्य सदैव उन्हीं को प्रदान करते हैं और कैसे शक्तिपुंज हैं हनुमान् जो श्रीराम तक के कष्ट का तत्काल निवारण कर सकते हैं। भगवान् श्रीराम के प्रति अपनी अपूर्व, अद्भुत, अप्रतिम, एकांत भक्ति के कारण अन्य की इसी प्रकार की भक्ति का आलंबन बन जाने वाला हनुमान् जैसा कोई अन्य उदाहरण विश्व में नहीं है। यही कारण है कि संस्कृत से लेकर समस्त मध्यकालीन और आधुनिक भारतीय भाषाओं में श्रीहनुमान् के परम पावन चरित्र का गान किया गया है और उनके मंदिर भारत के प्रत्येक कोने में पाये जाते हैं।

श्रीहनुमान् अजर-अमर हैं; अपने प्रभु के वरदान से कल्पांत तक इस पृथ्वी पर निवास करेंगे। जहाँ भी राम की कथा होती है, मान्यता है कि वहाँ हनुमान्‌जी नेत्रों में प्रेमाश्रु भरे, श्रद्धा से हाथ जोड़े, उपस्थित रहते हैं। शंकर के अवतार हनुमान् भक्त पर शीघ्र और सदैव कृपा करने वाले हैं। श्रीराम भक्त को राम का अनुग्रह प्राप्त कराना उनका अति प्रिय कर्म है, इसमें वह परम आनन्द पाते हैं।

आधुनिक युग के संत-मनीषी श्रीहनुमान् की भक्ति, शक्ति, ज्ञान, विनय, त्याग, औदार्य, बुद्धिमत्ता आदि से अत्यधिक प्रेरित प्रभावित रहे हैं। श्रीरामकृष्ण परमहंस हनुमान्‌जी की नाम-जप-निष्ठा का बराबर उदाहरण देते थे। भक्तों को संबोधित करते हुए उन्होंने कहा था-"मन के गुण से हनुमान्‌जी समुद्र लाँघ गये। हनुमान्‌जी का सहज विश्वास था, मैं श्रीराम का दास हूँ और श्रीराम नाम जपता हूँ, अतः मैं क्या नहीं कर सकता ?" स्वामी विवेकानन्द ने भी गरजते हुए कहा था-"देश के कोने-कोने में महाबली श्रीहनुमान्‌जी

की पूजा प्रचलित करो। दुर्बल जाति के सामने महावीर का आदर्श उपस्थित करो। देह में बल नहीं, हृदय में साहस नहीं, तो फिर क्या होगा इस जड़पिंड को धारण करने से ? मेरी प्रबल आकांक्षा है कि घर-घर में बज्रांगबली श्रीहनुमान्‌जी की पूजा और उपासना हो।" महात्मा गांधी, महामना मालवीय जी आदि ने भी ऐसे ही उद्‌गार हनुमान्‌जी के प्रति व्यक्त किये हैं।

इस पुस्तक की रचना में वाल्मीकि रामायण, अध्यात्म रामायण तथा आनंद रामायण से विशेष सहायता ली गयी है। स्कंदपुराण, पद्‌मपुराणादि एवं महाभारत (वनपर्व) भी रचना में सहायक सिद्ध हुए हैं। गोस्वामी तुलसीदास की कृतियों-रामचरितमानस, विनयपत्रिका, गीतावली, कवितावली एवं कंबन रचित 'कंब रामायण' (तमिल रचना) से भी यत्र-तत्र सहायता ग्रहण की गई है। इनके अतिरिक्त भी सुदर्शन सिंह 'चक्र' रचित 'आंजनेय' कल्याण पत्रिका के 'हनुमानांक' (१९७५ ई०) तथा डा० गोविन्दचन्द्र राय की पुस्तक 'हनुमान् के देवत्व और मूर्ति का विकास' आदि से भी यथावसर सामग्री प्राप्त की गयी है।

सामग्री-संकलन में मेरे अनुज चि० बलराम मिश्र एवं डॉ० गंगासागर तिवारी ने पर्याप्त मदद की है; ये दोनों व्यक्ति मेरे स्नेह और आशीर्वाद के पात्र हैं।

पुस्तक-लेखन काल में पिता ब्रह्मलीन श्री रामचंद्र मिश्र की पावन स्मृति निरंतर शक्ति प्रदान करती रही। मेरे अग्रज श्री परमात्माराम मिश्र एवं अनुज श्री भृगुराम मिश्र मुझे निरंतर पुस्तक लेखन की प्रेरणा देते रहे हैं; अग्रज मेरी श्रद्धा एवं अनुज स्नेह के भाजन हैं। मेरे भतीजों-चि०अव्यक्तराम, सर्वेश्वरराम, योगेश्वरराम एवं अव्यक्तराम की सहधर्मिणी श्रीमती उषा ने लेखनकार्य के समय मेरी भलीभाँति सेवा-सुश्रूषा की है; इन सभी को मेरा हार्दिक आशीष। मेरे अन्य भतीजे डा० विभुराम मिश्र ने अत्यधिक श्रमपूर्वक पाण्डुलिपि को संशोधित किया है; उसे मेरा कोटिशः आशीष। पुस्तक लिखाने का श्रेय लोकभारती प्रकाशन के व्यवस्थापकों को है, जिनका आग्रह मैं टाल न सका।

इस पुस्तक के लेखन में मेरी वृत्ति निरंतर भगवन्मयी बनी रही है। मैंने अनुभव किया कि भगवच्चरित की अपेक्षा भक्तचरित का लेखन कठिन है, फिर भी पूर्ण संतोष है कि मैंने निष्ठापूर्वक यह कार्य किया है। मुझे दृढ़ विश्वास है कि पाठकगण हनुमान्‌जी के परमोज्ज्वल लोकोत्तर चरित्र से निश्चय ही शक्ति और प्रेरणा ग्रहण करेंगे।

जयराम मिश्र

४१ए/१५एम, तिलकनगर
अल्लापुर, इलाहाबाद-६

गुरुपूर्णिमा, सोमवार
२१ जुलाई, १९८६ ई०

प्रस्तावना

हनुमान्जी असीम बल, परम शक्ति, अपूर्व और आश्चर्यजनक उत्साह के देवता माने जाते हैं। मर्यादा पुरुषोत्तम भगवान् श्रीराम के साथ उनका अन्योन्याश्रित सम्बन्ध है। इसीलिये कहा जाता है "जब तक वसुन्धरा पर रामकथा रहेगी, तब तक हनुमान्जी की गुणगाथा भी रहेगी।" वास्तव में इस तथ्य पर गंभीरता से विचार किया जाय, तो यह बात पूर्णरूप से स्पष्ट हो जायेगी, कि भगवान् श्रीराम की विश्वविश्रुत अक्षुण्ण कीर्ति एवं लोकपावनी गुणगाथा के प्रचार और प्रसार में हनुमान्जी महान् सहायक सिद्ध हुए। यदि भगवान् पृथ्वी का भार उतारने के लिये अवतार ग्रहण करके अवतीर्ण होते हैं, तो यह ध्रुव सिद्धान्त है कि उनके साथ उनके लीला सहचर भी अवतीर्ण हुआ करते हैं। श्रीहनुमान्जी मर्यादा पुरुषोत्तम भगवान् श्रीराम के लीला सहचरों में से प्रमुख हैं।

आर्यों के प्राचीनतम ग्रंथ ऋग्वेद में हमें 'हनुमान्' शब्द तो नहीं मिलता, परन्तु, 'वृषाकपि' अवश्य प्राप्त होता है। इस 'वृषाकपि' से 'हनुमान्' का कितना संबंध है, यह ठीक नहीं कहा जा सकता। तैत्तिरीय संहिता में भी 'मयु' को जंगल का निवासी कहा गया है, यह लंगूर प्रतीत होता है। यह 'मयु' शब्द वाजसनेयि संहिता में भी अश्वमेध के प्रकरण में मिलता है। यह 'मयु' शब्द लंगूर के हेतु प्रयुक्त हुआ ज्ञात होता है। एक दूसरे स्थान पर इसे मनुष्य के स्थान पर रखा गया है। इसी अर्थ में शतपथ में भी इस शब्द का प्रयोग हुआ है। मर्कट शब्द भी वाजसनेयि संहिता तथा तैत्तिरीय संहिता में मिलता है। अथर्ववेद में कई बार कपि का वर्णन आया है। इन्हें बालों से युक्त तथा कुत्तों का शत्रु कहा गया है।

छान्दोग्य उपनिषद् में हमें 'कप्यआस' पद मिलता है, जिससे ज्ञात होता है इस काल तक पहुँचते पहुँचते 'कपिपूजा' प्रारंभ हो गयी थी तथा कपिपूजकों का एक पंथ भी बन गया था। काण्क संहिता में हमें 'लुशाकपि' प्राप्त होता है। यह 'लुशाकपि' शब्द हमें असीरिया के एक लेख में भी देखने को मिलता है, जिससे यह धारणा बनती है कि हिब्रू का 'कोफ' शब्द कपि से बना है, जो बन्दर का द्योतक है। इसी संहिता में 'कापेय' शब्द भी प्राप्त होता है जो चित्ररथ के पुरोहितों के लिए प्रयुक्त हुआ है।

'मर्कट' शब्द जो बंदरों के हेतु पीछे संस्कृत साहित्य में स्थान-स्थान पर प्रयुक्त हुआ है, सर्वप्रथम ऐतरेय तथा तैत्तिरीय अरण्यकों में मिलता है। जैमिनीय ब्राह्मण में भी इस शब्द का प्रयोग मिलता है। हो सकता है यह 'मर्कट' शब्द बंदरों की कोई दूसरी जाति का द्योतक रहा हो।

ऐसा ज्ञात होता है कि हनुमान् की पूजा जनता में प्रचलित होने के कारण बौद्ध-साहित्य में इन्हें बाद में अपनाना पड़ा, जैसे कुबेर, यक्ष, मणिभद्र यक्ष तथा श्री माँ देवी यक्षिणियों को इन्होंने अपनाया था, जिनकी मूर्तियाँ भरहुत के स्तूप के चारों ओर बने पाषाण के वेस्टिका पर अंकित हैं।

जैन साहित्य में हनुमान् के विषय में विशद कथाएँ प्राप्त होती हैं परन्तु ये कथाएँ आज की प्रचलित विचारधाराओं से भिन्न हैं। यों हनुमान् का चरित्र यहाँ श्रीराम के चरित्र से संबंधित दिखाई देता है। हनुमान् का जो चरित्र जैन साहित्य में प्राप्त होता है वह वाल्मीकि रामायण और संस्कृत साहित्य से भिन्न है। उनके आरंभिक जीवन की कथा जो जैन साहित्य में प्राप्त होती है वह कहीं नहीं है। यहाँ उन्हें विद्याधरों की श्रेणी में रखा गया है तथा वानर वंश की भी कल्पना की गयी है। उनके मुकुट में वानर चिह्न का वर्णन है तथा उसके रथ की ध्वजा पर भी एक वानर बैठाया गया है। उनके लांगूल को उनका पाश कहा गया है। उन्हें कामदेव का अवतार भी माना गया है। उनके नाम के विषय में यह तर्क किया गया है कि उनका पालन पोषण हनुरुह द्वीप में हुआ, इस कारण उनका नाम हनुमान् पड़ा।

पुराणों में भी हनुमान् का चरित्र प्राप्त होता है। पुराणों में हनुमान् का चरित्र प्रायः राम के चरित्र से संबंधित है। पर पुराणों के विवरण और वाल्मीकि रामायण के विवरण में थोड़ा बहुत अंतर मिलता है। अग्निपुराण, ब्रह्मपुराण, स्कन्दपुराण, शिवमहापुराण, ब्रह्मवैवर्तपुराण, कूर्मपुराण, गरुणपुराण, श्रीमद्भागवतपुराण, पद्मपुराण, नरसिंहपुराण, भविष्यपुराण आदि में हनुमान् की गाथा किसी न किसी रूप में पायी जाती है। पुराणों में हनुमान् का चरित्र प्रायः वाल्मीकि रामायण में दी हुई हनुमान्-कथा का विकास है। बहुत सी कथाएँ उन स्थलों को पूर्ण करने के हेतु भी लिखी गयी हैं, जहाँ वाल्मीकि मौन रह गये हैं। उदाहरणार्थ शिवमहापुराण में इनके शिव के वीर्य से उत्पन्न होने की बात कही गयी है और इनकी माता को गौतम की पुत्री कहा गया है।

कुछ तंत्रग्रंथों में तथा विशेष रूप से नारदपुराण में हनुमान् का मंत्र, उनका यंत्र, उनका कवच, उनकी तांत्रिक विधि से पूजा, उनका तंत्र के आधार पर ध्यान इत्यादि सब कुछ मिलता है। यह पद्धति प्राचीन यक्ष पूजा से बहुत कुछ मिलती है। यों इन्हें शिव का पुत्र, शिव का अवतार आदि सब कहा गया है। यक्षों की भी सर्वप्रदाता, सर्वसंकट हरण के रूप में पूजा होती थी तथा होती है, वैसी ही हनुमान्जी की पूजा इन तंत्रों में भी दिखायी देती है।

IX

संस्कृत-साहित्य में हनुमान् का चरित्र विशद रूप में पाया जाता है। वाल्मीकि में आदि काव्य, रामायण, भासकृत अभिषेक नाटक, कालिदास के रघुवंश, भट्टिकाव्य में रामकथा, भवभूति कृत महावीरचरितम्, हरिभद्र सूरी रचित धूर्ताख्यान, सोमदेव कृत कथा-सरित्सागर, हनुमन्नाटकम्, जयदेव कृत प्रसन्नराघव, क्षेमेन्द्र कृत रामायणमंजरी, राजशेखर विरचित बाल रामायण नाटक, अध्यात्म रामायण, आनन्द रामायण आदि ग्रंथों में हनुमानूजी-संबंधी सामग्री पायी जाती है। परन्तु इसमें रंचमात्र सन्देह नहीं कि इन सबका आधार वाल्मीकि का रामायण ही बना रहा। अतः हनुमानूजी के जीवन, क्रियाकलाप और चरित्र के सम्बन्ध में वाल्मीकि रामायण विश्वस्त और प्रामाणिक सामग्री है। संस्कृत की हनुमान् संबंधी समग्र सामग्री किंचित् परिवर्तन और परिवर्धन के साथ वाल्मीकि के रामायण पर आश्रित मानी जा सकती है।

भाषा-साहित्य भी हनुमान् के चरित्र से अछूता नहीं है। बंगाली रामकथाओं में हनुमान् तथा श्रीराम की भेंट का वृत्तान्त अधिक विस्तारपूर्वक रचा गया है। इनमें 'कंब रामायण' और 'कृतवासी रामायण' विशेष प्रसिद्ध हैं। कृत्तिवास ने हनुमान् की जन्म-कथा का पूरा वर्णन किया है। रामनाथ त्रिपाठी ने 'कृत्तवासी बंगला रामायण' और तुलसीकृत 'रामचरितमानस' का तुलनात्मक अध्ययन किया है, जो अलीगढ़ से १९६३ ई० में प्रकाशित भी हो चुका है।

राजा कोन बुद्धा कृत तेलुगू रामायण है, जिसे रंगनाथ रामायण कहा जाता है। यह तेरहवीं शताब्दी की रचना है। इसका आधार वाल्मीकि रामायण है। परन्तु इसके कथानक में स्थान-स्थान पर वाल्मीकि रामायण से भिन्नता दिखायी पड़ती है।

हिन्दी भाषा में गोस्वामी तुलसीदास कृत रामचरितमानस अनुपम पुस्तक है। परन्तु हनुमानूजी के जन्मादि की कथा इसमें नहीं है। हाँ, उनके शौर्य, चरित्र आदि पर इस ग्रंथ से अत्यधिक प्रकाश पड़ता है। केशवदासकृत रामचन्द्रिका में हनुमान् का जो चरित्र मिलता है, वह प्रायः वाल्मीकि रामायण पर ही आधारित ज्ञात होता है। केशवदास संस्कृत के पण्डित थे और उन्होंने उस स्रोत से बहुत कुछ लिया है।

गोस्वामी तुलसीदास ने रामचरितमानस के अतिरिक्त अपनी अन्य कृतियों, जैसे विनयपत्रिका, कवितावली, हनुमान् बाहुक में हनुमान् के चरित्र के संबंध में संकेत किया है। विनयपत्रिका में तुलसीदासजी ने हनुमान् को जंत्र, मंत्र द्वारा अभिचार को कसने वाला, साकनी, डाकनी, पूतना, प्रेत, वैताल, भूत, प्रमथ को जीतने वाला, वेदांतविद्, विविध विधाओं का विशारद, वेदों को जानने वाला, ब्रह्मत्व-निरूपण करने की सामर्थ्य रखनेवाला कहा गया है। उन्हें भयरूपी तम का नाश करने वाला बताया गया है। साथ ही उन्हें भूमि, पाताल, जल और गगनगंता, सामगाता, काव्य कौतुक-विशारद, महानाटक-निपुण, गानगुण-गर्व-गंधर्वजेता माना गया है। हनुमानूबाहुक में से यह पता लगता है कि इन्होंने

सूर्य से विद्या प्राप्त की थी। कवितावली में भी इन्हें साहसी, रामभक्त, बलवान इत्यादि कहा गया है। इस प्रकार तुलसीदास ने पग-पग पर हनुमान्जी को रामभक्त, राम का दास, बल-बुद्धि का सागर, संकटहरन और परमज्ञानी की संज्ञा दी है।

कश्मीरी रामकथा जिसे रामावतार चरित कहते हैं, १८वीं शताब्दी में लिखी गयी। इसके लेखक दिवाकर भट्ट थे। परन्तु अभी तक यह कृति सामने नहीं आयी है। माधव कृत माधव कंदली रामायण असम में प्रचलित है। इसके पाँच काण्ड अयोध्याकाण्ड से युद्धकाण्ड तक माधवकृत माने जाते हैं। शंकरदेव को उत्तरकाण्ड तथा उनके शिष्य माधवदेव को आदिकाण्ड का रचयिता माना जाता है। यह रामायण वाल्मीकि के रामायण पर आधारित है तथा कृत्तिवास के रामायण से प्रभावित है। इसमें हनुमान् का चरित्र प्रायः वैसा ही दिखाया गया है, जैसा कृत्तिवास ने वर्णन किया है।

मलयालम के प्राचीन रामायण का नाम रामचरितमानस या रामचरित है। इस कृति की रचना १५वीं शताब्दी में हुई। इसके रचयिता ट्रावनकोर के एक राजा थे। इसमें केवल वाल्मीकि के युद्धकाण्ड की सामग्री है। यह वाल्मीकि रामायण का अनुवाद मात्र है। इसी प्रकार मलयालम का अध्यात्म रामायण संस्कृत के अध्यात्म रामायण का अनुवाद ही है। मलयालियों में यह सबसे लोकप्रिय रामायण है।

कन्नड़ की रामकथा तोरवे रामायण नामक ग्रंथ से प्राप्त होती है। यह वाल्मीकि रामायण के दक्षिणात्य पाठ पर आधारित है। परन्तु इस ग्रंथ में कुछ कथानक आनन्द रामायण से भी लिये गये हैं, जैसे कालनेमि का वृत्तान्त, जिसमें हनुमान् कालनेमि को मारते हैं।

उड़िया साहित्य की प्राचीनतम रामकथा सिद्धेश्वर नरिडम ने लिखी है। यह अप्राप्य है। यह १५वीं शताब्दी की कृति मानी गयी है। बलरामदास कृत जगमोहन रामायण का प्रचार अधिक हुआ है। यह १६वीं या १७वीं शताब्दी की कृति है। यह कथा वाल्मीकि रामायण पर आश्रित है, पर फिर भी अनेक स्थलों पर परिवर्तित और परिवर्धित है।

मराठी में एकनाथ की रामायण प्राप्त होती है। इसका नाम भावर्थ रामायण है। इसमें वर्णित हनुमान् कथा में कुछ विशेषताएँ प्राप्त होती हैं।

इस प्रकार हम देखते हैं कि भाषा साहित्य में हनुमान् के चरित्र का रूप वाल्मीकि रामायण पर ही आधारित है। हाँ, स्थान-स्थान पर परिवर्तन अवश्य मिलता है।

भारत के बाहर भारतीय सभ्यता का प्रचार हुआ तो दक्षिण अमेरिका के पीरू, यूरोप के रोमानिया, जावा, सुमात्रा, कम्बोडिया, थाईलैंड, बर्मा, चीन, तिब्बत, खोतान में भी रामकथा पहुँच गयी। हनुमान् का चरित्र रामकथा का अंग बन जाने के कारण, इसका भी प्रचार-प्रसार तथा परिवर्धन हुआ। भारत की रामलीला की भाँति आज भी रामकथा का अभिनय कम्बोडिया, जावा, थाईलैंड, बर्मा में होता है। रामकथा का जो प्रचार विदेशों

में हुआ, उनमें वहाँ की रामकथा का रूप बहुत बदला हुआ मिलता है। यह विकृति तत्तद देशों के एक जीवन के अनुसार हुई प्रतीत होती है। हनुमान् के चरित्र में भी इसी कारण एकरूपता नहीं पायी जाती है। परन्तु एकरूपता तो भारतीय साहित्य में भी नहीं है, जो कालभेद और प्रतिभेद के कारण स्वाभाविक भी है।

शक्तिपुंज हनुमानूजी की आराधना और उपासना भारत के कोने-कोने में की जाती है। बंगाल से लेकर महाराष्ट्र तक, पंजाब से लेकर कन्याकुमारी तक सभी स्थानों में जनता इनकी पूजा अर्चना करती है। उत्तरप्रदेश में विशेष रूप से हनुमानूजी के मंदिर प्रत्येक गाँव में स्थापित हैं और ग्रामीण जीवन में इनका विशिष्ट स्थान है। सभी नगरों में भी इनके मंदिर हैं और बहुत से स्थान इनके नाम से भी विख्यात हैं, जैसे वाराणसी का हनुमानूगढ़ी, हिमालय की कुल्लू के पास की हनुमानटिब्बा की चोटी, चित्रकूट की हनुमानधारा, नेपाल का हनुमानगोडा, राजस्थान का हनुमानगढ़ इत्यादि।

आजकल हनुमान् मंदिर के चबूतरे पर प्रायः तुलसीकृत रामचरितमानस का पाठ होता है और समय-समय पर इसी चबूतरे पर बैठकर मानस मर्मज्ञ प्रवचन करते हैं। सुविधानुसार इनके मंदिर के समीप ही एक अखाड़ा का निर्माण होता है, जहाँ नवयुवक कुश्ती लड़ते हैं और व्यायाम करते हैं। नागपंचमी पर ऐसे अखाड़ों पर विशेष दंगल होते हैं। भारतीय जनता महावीर, महाबली, बजरंगबली, संकटमोचन, अंजनीनंदन, पवनपुत्र, शंकरसुवन, केशरीनंदन, हनुमान् आदि नामों से स्मरण करती है। उत्तरप्रदेश के बहुत से लोग नित्यप्रति 'हनुमान चालीसा', 'हनुमान बाहुक' तथा तुलसी कृत 'सुंदरकाण्ड' का पाठ करते हैं। जनता का ऐसा विश्वास है कि हनुमानूजी सब संकटों का हरण करते हैं। परीक्षा के दिनों में हनुमानूजी के मंदिरों में जमघट लगा रहता है। इस प्रकार हनुमानूजी सिद्धिप्रदाता देवता माने जाते हैं और आशुतोष शंकर के समान भारत में सर्वत्र पूजे जाते हैं।

हनुमानूजी ब्रह्मचर्य व्रत के मूर्तिमान स्वरूप हैं, राम के अनन्य भक्त हैं, परम वाक्पटु, अद्भुत पराक्रमी एवं साहसी तथा महान् बुद्धिमान हैं। इन्हीं दिव्य गुणों से वे भगवान् श्रीराम के अत्यंत प्रिय हैं। परिणाम यह हुआ कि राम के पावन चरित्र से उनका पावन चरित्र जुड़कर एकस्वरूप हो गया।

सामान्य जन में यह मान्यता है कि गोस्वामी तुलसीदास ने हनुमानूजी की उपासना और आराधना करके अलौकिक सिद्धियाँ प्राप्त कीं। गोस्वामी तुलसीदासजी ने काशी में उन्हीं के नाम पर नवयुवकों का एक ऐसा दल संगठित किया जिसने निःस्वार्थ भाव से जनता जनार्दन की सेवा की। कहा जाता है कि भयंकर महामारी के दिनों में उस दल ने अपने प्राणों की बाजी लगाकर पीड़ित जनता की सेवा परिचर्या की और जनता के सामने त्याग और सेवा का अपूर्व आदर्श स्थापित किया।

परमहंस रामकृष्ण ने अपनी साधना प्रणाली में हनुमानूजी की आराधना को

विशेष महत्व दिया। उनका जीवनवृत्त पढ़ने से यह भली-भाँति ज्ञात होता है कि जिस समय वे हनुमान्जी की उपासना में तन्मय थे, उस समय उनके स्वभाव में विलक्षण परिवर्तन हो गया था। वे वृक्ष पर चढ़े रहते थे और उनके आहार में फल मूल की प्रचुरता हो गयी थी। स्वामी विवेकानन्दजी ने इस बात पर विशेष बल दिया था कि "मधुर भक्ति की आराधना पर्याप्त हो चुकी। अब इसकी आवश्यकता भारत में नहीं रह गयी है। अब आवश्यकता है वीरभावना भक्ति की, जिसके दृष्टान्त हैं-शक्तिपुंज हनुमान्जी।"

आचार्य विनोबा भावे का सम्पूर्ण जीवन सत्य, त्याग और अहिंसामय रहा है। उन्होंने अपनी पुस्तक 'जीवन और शिक्षण' में अपने विचार हनुमान्जी के सम्बन्ध में इस प्रकार व्यक्त किये हैं-"गीता में श्रीभगवान् ने कहा है, 'बलं बलवतामस्पि कामरागविवर्जितम्' (बलवानों में वैराग्ययुक्त निष्काम बल हूँ) सिर्फ 'बल' नहीं कहा। 'वैराग्ययुक्त निष्काम बल'। इस वैराग्ययुक्त निष्काम बल की मूर्ति हम व्यायामशालाओं में रखा करते हैं। वह कौन सी मूर्ति है? हनुमान्जी की पवित्र और सामर्थ्यवान् मूर्ति। हनुमान्जी वैराग्ययुक्त निष्काम बल के पुतले थे। इसीलिये वाल्मीकिजी ने उनके स्तुति स्तोत्र गाये। रावण भी महाबलवान् था। लेकिन रावण में वैराग्य नहीं था। रावण का बल भोगने के लिये था। दूसरों को सताने के लिये था। इतना बलवान होते हुए भी उसका सारा बल धूल में मिल गया। हनुमान्जी का बल अजर-अमर हो गया है। वाल्मीकि ने बल की ये दो मूर्तियाँ, ये दो चित्र उपस्थित किये हैं। रावण के बल में भोगवासना थी। रावण बल के द्वारा भोग प्राप्त करना चाहता था। हनुमान् बल के द्वारा सेवा करना चाहते थे। सेवा को अर्पण किया हुआ बल टिकेगा, अमर होगा। भोग को अर्पण किया हुआ बल अपने और संसार के नाश का कारण होगा।"

समुद्र-तट पर समस्त वानर लंका जाने की चिन्ता में चिन्तित और व्यग्र होकर बैठे थे। सब के मुख उदास थे। समुद्र लाँघकर लंका कौन जायेगा, इसकी चर्चा हो रही थी। हनुमान् एक तरफ राम के जप और ध्यान में तल्लीन होकर बैठे थे। जामवंत हनुमान् के पास जाकर बोले, "हनुमान्, तुम जाओगे ?" हनुमान्जी ने विनय भाव से कहा, "आपकी आज्ञा और आशीर्वाद हो, तो अवश्य जाऊँगा।"

हनुमान्जी अकेले वानर किस शक्ति के बल पर उन राक्षसों में निर्भय होकर चले गये ? हनुमान्जी से जब यह प्रश्न पूछा गया, तो उन्होंने उत्तर दिया कि मैं अपने बाहुबल के जोर से आया हूँ ? नहीं, हनुमान् विजय भाव से बोले, "मैं राम के भरोसे यहाँ आया हूँ। मेरे बाहुओं में जोर है या नहीं, यह मुझे नहीं मालूम। पर सर्वशक्तिमान् श्रीराम का बल अवश्य मेरे पास है।" हनुमान्जी को पूर्ण रूप से इस बात का बोध था कि उनकी सारी शक्ति आत्मा की शक्ति है, राम की शक्ति है।

उपनिषदों में कहा गया है कि जिसमें श्रद्धा का बल है वह दूसरे सौ आदमियों को भी कँपा देगा। इसलिये आध्यात्मिक बल प्राप्ति के लिये साधना करनी चाहिए।

आत्मश्रद्धा पर आधारित बल स्थायी और सुप्रतिष्ठित होता है। हनुमान्जी आध्यात्मिक शक्ति के सागर थे। हनुमान्जी में पशुबल नहीं था। उनके सम्बन्ध में कहा गया है-

मनोजवं मारुत-तुल्यवेगम्
जितेन्द्रियं बुद्धिमतां वरिष्ठम्।
वातात्मजं वानरयूथ-मुख्यं
श्रीरामदूतं शरणं प्रपद्ये।

अर्थात् ,"मन के समान वेगवान, वायु के समान गतिवान् जितेन्द्रिय, बुद्धिमानों में वरिष्ठ, पवनसुत, वानरों के सेनापति रामदूत की मैं शरण में ही जाता हूँ।"

इस प्रकार हनुमान् मन और पवन के समान वेगवान थे। वह जितेन्द्रिय थे, विषयों पर विजय प्राप्त कर चुके थे। वह अत्यंत बुद्धिमान थे। वह राम के अनन्य भक्त और दूत थे, वह नायक थे। वह बल के साकार और प्रत्यक्ष देवता हैं। आगे के अध्यायों में उनके बल, पौरुष और चरित्र के निरूपण की चेष्टा की जायेगी।

अनुक्रम

अध्याय 1

उत्पत्ति, बालक्रीड़ा, वरप्राप्ति

रावण के अत्याचार और अनाचार से त्रिलोक में त्राहि-त्राहि मच गयी। देवता, किन्नर, यक्ष, गंधर्व, नाग, ऋषि-मुनि, सामान्य जन सभी त्रस्त होकर भयाक्रान्त हो गये। वसुन्धरा गौ का रूप धारण कर त्राण पाने के लिये ब्रह्माजी की शरण में गयी। ब्रह्माजी की प्रार्थना पर भगवान् विष्णु ने राजा दशरथ के यहाँ अवतार लेने की बात कहकर उन्हें तथा समस्त ऋषि-मुनियों, देवताओं और वसुन्धरा को आश्वासन दिया। इसके बाद ब्रह्माजी ने समस्त देवताओं को सम्बोधित करके कहा, "देवगण, भगवान् विष्णु सत्यप्रतिज्ञ, सर्वशक्तिमान्, षड्गुणसम्पन्न, भूमि का भार हरण करने वाले, दुष्टों का संहार करने वाले और साधुपुरुषों के रक्षक हैं। वे सारे संसार के हितैषी हैं। वे रावण का संहार करने के लिये अवतार लेंगे। तुम लोग उनकी सहायता करने के लिये ऐसे पुत्रों की सृष्टि करो, जो परम बलवान्, इच्छानुसार रूप धारण करने में समर्थ, माया जानने वाले, शूरवीर, वायु के समान वेगशाली, नीतिज्ञ, परम बुद्धिमान्, विष्णुतुल्य पराक्रमी, किसी से परास्त न हाने वाले, तरह-तरह के उपायों के जानकार दिव्य शरीरधारी तथा अमृतभोजी देवताओं के समान सब प्रकार की अस्त्रविद्या के गुणों से सम्पन्न हों।"

"प्रधान-प्रधान अप्सराओं, गन्धर्वों की स्त्रियों, विद्याधारियों, किन्नरियों तथा वानरियों के गर्भ से वानररूप में अपने ही समान पराक्रमी पुत्र उत्पन्न करो।"

भगवान् ब्रह्मा के ऐसा कहने पर देवताओं ने उनकी आज्ञा स्वीकार की और वानररूप में अनेकानेक पुत्र उत्पन्न किये। वे दर्प और बल में सिंह और व्याघ्रों के समान थे। पत्थर की चट्टानों से प्रहार करते और पर्वत उठाकर लड़ते थे। वे सभी नख और दाँतों से भी अस्त्र-शस्त्रों का काम लेते थे। उन सबको सब प्रकार के अस्त्र-शस्त्रों का पूर्ण ज्ञान

था। वे पर्वतों को हिला सकते थे और स्थिर भाव से खड़े हुए वृक्षों को भी तोड़ सकते थे। अपने प्रचण्ड वेग से सरिताओं के स्वामी समुद्र को भी क्षुब्ध कर सकते थे। उनमें पैरों से पृथ्वी को विदीर्ण कर डालने की शक्ति थी। वे महासागरों को भी लाँघ सकते थे।

वे चाहें तो आकाश में घुस जायँ, बादलों को हाथों से पकड़ लें तथा वेग से चलते मतवाले गजराजों को भी बन्दी बना लें। घोर शब्द करते हुए आकाश में उड़ने वाले पक्षियों को भी वे अपने सिंहनाद से गिरा सकते थे। ऐसे बलशाली और इच्छानुसार रूप धारण करने वाले महाकाय वानर यूथपति करोड़ों की संख्या में उत्पन्न हुए थे। वे वानरों के प्रधान यूथों के यूथपति थे। उन यूथपतियों ने भी ऐसे वीर वानरों को उत्पन्न किया था, जो यूथपों से श्रेष्ठ थे। वे वानर विलक्षण प्रकार के थे। इन प्राकृत वानरों से उनकी जाति अलग ही थी। उनमें से सहस्रों वानर यूथपति ऋक्षवान पर्वत के शिखरों पर निवास करने लगे। दूसरों ने नाना प्रकार के पर्वतों और जंगलों का आश्रय लिया।

इन्द्रकुमार बाली और सूर्यनन्दन सुग्रीव, दोनों भाई थे। समस्त वानर यूथपति उन दोनों भाइयों की सेवा में उपस्थित रहते थे। हनुमान् नामक ऐश्वर्ययुक्त वानर वायु देवता के औरस पुत्र थे। उनका शरीर वज्र के समान सुदृढ़ था। वे तेज चलने में गरुड़ के समान थे। सभी श्रेष्ठ वानरों में वे सबसे अधिक बुद्धिमान और बलवान् थे।

वाल्मीकिजी ने किष्किन्धाकाण्ड के छाछठवें सर्ग में हनुमानजी की उत्पत्ति की गाथा इस प्रकार बतलायी है। समुद्र लंघन की बात सुनकर सारे वानर चिन्तित होकर व्यग्र हो गये। जाम्बवान् ने हनुमान्जी को समुद्र लाँघने के लिये प्रोत्साहित करते हुये उनके जन्म की कथा इस प्रकार सुनायी-वीरवर हनुमान्, तुम्हारे प्रादुर्भाव की कथा इस प्रकार है-पुंजिदस्थला नामक विख्यात अप्सरा थी। वह परम रूपवती थी। तात, एक समय वह शापवश कपियोनि में अवतीर्ण हुई। उस समय वह वानरराज महामनस्वी कुंजर की पुत्री हुई। वह अनुपम सुन्दरी और इच्छानुसार रूप धारण करने वाली थी। अपने सौन्दर्य के लिये तीनों लोकों में विख्यात थी। उसका नाम अंजना था। उसका विवाह वानरराज केसरी से हुआ।

''एक दिन वह मानवी स्त्री का रूप धारण कर पर्वत के एक शिखर पर विचरण कर रही थी। वह रेशमी साड़ी तथा पुष्पों के विविध आभूषणों से सुसज्जित थी। उसके अंगप्रत्यंग से यौवन उमड़ रहा था। उसकी अंग कान्ति पर वायुदेवता मोहित हो गये। उन्होंने उस अनिन्द्य सुन्दरी को अपनी दोनों विशाल भुजाओं में भरकर हृदय से लगा लिया। अंजना महान पतिव्रता थी। ऐसी अवस्था में पड़कर वह भय से त्रस्त हो गयी। उसने घबड़ाकर कहा, ''कौन है, जो मेरे पातिव्रत्य का नाश करना चाहता है ?'' अंजना की बात सुनकर पवनदेव ने उत्तर दिया, ''सुश्रोणि, मैं पवनदेवता हूँ। तुम्हारे एक पतिव्रत का नाश नहीं कर रहा हूँ। अतः तुम्हारे मन से यह भय दूर हो जाना चाहिए।

"यशस्विनि, मैंने अव्यक्त रूप से तुम्हारा आलिंगन किया है। मानसिक संकल्प के द्वारा तुम्हारे साथ समागम किया है। इससे तुम्हें बल, पराक्रम से सम्पन्न एवं परम बुद्धिमान पुत्र प्राप्त होगा। वह महान् धैर्यवान्, महातेजस्वी, महाबली, महापराक्रमी, तथा लाँघने और छलाँग मारने में मेरे समान होगा। पवन देवता के इन वचनों को सुनकर अंजना परम प्रसन्न हो गयीं। कुछ काल के पश्चात् उन्होंने हनुमान्‌जी को एक गुफा में जन्म दिया।"

बाल्यकाल की अद्‌भुत लीला

हनुमान् जी के बाललीला की कथा वाल्मीकि रामायण के उत्तरकाण्ड में भी दी गयी है। किष्किन्धाकाण्ड और उत्तरकाण्ड की कथाओं में कुछ अंतर है। किष्किन्धाकाण्ड की कथा के अनुसार इन्द्र के वज्र की चोट खाकर हनुमान्‌जी मूर्छित हो गये थे। परन्तु उत्तरकाण्ड की कथा में इन्द्र के वज्र की चोट से वे मृत हो गये।

उत्तरकाण्ड की बाललीला का क्रम इस प्रकार है-एक दिन अंजना फल लाने के लिए अपने आश्रम से निकली और गहन वन में चली गयी। उस समय माता से बिछुड़ जाने और भूख से अत्यंत पीड़ित होने के कारण शिशु हनुमान् उसी तरह जोर-जोर से रोने लगे, जैसे पूर्वकाल में सरकंडों के वन के भीतर कुमार कार्तिकेय रोये थे। इतने में ही शिशु हनुमान् को जवाकुसुम (गोड़हर, देवीफूल) के समान लाल रंग वाले सूर्यदेव उदित होते दिखाई दिये। हनुमान्‌जी ने उन्हें कोई लाल रंग का फल समझा और वे उस फल के लोभ से सूर्य की ओर उछले। बालसूर्य की ओर मुँह किये मूर्तिमान बालसूर्य के समान बालक हनुमान् बालसूर्य को पकड़ने की इच्छा से आकाश में उड़ने लगे। उस समय उन्हें आकाश में उड़ते देखकर देवताओं, दानवों तथा दैत्यों को बहुत आश्चर्य और कौतूहल हुआ। वे सोचने लगे, "यह वायु का पुत्र जिस प्रकार ऊँचे आकाश में वेगपूर्वक उड़ रहा है ऐसा वेग न तो वायु में है, न गरुण में है। यदि बाल्यावस्था में इस शिशु का ऐसा वेग और पराक्रम है, तो यौवन का बल पाकर इसका वेग और पराक्रम कैसा होगा ?"

"अपने पुत्र को सूर्य की ओर जाते देख उसे सूर्य के प्रचण्ड ताप से बचाने के लिये उस समय पवन देवता भी बर्फ के ढेर की भाँति शीतल होकर उसके पीछे-पीछे चलने लगे। इस प्रकार बालक हनुमान् अपने पिता के बल से कई सहस्त्र योजन आकाश को लाँघते चले गये और सूर्यदेव के समीप पहुँच गये। सूर्यदेव ने यह सोचा कि अभी यह बालक है, इसे भले बुरे का ज्ञान नहीं है और इसके द्वारा देवताओं के भी बहुत से कार्यों का सम्पादन होगा, इन्हें जलाया नहीं।

राहु की चिन्ता और देवराज इन्द्र से शिकायत

जिस दिन हनुमान्‌जी सूर्य को पकड़ने के लिए उछले थे उसी दिन राहु सूर्यदेव के

ऊपर ग्रहण लगाना चाहता था, क्योंकि उस दिन अमावस्या थी। हनुमान्जी के सूर्य के रथ के ऊपरी भाग में जब राहु ने स्पर्श किया, तब सूर्य और चन्द्रमा के गर्व का मर्दन करने वाला राहु भयभीत हो वहाँ से भाग खड़ा हुआ। सिंहिका का पुत्र राहु इन्द्र के दरबार में पहुँचा और देवताओं से घिरे हुए इन्द्र के सामने भौंहे टेढ़ी करके बोला, "वृत्रासुर का वध करने वाले शक्तिशाली वासव, आपने चन्द्रमा और सूर्य को मुझे अपनी भूख दूर करने के रूप में दिया था। किन्तु अब आपने उन्हें दूसरे के हवाले कर दिया है। ऐसा क्यों हुआ ? आज पर्व (अमावस्या) के समय मैं सूर्यदेव को ग्रसने की इच्छा से गया था। इतने में ही दूसरे राहु ने आकर सूर्य को पकड़ लिया।"

राहु की बात सुनकर देवराज इन्द्र घबरा गये और अपना सिंहासन छोड़कर उठ खड़े हुए।

राहु के साथ इन्द्रदेव का प्रस्थान

तत्पश्चात् कैलाश शिखर के समान उज्ज्वल, चार दाँतों से विभूषित मद की धारा बहाने वाले, भाँति-भाँति के श्रृंगार से युक्त, बहुत ही ऊँचे और सुवर्णमय घण्टा के नादरूप अट्टहास करने वाले गजराज ऐरावत पर आरूढ़ हो देवराज इन्द्र राहु को आगे करके उस स्थान पर गये, जहाँ हनुमान्जी के साथ सूर्यदेव विराजमान थे।

इधर राहु इन्द्र को छोड़कर बड़े वेग से आगे बढ़ा। इसी समय पर्वत शिखर के समान आकार वाले दौड़ते हुये राहु को हनुमान्जी ने देखा। तब राहु को ही फलरूप में देखकर बालक हनुमान् सूर्यदेव को छोडकर उस सिंहिका पुत्र को पकड़ने के लिये पुनः आकाश में उछले। हनुमान्जी के इस भयंकर वेग से व्यग्र होकर राहु पीछे की ओर मुड़कर भागा और, 'इन्द्र, इन्द्र' की पुकार मचाने लगा। इन्द्र ने राहु को आश्वासन दिया, "डरो मत, मैं इस आक्रमणकारी को मार डालूँगा।"

तत्पश्चात् ऐरावत को देखकर, हनुमान्जी ने उसे भी एक विशाल फल समझा और उस गजराज को पकड़ने के लिये, उसकी ओर दौड़ पड़े। उस समय उनका रूप इन्द्र और अग्नि के समान भयंकर हो गया। उनके इस उग्र रूप को देखकर इन्द्रजी ने क्रोध में आकर उनके ऊपर वज्र का प्रहार किया। इन्द्र के वज्र की चोट खाकर वे एक पहाड़ पर गिरे। वहाँ गिरते समय उनकी बार्यी ठुड्डी टूट गयी। इसी से उनका नाम 'हनुमान्' पड़ा।

वायु देवता का प्रकोप

वज्र के आघात से व्याकुल होकर इनके गिरते ही वायुदेव इन्द्र के ऊपर कुपित हो

उठे। उनका यह क्रोध प्रजाजनों के लिये अत्यंत अहितकारी सिद्ध हुआ। सामर्थ्यवान मारुत ने समस्त प्रजा के भीतर स्थित होकर भी वहाँ अपनी गति समेट ली, श्वास-प्रश्वास आदि के रूप में अपना संचार अवरुद्ध कर दिया। वायुदेवता अपने शिशुपुत्र हनुमान् को लेकर पर्वत की गुफा में घुस गये। वायुदेव प्रजा-जनों के मलाशय और मूत्राशय को अवरुद्ध कर भयंकर पीड़ा देने लगे। उन्होंने सम्पूर्ण भूतों के प्राण-संचार का अवरोध कर दिया। वायु के प्रकोप से समस्त प्राणियों की साँस बंद होने लगी। उनके सभी अंगों के जोड़ टूटने लगे और वे सब के सब काठ के समान चेष्टाशून्य हो गये। वेदों का स्वाध्याय समाप्त हो गया। सारे धर्म-कर्म बन्द हो गये। त्रिभुवन के समस्त प्राणी ऐसे कष्ट पाने लगे, मानो नरक में गिर गये हों।

देवताओं आदि का ब्रह्माजी की शरण में जाना

ऐसी भयावह स्थिति में गन्धर्व, देवता, असुर और मनुष्य आदि सभी प्रजा व्यथित हो सुख पाने की इच्छा से प्रजापति ब्रह्माजी की शरण में गयी। उस समय सारे देवताओं के पेट इस प्रकार फूल गये थे, मानो उन्हें महोदर रोग हो गया हो। उन्होंने हाथ जोड़कर ब्रह्माजी से कहा, ''भगवन्, स्वामिन्, आपने चार प्रकार के प्रजाओं की सृष्टि की है। आपने हम सबको हमारी आयु के अधिपति के रूप में वायुदेव को अर्पित किया है। साधुशिरोमणे, ये पवनदेव हमारे प्राणों के ईश्वर हैं। प्रभो, क्या कारण है कि आज इन्होंने हमारे शरीर के भीतर अपने संचार को रोक दिया है ? इस प्रकार हमारे लिये अत्यंत दुःखदायी हो गये हैं। वायु से पीड़ित होकर आज हम लोग आपकी शरण में आये हैं। दुःखहारी प्रजापते, आप हमारे इस वायुजनित दुःख को दूर कीजिये।''

उनकी बात सुनकर ब्रह्माजी ने कहा, ''इसमें कुछ कारण है, प्रजाओं, जिस कारण को लेकर वायु देवता ने क्रोध किया है और अपनी गति का अवरोध किया है, उसे बताता हूँ। आज देवराज इन्द्र राहु की बात सुनकर पवन देवता के पुत्र को मार गिराया है, इसीलिये वे कुपित हो उठे हैं। वायुदेव स्वयं शरीर न धारण करके समस्त शरीरों में उनकी रक्षा करते हुए विचरते हैं। उनके बिना यह शरीर सूखे काठ के समान हो जाता है। वायु ही सबके प्राण हैं। वायु ही सुख है और वायु ही यह सम्पूर्ण जगत् है। वायु से परित्यक्त होकर जगत कभी सुख नहीं पा सकता। वायु ही जगत की आयु है। इस समय वायुदेव ने संसार के प्राणियों का त्याग कर दिया है। इसीलिये वे सब के सब निष्प्राण होकर काठ और दीवार के समान हो गये हैं, अदितिपुत्रों, हमें उस स्थान पर चलना चाहिये, जहाँ हम सब को पीड़ा देने वाले वायुदेव छिपे बैठे हैं। कहीं ऐसा न हो कि उन्हें प्रसन्न किये बिना हम सबका विनाश हो जाय।''

देवताओं सहित ब्रह्माजी का पवनदेवता के पास जाना

तदनन्तर देवता, गन्धर्व, नाग और गुह्यक आदि प्रजाओं को साथ ले प्रजापति ब्रह्माजी उस स्थान पर पहुँचे, जहाँ वायुदेव इन्द्र द्वारा मारे गये अपने पुत्र को लेकर बैठे हुए थे। ब्रह्माजी ने वहाँ पहुँचकर वायुदेवता की गोद में उनके पुत्र को देखा, जिसकी अंगकान्ति सूर्य, अग्नि और सुवर्ण के समान प्रकाशित हो रही थी। उसकी वैसी दशा देखकर ब्रह्माजी को बड़ी दया आयी।

ब्रह्माजी आदि का हनुमान्जी को अनेक प्रकार के वर देना

पुत्र के मारे जाने से वायुदेवता बहुत दुःखी एवं अत्यधिक क्षुब्ध थे। ब्रह्माजी को देखकर वे उस मृत शिशु को लिये खड़े हो गये। वायुदेवता तीन बार परिक्रमा करके ब्रह्माजी के चरणों में गिर पड़े। वेदवेत्ता ब्रह्माजी ने अपने लम्बे और आभूषण विभूषित हाथों से वायुदेवता को उठाकर खड़ा किया तथा उनके उस शिशु पर भी हाथ फेरा। जैसे पानी से सींच देने पर सूखती हुई खेती हरी भरी हो जाती है, उसी प्रकार कमल-योनि ब्रह्माजी के हाथ का लीलापूर्वक स्पर्श पाते ही शिशु हनुमान् पुनः जीवित हो गये। हनुमान् को जीवित हुआ देख जगत के प्राणस्वरूप गन्धवाहन वायुदेव समस्त प्राणियों के भीतर अवरुद्ध हुए प्राणादि का पूर्ववत संचार करने लगे। वायु के अवरोध से मुक्त होकर सारी प्रजा पूर्ववत् प्रसन्न हो गयी। इसके बाद ब्रह्माजी देवताओं से बोले, "इन्द्र, अग्नि, वरुण, महादेव और कुबेर आदि देवताओं, यद्यपि आप सब लोग जानते हैं, तथापि मैं आप लोगों के हित की सारी बातें बताऊँगा। सुनिये, भविष्य में इस बालक के द्वारा आप लोगों के बहुत से कार्य सिद्ध होंगे। अतः वायुदेवता की प्रसन्नता के लिये आप सब लोग इसे वर दें।"

ब्रह्माजी की बात सुनकर सहस्र नेत्रधारी इन्द्र ने शिशु हनुमान् के गले में प्रसन्नता के साथ कमल की माला पहना दी और यह बात कही, 'मेरे हाथ से छूटे हुये वज्र के द्वारा इस बालक की 'हनु' (ठुड्डी) टूट गयी थी, इसलिये इस कपिश्रेष्ठ का नाम 'हनुमान्' होगा। इसके सिवा मैं इसे दूसरा वर यह देता हूँ कि आज से यह मेरे वज्र के द्वारा भी नहीं मारा जा सकेगा।"

इसके बाद अंधकार विनाशक भगवान् सूर्य ने कहा, "जब इसमें शास्त्राध्ययन करने की शक्ति आ जायेगी, तब मैं ही इसे समस्त शास्त्रों का ज्ञान प्रदान करूँगा। यह उत्तम कोटि का वक्ता होगा। शास्त्रज्ञान में कोई भी इसकी समानता करने वाला न होगा।"

तत्पश्चात् वरुण ने वर देते हुये कहा, "दस लाख वर्षों की आयु हो जाने के बाद भी मेरे पाश और जल से इस बालक की मृत्यु नहीं होगी।"

फिर यमराज ने वर देते हुये कहा, "यह मेरे दण्ड से भी अवध्य और निरोग होगा।" तदनन्तर पिंगल वर्ण के कुबेर ने कहा, "मैं सन्तुष्ट होकर यह वर देता हूँ कि युद्ध में इसे कभी विषाद न होगा। मेरी यह गदा भी संग्राम में इसका वध न कर सकेगी।" तत्पश्चात् आशुतोष भगवान् शंकर ने यह उत्तम वर दिया,"यह बालक मेरे और मेरे आयुधों द्वारा अवध्य रहेगा।"

शिल्पियों में श्रेष्ठ परम बुद्धिमान् विश्वकर्मा ने यह वर दिया, "मेरे द्वारा निर्मित जितने भी अस्त्र-शस्त्र हैं, उनसे अवध्य होकर यह बालक चिरंजीवी होगा।" अन्त में वह्माजी ने उस बालक को लक्ष्य करके कहा, "यह बालक दीर्घायु, महात्मा तथा सब प्रकार के ब्रह्मदण्डों से अवध्य होगा।"

देवताओं के इन वरदानों से ब्रह्माजी का मन अत्यधिक प्रसन्न हो गया। वे वायुदेवता से बोले, "मारुत, तुम्हारा यह पुत्र 'मारुति' शत्रुओं के लिये परम प्रचण्ड और भयंकर और मित्रों के लिये महान् अभयदाता होगा। युद्ध में कोई भी इसे जीत नहीं सकेगा। यह इच्छानुसार रूप धारण करने में समर्थ होगा। इसकी गति इसकी इच्छा के अनुसार तीव्र अथवा मंद होगी तथा कहीं भी रुक नहीं सकेगी। यह कपिश्रेष्ठ महान् यशस्वी होगा। यह युद्धस्थल में भगवान् श्रीराम का परम सहायक होगा। श्रीरामचन्द्रजी की प्रसन्नता हेतु अनेक रोमांचकारी अद्भुत कर्म करेगा।"

इस प्रकार हनुमान्जी को दुर्लभ वर प्रदान कर समस्त देवता ब्रह्माजी के साथ अपने-अपने अभीष्ट स्थानों को चले गये। गंधवाहन वायु भी पुत्र को लेकर अंजना के घर आये और उसे देवताओं के दिये हुए वरदान की बात बताकर चले गये।

हनुमान्जी के जन्म की अन्य कथा

शिव महापुराण में हनुमान्जी के जन्म की अन्य कथा मिलती है। इसके अनुसार हनुमान्जी को शिव का पुत्र कहा गया है। कथा इस प्रकार है-एक बार विष्णु भगवान् का मोहिनी रूप देखकर शिवजी कामासक्त हो गये। उनके वीर्य का स्खलन हो गया। ऋषियों ने उस वीर्य को पत्ते में रख लिया तथा गौतमी सुता अंजना के गर्भ में उस वीर्य का आधान किया। समय पर अंजना के गर्भ से शंकरजी के वीर्य से एक बालक उत्पन्न हुआ। उसका नाम हनुमान् रखा गया। वह बालक अद्भुत पराक्रमी हुआ। वह बाल्यावस्था में ही फल समझकर सूर्य बिम्ब को खाने के लिये दौड़ा और निगल लिया। देवों ने प्रार्थना करके सूर्यदेव को मुक्त करा दिया। हनुमान्जी अपनी माता के पास आये और माता की आज्ञा से सूर्यदेव के पास शास्त्राध्ययन करने के लिये गये। सूर्य की कृपा से वे समस्त शास्त्रों और वेद-वेदान्तों के ज्ञाता हो गये। बाद में सूर्यदेव की आज्ञा से सूर्य के अंश से उत्पन्न सुग्रीव

के पास गये। सुग्रीव अपने बड़े भाई बाली से त्रस्त थे। बाली ने सुग्रीव की पत्नी का अपहरण कर लिया था और उन्हें अपने राज्य से निष्कासित कर दिया था। इसलिये सुग्रीव बाली से दूर ऋष्यमूक पर्वत पर रहते थे। ऋष्यमूक पर्वत बाली के लिये शापित स्थान था। हनुमान्जी भी सुग्रीव के साथ वहीं रहने लगे।

बालक हनुमान् द्वारा ऋषियों के आश्रम में उपद्रव

शंकर भगवान् आदि के द्वारा अनेक वरप्राप्ति के अनन्तर हनुमान्जी महती शक्ति से सम्पन्न हो गये। उन दिनों वे परम उत्साह और वेग से भरे हुए थे। वे महर्षियों के आश्रमों में जा-जाकर अनेक प्रकार के उपद्रव करने लगे। वरदान के फलस्वरूप अत्यंत शक्तिशाली, निर्भय और साथ ही उच्छृंखल भी हो गये। वे शान्तचित्त महात्माओं के यज्ञोपयोगी पात्र फोड़ डालते, अग्निहोत्र के साधनभूत स्रुक्, स्रुवा आदि को तोड़ डालते और वल्कलों को चीर फाड़ देते थे। कल्याणकारी भगवान् ब्रह्माजी ने उन्हें सब प्रकार के ब्रह्मदण्डों से अवध्य कर दिया है-यह बात सभी ऋषि जानते थे, अतः शक्ति से विवश होकर वे उनके सारे उपद्रव और अपराध चुपचाप सहन कर लेते थे। यद्यपि केसरी तथा वायुदेवता ने भी उन्हें बारम्बार मना किया, तो भी वे वानरवीर मर्यादा का उल्लंघन कर ही देते थे। उनकी उच्छृंखलता से भृगु और अंगिरा के वंश में उत्पन्न हुए महर्षि ने अधिक कष्ट पाकर, बालक हनुमान् को शाप देते हुए कहा,"वानरवीर तुम जिस बल का आश्रय लेकर हमें सता रहे हो, उसे हमारे शाप से मोहित होकर तुम दीर्घकाल तक भूले रहोगे-तुम्हें अपने बल का ही पता नहीं चलेगा। जब तुम्हें कोई तुम्हारी कीर्ति का स्मरण दिला देगा, तभी तुम्हारा बल बढ़ेगा।"

इस प्रकार महर्षियों के शाप से हनुमान्जी का तेज और ओज क्षीण हो गया। फिर वे उन्हीं आश्रमों में मृदुल प्रकृति के होकर विचरने लगे।

सूर्यदेव से विविध शास्त्रों का ज्ञान

असीम शक्तिशाली हनुमान् व्याकरण का अध्ययन करने के लिये तथा शंकाओं के निवारण के लिए सूर्य की ओर मुँह कर महान ग्रन्थ धारण किये उनके आगे-आगे उदयाचल से अस्ताचल तक जाते थे। उन्होंने सूत्र, वृत्ति, वार्तिक, महाभाष्य और संग्रह-इन सबका सांगोपांग विधिवत् अध्ययन किया। अन्यान्य शास्त्रों के ज्ञान तथा अन्य शास्त्रों के अध्ययन में उनकी समानता करने वाला दूसरा कोई विद्वान नहीं है। सम्पूर्ण विद्याओं के ज्ञान तथा तपस्या के अनुष्ठान में वे देवगुरु बृहस्पति की बराबरी करते हैं।

प्रलयकाल में भूतल को आप्लावित करने के लिये भूमि के भीतर प्रवेश करने की इच्छावाले महासागर, सम्पूर्ण लोकों को दग्ध कर डालने के लिए उद्यत हुए संवर्तक अग्नि तथा लोक-संहार के लिये उठे हुए काल के समान प्रभावशाली उन हनुमान्‌जी के सामने कौन ठहर सकता है?

जब बाली और सुग्रीव में बैर उठ खड़ा हुआ, उस समय हनुमान्‌जी शापवश अपने बल को न जान सके। सुग्रीव को भी उनके बल का स्मरण नहीं हुआ। सुग्रीव के ऊपर जब विपत्ति आयी थी, तो हनुमान्‌जी शापवश अपने बल को विस्मृत होकर खड़े-खड़े तमाशा देखते रहे और उनकी सहायता न कर सके। संसार में ऐसा कौन है जो पराक्रम, उत्साह, शक्ति, बल, बुद्धि, सुशीलता, मधुरता, नीति-अनीति के विवेक, गम्भीरता, चतुरता, उत्तम बल में हनुमान्‌जी से बढ़कर हो ?

अध्याय २

सुग्रीव के सहायक

सूर्यदेव के आदेश से हनुमानूजी सुग्रीव की सेवा में उपस्थित हुए। उस समय सुग्रीव भीषण संकट में थे। बात यह थी मय के पुत्र मायावी नामक दैत्य ने रात्रि में आकर घनघोर गर्जना की और बाली को युद्ध के लिये ललकारा। बाली से यह सहन नहीं हुआ। वह सब के मना करने पर भी उसे दण्ड देने के लिये दौड़ पड़ा। मायावी दानव बाली के रौद्र रूप को देखकर भाग खड़ा हुआ। सुग्रीव भी उसकी सहायता करने के लिये उसके साथ-साथ चल पड़े। मायावी पर्वत की एक दुर्गम गुफा में प्रविष्ट हो गया। बाली भी उसे पकड़ने के लिये उसी गुफा में प्रविष्ट हुआ। उसने सुग्रीव को यह आदेश दिया, "सुग्रीव, मेरी प्रतीक्षा एक साल तक करना। यदि तब तक मैं न आऊँ, तो तुम समझ लेना कि मैं मार डाला गया।"

सुग्रीव ने साल भर तक खड़े-खड़े बाली की प्रतीक्षा की पर बाली गुफा से नहीं निकला। इसके बाद गुफा के द्वार से रक्त की प्रबल धारा निकली। तब सुग्रीव को पूर्ण निश्चय हो गया कि मायावी दानव ने निश्चित ही बाली का वध कर डाला है और अब मुझे भी मार डालेगा। अतः भय और दुःख से गुफा का द्वार बंद करके वह भागकर किष्किन्धापुरी में पहुँचा। मंत्रियों ने सुग्रीव का राज्याभिषेक करा कर उसे राजसिंहासन पर प्रतिष्ठित कर दिया। इसी समय अपने शत्रु उस दानव को मारकर बाली घर लौटा। लौटने पर सुग्रीव को राज्य पर अभिषक्त हुआ देख बाली की आँखें क्रोध से लाल हो गयीं। सुग्रीव के मंत्रियों को बाली ने कैद कर लिया और उन्हें कठोर बातें सुनायीं। यद्यपि सुग्रीव भी बाली को कैद करने में समर्थ था, तो भी भाई के प्रति गुरुभाव होने के कारण उसकी बुद्धि में ऐसा विचार नहीं आया। सुग्रीव ने बारंबार बाली से विनय की और कहा, "प्रभो, मंत्रियों, पुरवासियों ने आपका यह राज्य मेरे पास धरोहर रूप में रखा था। अब इसे मैं

आपकी सेवा में लौटा रहा हूँ।"

सुग्रीव ने अत्यंत प्रेम और आदरभाव से ये सारी बातें कही थीं, पर इन बातों को सुनते ही बाली का क्रोध और भी भड़क उठा। उसने सभी पुरवासियों से कहा, "यह सुग्रीव ऐसा क्रूर और निर्दयी है कि इसने भ्रातृप्रेम एकदम ठुकरा दिया है और सारा राज्य अपने हाथ में कर लेने के लिये मुझे उस गुफा में बन्द करके चला आया था।" ऐसा कहकर बाली ने सुग्रीव को घर से निकाल दिया और उसकी स्त्री भी छीन ली। सुग्रीव ने ऋष्यमूक पर्वत की शरण ली, क्योंकि मतंग ऋषि के शापवश बाली ऋष्यमूक पर्वत पर नहीं जा सकता था।

श्रीराम और लक्ष्मण को देखकर सुग्रीव को आशंका

ऋष्यमूक पर्वत के समीप वानरराज सुग्रीव पंपा सरोवर के निकट घूम रहे थे। उसी समय उन्होंने उन अद्भुत दर्शनीय वीर श्रीराम और लक्ष्मणजी को देखा। दोनों भाइयों को देखकर सुग्रीव चिन्तित हो उठे। भय के कारण उनका उत्साह नष्ट हो गया। वे महान दुःख और चिन्ता में पड़ गये। श्रीराम और लक्ष्मण जी दोनों भाइयों को श्रेष्ठ आयुध धारण किये वीर वेश में आते देख सुग्रीव के मन में बड़ी आशंका हुई। वे भय से त्रस्त हो अपने मंत्रियों से इस प्रकार बोले, "निश्चय ही ये दोनों वीर बाली के भेजे हुये ही इस दुर्गम वन में विचरते हुए यहाँ आये हैं। इन्होंने छल से चीर वस्त्र धारण कर लिये हैं, जिससे हम इन्हें पहचान न सकें।" सुग्रीव की बातें सुनकर सारे वानर यूथपति व्यग्र और चिन्तित हो गये।

हनुमानूजी का आश्वासन

सुग्रीव को अत्यधिक व्यग्र और चिन्तित देखकर हनुमानूजी ने उन्हें ढाढ़स देते हुये कहा, "महाराज सुग्रीव, आप सब लोग बाली के कारण होने वाली इस घबराहट को छोड़ दीजिये। यह मलय नामक श्रेष्ठ पर्वत है। यहाँ बाली का कोई भय नहीं है। सौम्य, आपको अपने जिस पापाचारी बड़े भाई से भय प्राप्त हुआ है, वह दुष्टात्मा बाली यहाँ नहीं आ सकता। अतः मुझे आपके भय का कोई कारण नहीं दिखाई देता। बुद्धि और विज्ञान से सम्पन्न होकर आप दूसरों की चेष्टाओं के द्वारा उनका मनोभाव समझें और उन्हीं के अनुसार सभी आवश्यक कार्य करें; क्योंकि जो राजा बुद्धि बल का आश्रय नहीं लेता, वह प्रजा पर शासन नहीं कर सकता।"

हनुमानूजी की बात सुनकर सुग्रीव ने उनसे यह बात कही, "कपिश्रेष्ठ, वीर हनुमान्, इन दोनों वीरों की भुजाएँ लम्बी और नेत्र बड़े-बड़े हैं। ये धनुष, बाण और तलवार धारण

किये हुये देवकुमारों के समान शोभा पा रहे हैं। भला, इन दोनों को देखकर किसके मन में भय का संचार न होगा ? मेरे मन में संदेह है ये दोनों श्रेष्ठ पुरुष बाली के ही भेजे हुए हैं, क्योंकि राजाओं के बहुत से मित्र होते हैं। अतः उन पर विश्वास करना उचित नहीं है, प्राणीमात्र को छद्मवेश में विचरने वाले शत्रुओं को विशेष रूप से पहचानने की चेष्टा करनी चाहिये, क्योंकि वे दूसरों पर अपना विश्वास जमा लेते हैं, परन्तु स्वयं किसी का विश्वास नहीं करते और अवसर पाते ही उन विश्वासी पुरुषों पर ही प्रहार कर बैठते हैं। हनुमान्‌जी, बाली इन सब कार्यों में दक्ष है। राजा लोग बहुदर्शी होते हैं। वंचना के अनेक उपाय जानते हैं। इसीलिये वे अपने शत्रुओं का विध्वंस कर डालते हैं। ऐसे शत्रुभूत राजाओं को गुप्तचरों द्वारा जानने का प्रयत्न करना चाहिये। अतः तुम भी, एक साधारण पुरुष की भाँति यहाँ से गुप्तचर के वेश में जाओ और उनकी चेष्टाओं से, रूप से तथा बातचीत के तौर तरीके से उन दोनों पुरुषों का यथार्थ परिचय प्राप्त करो।''

सुग्रीव की बात का आदर करते हुए हनुमान्‌जी तत्काल श्रीरामजी और लक्ष्मणजी के पास चल दिये।''

हनुमान्‌जी और श्रीराम-लक्ष्मण का मिलन

सुग्रीव के आदेशानुसार हनुमान्‌जी बटु रूप धारण कर श्रीरामचन्द्रजी के पास पहुँचे। हनुमान्‌जी ने इन दोनों रघुवंशी वीरों को सादर प्रणाम किया और विनीत भाव से प्रश्न किया, ''वीरों, आप दोनों सत्यपराक्रमी, राजर्षियों और देवताओं के समान प्रभावशाली, तपस्वी एवं कठोर व्रत का पालन करने वाले प्रतीत होते हैं। आपके शरीर की कान्ति बड़ी सुन्दर है। आप दोनों इस वन्य-प्रदेश में किसलिये आये हैं ? आप दोनों बड़े धैर्यशाली दिखायी देते हैं। आप दोनों के अंगों पर चीर वस्त्र शोभा पाता है। आप दोनों लम्बी साँस खींच रहे हैं। आप दोनों की भुजाएँ विशाल हैं। आप अपने प्रभाव से इस वन के प्राणियों को पीड़ा दे रहे हैं। आप दोनों वीरों की दृष्टि सिंह के समान है। आपके बल और पराक्रम महान प्रतीत हो रहे हैं। इन्द्रधनुष के समान महान शरासन धारण करके आप अपने प्रचण्ड से प्रचण्ड शत्रुओं को नष्ट करने की शक्ति रखते हैं। आप विशालकाय साँड़ के समान मन्दगति से चलते हैं। आप दोनों की भुजाएँ हाथी की सूँड़ के समान जान पड़ती हैं। आप मनुष्यों में श्रेष्ठ और परम तेजस्वी हैं। आप दोनों की प्रभा से गिरिराज ऋष्यमूक जगमगा रहा है। आप लोग देवताओं के समान पराक्रमी और राज्य भोगने के योग्य हैं। भला इस दुर्गम वनप्रदेश में आपका आगमन कैसे संभव हुआ ? प्राणों का अन्त कर देने वाले सर्पों के समान भयंकर तथा प्रकाशमान तीखे बाणों से भरे हुए आप दोनों के तूणीर बहुत ही सुन्दर दिखायी पड़ रहे हैं। वीरों, इस तरह मैं बारम्बार आपका परिचय पूछ रहा हूँ। आप

लोग मुझे उत्तर क्यों नहीं दे रहे हैं ?

"यहाँ सुग्रीव नामक एक श्रेष्ठ वानर रहते हैं। वे बड़े धर्मात्मा और वीर हैं। उनके बड़े भाई बाली ने उन्हें घर से निकाल दिया है। इसलिये वे अत्यंत दुःखी होकर मारे-मारे फिरते हैं। मेरा नाम हनुमान् है। मैं भी वानर जाति का हूँ। धर्मात्मा सुग्रीव का मैं मंत्री हूँ। मैं वायुदेवता का पुत्र हूँ।" उन दोनों भाई वीरवर श्रीराम और लक्ष्मण से ऐसा कहकर बातचीत करने में कुशल तथा बात का मर्म समझने में निपुण हनुमान्जी चुप हो गये।

हनुमान्जी की बात सुनकर श्रीरामचन्द्रजी प्रसन्नता से खिल उठे और लक्ष्मण जी से बाले, "लक्ष्मण, इन शत्रुदमन सुग्रीव सचिव कपिवर हनुमान् से तुम स्नेहपूर्वक मीठी वाणी में बातचीत करो। जो चारों वेदों का ज्ञाता न हो, वह इस प्रकार सुन्दर भाषा में वार्तालाप नहीं कर सकता। निश्चय ही इन्होंने समूचे व्याकरण का कई बार अध्ययन किया है; क्योंकि बहुत सी बातें बोल जाने पर भी इनके मुँह से कोई अशुद्धि नहीं निकली। संभाषण के समय इनके मुख, नेत्र, ललाट, भौंह तथा अन्य सब अंगों से कोई दोष प्रकट हुआ हो, ऐसा कहीं नहीं ज्ञात हुआ। इन्होंने थोड़े में ही बड़ी स्पष्टता और विशेषता से अपना अभिप्राय निवेदन किया है। उसे समझने में किसी प्रकार का सन्देह नहीं हुआ है। इनकी वाणी हृदय में मध्यमा रूप में स्थित है और कण्ठ से वैखरी रूप से प्रकट होती है। अतः बोलते समय इनकी आवाज न बहुत धीमी रही है न बहुत ऊँची। मध्यम स्वर में ही इन्होंने सब बातें कही हैं। ये संस्कार और कर्म से सम्पन्न, अद्‌भुत, अविलम्बित तथा हृदय को आनन्द प्रदान करने वाली कल्याणमयी वाणी का उच्चारण करते हैं। हृदय, कंठ और मूर्धा-इन तीनों स्थानों द्वारा स्पष्ट रूप से अभिव्यक्त होने वाली इनकी इस विचित्र वाणी को सुनकर किसका चित्त प्रसन्न न हो जायेगा ? वध करने के लिये तलवार उठाये हुए शत्रु का हृदय भी इस अद्‌भुत वाणी से बदल सकता है। निष्पाप लक्ष्मण, जिस राजा के पास इनके समान दूत न हो, उसके कार्यों की सिद्धि कैसे हो सकती है ? जिसके कार्यसाधक दूत ऐसे उत्तम गुणों से युक्त हों, उस राजा के सभी मनोरथ दूतों की बातचीत से सिद्ध हो जाते हैं।"

श्रीरामचन्द्रजी के ऐसा कहने पर सुमित्रानन्दन लक्ष्मण जी हनुमान् जी से इस प्रकार बोले, "विद्वन्, महामना सुग्रीव के गुण हमें ज्ञात हो चुके हैं। हम दोनों भाई वानरराज सुग्रीव की ही खोज में यहाँ आये हैं। साधु-शिरोमणि, हनुमान्जी, आप सुग्रीव के कथनानुसार यहाँ आकर जो मैत्री की बात कर रहे हैं, वह हमें स्वीकार है। हम आपके कहने से ऐसा कर सकते हैं।" लक्ष्मणजी की बात सुनकर हनुमान्जी बहुत प्रसन्न हुए और उन्हें मन ही मन निश्चय हो गया कि सुग्रीव का कार्य अब अवश्य ही सम्पन्न हो जायेगा। उन्होंने सुग्रीव की विजयसिद्धि में मन लगाकर उस समय उन दोनों भाइयों के साथ उनकी मित्रता कराने की इच्छा की।

तत्पश्चात् श्रीराम के आदेशानुसार लक्ष्मणजी ने हनुमान्जी को समस्त परिचय दिया। वनगमन, भरतागमन, सीताहरण आदि की कथा संक्षेप में बतलायी। लक्ष्मणजी की बात सुनकर हनुमान्जी ने कहा, "राजकुमारों, वानरराज सुग्रीव को आप जैसे बुद्धिमान, जितेन्द्रिय और शक्तिशाली पुरुषों से मिलने की आवश्यकता थी। सौभाग्य की बात है कि आपने स्वयं दर्शन दे दिया। सुग्रीव राज्य से भ्रष्ट हैं और स्त्री से वंचित हैं। उनका भाई उनका महान शत्रु हो गया है। बाली ने उनकी स्त्री का अपहरण कर सुग्रीव को घर से निकाल दिया है। इसलिये वे अत्यंत भयभीत होकर ऋष्यमूक पर्वत पर निवास करते हैं। सूर्यनन्दन सुग्रीव सीता का पता लगाने में अत्यंत सामर्थ्यवान् सिद्ध होंगे। वे आप लोगों की अवश्य सहायता करेंगे।"

तदनन्तर हनुमान्जी उन दोनों रघुवंशी वीरों को अपने साथ लेकर सुग्रीव के पास चले। उन्होंने अब अपना वटु रूप त्याग कर वानररूप धारण कर लिया। वे उन दोनों वीरों को पीठ पर बिठा कर वहाँ से चल दिये।

गोस्वामी तुलसीदासजी ने अपने ग्रन्थ रामचरितमानस में इस प्रसंग का अत्यंत हृदयस्पर्शी वर्णन किया है। हनुमान्जी श्रीराम और लक्ष्मणजी से उनका परिचय इस प्रकार पूछते हैं-

को तुम स्यामल गौर सरीरा। छत्री रूप फिरहु बन बीरा।।
कठिन भूमि कोमल पद गामी। कवन हेतु बिचरहु बन स्वामी।।
मृदुल मनोहर सुंदर गाता। सहत दुसह बन आतप बाता।।
की तुम तीनि देव महँ कोऊ। नर नारायन की तुम दोऊ।।

जग कारन तारन भव, भंजन भरनी भार।
की तुम अखिल भुवनपति, लीन्ह मनुज अवतार।।

हनुमान्जी के प्रश्नों का उत्तर श्रीरामजी संक्षेप में इस प्रकार देते हैं-

कोसलेस दशरथ के जाए। हम पितु बचन मानि बन आए।।
नाम राम लछिमन दोउ भाई। संग नारि सुकुमारि सुहाई।।
इहाँ हरी निसिचर बैदेही। बिप्र फिरहिं हम खोजत तेही।।
आपन चरित कहा हम गाई। कहहु बिप्र निज कथा बुझाई।।

श्रीरामचन्द्रजी के यह बतलाने मात्र से कि मैं "मैं दशरथ का पुत्र हूँ, ये मेरे छोटे

भाई हैं लक्ष्मण। मेरे साथ मेरी सहधर्मिणी भी थीं, जिसका किसी निशाचर ने अपहरण कर लिया है। उसी को हम लोग खोजते-खोजते यहाँ पहुँचे हैं।" हनुमान्‌जी ने तत्काल समझ लिया कि "ये मेरे इष्टदेव, पूर्ण ब्रह्म के अवतार हैं, सर्वान्तर्यामी और सर्वशक्तिमान् भगवान् श्रीराम हैं। इन्हीं की सेवा और आराधना में मुझे समस्त जीवन व्यतीत करना है।" इसके चिन्तन मात्र से उनके भीतर श्रद्धा-भक्ति का समुद्र उमड़ पड़ा -

प्रभु पहिचानि परेउ गहि चरना। सो सुख उमा जाइ नहिं बरना।।
पुलकित तन मुख आव न बचना। देखत रुचिर बेष कै रचना।।
पुनि धीरजु धरि अस्तुति कीन्हीं। हरष हृदय निज नाथहिं चीन्हीं।।
मोर न्याउ मैं पूछा साईं। तुम पूछहु कस नर की नाईं।।
तव माया बस फिरउँ भुलाना। तातें मैं नहिं प्रभु पहिचाना।।

एकु मैं मंद मोहबस, कुटिल हृदय अज्ञान।
पुनि प्रभु मोहि बिसारेउ, दीनबंधु भगवान।।

जदपि नाथ बहु अवगुन मोरें। सेवक प्रभुहिं परै जनि भोरें।।
नाथ जीव तव माया मोहा। सो निस्तरइ तुम्हारेहिं छोहा।।
ता पर मैं रघुबीर दोहाई। जानउँ नहिं कछु भजन उपाई।।
सेवक सुत पति मातु भरोसें। रहइ असोच बनइ प्रभु पोसें।।
अस कहि परेउ चरन अकुलाई। निज तनु प्रगटि प्रीति उर छाई।।

हनुमान्‌जी की इस भावावस्था को देखकर श्रीराचन्द्रजी प्रवीभूत हो गये। उन्होंने हनुमान्‌जी को उठाकर अपने हृदय से लगा लिया और अपने प्रेमाश्रु से उन्हें सींचकर कृतकृत्य कर दिया। तत्पश्चात् उन्होंने हनुमान्‌जी से इस प्रकार कहा-

सुनु कपि जियँ मानसि जनि ऊना। तैं मम प्रिय लछिमन ते दूना।।
समदरसी मोहिं कह सब कोऊ। सेवक प्रिय अनन्यगति सोऊ।।
सो अनन्य जाकें असि, मति न टरइ हनुमंत।
मैं सेवक सचराचर, रूप स्वामि भगवंत।।

इस स्थल पर यह समझ लेना परमावश्यक है कि हनुमान्‌जी ने श्रीरामचन्द्रजी के इतना बताने मात्र से उन्हें पूर्ण रूप से समझ लिया कि, "मैं दशरथ का पुत्र राम हूँ।"

हनुमान्‌जी अवतार तत्व के मर्म को पूर्णरूपेण समझते थे। वे इस बात से भलीभाँति विज्ञ थे कि पृथ्वी का भार उतारने के लिये, दुष्टों का संहार एवं साधुओं की रक्षा के निमित्त पूर्ण ब्रह्म वसुन्धरा पर अवतीर्ण होते हैं। वे षड्गुण सम्पन्न, सर्वान्तर्यामी, सर्वशक्तिमान, भक्तवत्सल होते हैं। जगत् का कल्याण करना उनका प्रमुख प्रयोजन होता है।

इसी तत्व को समझकर हनुमान्‌जी ने अपने को मनसा, वाचा, कर्मणा तत्क्षण भगवान्, श्रीराम के चरणों में समर्पित कर दिया। भगवान् ने उन्हें सहर्ष स्वीकार करके उन्हें कृतकृत्य कर दिया। इसका फल यह हुआ कि वे पूर्ण ब्रह्म से सदैव के लिये संयुक्त हो गये। वे निष्काम हो गये और प्रभु की समस्त शक्ति उनकी शक्ति हो गयी। फिर भी उनकी वैराग्यभावना जैसी की तैसी बनी रही। इसीलिये उनकी गणना श्रीरामचन्द्रजी के अनन्य सेवकों में सर्वोत्कृष्ट मानी गयी।

हनुमान्‌जी के प्रयास से श्रीराम और सुग्रीव की मैत्री

श्रीराम और लक्ष्मणजी को पीठ पर बैठाकर हनुमान्‌जी सुग्रीव के पास उपस्थित हुए। उनका परिचय देते हुए उन्होंने सुग्रीव से कहा, "महाप्राज्ञ, जिनका पराक्रम अत्यंत दृढ़ और अमोघ है, वे श्रीरामचन्द्रजी अपने भाई लक्ष्मणजी के संग पधारे हैं। श्रीरामजी महाराज दशरथ के पुत्र हैं और स्वधर्म पालन के लिये समस्त जगत में प्रसिद्ध हैं। अपने पिताजी की आज्ञा का पालन करने के लिये इस वन में इन दोनों भाइयों का आगमन हुआ है। महात्मा श्रीराम मुनियों की भाँति नियम का पालन करते हुए दण्डकारण्य में निवास करते थे। एक दिन रावण ने आकर सूने आश्रम में इनकी पत्नी सीताजी का अपहरण कर लिया। उन्हीं की खोज में आपसे सहायता लेने के लिये ये आपके पास आये हैं। ये दोनों भाई श्रीराम और लक्ष्मण आपसे मित्रता करना चाहते हैं। आप इन्हें अपनावें और इनका यथोचित सत्कार करें, क्योंकि ये दोनों वीर हम लोगों के लिये परम पूजनीय हैं।"

हनुमान्‌जी का यह वचन सुनकर वानरराज सुग्रीव स्वेच्छा से अत्यंत दर्शनीय रूप धारण करके श्रीरामचन्द्रजी के पास पहुँचे और बड़े प्रेम से बोले, "प्रभो, आप धर्म के विषय में भली-भाँति सुशिक्षित, परम तपस्वी और सब पर दया करने वाले हैं। पवन कुमार हनुमान् ने मुझसे आपके यथार्थ गुणों का वर्णन किया है। भगवन्, मैं वानर हूँ और आप नर। मेरे साथ जो आप मैत्री करना चाहते हैं, इसमें मेरा ही सत्कार है और मुझे ही उत्तम लाभ प्राप्त हो रहा है। आपसे मित्रता करना मेरा अहोभाग्य है। मैं इसके लिये सर्वथा प्रस्तुत हूँ। मैत्री के लिये मेरा यह हाथ फैला हुआ है। परस्पर मैत्री का सम्बन्ध बना रहे-इसके लिये स्थिर मर्यादा बाँध दें।"

सुग्रीव का यह सुन्दर वचन सुनकर भगवान श्रीराम का चित्त प्रसन्न हो गया। उन्होंने

अपने हाथ से सुग्रीव का हाथ पकड़ कर दबाया और सौहार्द का आश्रय ले बड़े हर्ष के साथ शोकपीड़ित सुग्रीव को छाती से लगा लिया। तत्पश्चात् हनुमान्‌जी ने दो लकड़ियों को रगड़कर आग पैदा की । उस अग्नि को प्रज्ज्वलित कर उन्होंने फूलों द्वारा अग्निदेव का सादर पूजन किया। फिर एकाग्रचित्त हो श्रीरामचन्द्रजी और सुग्रीव के बीच में साक्षी के रूप में उस अग्नि को प्रसन्नतापूर्वक स्थापित कर दिया। इसके बाद सुग्रीव और श्रीरामचन्द्रजी ने उस प्रज्ज्वलित अग्नि की प्रदक्षिणा की और दोनों एक दूसरे के मित्र बन गये। वे एक दूसरे को देखते हुए तृप्त नहीं होते थे। उस समय सुग्रीव ने श्रीरामजी से प्रसन्नतापूर्वक कहा, "आप मेरे प्रिय मित्र हैं। आज से हम दोनों का सुख और दुःख एक है।"

तत्पश्चात् सुग्रीव को बाली के वध का आश्वासन देते हुए श्रीराम ने कहा, "महाकपे, मुझे भली-भाँति मालूम है कि मित्र उपकार रूपी फल देने वाला होता है। मैं तुम्हारी पत्नी का अपहरण करने वाले बाली का वध अवश्य कर दूँगा। मेरे तूणीर में संग्रहीत हुए ये सूर्यतुल्य तेजस्वी वाण अमोघ हैं-इनका वार खाली नहीं जाता।"

उसके बाद सुग्रीव ने सीताजी के वस्त्राभूषण श्रीरामचन्द्रजी को दिखलाया। उन्हें पहचान कर श्रीरामजी अत्यंत दुःखी हुए और शोक से व्याकुल हो गये। सुग्रीव ने उन्हें सांत्वना देते हुए कहा, "शत्रुदमन श्रीराम, आपकी भार्या सीता पाताल में हों या आकाश में, मैं उन्हें ढूँढ़कर आपकी सेवा में समर्पित कर दूँगा। महाबाहो, आपकी पत्नी विषमिश्रित भोजन की भाँति दूसरों के लिये अग्राह्य हैं। इन्द्र सहित सम्पूर्ण देवता भी उन्हें पचा नहीं सकते। आप शोक त्याग दीजिये। मैं आपकी प्राणबल्लभा को अवश्य ला दूँगा।"

श्रीरामचन्द्रजी के पूछने पर सुग्रीव ने बाली के साथ अपने वैर का कारण विस्तारपूर्वक बतलाया। इसी प्रसंग में सुग्रीव ने बाली के पराक्रम का वर्णन किया। बाली ने महाकाय दुन्दुभि दैत्य को मार कर उसकी लाश को ऋषि मतंग के वन में फेंक दिया था। इस कारण मतंग मुनि ने बाली को उस स्थान पर न आने का भयंकर शाप दे दिया। सुग्रीव के कहने से परम शक्तिशाली श्रीराम ने दुन्दुभि दैत्य के अस्थि समूह को अपने पैर के अँगूठे से ही टाँग दिया और दस योजन दूर फेंक दिया। सुग्रीव श्रीरामजी के इस अमानवीय कृत्य को देखकर आश्चर्यविभोर हो गये। इसके पश्चात् सुग्रीव ने अपने सन्तोष के लिये श्रीराम के द्वारा सात तालवृक्षों का भेदन कराया। सात तालवृक्षों के भेदन के पश्चात् सुग्रीव को यह पक्का विश्वास हो गया कि श्रीरामजी बाली का वध करने में पूर्णरूप से समर्थ हैं।

श्रीरामजी के आग्रह करने पर सुग्रीव बाली से लड़ने के लिये किष्किन्धापुरी पहुँच कर बाली को युद्ध के लिये ललकारने लगे। सुग्रीव की गर्जना सुनकर बाली युद्ध के लिये निकल पड़ा। उसकी पत्नी तारा ने उसे रोककर बहुत समझाया और यह भी कहा कि

श्रीराम पूर्ण ब्रह्म के अवतार हैं, अमित शक्तिशाली हैं और सुग्रीव से उनकी मैत्री हो गयी है, पर बाली यह सब कुछ समझते हुये अपने हठ से विचलित नहीं हुआ। उसने युद्ध में एक बार सुग्रीव को बुरी तरह पराजित भी कर दिया। इसके बाद श्रीराम ने उसे पहचानने के लिये एक माला पहनाकर पुनः द्वन्द्व-युद्ध के लिये भेज दिया। इस बार सुग्रीव को पराजित होते देखकर श्रीराम ने छिपकर बाली के हृदय में तीक्ष्ण बाण प्रहार कर उसे मार डाला। बाली ने भगवान् श्रीराम के इस अनौचित्य कर्म के लिए उलाहना दिया। किन्तु उन्होंने अपने कर्म को पूर्ण उचित ठहराकर उसे सर्वथा न्यायसंगत सिद्ध किया। बाली का सन्देह समाप्त हो गया और वह श्रीराम के चरणों में पूर्ण प्रीति अर्पित कर स्वर्गधाम सिधार गया। उसकी स्त्री तारा दुःख से अत्यधिक व्याकुल होकर श्रीरामजी के पास पहुँची। श्रीरामजी ने तत्वज्ञान का उपदेश देकर उसका शोक और मोह दूर कर दिया।

अध्याय ३

हनुमान्‌जी की सहमति से सुग्रीव का राज्याभिषेक

श्रीराम के बाण से मारे गये श्रेष्ठ पराक्रमी और प्रज्ज्वलित अग्नि के समान तेजस्वी सुविख्यात बाली का दाह-संस्कार करके सुग्रीव आदि प्रमुख वानर लक्ष्मण सहित श्रीरामचन्द्रजी के पास पहुँचे। श्रीरामचन्द्रजी के पास आकर सभी वानर उनके सामने हाथ जोड़कर खड़े हो गये। तत्पश्चात् सुवर्णमय मेरु पर्वत के समान सुन्दर पवनपुत्र हनुमान्‌जी दोनों हाथ जोड़कर बोले, ''रघुनन्दन, आपकी कृपा से सुग्रीवजी को वानरों का यह विशाल साम्राज्य प्राप्त हुआ। प्रभो, यद्यपि सुग्रीवजी के लिये इसका मिलना बहुत कठिन था तो भी आपके प्रसाद से यह इन्हें सुलभ हो गया। अब यदि आप आज्ञा दें, तो ये अपने सुन्दर नगर में प्रवेश करके सुहृदों के साथ अपना सब राजकार्य सँभालें।''

हनुमान्‌जी की बात सुनकर श्रीरामजी ने उनसे कहा, ''सौम्य, हनुमन्, मैं पिताजी की आज्ञा का पालन कर रहा हूँ। अतः चौदह वर्षों के पूर्ण होने तक किसी ग्राम या नगर में प्रवेश नहीं करूँगा। वानरश्रेष्ठ वीर सुग्रीव इस दिव्य गुफा में प्रवेश करें और वहाँ शीघ्र ही इनका विधिपूर्वक राज्याभिषेक कर दिया जाय।''

हनुमान्‌जी से ऐसा कहकर श्रीरामचन्द्रजी सुग्रीव से बोले, ''मित्र, तुम लौकिक और शास्त्रीय सभी व्यवहार जानते हो। कुमार अंगद सदाचार सम्पन्न तथा महान् बल पराक्रम से परिपूर्ण हैं। इनमें वीरता कूट-कूट कर भरी है। अतः तुम इनको भी युवराज के पद पर अभिषिक्त करो। ये तुम्हारे बड़े भाई के ज्येष्ठ पुत्र हैं और उदारमना हैं। अतः अंगद युवराज पद के सर्वथा अधिकारी हैं।''

''सौम्य, चौमासे का प्रारम्भ हो गया है। इसमें पहला मास श्रावण प्रारम्भ हो चुका है। किसी पर चढ़ाई करने का यह उचित समय नहीं है। तुम अपनी सुन्दर नगरी में जाओ। मैं लक्ष्मण के साथ इस पर्वत पर निवास करूँगा। मेरे कार्य के प्रति सजग रहना। यहाँ की गुफ़ा मेरे निवास के लिये सर्वथा अनुकूल है। सखे, कार्तिक आने पर तुम रावण के

वध के लिये प्रयत्न करना। यही हम लोगों का निश्चय रहा। अब तुम अपने महल में प्रवेश करो और राज्य पर अभिषिक्त होकर सुहृदों को आनन्दित करो।

हनुमान्जी की सहमति और श्रीरामजी के आदेश से सुग्रीव का शास्त्रीय विधि से राज्याभिषेक हुआ। इसके बाद वानरराज सुग्रीव ने अंगद को हृदय से लगाकर उन्हें भी युवराज के पद पर अभिषिक्त कर दिया। अंगद का अभिषेक हो जाने पर महामनस्वी दयालु वानर 'साधु-साधु' कहकर सुग्रीव की सराहना करने लगे।

प्रस्रवण गिरि पर श्रीराम और लक्ष्मण का निवास

प्रस्रवण गिरि की गुफा प्रत्येक ऋतु के लिये विशेष आनन्ददायिनी थी। नाना प्रकार के वृक्ष तुंगभद्रा नदी की शोभा बढ़ा रहे थे। विविध प्रकार के पक्षी कलरव कर रहे थे। ऐसे रमणीय स्थल पर निवास करते हुए श्रीराम और लक्ष्मण की विविध प्रकार की वार्ता हुआ करती थी। राजनीति, धर्म, अध्यात्म, प्रकृति और ऋतु सम्बन्धी वार्ता के अतिरिक्त परिवार सम्बन्धी वार्ता दोनों भाइयों में हुआ करती थी। श्रीरामजी सीताजी के वियोग में विह्वल हो जाते थे। उस समय लक्ष्मण जी उन्हें नाना प्रकार की युक्तियों से समझाने-बुझाने का प्रयास करते थे।

एक दिन शरद ऋतु का वर्णन करते हुए श्रीरामजी ने लक्ष्मणजी से कहा, "सौम्य, सभी जलाशयों के जल स्वच्छ हो गये हैं। वहाँ कुरर पक्षियों के कलनाद गूँज रहे हैं और चक्रवाकों के समुदाय चारों ओर बिखरे हुये हैं। इस प्रकार उन जलाशयों की बड़ी शोभा हो रही है। सौम्य लक्ष्मण, मैं अनाथ हूँ, राज्य से भ्रष्ट हो गया हूँ। रावण ने मेरा तिरस्कार किया है। मैं दीन हूँ। मेरा घर यहाँ से बहुत दूर है। मैं कामना लेकर यहाँ आया हूँ, सुग्रीव यह भी समझता है कि राम मेरी शरण में आये हैं। इन्हीं सब कारणों से वानरों का राजा सुग्रीव मेरा तिरस्कार कर रहा है। किन्तु उसे पता नहीं है कि मैं शत्रुओं को संताप देने में सर्वथा समर्थ हूँ। उसने सीता की खोज के लिए समय निश्चित कर दिया था, किन्तु उसका तो अब काम निकल गया है इसीलिये वह दुर्बुद्धि वानर प्रतिज्ञा करके भी कुछ ख्याल नहीं कर रहा है।"

सुग्रीव पर लक्ष्मण का क्रोध

श्रीरामचन्द्रजी ने लक्ष्मण को आदेश देते हुए कहा, "प्रिय लक्ष्मण, अब तुम मेरी आज्ञा से किष्किन्धापुरी जाओ और विषय भोग में आसक्त मूर्ख वानरराज सुग्रीव से इस प्रकार कहो, जो बल-पराक्रम से सम्पन्न तथा पहले ही उपकार करने वाले कार्यार्थी पुरुषों

को प्रतिज्ञापूर्वक आशा देकर पीछे उसे तोड़ देता है, वह संसार के सभी पुरुषों में नीच है। जो व्यक्ति सत्यप्रतिज्ञ है, वह वीर समस्त पुरुषों में श्रेष्ठ माना जाता है। जो अपना स्वार्थ सिद्ध हो जाने पर, जिनके कार्य नहीं पूरे हुए हैं, उन मित्रों के सहायक नहीं होते, उनके कार्य को सिद्ध नहीं करते, उन कृतघ्न पुरुषों के मरने पर मांसाहारी जन्तु भी उनका मांस नहीं खाते हैं।

"सुग्रीव ने यह प्रतिज्ञा की थी कि वर्षा का अन्त होते ही सीता की खोज आरम्भ कर दी जायेगी, किन्तु वह भोग-विलास में इतना आसक्त हो गया है कि उसे समय का कुछ भी ज्ञान नहीं है। हम लोग शोक और चिन्ता से व्याकुल हो रहे हैं तो भी उसे हमारी परवाह नहीं है। महाबली वीर लक्ष्मण, तुम जाओ सुग्रीव से बात करो। मेरे रोष का जो स्वरूप है, वह उसे बताओ और मेरा यह संदेश भी कह सुनाओ- सुग्रीव, बाली मारा जाकर जिस रास्ते से गया है वह आज भी बन्द नहीं हुआ है। इसलिए तुम अपनी प्रतिज्ञा को न भूलो। बाली के मार्ग का अनुसरण मत करो। बाली तो अकेला ही मेरे बाण से मारा गया था, परन्तु यदि तुम सत्य से विचलित हुए तो मैं तुम्हें बन्धु-बान्धवों सहित काल के गाल में डाल दूँगा। लक्ष्मण, ऐसे अवसर पर और जो-जो बातें कहनी उचित हों, वे सब बातें कहना। जल्दी करो; क्योंकि कार्य आरम्भ करने का समय बीता जा रहा है।"

श्रीरामजी की बात सुनकर लक्ष्मण क्रोध से तमतमाने लगे और उन्होंने कहा "आर्य, मेरे क्रोध का वेग बढ़ा हुआ है। मैं इसे रोक नहीं सकता। असत्यवादी सुग्रीव को आज ही मार डालता हूँ। अब बालिकुमार अंगद ही राजा होकर प्रधान बानरवीरों के साथ विदेह कुमारी सीताजी की खोज करे।" यों कहकर लक्ष्मण जी धनुष-बाण हाथ में ले बड़े वेग से चल पड़े। लक्ष्मणजी के रौद्ररूप और उनके भयंकर क्रोध को देखकर श्रीराम ने उनसे यह अनुनययुक्त बात कही, "सुमित्रानन्दन, तुम जैसे श्रेष्ठ पुरुष को संसार में मित्रवधरूप निषिद्ध आचरण नहीं करना चाहिये। तुम सदाचारी हो, तुम्हें यह अन्योचित कर्म कदापि नहीं करना चाहिए। यह निषिद्ध कर्म सूर्यवंश के अनुकूल नहीं है। इस कर्म से संसार में हम लोगों की महान् अपकीर्ति होगी। सुग्रीव को शान्त भाव से समझा कर उसे कर्तव्यमार्ग में लगाना।" बड़े भाई की समयोचित इस शिक्षा से लक्ष्मण ने अपने विचार तत्क्षण बदल दिये, पर उनका रौद्ररूप ज्यों का त्यों रहा।

हनुमान जी का सुग्रीव को समझाना

बाली के वध के पूर्व श्रीराम ने जब श्री दुन्दुभि के अस्थिसमूह को अपने पैर के अँगूठे से दस योजन दूर फेंक दिया था और सात ताल वृक्षों को एक ही बाण से वेध कर गिरा दिया था, तो सुग्रीव को श्रीराम की शक्ति का बोध हो गया था। उस समय उसके

मन में संसार के प्रति उत्कट वैराग्य उत्पन्न हुआ और उसकी प्रीति और श्रद्धा श्रीराम के चरणों में उत्पन्न हो गयी थी। उसने भगवान् श्रीराम से अपनी भादना इस प्रकार अभिव्यक्त की थी–"प्रभो, आपकी महती अनुकम्पा से मेरे मन का चांचल्य शान्त हो गया है। अब वह स्थिर हो गया है। अब मैं अपने परिवार, सुख, संपत्ति और मान प्रतिष्ठा–इन सबका परित्याग कर आपके चरणों की सेवा और आराधना करूँगा। उपर्युक्त वस्तुएँ राम भक्ति में महान बाधाएँ हैं। आपके चरणों के आराधक अनुभवी सन्तों की यह दृढ़ धारणा है। जगत् के शत्रु–मित्र, सुख–दुख आदि जितने भी द्वन्द्वात्मक प्रपंच हैं ये समस्त प्रपंच मायाजनित हैं। पारमार्थिक दृष्टि से इनका अस्तित्व कुछ भी नहीं है। बाली मेरा परम हितैषी था, जिसकी कृपा से हे राम, आपकी प्राप्ति हुई है। आप समस्त तापों का शमन करने वाले हैं। प्रभो, स्वप्नावस्था में जिससे झगड़ा–फसाद हो जाता है, जाग्रतावस्था में उस झगड़ा–फसाद को सोचकर मन संकोच में पड़ जाता है। हे प्रभु, अब मेरे ऊपर ऐसी कृपा कीजिए कि मैं समस्त सांसारिक प्रलोभनों का परित्याग कर, अहर्निश आपके भजन में तन्मय रहूँ।" सुग्रीव की ऐसी वैराग्य युक्त वाणी सुनकर श्रीरामचन्द्रजी ने सुग्रीव से इस प्रकार कहा था, "कपिश्रेष्ठ सुग्रीव, तुम जो कुछ भी कह रहे हो, सब पूर्ण सत्य है। पर हे मित्र, मैंने जो तुमसे बाली–वध की प्रतिज्ञा की है, यह बात भी मिथ्या नहीं है। वह होकर ही रहेगी।"

श्रीरामचन्द्रजी ने उपर्युक्त बातें हँसकर सुग्रीव से कही थीं, क्योंकि वे सर्वान्तर्यामी होने के नाते सुग्रीव के मन की दशा पूर्ण रूप से समझते थे। वे जानते थे कि सुग्रीव का वैराग्य श्मशान–वैराग्य है। यही बात अक्षरशः पूर्ण रूप से सिद्ध हो गयी। राज्य और स्त्री की प्राप्ति के अनन्तर सुग्रीव का समस्त वैराग्य काफूर की भाँति उड़ गया। वह दिन–रात विषय भोग, मदिरा–पान में आसक्त रहने लगा। प्रजाहित की भावना भी उसके मन से निकल गयी। हाँ, यह बात अच्छी थी कि उसके मंत्री नीतिपरायण और हितैषी थे, जिससे प्रजापालन में किसी प्रकार की आँच नहीं आने पायी।

लक्ष्मणजी को क्रोधावेश में आते हुए देखकर समस्त किष्किन्धापुरी में खलबली मच गयी। समस्त वानर थर्रा उठे। सुग्रीव को भी इस बात का पता चला। वे चिन्तित हो गये और उन्होंने अपने मंत्रियों के बीच इस प्रकार कहना प्रारम्भ किया–"किसी को मित्र बना लेना सर्वथा सुन्दर है, परन्तु उस मैत्री को निभाना बहुत ही कठिन है, क्योंकि मन का भाव सदा एक सा नहीं रहता। किसी के द्वारा थोड़ी सी चुगली कर देने पर प्रेम में अन्तर आ जाता है। इसी कारण मैं और भी डर गया हूँ। महात्मा श्रीरामजी ने मेरा जो उपकार किया है, उसका बदला चुकाने की मुझमें शक्ति नहीं है।"

सुग्रीव की बात सुनकर बुद्धिमानों में श्रेष्ठ हनुमान्जी ने विचारपूर्वक कहा, "कपिराज, मित्र के द्वारा अत्यंत स्नेहपूर्वक किये गये उत्तम उपकार को जो आप भूल नहीं

रहे हैं, इसमें कोई आश्चर्य की बात नहीं है। वानरराज सुग्रीव, श्रीरघुनाथजी ने तो लोकापवाद के भय को दूर हटाकर आपका प्रिय करने के लिये इन्द्रतुल्य पराक्रमी बाली का वध किया है। अतः वे निस्सन्देह आप पर कुपित नहीं हैं। श्रीरामचन्द्रजी ने अपने भाई लक्ष्मण को जो आपके पास भेजा है, इसमें सर्वथा आपके प्रति उनका प्रेम ही कारण है। समय का ज्ञान रखने वालों में श्रेष्ठ कपिराज, आपने सीता की खोज करने के लिए जो समय निर्धारित किया था, उसे आप इन दिनों प्रमाद में पड़ जाने के कारण भूल गये हैं। देखिये न, शरद ऋतु आ पहुँची है। वानरराज, राजाओं के लिए विजययात्रा की तैयारी करने का समय आ गया है। पर आपको कुछ पता ही नहीं है। इससे स्पष्ट प्रतीत होता है कि आप प्रमाद में पड़ गये हैं। इसीलिये लक्ष्मणजी यहाँ आये हैं।

"श्रीरामचन्द्रजी की पत्नी का अपहरण हुआ है इसलिये वे बहुत दुःखी हैं। अतः यदि लक्ष्मण के मुख से कठोर वचन सुनना पड़े, तो आपको चुपचाप सह लेना चाहिये। आपकी ओर से अपराध हुआ है। अतः हाथ जोड़कर लक्ष्मण को प्रसन्न करने के सिवा आपके लिये उचित कर्तव्य मैं नहीं देखता। राज्य की भलाई के काम में नियुक्त हुए मंत्रियों का यह कर्तव्य है कि राजा को उसके हित की बात अवश्य बतावें। अतएव मैं भय छोड़कर अपना निश्चित विचार बता रहा हूँ। भगवान् श्रीराम यदि क्रोध करके धनुष हाथ में ले लें तो देवता-असुर-गन्धर्वों सहित सम्पूर्ण जगत् को अपने वश में कर सकते हैं। जिसे पीछे हाथ जोड़कर मनाना पड़े, ऐसे पुरुष को क्रोध दिलाना उचित नहीं है। विशेषतः वह पुरुष जो मित्र के किये गये पहले उपकार को याद रखता हो और कृतज्ञ हो, इस बात का अधिक ध्यान रखें।

"राजन्, इसलिये आप पुत्रों और मित्रों के साथ मस्तक झुका कर उन्हें प्रणाम कीजिए और अपनी प्रतिज्ञा पर अटल रहिये, आप सदैव श्रीरामचन्द्रजी के अधीन रहिए। वानरराज, श्रीराम और लक्ष्मण के आदेश की मन से भी उपेक्षा नहीं करनी चाहिए। देवराज इन्द्र के समान तेजस्वी लक्ष्मण के सहित श्रीरघुनाथजी के अलौकिक बल का ज्ञान तो आपके मन को है ही।"

सुग्रीव द्वारा लक्ष्मणजी की क्रोध शान्ति के लिए तारा की नियुक्ति

हनुमानूजी के समझाने से सुग्रीव जागरूक हो गये और उन्होंने लक्ष्मणजी की क्रोध-शान्ति के लिये तारा को नियुक्त किया। लक्ष्मणजी सुग्रीव के पास पहुँचे और उसे रूमा के साथ गाढ़ आलिंगन-पाश में बद्ध देखकर भड़क उठे और बोले, "वानरराज सुग्रीव जो पहले मित्रों के द्वारा अपना कार्य सिद्ध करके बदले में उन मित्रों का उपकार नहीं करता, वह कृतघ्न एवं सब प्राणियों के लिये वध्य है। गो हत्यारे, शराबी, चोर और व्रत भंग करने

वाले पुरुष के लिये सत्पुरुषों ने प्रायश्चित का विधान किया है; किन्तु कृतघ्न के उद्धार का कोई उपाय नहीं है। वानरराज, तुम अनार्य, कृतघ्न और मिथ्याचारी हो; क्योंकि श्रीरामचन्द्रजी की सहायता से तुमने पहले अपना काम तो बना लिया पर जब उनकी सहायता करने का समय आया, तब तुम कुछ नहीं कर रहे हो।

''तुम ग्राम्य सुख का सेवन कर रहे हो और उसी में सुख मानकर श्रीरामचंद्र जी के कार्य का मन से भी विचार नहीं करते हो। सुग्रीव, बाली मारा जाकर जिस रास्ते से गया है, वह आज भी बन्द नहीं हुआ है। इसलिए तुम अपनी प्रतिज्ञा याद करो। बाली के मार्ग का अनुसरण मत करो।''

लक्ष्मणजी की कठोर वाणी सुनकर चन्द्रमुखी तारा उनसे बोली, ''कुमार लक्ष्मण, आपको सुग्रीव से ऐसी बात नहीं कहनी चाहिये। ये वानरों के राजा हैं। अतः इनके प्रति कठोर वचन बोलना उचित नहीं है। विशेषतः आप जैसे सुहृद के मुख से तो ये कदापि कटु वचन सुनने के अधिकारी नहीं हैं। वीर, कपिराज न कृतघ्न हैं, न शठ हैं, न क्रूर हैं, न असत्यवादी हैं और न कुटिल ही हैं। सुमित्रानन्दन, श्रीरामचन्द्रजी के कृपा-प्रसाद से ही सुग्रीव ने वानरों के अक्षय राज्य को, यश को, रूमा को तथा मुझको भी प्राप्त किया है। पहले इन्होंने बहुत कष्ट उठाया है। अब इस उत्तम सुख को पाकर ये इसमें ऐसे रम गये कि इन्हें समय का ज्ञान ही नहीं रहा। ठीक उसी तरह जैसे विश्वामित्र मुनि को मेनका में आसक्त हो जाने के कारण, समय की सुध-बुध नहीं रह गयी थी। उन्होंने दस वर्ष के समय को एक दिन ही माना था। इनसे कुछ प्रमाद और असावधानी अवश्य हो गयी है, पर परम कृपालु श्री रघुनाथजी को इनका अपराध क्षमा करना चाहिए।

''वीर लक्ष्मण, काम के अधीन हुए पुरुष की स्थिति का आपको बिल्कुल ज्ञान नहीं है। कामासक्त मनुष्य को देश, काल, अर्थ और धर्म का ज्ञान नहीं रह जाता-उनकी ओर दृष्टि ही नहीं जाती। नर श्रेष्ठ, यद्यपि सुग्रीव इस समय काम के गुलाम हो रहे हैं, तथापि इन्होंने आपका कार्य सिद्ध करने के लिये बहुत पहले से ही उद्योग प्रारम्भ कर देने की आज्ञा दे रखी है। इसके फलस्वरूप इस समय विभिन्न पर्वतों पर निवास करने वाले करोड़ों वानर, जो इच्छानुसार रूप धारण करने में समर्थ एवं महान् पराक्रमी हैं, यहाँ उपस्थित हुए हैं।''

सुग्रीव की क्षमा-याचना

तारा ने इस प्रकार धर्मानुकूल विनययुक्त बातें कहीं, तो लक्ष्मण ने क्रोध का त्याग कर दिया। इसके पश्चात् सुग्रीव ने विनययुक्त वाणी में लक्ष्मण से निवेदन किया, ''सुमित्रानन्दन, यशस्वी लक्ष्मण, मेरी श्री, कीर्ति तथा अक्षुण्ण वानरों का राज्य-ये सब नष्ट

हो चुके थे। भगवान् श्रीराम की कृपा से मुझे पुनः इन सबकी प्राप्ति हुई है। धर्मात्मा श्रीराम अपने तेज से रावण का वध करेंगे। मैं तो उनका एक तुच्छ सहायक मात्र रहूँगा। लक्ष्मण, जिनके धनु के खींचते समय उसकी टंकार से पर्वतों सहित पृथ्वी काँप उठी थी, उन्हें सहायकों से क्या लेना है। विश्वास अथवा प्रेमाधिक्य के कारण कोई अपराध बन गया हो, तो मुझ दास के उस अपराध को क्षमा कर देना चाहिए, क्योंकि कोई ऐसा सेवक नहीं है, जिससे कभी कोई अपराध होता ही न हो।"

सुग्रीव की बात सुनकर लक्ष्मणजी ने प्रसन्न होकर कहा, "वानरराज सुग्रीव तुम जैसे विनयशील और शक्तिशाली सहायक को पाकर मेरे भाई श्रीराम सर्वथा सनाथ हैं। सुग्रीव, तुम धर्मज्ञ, कृतज्ञ तथा युद्ध में कभी पीठ न दिखानेवाले हो। तुमको और मेरे बड़े भाई श्रीराम को छोड़कर दूसरा ऐसा कौन विद्वान है, जो अपने में पूर्ण सामर्थ्य होते हुए भी ऐसा नम्रतापूर्ण वचन कह सके ? सखे, शोकमग्न श्रीराम के वचनों को सुनकर जो मैंने तुम्हारे प्रति कठोर बातें कह दीं हैं, उनके लिये तुम मुझे क्षमा करो।"

महात्मा लक्ष्मण ने जब ऐसा कहा, तब सुग्रीव ने अपने पास खड़े हुए हनुमानूजी से इस प्रकार कहा, "हनुमानूजी, मेरी आज्ञा से पहले जो महान वेगशाली वानर सारे स्थानों के वानर-सैन्य को बुलाने के लिये भेजे गये हैं, उनको जल्दी करने के लिये प्रेरणा देने के लिये तुम पुनः दूसरे श्रेष्ठ वानरों को भेजो। जो मेरी आज्ञा से दस दिन के भीतर यहाँ न आ जायँ, राजाज्ञा को कलंकित करने वाले उन दुरात्मा वानरों को तुरन्त मार डालना चाहिये।"

वानरराज सुग्रीव की बात सुनकर वायुपुत्र हनुमानूजी ने सम्पूर्ण दिशाओं में बहुत से पराक्रमी वानरों को भेजा। सभी वानर उनकी आज्ञा से भयभीत हो गये और वे सब तुरन्त ही किष्किन्धा की ओर प्रस्थित हुए। नाना वर्ण और नाना वेश के विशाल पराक्रमी और युद्ध कुशल वानर एकत्रित हो गये। अनेक पर्वतों, वनों, नदियों के तट, गुफाओं से असंख्य महाबली, पराक्रमी वानर एकत्रित हो गये।

सुग्रीव का लक्ष्मणजी के साथ श्रीराम के पास पहुँचना

इसके पश्चात् सुग्रीव दल-बल के साथ लक्ष्मणजी के साथ श्रीरामचन्द्रजी की सेवा में उपस्थित हुए। सुग्रीव के सैन्य-संग्रह सम्बन्धी प्रयास को जानकर श्रीरघुनाथजी बहुत प्रसन्न हुए और उन्होंने सुग्रीव से कहा, "सखे, तुम्हारी सहायता से सनाथ होकर मैं युद्ध में समस्त शत्रुओं को जीत लूँगा। तुम्हीं मेरे हितैषी मित्र हो और मेरी सहायता करने में समर्थ हो। राक्षसधाम रावण ने अपना सर्वनाश करने के लिये ही मिथिलेशकुमारी को धोखा देकर उनका अपहरण किया है। मैं शीघ्र ही तीखे बाणों से रावण का वध कर

डालूँगा।"

श्रीरामजी और सुग्रीव इस प्रकार बातचीत कर ही रहे थे कि वानरों की विशाल वाहिनी विविध दिशाओं से आ पहुँची ।

श्रीरामजी के आदेश से सुग्रीव का सीता की खोज में वानरों को भेजना

तदनन्तर बल-वैभव से सम्पन्न सुग्रीव ने पुरुषसिंह श्रीराम से कहा, "भगवन्, जो मेरे राज्य में निवास करते हैं, वे इन्द्र के समान तेजस्वी, इच्छानुसार रूप धारण करने वाले वानर यूथपति यहाँ आकर पड़ाव डाले हैं। वे अपने साथ ऐसे बलवान् वानर योद्धाओं को ले आये हैं जो बहुत से युद्धस्थलों में अपना पराक्रम प्रकट कर चुके हैं। वे भयंकर पुरुषार्थी हैं। कुछ ऐसे-ऐसे वानर यहाँ उपस्थित हैं जो दैत्यों और दानवों के समान भयंकर और क्रूरकर्मा हैं। ये बल के भंडार हैं, युद्ध से थकते नहीं। इन्होंने थकावट पर विजय प्राप्त कर ली है। ये सब आपके हित साधन में तत्पर रहकर आपके अभीष्ट मनोरथ को सिद्ध करेंगे।"

सुग्रीव की बात सुनकर श्रीरामजी बोले, "सौम्य महाप्राज्ञ, पहले यह तो पता लगाओ कि विदेहकुमारी सीता जीवित हैं या नहीं ? जब सीताजी के जीवित होने और रावण के निश्चित स्थान का पता मिल जाएगा, तब जो समयोचित कर्तव्य होगा उसका मैं तुम्हारे साथ मिलकर निश्चय करूँगा। लक्ष्मण के बाद तुम्हीं मेरे सुहृद हो। तुम पराक्रमी, बुद्धिमान्, समयोचित कर्तव्य के ज्ञाता, मेरे परम हितैषी, बन्धु, विश्वासपात्र एवं मेरे प्रयोजन को भली-भाँति समझने वाले हो।"

श्रीरामचन्द्रजी के ऐसा कहने पर सुग्रीव ने प्रमुख-प्रमुख यूथपतियों को सभी दिशाओं में सीता की खोज में नियुक्त किया। सुग्रीव ने प्रत्येक दिशा के विभिन्न स्थानों का वर्णन किया और यह भी बताया कि किन-किन स्थानों में वे सीताजी की खोज करें। दक्षिण दिशा में अग्नि के पुत्र नील, वायुपुत्र हनुमान्जी, ब्रह्माजी के पुत्र जाम्बवान् तथा बाली के पुत्र अंगद आदि पराक्रमी वानर भेजे गए। अंगद इस दल के नेता बनाये गये।

हनुमान्जी को सुग्रीव और श्रीराम का विशेष निर्देश

सुग्रीव ने हनुमान्जी के समक्ष विशेषरूप से सीता के अन्वेषणरूप प्रयोजन को उपस्थित किया, क्योंकि उन्हें यह दृढ़ विश्वास था कि वानरश्रेष्ठ हनुमान्जी इस कार्य को सिद्ध कर सकेंगे। उन्होंने हनुमान्जी से इस प्रकार कहा, "कपिश्रेष्ठ, पृथ्वी, अन्तरिक्ष, आकाश, देवलोक अथवा जल में भी तुम्हारी गति का अवरोध मैं कभी नहीं देखता हूँ।

असुर, गन्धर्व, नाग, मनुष्य, देवता, समुद्र तथा पर्वतों सहित सम्पूर्ण लोकों का तुम्हें ज्ञान है। वीर महाकपे, सर्वत्र अबाधित गति, वेग और फुर्ती-ये सभी गुण तुम्हें महापराक्रमी पिता वायुदेवता के ही समान हैं। इस भूमण्डल में कोई भी प्राणी तुम्हारे तेज की समानता करने वाला नहीं है। अतः जिस प्रकार सीताजी की उपलब्धि हो सके, वह उपाय तुम्हीं सोचो। हनुमन् तुम नीतिशास्त्र के पंडित हो। एकमात्र तुम्हीं में बल, बुद्धि, पराक्रम, देशकाल का अनुसरण तथा नीतिपूर्ण बर्ताव एक साथ देखे जाते हैं।

श्रीरामजी का हनुमान्‌जी को अपनी मुद्रिका देना

सुग्रीव की बात सुनकर श्रीरघुनाथजी को यह ज्ञात हुआ कि इस कार्य की सिद्धि का सम्बन्ध-इसे पूर्ण करने का सारा भार हनुमान्‌जी पर ही है। उन्होंने स्वयं भी यह अनुभव किया कि हनुमान् इस कार्य को सम्पन्न करने में सर्वथा समर्थ हैं। इसका पूर्ण परिचय वे पहिले ही पा चुके थे। सुग्रीव के मैत्री संस्थापन में उन्हीं का प्रमुख हाथ था। श्रीरामजी के प्रथम मिलन में जिस बुद्धिमत्ता, नीतिनिपुणता, व्यवहारकुशलता, वाक्‌पटुता का परिचय दिया था उसे वे भूले नहीं थे। उन्होंने हनुमान्‌जी के सम्बंध में इस प्रकार सोचा, "वानरराज सुग्रीव सर्वथा हनुमान् पर यह भरोसा किये बैठे हैं कि ये ही निश्चित रूप से हमारे इस प्रयोजन को सिद्ध कर सकते हैं। स्वयं हनुमान् भी अत्यंत निश्चिंत रूप से इस कार्य को सिद्ध करने का पूर्ण विश्वास रखते हैं। इस प्रकार कार्यों द्वारा जिनकी परीक्षा कर ली गयी है तथा जो सबसे श्रेष्ठ समझे गये हैं, वे हनुमान् अपने स्वामी सुग्रीव के द्वारा सीता की खोज करने के लिये भेजे जा रहे हैं। इनके द्वारा इस कार्य के फल का उदय (सीता का दर्शन) होना निश्चित है।" ऐसा विचार कर महातेजस्वी श्रीरामचन्द्रजी हनुमान् को देखकर अत्यंत प्रसन्न हो गए। तत्पश्चात् उन्होंने प्रसन्नतापूर्वक अपने नाम से अंकित दिव्य अँगूठी हनुमान्‌जी के हाथ में दी, जो विदेहनन्दिनी सीताजी को पहचान के रूप में अर्पण करने के लिए थी। अँगूठी देकर श्रीरामजी बोले, "कपिश्रेष्ठ, इस चिन्ह के द्वारा जनककिशोरी सीता को यह विश्वास हो जायेगा कि तुम मेरे पास से ही गए हो। इससे वह भय त्याग कर तुम्हारी ओर देख सकेंगी। वीरवर, तुम्हारा उद्योग, धैर्य, पराक्रम, बुद्धिमत्ता और सुग्रीव का सन्देश-ये सब इस बात की सूचना सी दे रहे हैं कि तुम्हारे द्वारा कार्य की सिद्धि अवश्य होगी।"

वानरश्रेष्ठ हनुमान्‌जी ने वह अँगूठी लेकर उसे मस्तक पर रक्खा और फिर हाथ जोड़कर श्रीराम के चरणों में प्रणाम कर वहाँ से प्रस्थित हुए। जाते हुए हनुमान्‌जी को सम्बोधित करके श्रीरामजी ने फिर कहा, "अत्यंत बलशाली, पराक्रमी कपिश्रेष्ठ, मैंने तुम्हारे बल का आश्रय लिया है। जिस प्रकार भी जनकनंदिनी सीता प्राप्त हो सकें, तुम

अपने महान बल-विक्रम एवं बुद्धि से वैसा ही प्रयत्न करना। तात, सीता से भेंट होने पर, उन्हें नाना युक्तियों से धैर्य प्रदान करना और मेरे बल-विक्रम और विरह के आधिक्य का निरूपण करके शीघ्र ही यहाँ आकर उनका समाचार सुनाना।"

श्रीरामजी के इस कथन को सुनकर हनुमान्जी को रोमांच हो आया और उन्होंने अपना जीवन सफल और कृतकृत्य समझ लिया। उन्होंने हृदय में श्रीरामचन्द्रजी-पूर्ण ब्रह्म को धारण करके प्रस्थान किया ।

अध्याय ४

सीताजी की खोज में

अंगद के नेतृत्व में हनुमान्जी जाम्बवान्, नील आदि के साथ सुग्रीव द्वारा बतायी दक्षिण दिशा के देशों की ओर चले। उन सभी श्रेष्ठ वानरों के साथ बहुत दूर का रास्ता तय करके वे विन्ध्याचल पर्वत पर गये और वहाँ की गुफाओं, जंगलों, पर्वतशिखरों, नदियों, दुर्गम स्थानों, सरोवरों, बड़े-बड़े वृक्षों, झाड़ियों में सब ओर ढूँढ़ते फिर रहे थे। किन्तु उन समस्त वीर वानरों ने सीताजी को कहीं नहीं देखा। वे सभी दुर्धर्ष वीर वानर नाना प्रकार के कन्द-मूल आदि का भोजन करते हुए सीता को खोजते, और जहाँ-तहाँ ठहर जाया करते थे। भयंकर दिखायी देने वाले वहाँ के सुनसान जंगल में न तो पानी मिलता था और न कोई मनुष्य ही दिखायी देता था। वैसे जंगलों में खोज करते समय उन वानरों को अत्यंत कष्ट सहन करना पड़ा।

उद्देश्य में सिद्धि न पाने पर सभी वानर हतोत्साहित होने लगे। उनकी ऐसी अवस्था देखकर युवराज अंगद ने उनसे इस प्रकार कहा, "कर्म में लगे रहने वाले लोगों को कर्म का फल अवश्य मिलता है। अतः खिन्न होकर उद्योग को छोड़ बैठना कदापि उचित नहीं है। सुग्रीव क्रोधी राजा हैं। उनका दण्ड भी बड़ा कठोर होता है। वानरो, उनसे तथा महात्मा श्रीराम से आप लोगों को सदा डरते रहना चाहिये।"

अंगद की यह बात सुनकर गन्धमादन ने प्यास और थकावट से शिथिल हुई स्पष्ट वाणी में कहा, "वानरो, युवराज अंगद ने जो बात कही है वह आप लोगों के लिये परम हितकारिणी एवं अनुकूल है। अतः सब लोग इनके आदेशानुसार कार्य करें। हम लोग पुनः पर्वतों, कन्दराओं, शिलाओं, निर्जन वनों और पर्वतीय झरनों में खोज करें। महाराज सुग्रीव ने जिन स्थानों की चर्चा की थी, उन सबमें हम सब एकजुट होकर पुनः खोज प्रारम्भ करें।"

यह सुनकर वे महाबली वानर उठकर खड़े हो गये और विन्ध्य पर्वत के काननों से व्याप्त दक्षिण दिशा में विचरने लगे। खोजते-खोजते वे सब थक गये, पर सीताजी का

पता न लगा पाये। अधिक थक जाने के कारण वे सभी वानर वृक्षों के नीचे गये और दो घड़ी तक वहाँ अचेतावस्था में पड़े रहे। कुछ समय के पश्चात् वे सुस्ता कर उठे। हनुमान्जी तार और अंगद के साथ मिलकर फिर सीताजी को खोजने में जुट गये। पर महान् प्रयास के अनन्तर सफलता के कोई भी चिन्ह दृष्टिगोचर नहीं हुए।

खोजते-खोजते उन्हें वहाँ एक गुफा दिखायी दी। उसका द्वार खुला हुआ था। किन्तु उसमें प्रवेश करना बहुत कठिन था। वह गुफा 'ऋक्षबिल' नाम से विख्यात थी। समस्त वानर भूख-प्यास से त्रस्त थे। थकावट के मारे शिथिल हो गये थे और वे सब पानी पीना चाहते थे। अतः लता और वृक्षों से आच्छादित विशाल गुफा की ओर वे सब देखने लगे। इतने में उसके भीतर से क्रौंच, सारस, हंस तथा जल से भीगे हुए चकवाक पक्षी बाहर निकले। उस सुगन्धित एवं दुर्लंघ्य गुफा के पास जाकर सभी वानरों का मन आश्चर्य से चकित हो उठा। उस विवर के अंदर उन्हें जल होने का सन्देह हुआ। वह गुफा इतनी भयंकर थी कि उसकी ओर देखना भी कठिन जान पड़ता था। उसके भीतर प्रविष्ट होना तो सर्वथा कठिन और कष्टसाध्य था ही ।

तपस्विनी स्वयंप्रभा का दर्शन

ऐसी स्थिति में हनुमान्जी समस्त वानरों से बोले, ''बन्धुओ, दक्षिण दिशा के देश प्रायः पर्वतमालाओं से घिरे हुये हैं। इनमें मिथिलेश कुमारी सीताजी को खोजते-खोजते हम सब लोग बहुत थक गये, किन्तु कहीं भी हमें उनके दर्शन नहीं हुए। सामने ही इस गुफा में विविध जल-पक्षी निकल रहे हैं। अतः निश्चय ही इसमें कोई न कोई जलाशय होना चाहिये। यही कारण है इस गुफा के द्वारवर्ती वृक्ष भी खूब हरे-भरे हैं।''

हनुमान्जी के ऐसा कहने पर सभी वानरों ने उस गुफा की ओर देखा। भीतर जाकर उन्होंने देखा कि वह गुफा रोंगटे खड़े कर देने वाली थी। उनकी दृष्टि कहीं अटकती नहीं थी। वे श्रेष्ठ वानर हनुमान्जी की पीठ पकड़े तथा अन्य एक दूसरे की पीठ पकड़े हुए गुफा में प्रविष्ट होने लगे। सबसे पीछे-पीछे अंगदजी चल रहे थे। उन वानरों का तेज अवरुद्ध नहीं होता था। उनकी गति वायु के समान थी। घोर अंधकार में उनकी दृष्टि काम कर रही थी। भीतर जाकर उन्होंने देखा कि स्थान बहुत ही उत्तम, प्रकाशमान और मनोहर था। नाना प्रकार के वृक्षों से भरी हुई उस भयंकर गुफा में वे एक योजन तक एक दूसरे को पकड़े हुए गये।

तदनन्तर उस अंधकार से प्रकाशयुक्त प्रदेश में आकर उन वानरों ने वहाँ एक भव्य कानन देखा। उस कानन के सभी वृक्ष सुवर्णमय थे और उनसे अग्नि के समान प्रभा निकल रही थी। साल, तमाल, ताल, नागकेशर, अशोक, चम्पा और कनेर के वृक्ष फूलों से लदे

हुए थे। उन शूरवीर वानरों ने थोड़ी ही दूर पर किसी स्त्री को देखा। वह तपस्वनी वल्कल और काला मृगचर्म धारण किये अपने आसन पर आसीन थी। वह तपस्या में संलग्न थी। वह तपस्या के तेज से देदीप्यमान हो रही थी। समस्त वानर उसे देखकर चकित होकर उसके आसपास खड़े हो गये।

हनुमानूजी ने उस तपस्विनी से विनीत स्वर में पूछा, ''देवि, तुम कौन हो ? और यह किसकी गुफा है ? देवि, हम सब लोग भूख-प्यास से व्याकुल हैं। इसी कारण इस गुफा में प्रविष्ट हुए हैं। यहाँ के इन अद्भुत विविध पदार्थों को देखकर हम लोग आश्चर्य में पड़ गये हैं। हम सब यह सोचकर चिन्तित हो गये हैं कि कहीं यह असुरों की माया तो नहीं है। इसीलिये हमारे मन में घबराहट हो रही है। ये भोजन की पवित्र वस्तुएँ, फल-मूल, सोने के विमान, चाँदी के घर, मणियों की जाली से ढकी हुयी सोने की खिड़कियाँ तथा पवित्र सुगन्धयुक्त एवं फल-फूलों से लदे हुए ये सुवर्णमय पावन वृक्ष किसके तेज से प्रकट हुए हैं ? यहाँ के निर्मल जल में सोने के कमल कैसे उत्पन्न हुए ? तुम हमें सारी बातें बताने की कृपा करो।''

हनुमानूजी के पूछने पर उस तपस्विनी ने बतलाया, ''वानरश्रेष्ठ यहाँ की समस्त रचना मयासुर द्वारा रची गयी है। इसकी भव्य रचना करके उस दानवराज मयासुर ने कुछ काल तक यहाँ सुखपूर्वक निवास किया। आगे चलकर मयासुर का हेमा नामक एक अप्सरा से सम्पर्क हो गया। इस पर देवराज इन्द्र ने वज्र से आक्रमण करके मयासुर को मार भगाया। तत्पश्चात् ब्रह्माजी ने यह उत्तम वन, यह सोने का भवन तथा यहाँ का यह अक्षय कामभोग हेमा को सौंप दिया। मैं मेरुसावर्णि की कन्या हूँ। मेरा नाम स्वयंप्रभा है। मैं उस हेमा के इस भवन की रक्षा करती हूँ। हेमा मेरी अत्यंत प्रिय सखी है। वह नृत्य और संगीत कला में अत्यन्त निपुण है। उसने मुझसे अपने इस भवन की रक्षा के लिये प्रार्थना की और मैं उसे स्वीकार कर उसकी रक्षा में तत्पर हूँ। तुम लोग अपना परिचय दो । इस अगम्य स्थान पर किस प्रकार पहुँचे। अच्छा, ये शुद्ध भोजन और फल-मूल प्रस्तुत हैं। इन्हें खाकर अपनी प्यास बुझा लो। फिर मुझसे अपना सारा वृत्तान्त सुनाओ।''

फल-मूल खा लेने और जल पी लेने के पश्चात् पवनपुत्र हनुमानूजी ने तापसी स्वयंप्रभा से श्रीराम, लक्ष्मण, सीता के वनगमन, सीताहरण, सुग्रीव की मैत्री, सीता के अन्वेषण आदि की गाथा विस्तार से बतलायी। तत्पश्चात् हनुमानूजी ने उस तापसी से निवेदन किया, ''देवि, तुम धर्माचरण में लगी हुई हो। अतः हम सब लोग तुम्हारी शरण में आये हैं। वानरराज सुग्रीव ने हम लोगों को लौटने के लिए जो समय निर्धारित किया था, वह बीत गया। अब तुम कृपा करके हमें इस गुफा से बाहर निकाल दो। हम सब सुग्रीव से डरे हुए हैं। अतः तुम हमारा उद्धार करो।''

हनुमानूजी के विनयपूर्ण शब्दों को सुनकर स्वयंप्रभा ने उन सभी वानरों को

सम्बोधित करते हुए कहा, "श्रेष्ठ वानरो, मैं समझती हूँ कि जो एक बार इस गुफा में चला आता है, उसका जीते जी यहाँ से लौटना अत्यंत कठिन है। तथापि मैं अपनी साधना के प्रभाव से तुम सब लोगों को गुफा से बाहर निकाल दूँगी। तुम सब लोग अपनी-अपनी आँखें बन्द कर लो। आँख बन्द किये बिना यहाँ से निकलना असम्भव है।

वानरों के आँख बन्द करते ही स्वयंप्रभा ने पलक मारते-मारते उन सबको गुफा से बाहर निकाल दिया। वानरों के बाहर निकलते ही स्वयंप्रभा ने उनसे कहा, "श्रेष्ठ वानरों यह रहा नाना प्रकार के वृक्षों और लताओं से व्याप्त विन्ध्य गिरि। इधर यह प्रस्रवण गिरि है और सामने यह महासागर लहरा रहा है। तुम्हारा कल्याण हो। अब मैं अपने स्थान पर जाती हूँ।" ऐसा कहकर स्वयंप्रभा उस सुंदर गुफा में चली गयी।

सुग्रीव के भय से अंगदादि का उपवास करके प्राणत्याग का निश्चय

सागर तट पर पहुँचकर सभी वानर निर्धारित अवधि बीत जाने पर बहुत चिन्तित और व्यग्र हुए। अंगद ने सभी वानरों को सम्बोधित करते हुए कहा, "अब हम सबके लिये उपवास करके प्राणत्याग करना श्रेयस्कर है। राजा सुग्रीव स्वभाव से ही कठोर हैं। सुग्रीव ने युवराज पद पर मेरा अभिषेक नहीं किया, बल्कि अनायास ही महान कर्म करने वाले भगवान् श्रीराम ने उस पद पर मेरा अभिषेक किया है। राजा सुग्रीव ने तो पहले ही मेरे प्रति बैर बाँध रक्खा है। इस समय आज्ञा उल्लंघन रूप मेरे अपराध को देखकर पूर्वोक्त निश्चय के अनुसार तीखे अस्त्र द्वारा मुझे अवश्य मरवा डालेंगे। अतः मैं यहीं समुद्र तट पर मरणान्त उपवास करूँगा।"

हनुमान्जी द्वारा भेदनीति के सहारे अंगद को अपने साथ ले चलने का आग्रह

अंगद के उपर्युक्त कथन को सुनकर तार आदि श्रेष्ठ वानर उनके पक्ष में हो गये। इसे देखकर हनुमान्जी ने भेदनीति का सहारा लेते हुए अंगद को इस प्रकार समझाना प्रारम्भ किया, "तारानन्दन, तुम युद्ध में अपने पिता के समान ही अत्यंत शक्तिशाली हो। जैसे तुम्हारे पिता वानरों का राज्य सँभालते थे, उसी प्रकार तुम भी उसे दृढ़तापूर्वक सँभालने में पूर्णतया समर्थ हो। किन्तु वानर शिरोमणि, ये कपिलोग सदा ही चंचल चित्त वाले होते हैं। ये कोई भी वानर सुग्रीव से विरोध करके तुम्हारे प्रति अनुरक्त नहीं हो सकते। किसी

बलवान के साथ बैर बाँधकर कोई दुर्बल पुरुष कहीं भी चैन से नहीं रह सकता। सुग्रीव तुम्हारी अपेक्षा प्रबल है। तार का जो मत है इसी गुफा में शेष जीवन व्यतीत किया जाय, यह बिल्कुल असंगत है। लक्ष्मणजी अपने तीखे बाणों से इस गुफा को क्षण मात्र में विदीर्ण कर सकते हैं। लक्ष्मण के बाण वज्र की भाँति चोट पहुँचाने वाले हैं। उनके नाराच पर्वतों को भी विदीर्ण कर सकते हैं। अंगद तुम सुग्रीव का विरोध मत करो। तुम्हारे चाचा सुग्रीव धर्मज्ञ, तुम्हारे परम हितैषी, दृढ़व्रती, पवित्र और सत्यप्रतिज्ञ हैं। वे तुम्हारा नाश कदापि नहीं करेंगे।"

अंगद सहित वानरों का प्रायोपवेशन

हनुमान्‌जी की बात सुनकर अंगद ने प्रतिकार करते हुए इस प्रकार कहा, "जिस व्यक्ति ने अपने बड़े भाई का वध करा दिया और उसकी पत्नी को अपनी पत्नी बना लिया, उसे आप धर्मज्ञ कहते हैं ? जिसने अधर्म के भय से नहीं लक्ष्मण के ही भय से भीत होकर से हम लोगों को सीता की खोज के लिये भेजा है, उसमें धर्म की सम्भावना कैसे हो सकती है ? सुग्रीव शठ, क्रूर और निर्दयी हैं। वह मुझे गुप्त रूप से दण्ड देगा अथवा सदा के लिये मुझे बन्धन में डाल देगा। इस प्रकार बन्धनजनित कष्ट की अपेक्षा उपवास करके प्राण दे देना ही मेरे लिये श्रेयस्कर है। अतः सब वानर मुझे यहाँ रहने की आज्ञा दें और अपने-अपने घरों को चले जायँ। मैं यहाँ मरणान्त उपवास करूँगा। मेरा मर जाना ही अच्छा है।"

इतना कहकर अंगद ने उन सभी बड़े-बड़े वानरों को प्रणाम किया और धरती पर कुश बिछाकर उदास मुँह से रोते-रोते वे मरणान्त उपवास पर बैठ गए। उनके उपवास पर बैठने पर सभी श्रेष्ठ वानर रोने लगे। उन सबों ने भी अंगद को सब ओर से घेर कर आमरण उपवास करने का निश्चय किया।

सम्पाति का मिलन

श्रीराम के वनवास, राजा दशरथ का स्वर्गवास, जनस्थानवासी राक्षसों का संहार, विदेहकुमारी सीता के अपहरण, जटायु के मरण, बाली के वध और श्रीराम के क्रोध की चर्चा करते हुए वे वानर भय से व्याकुल होकर जोर-जोर से आर्तनाद करने लगे। उनके भयंकर आर्तनाद को सुनकर सम्पाति आये। सम्पाति जटायु के बड़े भाई थे और वे अपने बल तथा पुरुषार्थ के लिए सर्वत्र प्रसिद्ध थे। पर्वत की कन्दरा से निकलकर उन वानरों का समुदाय देखकर सम्पाति बहुत प्रसन्न हुए और बोले, "आज दीर्घकाल के पश्चात् यह

भोजन स्वतः मुझे प्राप्त हो गया।" भोजन के लुभाये हुए सम्पाति की यह बात सुनकर अंगद को बहुत दुःख हुआ और वे हनुमान्जी से बोले, "देखिये, सीता के निमित्त से वानरों को विपत्ति में डालने के लिये साक्षात् यमराज इस देश में आ पहुँचे। हम लोगों ने न तो श्रीरामचन्द्रजी का कार्य किया और न राजा सुग्रीव की आज्ञा का पालन ही। विदेहकुमारी सीता का प्रिय करने की इच्छा से गृध्रराज जटायु ने जो साहसपूर्ण कार्य किया था, वह सब आप लोगों ने सुना ही होगा।"

"धर्मज्ञ जटायु ने ही श्रीरामजी का प्रिय किया है। वे परम भाग्यवान हैं, जो युद्ध में रावण के हाथों मारे गये। जटायु का विनाश, विदेहकुमारी सीताजी का हरण, बाली का वध इन घटनाओं से वानरों का जीवन संशय में पड़ गया है और अब श्रीराम के कोप से राक्षसों का संहार होगा।"

अंगद की बात सुनकर सम्पाति बहुत दुःखी हुए और उन्होंने उच्च स्वर से पूछा, "यह कौन है, जो मेरे प्राणों से भी बढ़कर प्रिय जटायु के वध की बात कर रहा है ? जटायु मुझसे छोटा गुणज्ञ और पराक्रम के कारण अत्यंत प्रशंसनीय था। दीर्घकाल के पश्चात् आज उसका नाम सुनकर मुझे बहुत प्रसन्नता हुई। चाहता हूँ कि इस दुर्गम स्थान से आप लोग मुझे नीचे उतार दें। शत्रुदमन वीरो, मेरे पंख सूर्य की किरणों से जल गये हैं, इसलिये मैं उड़ नहीं सकता। किन्तु इस पर्वत से नीचे उतरना चाहता हूँ।" शोक के आधिक्य से संपाति का स्वर विकृत हो गया था। उनकी बात सुनकर भी वानर यूथपतियों ने उनका विश्वास नहीं किया। फिर भी उन्होंने मरने का निश्चय करके सम्पाति को नीचे उतारा। संपाति की उत्कट जिज्ञासा देखकर अंगदजी ने उन्हें जटायु के वध का पूरा वृत्तान्त विस्तारपूर्वक बतलाया।

अंगद की बात सुनकर संपाति ने अपने पंख जलने की गाथा रोचक ढंग से बतलायी। तत्पश्चात् उन्होंने कहा, "वानरो, मेरे पंख जल गये हैं। अब मैं बेपर का जीव हूँ। मेरी शक्ति जाती रही, फिर अति वृद्ध भी हो गया हूँ। ऐसी स्थिति में मैं तुम्हारी शारीरिक सहायता कुछ भी नहीं कर सकता। किन्तु वचन मात्र से भगवान् श्रीराम की उत्तम सहायता अवश्य करूँगा। एक दिन मैंने भी देखा कि दुरात्मा रावण एक रूपवती युवती को हरकर लिये जा रहा है। वह देवी 'हा राम, हा राम, हा लक्ष्मण' की रट लगाती हुई अपने गहने फेंकती और अपने शरीर के अवयवों को कंपित करती हुई छटपटा रही थी। 'श्रीराम' का नाम लेने से मैं समझता हूँ कि वह सीताजी ही थीं। अब मैं उस राक्षस के घर का पता बताता हूँ। रावण नाम का राक्षस महर्षि विश्रवा का पुत्र और कुबेर का भाई है। वह लंका नामक नगरी में निवास करता है। यहाँ से पूरे चार सौ कोस दूर पर समुद्र में एक द्वीप है। विश्वकर्मा ने अत्यन्त रमणीय लंकापुरी का निर्माण किया है। उसके विचित्र दरवाजे और बड़े-बड़े महल सुवर्ण के बने हुए हैं। उनके भीतर सोने के चबूतरे हैं। उस

नगरी की चहारदीवारी बहुत बड़ी है और सूर्य की भाँति चमकती रहती है।''

विदेहकुमारी सीता रावण के अन्तःपुर में नजरबंद हैं। बहुत सी राक्षसियाँ उनके पहरे पर तैनात हैं। लंका चारों ओर से समुद्र के द्वारा सुरक्षित है। पूरे सौ योजन समुद्र पार करके उसके दक्षिण तट पर पहुँचने पर तुम लोग रावण को देख सकोगे। अतः वानरों, समुद्र को पार करने में ही तुरन्त शीघ्रतापूर्वक अपने पराक्रम का परिचय दो। मैं यही से रावण और जानकी को देखता हूँ। हम लोगों में गरुण की भाँति दूर तक देखने की दिव्य शक्ति है।''

इसके बाद सम्पाति ने अपनी आत्मकथा विस्तार से बताकर यह भी बताया कि निशाकर नामक मुनि ने मुझे जीवित रहने का आदेश देकर यह निर्देश दिया था, ''सम्पाते, श्रीरघुनाथजी के भेजे हुए दूत वानर यहाँ सीता का पता लगाते हुए आयेंगे। उन्हें तुम श्रीराम की महारानी सीता का पता बताना। देश और काल की प्रतीक्षा करो। तुम्हें फिर नये पंख प्राप्त हो जायेंगे।''

सम्पाति के इतना कहते-कहते उनके नये पंख जम आये। उनकी प्राणशक्ति में बल आ गया और उनमें नवीन उत्साह भर गया। उन्होंने सभी वानरों को सीता की खोज के लिये प्रोत्साहित किया। तदनन्तर वे उड़ गये।

सम्पाति की बात सुनकर वे वानर अत्यधिक आह्लादित हुए। वे पराक्रम साध्य अभ्युदय के लिये उद्यत हो गये। उन्हें अपने विस्मृत उत्साह की जागृति हो गयी। फिर वे सब अभिजित् नक्षत्र में दक्षिण दिशा की ओर चल दिये।

समुद्र-लंघन की समस्या

सम्पाति की बातों से रावण के निवास स्थान की पूर्ण जानकारी वानरों को मिल गयी थी। साथ ही रावण के भावी विनाश की भी सूचना उन्हें प्राप्त हो चुकी थी। समुद्र के तट पर पहुँच कर सभी वानर बहुत प्रसन्न हुए और परस्पर मिलकर उछल-उछल कर गर्जने लगे। पर दुर्लंघ्य समुद्र पर दृष्टिपात करके उनका सारा उत्साह ठंडा पड़ गया। सब वानर 'अब क्या करना चाहिये' ऐसा कहते हुए एक साथ बैठकर चिन्ता करने लगे। उस महासागर का दर्शन करके सारी वानरसेना को विषाद में डूबी हुयी देख अंगद उन भयातुर वानरों को आश्वासन देते हुए बोले, ''वीरो, तुम्हें अपने मन को विषाद में नहीं डालना चाहिए। जो परक्रम का अवसर आने पर विषादग्रस्त हो जाता है, उसका तेज नष्ट हो जाता है। उस तेजहीन पुरुष का पुरुषार्थ नहीं सिद्ध होता है।''

इसके पश्चात् अंगदजी ने पूछा, ''कौन वीर वानर सौ यौजन समुद्र को लाँघ सकेगा ? कौन इन समस्त यूथपतियों को महान विपत्ति से मुक्त कर सकेगा ? कौन

वानरराज सुग्रीव को सत्यप्रतिज्ञ सिद्ध करेगा ? किसके प्रसाद से हम लोग हर्षोत्फुल्ल होकर श्रीरामचन्द्रजी, महाबली लक्ष्मण तथा वानरवीर सुग्रीव का दर्शन कर सकेंगे ?" अंगद की बात सुनकर कोई कुछ न बोला। सारे वानर जड़वत् स्थिर रहे।

इस स्थिति के बाद अंगदजी ने फिर वानरों से प्रश्न किया, "वानरों, समुद्र को लाँघने में जिसकी जितनी शक्ति हो वह मुझे बतावे ?"

बारी-बारी से वानर वीरों के द्वारा अपनी गमनशक्ति का वर्णन

अंगद की बात सुनकर गज, गवाक्ष, गवय, शरभ, गंधमादन, मैन्द, द्विविद, सुषेण और जाम्बवान्-इन सबने अपनी-अपनी गमनशक्ति का वर्णन किया।

गज ने कहा, "मैं दस योजन की छलाँग मार सकता हूँ।" गवाक्ष बोले "मैं बीस योजन तक चला जाऊँगा।" इसके बाद शरभ नामक यूथपति ने कहा, "युवराज अंगद मैं तीस योजन एक छलाँग में चला जाऊँगा।" तदनन्तर कपिवर ऋषभ ने कहा, "वानरो, मैं चालीस योजन तक चला जाऊँगा। इसमें संशय नहीं है।" गंधमादन ने अपनी लंघनशक्ति पचास योजन, मैन्द ने साठ योजन, द्विविद ने सत्तर योजन, सुषेण ने अस्सी योजन तक की शक्ति का वर्णन किया। अंत में जाम्बवान् ने कहा, "मैं एक छलाँग में नब्बे योजन तक चला जाऊँगा। पूर्वकाल में मेरे भीतर इतनी शक्ति थी कि दैत्यराज बलि को बाँधने के लिये त्रिविक्रमस्वरूप विष्णु के महान रूप की थोड़े ही समय में परिक्रमा कर ली थी।"

जाम्बवान् का आदर करते हुए युवराज अंगद ने वानरों से कहा, "मैं इस महासागर के सौ योजन की विशाल दूरी को लाँघ तो जाऊँगा। किन्तु उधर से लौटने में मेरी ऐसी ही शक्ति रहेगी या नहीं, यह निश्चित रूप से नहीं कहा जा सकता।"

अंगद की बात सुनकर बातचीत की कला में चतुर जाम्बवान् ने कहा, "युवराज अंगद, तुम हम सबके नेता हो। तुम्हें भेजना हमारे लिये उचित नहीं है। हम सब तुम्हारे सेवक हैं, तुम सबके स्वामी हो। तुम इन्हीं में से किसी को भेजो। अब मैं ऐसे शक्तिपुंज को प्रेरित कर रहा हूँ, जो इस कार्य को पूर्णतया सिद्ध करेगा।"

जाम्बवान् का हनुमानूजी को समुद्र लंघन के लिये प्रोत्साहन

हनुमान्जी एकान्त में बैठे श्रीराम भगवान् के चिन्तन में तन्मय थे। उस समय वे भगवान् श्रीरामजी की सर्वव्यापकता और सर्वशक्तिप्रत्ता के चिन्तन में निमग्न हो रहे थे। उनके मुखमण्डल पर आनन्द लहरा रहा था। उन्हें ऐसी आनन्दावस्था में देखकर जाम्बवान् ने उनसे कहा, "वानर जगत के सर्वश्रेष्ठ वीर, सम्पूर्ण शास्त्रवेत्ताओं में श्रेष्ठ हनुमान्, तुम

एकान्त में आकर चुपचाप क्यों बैठे हो ? कुछ बोलते क्यों नहीं ? हनुमन्, तुम तो, वानरराज सुग्रीव के समान पराक्रमी हो तथा तेज और बल में श्रीराम और लक्ष्मण के तुल्य हो। गरुण के समान तुम भी विख्यात शक्तिशाली एवं तीव्रगामी हो। वेग और विक्रम में तुम अनुपम हो। वानरशिरोमणे, तुम्हारा बल, बुद्धि, तेज और धैर्य भी समस्त देहधारियों में सबसे बढ़कर है। फिर तुम अपने आपको ही समुद्र लाँघने के लिये क्यों नहीं तैयार करते ?"

इतना कहकर जाम्बवान् ने हनुमान्जी की उत्पत्ति, बाललीला, सूर्यदेव को लाल फल समझकर पकड़ लेना, राहु और ऐरावत हाथी के ऊपर आक्रमण करना, इन्द्र का वज्र से उन पर प्रहार करना, वायुदेव का सभी प्राणियों पर प्रकोप, ब्रह्माजी आदि देवताओं द्वारा उन्हें वर प्राप्ति की कथा विस्तारपूर्वक सुनाई। तदनन्तर जाम्बवान् ने उनसे फिर कहा, "वानरशिरोमणि हनुमान्, उठो और इस महासागर को लाँघ जाओ। महान् वेगशील वीर, जैसे भगवान् विष्णु ने त्रिलोकी को नापने के लिये तीन पग बढ़ाये थे, उसी प्रकार तुम भी अपने पैर बढ़ाओ।

"हनुमान्, बह्मदेव भी मर सकता है, किन्तु तुम्हारी मृत्यु कभी नहीं होगी। तुमने सर्वशास्त्रों का गहन अध्ययन किया है। विषयों का ठीक-ठाक प्रतिपादन करने की शक्ति भी तुममें है। तुम्हारे बल-विक्रम और तेज को देखकर काल भी काँप उठता है। तुममें कर्तव्य करने की अद्‌भुत क्षमता और दृढ़ता है। विष का पान करने वाले शिवजी के समान ही तुममें धनघोर युद्ध करने की शक्ति भी विद्यमान है।

अत्युष्ण रक्तवर्ण अग्नि से, जल से तथा प्रचण्ड वायु से भी तुम मरने वाले नहीं हो। अनेकविध प्रसिद्ध दिव्य आयुधों से भी तुम्हारा विनाश नहीं हो सकता। तुम्हारा उपमान कुछ बताना हो, तो केवल तुम्हीं अपने उपमान हो। एक बार कूदो, तो तुम इस ब्रह्माण्ड से भी परे जा पहुँचोगे।

"अच्छे गुणों को ही नहीं, बुरे गुणों को पहचान कर, स्पष्ट कहने की सामर्थ्य तुममें है। स्वयं ही कर्तव्य को जानकर उसे पूर्ण करने की शक्ति तुममें है। तुम शत्रुओं पर विजय प्राप्त कर सकते हो। लंका में जाकर लौट आने की शक्ति भी तुम ही रखते हो। तुम अजेय से अजेय शत्रुओं पर विजय पा सकते हो। यदि शत्रुगण अपना बल दिखावें, तो उन्हें मारने की शक्ति भी तुममें है। तुम्हारा भुजबल सदैव ही बढ़ता रहता है।

"तुम्हारी महिमा मेरु से भी ऊँची है। मेघ से बरसने वाले जल की बूँद में भी प्रवेश करने की शक्ति तुममें है। धरती को उठा लेने का बल तुममें है। कोई भी पाप भावना तुममें नहीं है। तुम्हारी ऐसी शक्ति है कि सूर्यदेव को भी अपने सुन्दर करों से छू सकते हो। तुमने उचित उपायों को सोचकर, धर्म का नाश किये बिना युद्ध-कुशल बाली का वध करवाया। तुम्हारा बुद्धि-कौशल ऐसा है। तुम्हारी भुजाओं में ऐसी शक्ति है कि यदि तीनों लोक भी तुम्हारा सामना करने आयें, तो उन भुजाओं के लिये त्रिभुवन की वस्तुएँ भी कुछ चीज

नहीं होंगी। सूर्य के निकट, उनके रथ के आगे चलते हुए तुमने व्याकरण तथा अन्य शास्त्रों का अध्ययन किया था।"

"तुम नीति में स्थिर हो, सत्यपूर्ण हो, मन में कभी स्त्री-संगति का विचार तक नहीं लाते। तुम अखण्ड बाल ब्रह्मचारी हो। सब वेदों का सांगोपांग अध्ययन किया है। ब्रह्मा की आयु से भी अधिक आयु वाले हो। तुम भी ब्रह्माओं में से एक कहलाते हो।"

"महिमामय भगवान् श्रीरामचन्द्रजी की भक्ति से युक्त हो। तुम्हें अपने कर्तव्य का पूर्ण ज्ञान है। तुम्हारे ऊपर सीता के अन्वेषण का उत्तरदायित्व सौंपा गया है। बिना किसी बाधा के पूर्ण करने का सामर्थ्य भी तुममें है। तुमने अपने मन में दृढ़ रूप से यह स्थापित कर लिया है कि एकमात्र पुण्य ही सदा स्थिर रहने वाला है।

"समय अनुकूल न होने पर तुम दबकर रह सकते हो। यदि युद्ध छिड़ जाय, तो उसमें सिंह के समान शक्तिमान हो सकते हो। सोच-विचार करके जो कार्य प्रारम्भ किया हो, केवल उसी को नहीं, किन्तु किसी भी नवीन कार्य को पूर्ण करने की शक्ति तुममें है। कठिन से कठिन बाधाएँ उत्पन्न होने पर भी तुम पीछे हटने वाले नहीं हो। सभी इच्छित वस्तुओं को प्राप्त करने की शक्ति तुममें है।

"केवल तुम्हीं इस समुद्र को पार करने की शक्ति रखते हो। अतः यहाँ से शीघ्र जाओ और हम सबको जीवन देकर यश प्राप्त करो। इससे तुम्हारी माता तुल्य सीता देवी भी प्रसन्न होंगी। वे विपदारूपी अपार सागर को पार कर सकेंगी।"

जाम्बवान् के ऐसा कहने पर पवनतनय का ऋषियों द्वारा यह शाप समाप्त हो गया कि तुम अपने बल को विस्मृत रहोगे; जब कोई व्यक्ति तुम्हें तुम्हारे महान् बल पराक्रम की स्मृति दिलायेगा, तभी तुम्हें अपने बल-पौरुष का यथार्थ बोध होगा। जामवन्त के मुँह से अपनी प्रशंसा सुनकर शक्तिपुंज हनुमान्जी ने अपने शरीर को और भी बढ़ाना प्रारम्भ किया। साथ ही हर्ष के साथ अपनी पूँछ को बारंबार घुमाकर अपने महान बल का स्मरण किया। जैसे पर्वत की विस्तृत कंदरा में सिंह अँगड़ाई लेता है, उसी प्रकार वायुपुत्र हनुमान्जी ने अपने समस्त शरीर को अँगड़ाई ले-लेकर बढ़ाया। अँगड़ाई और जँभाई लेते समय शक्तिमान् हनुमान्जी का दीप्तिमान मुख जलते हुए भाड़ तथा धूमरहित अग्नि के समान शोभा पाने लगा। वे वानरों के बीच से उठकर खड़े हो गये। उनके सम्पूर्ण शरीर में रोमांच हो आया। उसी अवस्था में हनुमान्जी ने सभी बड़े बूढ़े वानरों को प्रणाम करके विनयपूर्ण शब्दों में कहना प्रारम्भ किया, "तुम लोग ऐसे हो कि कुछ सोचने के पूर्व ही, ऊँची तरंगों से पूर्ण सातों समुद्रों को पार कर सकते हो, सब लोकों को जीत सकते हो और सीताजी का अन्वेषण करके उन्हें ला सकते हो। ऐसा होने पर भी मुझ ज्ञानहीन की लघुता को प्रकट करने के लिये तुमने मुझे यह आदेश दिया है। अब मेरे समान भाग्यवान् और कौन होगा।

"यदि तुम लोग कहोगे कि लंकापुरी को उखाड़कर ले आओ, तो मैं तुम्हारे आदेश

के अनुसार ही यह कार्य कर लूँगा। शीघ्र ही तुम लोग अपनी आँखों से देख लोगे।

''जिस प्रकार विष्णु भगवान् ने वामनावतार में अपने एक पग से ही समस्त पृथ्वी को नाप लिया था, उसी प्रकार एक शत योजन सागर को एक पग में समाता हुआ मैं इस विशाल समुद्र को पार करूँगा। यदि इन्द्र आदि देवता भी आकर रावण की ओर से मेरे साथ युद्ध करेंगे, तो भी लंका में निवास करने वाले सब राक्षसों का संहार करके अपने कार्य को मैं अवश्य पूरा करूँगा।

''यदि समुद्र उमड़कर सारी धरती को डुबोने लगे या यह सारा ब्रह्माण्ड ही टूटकर अंतरिक्ष में उड़ जाय, तो भी मैं, मेरे प्रति दिखाई गयी तुम्हारी कृपा और प्रभु श्रीराम की आज्ञा इन दोनों को ही पंख बनाकर इस समुद्र को अवश्य पार कर जाऊँगा।

''कई सहस्त्र योजनों तक फैले हुए मेरुगिरि की, मैं बिना विश्राम लिये ही सहस्त्रों बार परिक्रमा कर सकता हूँ। अपनी भुजाओं के वेग से समुद्र को विक्षुब्ध करके उसके जल से मैं पर्वत, नदी और जलाशयों सहित सम्पूर्ण जगत को आप्लावित कर सकता हूँ। वरुण का निवास स्थान यह महासागर मेरी आँखों और पिंडलियों के वेग से विक्षुब्ध हो उठेगा और उसके भीतर रहने वाले बड़े-बड़े ग्राह ऊपर आ जायेंगे।

''श्रेष्ठ वानरो, उदयाचल से चलकर अपने तेज से प्रज्ज्वलित होते हुए सूर्यदेव को मैं अस्त होने से पहले ही छू सकता हूँ और वहाँ से पृथ्वी तक आकर यहाँ पैर रक्खे बिना ही पुनः उनके पास तक बड़े भयंकर वेग से जा सकता हूँ। आकाशचारी समस्त ग्रह-नक्षत्र आदि को लाँघकर आगे बढ़ जाने की शक्ति मुझमें है, मैं चाहूँ तो समुद्रों को सोख लूँगा, पृथ्वी विदीर्ण कर दूँगा और कूद-कूदकर पर्वतों को चूर-चूर कर दूँगा। महान वेग से महासागर को फाँदता हुआ मैं अवश्य उसके पार पहुँच जाऊँगा।

''आज आकाश में जाते समय लताओं और वृक्षों के नाना प्रकार के विविध पुष्प मेरे साथ-साथ उड़ते जायेंगे। बहुत से फूल बिखरे होने के कारण मेरे मार्ग आकाश में अनेक नक्षत्रपुंजों से सुशोभित स्वातिमार्ग (छायापथ) के समान प्रतीत होगा। वानरो, आज समस्त प्राणी मुझे भयंकर आकाश में सीधे जाते हुए, ऊपर उछलते हुए और नीचे उतरते हुए देखेंगे।

''कपिवरो, तुम देखोगे, मैं महागिरि मेरु के समान विशाल शरीर धारण करके स्वर्ग को ढकता और आकाश को निगलता हुआ-सा आगे बढ़ूँगा। बादलों को छिन्न-भिन्न कर डालूँगा। पर्वतों को हिला दूँगा। मेघ से उत्पन्न हुई विद्युत की भाँति मैं पलक मारते-मारते सहसा निराधार आकाश में उड़ जाऊँगा।

''समुद्र को लाँघते हुए मेरा वही रूप होगा, जो तीनों पगों को बढ़ाते समय वामनरूपी भगवान् विष्णु का हुआ था। वानरो, मैं बुद्धि से जैसा देखता या सोचता हूँ, मेरे मन की चेष्टा भी उसके अनुरूप ही होती है। मुझे निश्चय जान पड़ता है कि मैं

विदेहकुमारी के दर्शन अवश्य करूँगा। अतः अब तुम लोग खुशियाँ मनाओ।

"वानरो, मैं वेग में वायुदेवता तथा विनतानंदन गरुण के समान हूँ। मेरा तो ऐसा विश्वास है कि इस समय मैं दस हजार योजन तक जा सकता हूँ। वज्रधारी इन्द्र अथवा स्वयंभू ब्रह्माजी के हाथ से भी मैं बलपूर्वक अमृत छीनकर, सहसा यहाँ ला सकता हूँ। समूची लंका को भी भूमि सहित उखाड़कर हाथ पर उठाये हुए चल सकता हूँ। ऐसा मेरा दृढ़ विश्वास है।"

अमित तेजस्वी वानर श्रेष्ठ हनुमानूजी जब इस प्रकार गर्जना कर रहे थे, उस समय सम्पूर्ण वानर अत्यंत हर्ष में भरकर चकित भाव से उनकी ओर देख रहे थे। उन्हें सुनकर जाम्बवान् को अत्यधिक प्रसन्नता हुई। वे बोले, "वीर, केसरी के सुपुत्र, वेगशाली पवनकुमार, तात, तुमने अपने बन्धुओं का महान शोक नष्ट कर दिया। यहाँ आये हुए सभी वानर तुम्हारे कल्याण की कामना कर रहे हैं। अब ये कार्य की सिद्धि के लिये एकाग्रचित्त हो तुम्हारे लिये मंगलकृत्य-स्वस्ति वाचन आदि का अनुष्ठान करेंगे। ऋषियों के प्रसाद, वृद्ध वानरों की अनुमति तथा गुरुजनों की कृपा से तुम इस महासागर के पार हो जाओ। जब तक तुम लौट कर यहाँ आओगे, तब तक हम सब तुम्हारी प्रतीक्षा में एक पैर से खड़े रहेंगे, क्योंकि हम सबका जीवन तुम्हारे ही अधीन है।"

तदनन्तर कपिश्रेष्ठ हनुमानूजी ने उन वानरों से कहा, "जब मैं यहाँ से छलाँग मारूँगा, उस समय संसार में कोई भी मेरे वेग को रोक नहीं सकेगा।"

अध्याय ५

समुद्र-लंघन

हनुमान्‌जी ने समुद्र लंघन के पूर्व वानरों से कहा, "इन महेन्द्र-शिखरों पर ही वेगपूर्वक पैर रखकर मैं यहाँ से छलाँग मारूँगा। यहाँ से सौ योजन के लिये छलाँग मारते समय महेन्द्र पर्वत के ये महान् शिखर ही मेरे वेग को धारण कर सकेंगे।"

हनुमान्‌जी के चलने से महेन्द्र पर्वत की स्थिति

इस प्रकार कहकर महापराक्रमी शत्रुमर्दन पवनकुमार हनुमान्‌जी पर्वतों में श्रेष्ठ महेन्द्र पर चढ़ गये। वह पर्वत नाना प्रकार के पुष्पयुक्त वृक्षों से भरा हुआ था। वन्य पशु वहाँ की हरी-हरी घास चर रहे थे। लताओं और पुष्पों के आधिक्य के कारण, वह सघन जान पड़ता था और वहाँ के वृक्षों में सदा ही फल-फूल लगे रहते थे। उसके वनों में सिंह और बाघ भी निवास करते थे, मतवाले गजराज भी विचरते थे। पक्षियों के समूह सदा कलरव किया करते थे। जल के स्रोतों और झरनों से वह पर्वत व्याप्त दिखाई देता था।

महाकाय हनुमान्‌जी के दोनों पैरों से दबा हुआ वह महान पर्वत सिंह से आक्रांत हुए मदमत्त गजराज की भाँति चीत्कार करने लगा। वहाँ के रहने वाले प्राणियों का शब्द ही मानो उसका आर्त चीत्कार था। उसके शिलासमूह इधर-उधर बिखर गये। उससे नये-नये झरने फूट निकले। वहाँ रहने वाले मृग और हाथी भय से थर्रा उठे और बड़े-बड़े वृक्ष झोंके खाकर झूमने लगे। अनेकानेक गन्धर्वों के जोड़े, विद्याधरों के समुदाय और उड़ते हुए पक्षी भी महेन्द्र पर्वत के विशाल शिखरों को छोड़कर भागने लगे। बड़े-बड़े सर्प बिलों में छिप गये तथा उस पर्वत के शिखरों से बड़ी-बड़ी चट्टानें टूट-टूटकर गिरने लगीं। इस प्रकार वह महान् पर्वत बड़ी दुरवस्था में पड़ गया।

भय से घबराये हुए ऋषि-मुनि भी उस पर्वत को छोड़ने लगे। जैसे विशाल दुर्गम वन में अपने साथियों से बिछुड़ा हुआ एक राही भारी विपत्ति में फँस जाता है, यही दशा उस महान् पर्वत महेन्द्र की हो रही थी। अतुलित पराक्रमी हनुमानूजी का मन वेगपूर्वक छलाँग मारने की योजना में लगा हुआ था। उन्होंने चित्त को एकाग्र करके मन ही मन लंका पहुँचने का निश्चय किया।

देवता, मुनि और तीनों लोकों के निवासी पंक्तियाँ बाँधकर शीघ्रता के साथ वहाँ आये और पुष्पों के गुच्छे, चंदन, सुगन्धित द्रव्य, रत्न आदि हनुमानूजी के ऊपर बिखेर कर कहा, "हे चतुर दूत, जाओ और विजयी बनकर लौटो।" इस मंगल वाक्य को सुनकर वीर हनुमानूजी और भी उत्साह से भर गये। हनुमानूजी ने सूर्य, इन्द्र, पवन, ब्रह्मा और देवयोनि को भी हाथ जोड़कर उस पार जाने का विचार किया। फिर पूर्वाभिमुख होकर अपने पिता पवनदेव को प्रणाम किया। तत्पश्चात् दक्षिण दिशा में जाने के लिये बढ़ने लगे।

बड़े-बड़े वानरों ने देखा जैसे पूर्णिमा के दिन समुद्र में ज्वार आने लगता है उसी प्रकार हनुमानूजी श्रीराम की कार्य सिद्धि के लिये बढ़ने लगे। उन्होंने अपने शरीर को बेहद बढ़ा लिया और अपनी दोनों भुजाओं तथा चरणों से उस पर्वत को दबाया। कपिवर हनुमानूजी के द्वारा दबाये जाने पर महेन्द्र पर्वत काँप उठा और दो घड़ी तक डगमगाता रहा। उसके ऊपर जो वृक्ष लगे थे, उनकी डालियों के अग्रभाग फूलों से लदे हुए थे, किन्तु उस पर्वत के हिलने से उनके सारे फूल झड़ गये। वृक्षों से झड़ी हुई उस सुगन्धित पुष्प राशि के द्वारा सब ओर आच्छादित हुआ वह पर्वत ऐसा जान पड़ता था, मानो वह फूलों का ही बना हुआ हो।

बलवान् पवनकुमार के भार से दबा हुआ महेन्द्र गिरि सुनहरे, रुपहले और काले रंग के जलस्रोत प्रवाहित करने लगा। पर्वत-पीड़न से पीड़ित हो-होकर वहाँ के समस्त जीव गुफाओं में घुस गये और बुरी तरह चिल्लाने लगे। पर्वत को दबाने के कारण उत्पन्न हुआ जीव-जन्तुओं का महान कोलाहल पृथ्वी, उपवन और सम्पूर्ण दिशाओं में व्याप्त हो गया।

उन्होंने अपनी विशाल भुजाओं को पर्वत पर जमाया। फिर ऊपर के सब अंगों को इस तरह सिकोड़ लिया कि वे कटि की सीमा में ही आ गए, साथ ही साथ उन्होंने दोनों पैरों को भी समेट लिया। अपनी दोनों भुजाओं और गर्दन को भी सिकोड़ लिया। उस समय उनमें तेज, बल और पराक्रम-सभी का आवेश हुआ। उन्होंने अपने लम्बे मार्ग पर दृष्टि दौड़ाने के लिये नेत्रों को ऊपर उठाया और आकाश की ओर देखते हुए प्राणों को हृदय में केन्द्रित किया। इस प्रकार ऊपर को छलाँग मारने की तैयारी करते हुए कपिश्रेष्ठ महाबली हनुमान् ने अपने पैरों को अच्छी तरह जमाया और कानों को सिकोड़कर उन्होंने अन्य वानरों से इस प्रकार कहा-"जैसे श्रीरामचन्द्रजी का छोड़ा हुआ बाण अमोघ गति से चलता है, उसे कोई भी रोक नहीं सकता. उसी प्रकार मैं भी रावण द्वारा पालित लंकापुरी

में जाऊँगा। इस प्रकार परिश्रम करने पर यदि मुझे लंका में जनकनंदिनी सीताजी नहीं दिखाई पड़ीं, तो इसी वेग से स्वर्गलोक में चला जाऊँगा। यदि मुझे स्वर्ग में भी उनका दर्शन नहीं होगा, तो राक्षस राज रावण को बाँध कर लाऊँगा। सर्वथा कृतकृत्य होकर मैं सीताजी के साथ लौटूँगा अथवा रावण सहित लंकापुरी को उखाड़ लाऊँगा।''

ऐसा कहकर वेगशाली वानर प्रवर श्रीहनुमान्जी ने विघ्न-बाधाओं पर कोई विचार न करके बड़े वेग से ऊपर की ओर छलाँग मारी। जिस समय वे कूदे, उस समय उनके वेग से आकृष्ट हो पर्वत पर उगे हुए सब वृक्ष उखड़ गये और अपनी सारी डालियों के सहित उनके साथ ही सब ओर से वेग पूर्वक उड़ चले।

समुद्र-लंघन के समय की छटा

हनुमान्जी मतवाले पक्षियों से युक्त, बहुसंख्यक पुष्पशोभित वृक्षों को अपने महान् वेग से ऊपर की ओर खींचते हुए निर्मल आकाश की ओर अग्रसर होने लगे। उनकी जाँघों के वेग से उखड़े हुए साल तथा दूसरे श्रेष्ठ वृक्ष उनके पीछे-पीछे उसी प्रकार चले जैसे राजा के पीछे उसके सैनिक चलते हैं। उन वृक्षों में से जो भारी थे, वे थोड़ी ही देर में गिरकर समुद्र में डूबने लगे। हनुमानजी के शरीर से उठी हुई वायु से प्रेरित हो वृक्षों के भाँति-भाँति के पुष्प हल्के होने के कारण जब समुद्र में गिरते थे, तब डूबते नहीं थे। इसलिये उनकी विचित्र शोभा होती थी। उन फूलों के कारण वह महासागर तारों से भरे हुए आकाश के समान सुशोभित होता था।

आकाश में फैलायी गयी उनकी दोनों भुजाएँ ऐसे दिखाई पड़ती थीं, मानो किसी पर्वत के शिखर से पाँच फन वाले दो सर्प निकले हुए हों। उस समय महाकपि हनुमान् ऐसे प्रतीत होते थे, मानो तरंग मालाओं सहित महासागर को पी रहे हों । वे ऐसे दिखाई दे रहे थे, मानो आकाश को भी पी लेना चाहते हों। वायु के मार्ग का अनुसरण करने वाले हनुमान्जी के दोनों अग्निपुंज नेत्र ऐसे जान पड़ते थे, मानों दो दावानल दहक रहे हों। लाल-लाल नासिका के कारण उनका सारा मुँह लाली लिए हुए था। अतः वह सन्ध्याकालीन सूर्यमण्डल के समान सुशोभित हो रहा था। आकाश में तैरते हुए पवनपुत्र हनुमान्जी की उठी हुई टेढ़ी पूँछ इन्द्र की ऊँची ध्वजा के समान जान पड़ती थी। जैसे ऊपर की दिशा से प्रकट हुई पुच्छयुक्त उल्का आकाश में जाती हुई देखी जाती है, उसी प्रकार अपनी पूँछ के कारण वे दिखाई देते थे। वे समुद्र के जिस-जिस भाग से जाते थे, वहाँ-वहाँ उनके अंग के वेग से उत्ताल तरंगें दिखाई देने लगती थीं। अतः वह भाग विक्षुब्ध सा दिखाई देता था। वे परम तेजस्वी महाकाय महाकपि हनुमान्जी आलम्बन हीन आकाश में पंखधारी पर्वत के समान जान पड़ते थे। उनके द्वारा खींचे जाते हुए श्वेत, अरुण, नील और मजीठ रंग वाले

बड़े-बड़े मेघ वहाँ मनोरम शोभा पा रहे थे। वे बारम्बार बादलों के समूह में घुस जाते थे और बाहर निकल आते थे। इस प्रकार से छिपते और प्रकाशित होते हुए चन्द्रमा के समान दृष्टिगोचर होते थे। उनको तीव्र वेग से जाते हुए देखकर देवता, गन्धर्व और चारण उनके ऊपर फूलों की वर्षा करते जाते थे। उस समय सूर्यदेव ने उन्हें ताप नहीं पहुँचाया और पवनदेव ने भी उनकी सेवा की। ऋषि-मुनि उनकी स्तुति करने लगे तथा देवता और गन्ध र्व उनकी प्रशंसा के गीत गाने लगे।

मैनाक पर्वत द्वारा उनका स्वागत

जिस समय कपिश्रेष्ठ हनुमान्जी उछलकर समुद्र पार कर रहे थे, उस समय इक्ष्वाकु-कुल का सम्मान करने की इच्छा से समुद्र ने मन ही मन विचार किया, ''यदि मैं वानरराज हनुमान्जी की सहायता नहीं करूँगा, तो लोगों की दृष्टि में मैं हेय और निन्दनीय हो जाऊँगा। मुझे इक्ष्वाकु-कुल के महाराज सगर ने बढ़ाया था । इस समय ये हनुमान्जी भी इक्ष्वाकुवंशी वीर श्रीरघुनाथजी की सहायता में तत्पर हैं। अतः इन्हें इस यात्रा में किसी प्रकार का कष्ट नहीं होना चाहिये।'' ऐसा सोचकर समुद्र ने अपने जल में छिपे हुए सुवर्णमय गिरिश्रेष्ठ मैनाक से कहा, ''शैल-प्रवर, ऊपर-नीचे, अगल-बगल में बढ़ने की शक्ति तुममें है। इसीलिये मैं तुम्हें आज्ञा देता हूँ कि तुम ऊपर की ओर उठो, जिससे श्रेष्ठ कपि तुम्हारे ऊपर कुछ काल तक ठहर कर विश्राम कर लें। वे हमारे श्रीरामचन्द्रजी के अनन्य भक्त एवं सेवक हैं। साथ ही हमारे अतिथि भी हैं। मैनाक, तुम्हारे ऊपर विश्राम कर लेने के पश्चात्, वे शेष मार्ग को सुखपूर्वक तय कर लेंगे।''

समुद्र की आज्ञा शिरोधार्य करके उस समय वह पर्वत समुद्र के ऊपर उठ आया। उस सुवर्णमय पर्वत को ऊपर उठा देखकर हनुमान्जी ने अनुमान किया कि यह कोई विघ्न उपस्थित हुआ है। अतः पवन जैसे बादल को छिन्न-भिन्न कर देता है, उसी प्रकार शक्तिपुंज हनुमान् ने बहुत ऊँचे उठे हुए मैनाक पर्वत के उस उच्चतर शिखर को अपनी छाती के धक्के से नीचे गिरा दिया। उनके उस महान् वेग का अनुभव करके पर्वत श्रेष्ठ मैनाक मनुष्य रूप धारण करके अपने ही शिखर पर स्थित हो इस प्रकार बोला, ''वानरशिरोमणे, आपने यह दुष्कर कर्म किया है। अब उतर कर मेरे इन शिखरों पर विश्राम कर लीजिए, फिर आगे की यात्रा कीजियेगा। आपके सत्कार के लिये समुद्र ने मुझे बड़े आदर से नियुक्त किया है। इस स्थान पर ये बहुत से सुगन्धित और सुस्वादु कन्द, मूल तथा फल हैं। इनका आस्वादन कीजिए और कुछ देर तक विश्राम कर लीजिये। इसके बाद आगे की यात्रा कीजिएगा । आप मेरे माननीय हैं। महात्मा वायु ने इन्द्र के कोप से मुझे उड़ाकर समुद्र में ढकेलकर मेरी रक्षा की थी। आप उन्हीं के यशस्वी पुत्र हैं। अतः

आप मेरे आतिथ्य को स्वीकार कर मुझे कृतकृत्य कीजिये। मैं आप जैसे माननीय पुरुष के दर्शन से अत्यधिक आह्लादित हूँ।"

मैनाक के ऐसा कहने पर श्रीहनुमान्जी ने उन्हें इस प्रकार उत्तर दिया, "मैनाक जी, मुझे भी आपसे मिलकर बहुत प्रसन्नता हुई है। मेरा आतिथ्य हो गया। अब आप अपने मन से यह दुःख अथवा चिन्ता दूर कर दीजिये कि इन्होंने मेरी पूजा नहीं ग्रहण की। मेरे कार्य का समय मुझे बहुत जल्दी करने के लिए प्रेरित कर रहा है। मैंने वानरों के सामने यह प्रतिज्ञा कर ली है कि मैं बीच में कहीं नहीं ठहरूँगा।" ऐसा कहकर उन्होंने हँसते हुए मैनाक का स्पर्श किया और आकाश में ऊपर उठकर चलने लगे। उस समय पर्वत और समुद्र दोनों ने ही अत्यधिक आदर से उनकी ओर देखा, उनका सत्कार किया और यथोचित आशीर्वादों से उनका अभिनन्दन किया। वे अत्यधिक ऊँचे उठकर बिना किसी आधार के आगे बढ़ने लगे। उनका यह अत्यन्त दुष्कर कर्म देखकर सम्पूर्ण देवता, सिद्ध और महर्षिगण उनकी प्रशंसा करने लगे।

नागमाता सुरसा द्वारा विघ्नोत्पत्ति

हनुमान्जी समुद्र के उस प्रदेश को उसी मुहूर्त में लाँघ गये । तब देवताओं, गन्धर्वों, सिद्धों और महर्षियों ने सूर्यतुल्य तेजस्विनी नागमाता सुरसा से कहा, "नागमाता, ये पवननन्दन श्रीहनुमान् समुद्र के ऊपर होकर जा रहे हैं । तुम दो घड़ी के लिये इनके मार्ग में विघ्न डाल दो । तुम पर्वत के समान अत्यन्त भयंकर राक्षसी का रूप धारण करो। उसमें विकराल दाढ़ें, पीले नेत्र और आकाश को स्पर्श करने वाला विकट मुँह बनाओ। हम लोग पुनः हनुमान्जी के बल और पराक्रम की परीक्षा लेना चाहते हैं। या तो किसी उपाय से तुम्हें जीत लेंगे अथवा विषाद में पड़ जायेंगे । इससे इनके बलाबल का ज्ञान हो जायेगा।"

देवताओं की बात सुनकर सुरसा ने अत्यन्त विकट और डरावना रूप धारण कर हनुमान्जी को घेरकर इस प्रकार बोली, "कपिश्रेष्ठ, देवताओं ने तुम्हें मेरा भक्ष्य बताकर मुझे अर्पित कर दिया है। अतः मैं तुम्हें खाऊँगी। तुम मेरे इस मुँह में चले आओ।" ऐसा कहकर वह तुरन्त ही अपना मुँह फैलाकर हनुमान्जी के सामने खड़ी हो गयी। हनुमान्जी ने प्रसन्नमुख होकर कहा, "देवि, मैं श्रीरामचन्द्रजी की आज्ञा से उनका दूत बनकर सीताजी के पास जा रहा हूँ। तुम भी उनके राज्य में निवास करती हो। अतः तुम्हें भी उनकी सहायता करनी चाहिए। उनके कार्य में विघ्न नहीं डालना चाहिए।

"अथवा यदि तुम मुझे खाना ही चाहती हो, तो मैं सीताजी का दर्शन करके अनायास ही महान् कर्म करने वाले श्रीरामचन्द्रजी से जब मैं मिल लूँगा, तब तुम्हारे मुख

में आ जाऊँगा। यह तुमसे सच्ची प्रतिज्ञा करके कहता हूँ।" हनुमान्जी के ऐसा कहने पर सुरसा बोली, "मुझे यह वर मिला है कि कोई भी मुझे लाँघ कर आगे नहीं जा सकता।" फिर भी हनुमान्जी को आगे बढ़ते देख उनके बल को जानने की इच्छा रखनेवाली नागमाता सुरसा ने उनसे कहा, "वानरश्रेष्ठ, आज मेरे मुँह में प्रवेश करके ही तुम्हें आगे जाना चाहिए। पूर्वकाल में विधाता ने मुझे ऐसा ही वर दिया था।" ऐसा कहकर सुरसा तुरन्त अपना विकराल मुँह फैलाकर हनुमान्जी के सामने खड़ी हो गयी।

सुरसा के ऐसा कहने पर हनुमान्जी कुपित हो उठे और बोले, "तुम अपना मुँह इतना बड़ा बना लो, जिससे तुम मेरा भार सह सको।" यों कहकर जब वे मौन हुए, तब सुरसा ने अपना मुँह दस योजन विस्तृत बना लिया। यह देखकर कुपित हुए हनुमान्जी भी तत्काल दस योजन बड़े हो गये। उन्हें दस योजन विस्तृत शरीर से युक्त हुआ देखकर सुरसा ने भी अपने मुख को बीस योजन बड़ा बना लिया। तब हनुमान्जी ने क्रुद्ध होकर तीस योजन अधिक बढ़ा दिया। फिर तो सुरसा ने भी अपने मुँह को चालीस योजन विस्तृत कर लिया। इस प्रकार अपना मुँह बढ़ाते-बढ़ाते जब सुरसा ने अपने मुँह का विस्तार सौ योजन कर लिया, तो हनुमान्जी अपना आकार अँगूठे के समान बनाकर उसके विकराल नरक के समान मुँह में प्रविष्ट हो गये और तुरन्त ही निकल भी आए। वे आकाश में खड़े होकर बोले, "दक्षकुमारी तुम्हें नमस्कार है। मैं तुम्हारे मुँह में प्रवेश कर चुका। लो, तुम्हारा वर भी सत्य हो गया। अब मैं उस स्थान को जाऊँगा, जहाँ विदेहकुमारी सीताजी विद्यमान हैं।"

राहु के मुख से छूटे हुए सूर्य की भाँति अपने मुँह से मुक्त हुए हनुमान्जी को देखकर सुरसा देवी अपने असली रूप में प्रकट होकर उन परम बुद्धिमान् हनुमान्जी से कहा, "कपिश्रेष्ठ, तुम भगवान् श्रीराम के कार्य की सिद्धि के लिए सुखपूर्वक जाओ। विदेहनन्दिनी सीताजी को महात्मा श्रीराम से शीघ्र मिलाओ।"

कपिप्रवर हनुमान्जी का यह तीसरा अत्यन्त दुष्कर कर्म देखकर सब प्राणी 'वाह-वाह' करके उनकी प्रशंसा करने लगे ।

सिंहिका राक्षसी का वध

सुरसा से मुक्ति पाकर पवनकुमार बड़े वेग से निराधार आकाश मार्ग से गमन करने लगे। उन्हें आकाश में उड़ते देखकर हलाहल विष के समान अंगारतारा (सिंहिका) नामक राक्षसी समुद्र से इस प्रकार उठी, मानो भयंकर नील समुद्र पर उमड़ते जल से युक्त एक दूसरा समुद्र छा गया हो। वह राक्षसी उन्हें देखकर गर्जन कर उठी, "मुझे पार कर जानेवाला तू कौन है ?"

वह राक्षसी दस कोस दूर तक देख सकती थी। वह अर्द्धचन्द्र सदृश खड्-दंतों से

युक्त थी। नीलकंठ शिव भगवान् के सदृश शुंडसहित हाथी के चर्म को अपने शरीर पर डाले हुए थी। उसका अति विशाल मुँह ब्रह्माण्ड के लिये निर्मित आवरण जैसा था। वह सिर ऊँचा करके खड़ी हो गयी और उसका सिर आकाश से टकराने लगा। हनुमानूजी ने तुरन्त जान लिया कि यह एक ऐसी स्त्री है, जिसने करुणा के साथ-साथ धर्म को भी चबा डाला है।

उन्होंने यह अनुभव किया कि इस राक्षसी के खुले मुँह में से होकर जाने के अतिरिक्त अनन्त गगन में जाने का कोई दूसरा मार्ग नहीं है। अतः उसके समीप जाकर उन्होंने इस प्रकार कहा, "तुम्हें देखने से ऐसा प्रतीत होता है कि तुमने छाया ग्रहण करने का वर प्राप्त किया है। किसी की परछाईं को पकड़कर तुम उसे आक्रांत करने के वर से युक्त हो। तुम्हारे द्वारा मेरी परछाईं को ग्रहण करने पर किंचित भी श्रान्त हुए बिना मैं गमन करता ही रहा। मेरे ऐसे वेग को भी देखकर तुमने मुझे पहचाना नहीं। अपने बदनरूपी गहर से समस्त अंतरिक्ष में व्याप्त होकर मेरे मार्ग को रोक कर खड़ी हो गयी। तुम कौन हो और क्यों यहाँ आकर खड़ी हो ?"

हनुमानूजी की बात सुनकर सिंहिका ने उत्तर दिया, "मूढ़ तुम यह विचार छोड़ दो कि मैं केवल स्त्री हूँ। मेरे पास आने पर देवताओं का भी मरण निश्चित है। स्वयं यम भी आ जाये और मेरे शिकार को बचाने की चेष्टा करे, तो भी मेरे दृष्टि-पथ में आगत प्राणियों को खाने की मेरी इच्छा का दमन नहीं कर सकता।"

इस प्रकार कहकर उस राक्षसी ने खड्ग-दंतों से युक्त अपने महा विकराल मुँह को विशाल रूप में खोला। महिमायुक्त हनुमानूजी ने उसके उदर में प्रवेश किया। 'हनुमानूजी गत हो गये'-यह सोचकर धर्मदेव भी रो पड़े। देवगण व्याकुल हो उठे। किन्तु एक क्षणमात्र के भीतर ही उसके उदर से हनुमानूजी इस प्रकार बाहर निकल आये, मानो भीमकाय नरसिंह भगवान् स्तम्भ को भेद कर बाहर निकल आए हों। वह राक्षसी दहाड़ कर रो उठी। इधर क्षणमात्र में हनुमानूजी उसकी आँतों को अपने विशाल दीर्घ हस्तों में लिए हुए अंतरिक्ष में प्रकट हुए।

दैव के अनुग्रह, स्वाभाविक धैर्य तथा कौशल से उस राक्षसी को मारकर वे मनस्वी वानरवीर पुनः वेग से बढ़कर बड़े हो गए। सिंहिका के प्राणशून्य होकर जल में गिरने पर, आकाश में विचरनेवाले प्राणी उस कपिश्रेष्ठ से बोले, "कपिवर, तुमने यह अत्यन्त भयंकर कर्म किया है। अब तुम बिना किसी विघ्न-बाधा के अपना अभीष्ट कार्य सिद्ध करो। वानरेन्द्र, जिस पुरुष में तुम्हारे समान धैर्य, सूझबूझ, बुद्धि और कुशलता, ये चार गुण होते हैं, उसे अपने कार्य में कभी असफलता नहीं होती।"

उन आकाशचारी प्राणियों ने हनुमानूजी का बहुत सत्कार किया। इसके पश्चात् हनुमानूजी आकाश में चढ़कर गरुड़ के समान वेग से उड़ने लगे। सौ योजन अन्त में प्रायः

समुद्र के पार पहुँचकर उन्होंने विचार किया, अहो, मेरे शरीर की विशालता तथा मेरा यह तीव्र वेग देखते ही राक्षसों के मन में मेरे प्रति बड़ा कौतूहल होगा। वे मेरा भेद जानने के लिए बहुत उत्सुक हो जायेंगे। ऐसा सोचकर वे अपने पर्वताकार शरीर को संकुचित कर पुनः अपने वास्तविक स्वरूप में स्थित हो गये।

अध्याय ६

लंका-प्रवेश

महाबली हनुमान्‌जी अलंघनीय समुद्र को पार करके त्रिकूट नामक पर्वत के शिखर पर स्वस्थ भाव से खड़े हो लंकापुरी की शोभा देखने लगे। उस पर्वत पर स्थित हो उन्होंने बहुत से वन और उपवन देखे। लंकापुरी के चारों ओर खुदी हुई खाइयाँ, उसके भव्य भवनों, राजमार्गों, फाटकों, सोने के बने हुए विशाल परकोटों, नीलम के बने हुए चबूतरों, सेनाओं और प्रहरियों को देखकर आश्चर्य विभोर हो गये। राक्षसों के सदनों के साथ प्रायः वाटिकाएँ थीं। लंका में कोई शोभाहीन, संपत्तिविहीन गृह नहीं दिखायी पड़ता था।

राक्षस सायंकाल गृहों से निकल पड़े थे। वे गर्जना करते थे। अकारण एक दूसरे से झगड़ते जान पड़ते थे। उनकी चलने की गति से स्पष्ट जान पड़ता था कि उन्होंने छककर सुरापान किया है। कज्जल, कृष्णवर्ण, प्रायः अरुणाभ श्मश्रुकेश, वज्रकाय, प्रचण्डवपु। कोई दुर्बल, शीर्ण शरीर और शिथिल नहीं दिखलायी पड़ता था।

स्थान-स्थान पर मल्लशालाएँ थीं। उनमें राक्षसों ने मल्लयुद्ध प्रारम्भ कर दिया था। किन्तु मल्लशालाओं के समीप बहुत बीभत्स दृश्य भी थे। राक्षस जीवित महिषों को ऐसे चबा रहे थे, जैसे कोई मूली चबा रहा हो। दिननाथ अस्ताचल पहुँचे। थोड़ी देर में अंधकार ने दिशाओं को आच्छादित कर लिया। लंका भवन-भित्तियों पर तथा कलशों पर लगी मणियों के प्रकाश से जगमगाने लगी। निशाचर रात्रिचर होते हैं। रात्रि के तृतीय पहर के अन्त में जब सात्विक पुरुषों के जागरण का समय होता है, तब उन्हें निद्रा आती है। हनुमान्‌जी के नगर-प्रवेश का यही उपयुक्त काल भी था। रात्रि के प्रथम और द्वितीय प्रहर में भोगी निशाचर आपान गृहों में, नृत्यशालाओं में तथा अन्य विनोद-विलास स्थानों में एकत्र होकर तन्मय हो जाने वाले थे।

लंकिनी से साक्षात्कार

रावण के सैनिक हाथों में अस्त्र-शस्त्र धारण किये पुरी की रक्षा करते थे। अतः दूसरा कोई व्यक्ति बलपूर्वक इसे अपने काबू में नहीं कर सकता था। हनुमानूजी ने अति लघुरूप धारण करके पुरी में प्रवेश करना चाहा। इतने ही में उस नगरी की अधिष्ठात्री देवी लंका ने अपने स्वाभाविक रूप में प्रकट होकर उन्हें देखा। हनुमानूजी को देखकर वह उठ खड़ी हुई। उसका मुँह बहुत भयावना और विकट था। वह उनके सामने खड़ी हो गयी और गर्जना करती हुई बोली, "वनचारी वानर, तू कौन है और किस कार्य से यहाँ आया है ? अपने यहाँ आने का यथार्थ रहस्य मुझे बता दे। वानर, रावण की प्रबल सेना सब ओर से इस पुरी की सतर्कता पूर्वक रक्षा करती है। अतः निश्चय ही तू इस लंका में प्रवेश नहीं कर सकता।"

हनुमानूजी लंकिनी की बात सुनकर बोले, "क्रूर स्वभाव वाली नारी, तू मुझसे जो कुछ पूछ रही है, उसे मैं ठीक-ठीक बता दूँगा । किन्तु पहले यह तो बता तू है कौन ? तेरी आँखें अत्यंत भयंकर हैं। तू इस नगर के द्वार पर क्यों खड़ी है ? क्या कारण है कि तू इस प्रकार क्रोध करके मुझे डाँट रही है ?"

हनुमानूजी की यह बात सुनकर इच्छानुरूप रूपधारिणी लंका ने कुपित होकर उनसे कहा, "वानर, मैं महामना रावण की सेवा करने वाली उनकी प्रसिद्ध सेविका हूँ। मैं इस नगरी की रक्षा करती हूँ। मैं इस नगरी की अधिष्ठात्री देवी हूँ। मेरा नाम लंकिनी है। मुझ पर आक्रमण करना अथवा मुझ पर विजय प्राप्त करना अत्यंत कठिन है। मेरी अवहेलना अथवा तिरस्कार करके इस पुरी में प्रवेश करना किसी के लिये भी सम्भव नहीं है। आज मेरे हाथ से मारा जाकर तू प्राणहीन हो इस पृथ्वी पर शयन करेगा। अथवा मैं तुझे कच्चा ही चबा जाऊँगी। वानर, मैं स्वयं ही लंका नगरी हूँ। अतः सब ओर से इसकी रक्षा करती हूँ। यही कारण है कि मैंने तेरे प्रति कठोर वाणी का प्रयोग किया है।"

लंकिनी की बात सुनकर हनुमानूजी ने इस प्रकार कहा, "लंकिनी, मैं अट्टालिकाओं, परकोटों और नगर द्वारों सहित इस लंकापुरी को देखूँगा। इसी प्रयोजन से यहाँ आया हूँ। इसे देखने के लिये मेरे मन में बड़ा कौतूहल है। इस लंका में जो वन, उपवन, कानन और मुख्य-मुख्य भवन हैं, उन्हें देखने के लिये मैं यहाँ आया हूँ।"

हनुमानूजी की बात सुनकर लंका कर्कश वाणी में बोली, "खोटी बुद्धि वाले नीच वानर, राक्षसेश्वर रावण के द्वारा मेरी रक्षा हो रही है। तू मुझे परास्त किये बिना इस पुरी को नहीं देख सकता।"

लंका की बात सुनकर हनुमानूजी ने उससे पुनः कहा, "भद्रे, इस पुरी को देखकर मैं फिर जैसे आया हूँ, उसी तरह लौट जाऊँगा।"

यह सुनकर लंकिनी ने बड़ी भयंकर गर्जना करके हनुमान्‌जी को बड़े जोर से एक थप्पड़ मारा। लंका के झापड़ की चोट खाकर हनुमान्‌जी ने बड़े जोर से सिंहनाद किया और बायें हाथ से एक मुक्का जमा दिया। उसे स्त्री समझकर हनुमान्‌जी ने अधिक क्रोध नहीं किया। किन्तु उनके इस लघु प्रहार से ही उस निशाचरी के सारे अंग व्याकुल हो गये। वह पृथ्वी पर गिर पड़ी। उसका मुख अत्यंत भयानक दिखाई पड़ता था। उसके मुख से रक्त की धारा बहने लगी।

इधर अत्यंत उद्विग्न हुई लंका उन वानरवीर हनुमान्‌जी से अभिमान शून्य गद्‌गद् वाणी में इस प्रकार बोली, "महाबाहो, प्रसन्न होइये। कपिश्रेष्ठ, मेरी रक्षा कीजिये। सौम्य, महाबली सत्वगुणशाली वीर पुरुष शास्त्र की मर्यादा पर स्थिर रहते हैं। शास्त्र में स्त्री को अवध्य बताया गया है। इसलिए आप मेरे प्राण न लीजिये। आपने अपने महान् पराक्रम से मुझ लंकापुरी को परास्त कर दिया है। वानरेश्वर, मैं आपसे एक सच्ची बात बता रही हूँ। साक्षात् स्वयंभू ब्रह्माजी ने यह वर दिया था-"जब कोई वानर तुझे अपने पराक्रम से अपने वश में कर ले, तब तुझे यह समझ लेना चाहिए कि अब राक्षसों पर महान् भय आ पहुँचा है। सौम्य, आपका दर्शन पाकर आज मेरे सामने वही घड़ी आ गयी है। ब्रह्माजी ने जिस सत्य का निश्चय कर दिया है, उसमें से कोई उलट-फेर नहीं हो सकता। अब सीताजी के कारण दुरात्मा राजा रावण तथा समस्त राक्षसों के विनाश का समय आ पहुँचा है।

"अब आप इस रावणपालित पुरी में प्रवेश कीजिये और यहाँ जो-जो कार्य करना चाहते हैं, उन सबको पूर्ण कर लीजिये। अब यह सुन्दर पुरी अभिशाप से नष्टप्राय हो चुकी है। अतः इसमें प्रवेश करके आप स्वेच्छानुसार सुखपूर्वक सर्वत्र सती-साध्वी जनकनन्दिनी सीताजी की खोज कीजिये। हे तात्, मेरे महान् पुण्य का यह प्रभाव है कि मैंने अपने नेत्रों से भगवान् श्रीरामचन्द्र के प्रिय भक्त और दूत का दर्शन किया है। भगवान् श्रीराम की कृपा से विष अमृत के रूप में परिणत हो जाता है और शत्रु मित्र बन जाता है। उनकी महती अनुकम्पा से सुमेरु ऐसा महान् पर्वत धूलिकण के समान हो जाता है और गरुड़ जैसे पराक्रमी भी अति सामान्य जीव प्रतीत होते हैं।"

रावण के अन्तःपुर में प्रवेश

निशाचरी लंकिनी के ऊपर विजय प्राप्त करके परम पराक्रमी हनुमान्‌जी ने भगवान् श्रीराम को हृदय में धारण करके और अत्यंत छोटा रूप धारण कर लंकापुरी में प्रवेश किया। उन्होंने रावण के अंतःपुर में प्रविष्ट होकर सीताजी को ढूँढ़ना प्रारम्भ किया। सहस्रों महापराक्रमी निशाचर राक्षसराज रावण के अंतःपुर की रक्षा में तत्पर थे। वे बड़ी सजगता

और सतर्कता से पहरा दे रहे थे। रावण के अंतःपुर में उन्होंने अनेकानेक सुन्दरियों को देखा। वे अपने यौवन, रूप, स्वभाव, चांचल्य, कामक्रीड़ा आदि से अप्सराओं को भी मात कर रही थीं। उन्होंने रावण के पुष्पक विमान का भी बड़े ध्यान से निरीक्षण किया। उस पुष्पक विमान को उसने कुबेरजी से छीन कर अपने अधिकार में कर लिया था। पुष्पक विमान की सुख-सुविधा, ऐश्वर्य और सौन्दर्य को देखकर हनुमान्जी आश्चर्य में पड़ गये। उन्होंने, रावण के अंतःपुर, पुष्पक विमान आदि का कोना-कोना छान डाला, पर सीताजी का दर्शन उन्हें न प्राप्त हुआ। रावण की कोई भी भार्या ऐसी नहीं थी, जो उत्तम कुल में न उत्पन्न हुई हो अथवा जो कुरूप, अनुदार या कौशल-रहित, उत्तम वस्त्राभूषण एवं माला आदि से वंचित, शक्तिहीन तथा प्रियतम को अप्रिय हो। रावण के अन्तःपुर में उन्होंने एक ऐसी सुन्दरी को देखा, जो सबकी स्वामिनी थी। वह गोरे रंग की थी। उसकी अंगकान्ति सुवर्ण के समान दमक रही थी। वह अपने मनोहर रूप से सुशोभित हो रही थी। वह वहाँ सो रही थी। वह मन्दोदरी थी। उसके अनुपम सौन्दर्य, रूप-माधुरी से प्रभावित होकर महाबाहु पवनकुमार ने अनुमान किया कि ये ही सीता जी हैं। फिर तो वे महान् हर्षयुक्त हो आनन्दमग्न हो गये। वे अपनी पूँछ को पटकने और चूमने लगे। अपनी वानरों जैसी प्रकृति का प्रदर्शन करते हुए आनन्दित होने, खेलने और गाने लगे, इधर-उधर आने-जाने लगे। वे कभी खंभों पर चढ़ जाते और कभी पृथ्वी पर कूद पड़ते थे। कुछ देर के पश्चात् हनुमान्जी अपनी स्वाभाविक स्थिति में आए और वे सीताजी के विषय में इस प्रकार चिन्ता करने लगे, "पतिव्रता सीता श्रीरामचन्द्र से बिछुड़ गयी हैं। इस दशा में वे न तो सो सकती हैं, न भोजन कर सकती हैं, न ही श्रृंगार एवं अलंकार धारण कर सकती हैं। फिर मदिरापान तो किसी प्रकार भी नहीं कर सकतीं। वे किसी दूसरे पुरुष के पास कदापि नहीं जा सकतीं। अतः अवश्य ही यह सीताजी नहीं, कोई दूसरी स्त्री है।"

ऐसा निश्चय करके वे कपिश्रेष्ठ सीताजी के दर्शन के लिये उत्सुक हो पुनः वहाँ की मधुशाला में विचरने लगे। उन्होंने ऐसी बहुत सी स्त्रियों को देखा जो देशकाल को जानने वाली, उचित बात कहने वाली थीं।

हनुमान्जी के मन में धर्मलोप की आशंका

उन सोती हुई स्त्रियों को देखते-देखते हनुमान्जी धर्म के भय से शंकित हो उठे। उनके मन में बड़ा भारी संदेह उपस्थित हो गया। वे सोचने लगे, "इस तरह गाढ़ निद्रा में सोई हुई पराई स्त्रियों को देखना अच्छा नहीं है। यह तो मेरे धर्म का सत्यानाश कर डालेगा। मेरी दृष्टि अभी तक कभी पराई स्त्रियों पर नहीं पड़ी थी। यहीं आकर मुझे पराई स्त्रियों का अपहरण करने वाले इस पापी रावण का भी दर्शन हुआ है। ऐसे पापी को देखना

भी धर्म का लोप करने वाला होता है।

धर्मलोप की आशंका का समाधान

तदनन्तर मनस्वी हनुमान्‌जी के मन में एक-दूसरी विचारधारा उत्पन्न हुई। उनका चित्त अपने लक्ष्य में सुस्थिर था। वे इस प्रकार सोचने लगे, "इसमें सन्देह नहीं कि रावण की स्त्रियाँ निःसंकोच सो रही थीं और उसी अवस्था में मैंने उन सबको अच्छी तरह देखा है, तथापि मेरे मन में कोई विकार नहीं उत्पन्न हुआ है। सम्पूर्ण इन्द्रियों को शुभ और अशुभ अवस्थाओं में लगने की प्रेरणा देने में मन ही कारण है। किन्तु मेरा मन पूर्णतः स्थिर और निर्विकार है। उसका कहीं राग या द्वेष नहीं है। इसलिये मेरा यह मन परस्त्री-दर्शन धर्म का लोप करने वाला नहीं हो सकता। फिर विदेहनन्दिनी को दूसरी जगह मैं ढूँढ भी तो नहीं सकता था, क्योंकि स्त्रियों को ढूँढ़ते समय उन्हें स्त्रियों के बीच ही देखा जाता है। जिस जीव की जो जाति होती है, उसी में उसे खोजा जाता है। अतः मैंने रावण के इस सारे अन्तःपुर में शुद्ध हृदय से ही माता जानकी का अन्वेषण किया है। किन्तु यहाँ वे नहीं दिखाई देती हैं।" फिर तो हनुमान्‌जी ने उस स्थान को छोड़कर अन्य सब स्थानों में यत्न से खोजना प्रारम्भ किया।

सीताजी के मरण की आशंका से हनुमान्‌जी का शिथिल होना

सीताजी के दर्शन को उत्सुक हनुमान्‌जी ने क्रमशः लता-मंडपों, चित्र-शालाओं, रात्रिकालिक विश्रामगृहों, छोटे तालाबों, पोखर-सरोवरों, सरिताओं, जंगलों, दुर्गम पहाड़ों सबको भली-भाँति देख लिया। इस लंकापुरी के आसपास की सारी भूमि खोज डाली, किन्तु मुझे कहीं भी जानकीजी का दर्शन नहीं हुआ। सम्पाति जी ने तो यहाँ रावण के महल में ही उन्हें बताया था। यह सोचकर हनुमान्‌जी सीताजी के मरण की आशंका से उद्विग्न हो उठे। उनका मन सीताजी के ध्यान और शोक में डूब गया। फिर वे इस प्रकार सोचने लगे, "जब तक मैं यशस्विनी सीताजी का दर्शन नहीं कर लूँगा तब तक इस लंकापुरी में बारंबार खोज करता रहूँगा।

"जनकनंदिनी सीता चाहे गुप्त गृह में अदृश्य करके रखी गयी हों, चाहे समुद्र में गिरकर प्राणों से हाथ धो बैठी हों अथवा श्रीरामचन्द्र के विरह का कष्ट न सह पाने के कारण उन्होंने मृत्यु की शरण ली हो, किसी दशा में श्रीरामजी को इस बात की सूचना देना उचित न होगा। यदि मैं सीताजी को देखे बिना ही यहाँ से किष्किन्धा लौट जाऊँगा तो मेरा पुरुषार्थ ही क्या रह जायेगा ? फिर तो मेरा यह समुद्र-लंघन, लंका में प्रवेश और

राक्षसों का देखना सब व्यर्थ हो जायेगा।

"किष्किन्धा पहुँचने पर मुझसे मिलकर सुग्रीव, अन्य वानर तथा वे दोनों दशरथकुमार क्या कहेंगे? यदि मैं वहाँ जाकर श्रीरामचन्द्रजी से यह कठोर बात कह दूँ कि मुझे जानकीजी का दर्शन नहीं हुआ, तो वे प्राणों का परित्याग कर देंगे। उनके प्राण त्याग करने पर परम भ्रातृस्नेही लक्ष्मणजी अपना शरीर त्याग देंगे। दोनों राजकुमारों के प्राण त्याग का समाचार सुनकर भरत और शत्रुघ्न भी इस संसार में जीवित ने रहेंगे। इस प्रकार समूचे रघुवंश का नाश हो जायेगा। कृतज्ञ और सत्यप्रतिज्ञ वानरराज सुग्रीव भी जब श्रीरामचन्द्रजी को ऐसी दशा में देखेंगे, तो वे स्वयं भी प्राण विसर्जन कर देंगे। उनके मरणोपरान्त रूमा, तारा, अंगद और सभी वानर भी असहाय और दुखार्त होकर अपने-अपने प्राणों को छोड़ देंगें। अथवा सारे वानर विष पी लेंगे या फाँसी लगा लेंगे या जलती आग में प्रवेश कर जायेंगे अथवा अपने ही शरीर में छुरा भोंक लेंगे।"

"मेरे वहाँ जाने पर बड़ा भयानक आर्तनाद होने लगेगा। इक्ष्वाकुवंश का नाश और वानरों का विनाश हो जायेगा। इसलिये मैं यहाँ से किष्किन्धापुरी तो नहीं जाऊँगा। सुग्रीव का भी दर्शन नहीं करूँगा। यदि मैं यहीं रहूँ और वहाँ न जाऊँ तो दोनों राजकुमार प्राण धारण किये रहेंगे और वे वेगशाली वानर भी जावित रहेंगे।

"जानकीजी के दर्शन न मिलने पर मैं यहाँ वानप्रस्थी हो जाऊँगा। मेरे हाथ पर अपने आप जो फल आदि खाद्य वस्तु प्राप्त हो जायेगी, उसी को खाकर रहूँगा। या परेच्छा से मेरे मुँह में जो फल आदि खाद्य वस्तु पड़ जायेगी, उसी से निर्वाह करूँगा तथा शौच संतोष आदि नियम के पालनपूर्वक वृक्ष के नीचे निवास करूँगा। या मैं चिता बनाकर जलती आग में प्रवेश कर जाऊँगा अथवा खुशी-खुशी जल समाधि ले लूँगा। मेरे विचार से इस तरह से परलोक गमन करना ऋषियों की दृष्टि में भी उत्तम ही है।" तदनन्तर धैर्यवान हनुमान् ने अपने पराक्रम का सहारा लेकर इस प्रकार सोचना प्रारम्भ किया।

पुनः खोजने का विचार करना

"अथवा महाबली दशमुख रावण का ही वध क्यों न कर डालूँ ? भले ही सीताजी का अपहरण हो गया हो, इस रावण को मार डालने से उस बैर का बदला सध जायेगा। अथवा इस दुरात्मा रावण को उठाकर समुद्र के ऊपर-ऊपर से ले जाकर बलिपशु की भाँति श्रीरामचन्द्रजी के हाथों में सौंप दूँ।" ऐसा सोचते-सोचते वे उत्साह से भर गए और इस प्रकार विचार करने लगे, "इधर यह बहुत बड़ी अशोक-वाटिका है। इसके भीतर विशाल वृक्ष हैं। इसमें मैंने अभी तक अनुसंधान नहीं किया है। अतः अब इसी में चलकर देखूँगा।" श्रीहनुमान्‌जी ने अपने आराध्य देव भगवान् श्रीरामजी का अत्यंत श्रद्धाभक्ति से स्मरण

किया। स्मरण करते ही उनका हृदय सात्विक भावों से भर गया। उनकी रग-रग में सात्विक चेतना का विस्तार हो गया। वे इस प्रकार सोचने लगे, "ओह, मेरे अनन्त करुणार्णव आराध्य ने मेरे भीतर भीरुता कैसे ला दी ? उन दयामय प्रभु ने मुझे आत्मघात ऐसे महापाप से उबार लिया। मैं कितनी भयंकर भूल करने जा रहा था। मैं सेवक-मेरा शरीर, मेरे प्राण, मेरी शक्ति-मेरा सब कुछ मेरे आराध्य देव श्रीराम के हैं। इस समय मैं उनके कार्य में लगा हूँ। वह कार्य अपूर्ण है और मैं हतोत्साहित हो गया। मैं अग्नि में प्रवेश करना चाहता था अथवा जल समाधि लेना चाहता था। अभिमानवश प्रभु की शक्ति का विस्मरण हो गया था। अब उनकी पुनः स्मृति आ गयी। उनके सारे कार्य तो स्वतः सिद्ध हैं। मुझे तो उन्होंने केवल निमित्त मात्र बनाया है।" ऐसा सोचकर हनुमान्जी अपने कर्तव्य के प्रति पुनः जागरूक हो गये।

विभीषण से साक्षात्कार

सीताजी की खोज में तत्पर, सफलता न मिलने पर हनुमान्जी का अन्तःकरण क्रन्दन कर रहा था-" रघुनाथ, श्रीराम आज समर्थ हो। आपने मुझे अम्बा की खोज में भेजा। मेरे ऊपर विशेष उत्तरदायित्व का भार रखा। आपका आशीर्वाद। आपकी अनुदान मुद्रिका क्या व्यर्थ हो जाएगी ? अपने चरणाश्रित इस छुद्र कपि की सहायता करो। अन्धकार में भटकते इसे पथ प्रदान करो परमसमर्थ। तुम किसी भी आर्त की पुकार अनसुनी नहीं करते।" इसी धुन में हनुमान्जी अशोक वाटिका की ओर आगे बढ़ रहे थे। उन्होंने चलते-चलते अपना सिर उठाया, तो सम्मुख जो भवन दिखलाई पड़ा, उसे वे देखते ही रह गये। उन्होंने सोचा, " लंका में ऐसा भवन ? मैं कल्पना भी नहीं कर सकता हूँ कि इस राक्षस पुरी में कोई वैष्णव भी रहते होंगे और इस प्रकार उन्हें प्रकट रूप में रहने दे रहा है, दशग्रीव ?"

यह भवन राक्षसेश्वर के युवराज, मेघनाद के भवन से कम विशाल तथा कम सुसज्जित नहीं था। किन्तु उस भवन की तीन विशेषताओं ने उन्हें आकर्षित कर लिया। भवन के सम्मुख विशाल प्रांगण में एक भव्य मंदिर था और उसके शिखर पर लगा चक्र सूचित कर रहा था कि यह हरि-मंदिर है। हनुमान्जी ने उस चक्र को मस्तक झुकाया। भवन द्वार के दोनों पार्श्वों के दक्षिण की ओर शंख और वाम पार्श्व में चक्र अंकित था। भवन प्रांगण में सुरभित पुष्प-वाटिका तो थी ही। एक ओर तुलसी के वीरुध लगे थे और उनकी स्थिति सूचित करती थी कि उनकी सेवा, उनका सिंचन ही भर नहीं होता, बल्कि उनकी चर्चा भी होती है। उस स्थल में सायंकाल का रखा गया धूप-दीप अभी तक प्रज्ज्वलित था।

हनुमान्जी सोचने लगे, "किसका होगा यह भवन् ? कितने प्रभावशाली होंगे ये महानुभाव कि दशग्रीव भी इनके इस आचार में आपत्ति नहीं करता ?" हनुमान्जी के इस उहापोह को अधिक अवसर नहीं मिला। गृहस्वामी उस समय निद्रा त्याग कर उठे। उनका स्वर सुनायी पड़ा-'श्रीराम जय राम जय जय राम' हनुमान्जी चकित होकर सोचने लगे, "मेरे आराध्य का स्मरण और यहाँ ?" उन्होंने निश्चय किया, "इन महानुभाव से परिचय करूँगा। ये निश्चय ही साधु और रामभक्त हैं। ये मेरे सहायक बनना न भी स्वीकार करें तो भी मेरे कार्य में बाधक नहीं बनेंगे। कोई सत्पुरुष किसी अपहृत अबला के उद्धार प्रयत्न में बाधक नहीं बन सकता। और ये निश्चय ही सत्पुरुष हैं।"

ऐसा विचार करके हनुमान्जी ने ब्राह्मण का वेश धारण किया। उस भवन के द्वार पर प्रहरी नहीं थे, अतः वे बेधड़क भीतर प्रविष्ट हो गये और उन्होंने 'श्रीराम' की मधुर पुकार लगायी। 'श्रीराम' की मधुर पुकार सुनकर विभीषण चौंक कर बाहर आ गये। उन्होंने हनुमान्जी को देखते ही अंजलि बाँधकर प्रणाम किया-"देव, यह पौलस्त्य दशग्रीवानुज विभीषण आपके पादारविन्दों में प्रणाम करता है।"

विभीषण शय्या त्याग कर सीधे आ गये थे। स्नान से पूर्व विप्र का स्पर्श न करने की मर्यादा का पालन हनुमान्जी को प्रसन्न करने के लिये पर्याप्त था। उन्होंने कहा, "आप कौन हैं ? हमारी पुरी तक पहुँचने के लिये आपको सौ योजन सागर पार करना पड़ा होगा और हम राक्षस कैसे हैं यह आपको अज्ञात न होगा। इतने पर भी आप यहाँ पधारे हैं, तो आपमें असाधारण शक्ति एवं महान बुद्धि-कौशल होना चाहिये। आपके आगमन का हेतु भी महान होना चाहिये। आपने मुझे दर्शन देने का अनुग्रह किया है। कहिये मैं किस सेवा के योग्य हूँ।"

हनुमान्जी तुरन्त समझ गये कि रावणानुज जितने सौम्य हैं, उससे बढ़कर बुद्धिमान हैं। उनसे कुछ छिपाना व्यर्थ था। सत्पुरुष की सहायता निश्छल व्यवहार के बिना नहीं प्राप्त की जा सकती। उन्होंने अपना परिचय और प्रयोजन स्पष्ट सूचित किया, "राक्षसराज विभीषण, मैं अयोध्या के अधीश्वर चक्रवर्ती महाराज दशरथ के ज्येष्ठ कुमार श्रीरामचन्द्रजी का दूत, वानरेन्द्र सुग्रीव का सेवक हनुमान् हूँ। राक्षसेश्वर रावण दण्डकारण्य से श्रीरघुनाथ जी की भार्या सीताजी का अपहरण करके यहाँ ले आये हैं। हमें पता लगा है कि लंका में कहीं उनको दशग्रीव ने रक्खा है। मैं उन जगदम्बा का दर्शन करना चाहता हूँ, यदि आपको उनका पता हो, तो उसे बताकर मुझे अनुग्रहीत करने की कृपा करें।"

विभीषण ने हनुमान्जी की जिज्ञासा पूर्ति के लिये उनसे कहा, "वानरेन्द्र, राक्षसेश्वर के राजसदन से लगा हुआ लंकाधिप का अत्यंत प्रिय अशोक वन है। उपवन के मध्य में कमल एवं कुमुदिनियों से परिपूर्ण सुन्दर सरोवर है। सरोवर के समीप ही भगवान भूतनाथ का भव्य मंदिर है। उस स्थान से थोड़ी दूर पर सघन शिंशुपा वृक्ष है। वह इतना विशाल

है कि आप दूर से ही उसे देख लेंगे। उसके नीचे कृशकाय, जटावेणीधारिणी, शोकमग्ना, पीतवर्णा, ज्योतिरेखा के समान देवी मैथिली के दर्शन आप कहीं दूर से छिपकर कर सकते हैं, क्योंकि वहाँ सशस्त्र राक्षसियाँ सदा सतर्क रहती हैं। मैं वहाँ नहीं जा सकता । मेरे अग्रज दशग्रीव के अतिरिक्त कोई दूसरा पुरुष उन तक नहीं जा सकता। उपवन के रक्षक भी वहाँ से दूर रहते हैं। उपवन में जाने का मुख्य मार्ग राजसदन से है, किन्तु बाहर से भी एक लघु द्वार उसमें जाने का है। उसी से मेरी पत्नी यदा-कदा सीताजी को आश्वासन देने जाती है। मैंने उसी से वहाँ का वृत्त सुना है।

"दशग्रीव को शाप है कि किसी नारी की इच्छा के विरुद्ध बलात्कार का प्रयत्न करेगा, तो तुरन्त ही उसकी मृत्यु हो जायेगी। देवी मैथिली ने यहाँ किसी भी भवन में जाना अस्वीकार कर दिया। उनका निर्णय सर्वथा उचित था। अतः अग्रज ने विवश होकर उन्हें अपने इस उपवन में रक्खा है।"

विभीषण की पूरी बात सुनकर हनुमानूजी ने उनसे प्रश्न किया, "राक्षसाधिराज, आपके प्रांगण का मंदिर, आपका यह वेश, आपकी हरिभक्ति को आपके अग्रज कैसे सहन करते हैं ? उनके परिवार आपको उत्पीड़ित नहीं करते ?"

विभीषण ने आँखों में आँसू भरकर गद्‌गद् कण्ठ से कहा, "भक्ति कहाँ है मुझमें ? एक राक्षस में कैसी भक्ति ? मेरे अग्रज प्रायः विजय-यात्राओं पर जाते रहते हैं। यहाँ के प्रशासन तथा व्यवस्था का दायित्व उन्होंने मुझे दे रक्खा है, क्योंकि हमारे मध्यम भ्राता शयन करते रहते हैं। युवराज मेघनाद युद्धयात्राओं में पिता के साथ रहते हैं। इस दायित्व के कारण राक्षसेश्वर का अनुज होने के कारण भी मुझे कोई उत्पीड़ित नहीं कर सकता। स्नेहवश कहिये या प्रशासन के लिये उपयोगी मानकर राक्षसेश्वर मेरे अपने व्यक्तिगत जीवन में, मेरी अर्चा एवं आचार में हस्तक्षेप नहीं करते; किन्तु मेरी अवस्था ठीक वैसे ही है, जैसे दाँतों के बीच जीभ की। जिनका संग, आचार सर्वथा प्रतिकूल है, उनका पालन करने को बाध्य हूँ। उनके अधर्म, उत्पात, अनाचार का मूक दर्शक-मूक समर्थक रहना पड़ता है मुझे। हनुमानूजी मैंने सुना है कि श्रीरामचन्द्रजी पूर्ण ब्रह्म के अवतार, परात्पर परम पुरुष हैं। वे अत्यंत दयासिंधु, भक्तवत्सल हैं। वे अधमोद्धारक हैं। क्या कभी मुझ जैसे अधम, पापिष्ठ, पतित राक्षस पर भी कृपा करेंगे ?"

हनुमानूजी ने उत्तर दिया, "राक्षसेश्वर, भक्तवत्सल श्रीराम ने मुझ ऐसे कपि को अपनाया है। कौन से सद्‌गुण धरे हैं, एक वानर में ? उस कृपावारापार को अपनाना ही आता है। वे किसी का त्याग नहीं करते-उस किसी को नहीं, जो उनके श्रीचरणों के सम्मुख आने को उत्सुक हैं।"

विभीषण आश्वस्त होकर बोले, "अब मुझे पूर्ण विश्वास हो गया हनुमानूजी। बिना परमात्मा की असीम अनुकम्पा हुए संत पुरुषों का दर्शन होना दुर्लभ होता है। इससे प्रतीत

होता है कि प्रभु ने मेरे ऊपर महान अनुग्रह किया है। उन्हीं के कृपा-प्रसाद ने आपने मुझे बरबस दर्शन दिया है।"

इस प्रकार श्रीरामजी के स्वभाव, शील और गुणों की चर्चा करते हुए वे दोनों भक्त अनिर्वचनीय आनन्द में स्थित हो गए। इसके पश्चात् हनुमान्जी सीताजी का दर्शन करने के लिये आतुर होकर तुरन्त चल पड़े। चलते समय उन्होंने श्रीरामचन्द्रजी तथा अन्य देवताओं को नमस्कार करते हुए इस प्रकार कहा, "लक्ष्मण सहित श्रीरामचन्द्रजी को नमस्कार है। जनकनंदिनी सीताजी को भी नमस्कार है। रुद्र, यम, इन्द्र और वायुदेवता को नमस्कार है तथा चन्द्रमा, अग्नि एवं मरुद्गणों को भी नमस्कार है। वानरेश्वर सुग्रीव को भी नमस्कार है।" इसके पश्चात् सम्पूर्ण दिशाओं की ओर देखते हुए वे अशोक वाटिका में जाने को उद्यत हुए। उन्होंने विचार किया, "अशोक वाटिका की रक्षा के लिये निश्चित ही बहुत से राक्षस तैनात किये गये होंगे। मैंने श्रीरामचन्द्रजी के कार्य की सिद्धि तथा रावण से अदृश्य रहने के लिये अपने शरीर को संकुचित करके छोटा बना लिया है। मुझे इस कार्य में ऋषियों सहित समस्त देवता सिद्धि-सफलता प्रदान करें। भगवती अम्बा सीताजी किस प्रकार मेरे दृष्टि पथ में आ सकती हैं ?"

महातेजस्वी हनुमान्जी किंचित् समय तक इसी प्रकार विचार करते रहे। तत्पश्चात मन ही मन सीताजी का ध्यान करके वे अशोकवाटिका की चहारदीवारी पर चढ़ गए।

अध्याय ७

सीताजी का दर्शन

अशोकवाटिका में द्वार ढूँढ़ने की आवश्यकता नहीं थी। उपवन में वे एक एकान्त स्थान पर नीचे कूद पड़े। वहाँ से उस शिंशुपा वृक्ष तक पहुँचने और उसके ऊपर जाकर सघन पत्तों में जाकर छिप जाने तक किसी ने उन्हें नहीं देखा। हनुमान्‌जी ने सीताजी का दर्शन किया। उनका शरीर धूप में रखे दीप के समान प्रकाशहीन हो गया था। वह तीक्ष्ण दंतों से युक्त व्याघ्र-समूह के मध्य फँसी हुई बालहरिणी जैसी थी।

सीताजी श्रीरामचन्द्रजी के ध्यान में निमग्न थीं। उनका ध्यान करके धरती पर मूर्च्छित होकर गिरना, खुलकर रोना, शरीर का अत्यंत उष्ण होना, भयग्रस्त होना, व्याकुल होना, दीन होना, नमस्कार करना, शिथिल होना, कम्पित होना, दुःख से पीड़ित होकर निःश्वास भरना, अश्रु बहाना-इन व्यापारों को छोड़कर वे अन्य कोई कार्य ही नहीं जानती थीं। उनके नेत्रों से निरन्तर अश्रुपात होता रहता था।

वहाँ जो राक्षसियाँ थीं, वे सब मैथिली के ही समीप उन्हें घेरे बैठी थीं। उन्हीं को देख रही थीं। वृक्ष पर पहुँचकर हनुमान्‌जी ने अपने को भली-भाँति छिपा लिया। उन्होंने अन्यत्र ध्यान नहीं दिया। हनुमान्‌जी ने शिंशुपा तरु के नीचे बैठी उन जगदम्बा के दर्शन किये। उनका रोम-रोम स्वेदार्द्र हो उठा। वे पवित्रता, शोक एवं वात्सल्य की साकार मूर्ति प्रतीत हो रही थीं। सृष्टि की समस्त पावनता उनके श्रीचरणों की छाया से सार्थक होती है। हनुमान्‌जी के मन में एक बात आयी, "श्रीरघुनाथजी ने अपने कार्य में मुझे निमित्त बनाकर कृतार्थ कर दिया।"

हनुमान्‌जी को दिव्यानुभूति हुई कि जगदम्बा, उनकी अपनी अम्बा ही उस तरु के नीचे बैठी थीं। उन पर दृष्टि पड़ते ही हनुमान्‌जी के हृदय ने पुकारना प्रारम्भ कर दिया-"हनुमान् आज तुझे तेरी वास्तविक अम्बा के दर्शन हुए। तू धन्य हो गया, कृतकृत्य हो गया।"

रावण का सीताजी के समीप आगमन

वृक्ष के पत्तों में छिपे हनुमान्जी सोच ही रहे थे कि कैसे अम्बा की चरणवन्दना का अवसर मिलेगा ? राक्षसियाँ वहाँ से हटें, इसका कोई ऐसा उपाय करना था जिससे अधिक कोलाहल न हो। किन्तु उन्हें कुछ करना नहीं पड़ा। वाटिका में बैठी राक्षसियाँ सतर्क होकर खड़ी हो गयीं। सीताजी भी सिकुड़कर बैठ गयीं। वे इतनी भयातुरा हो उठीं, जैसे मृगी ने व्याघ्र को समीप आता देख लिया हो।

हनुमान्जी ने इधर-उधर दृष्टि दौड़ायी। उन्हें राजभवन की ओर से आता हुआ दशग्रीव दिखालाई पड़ा। उसके साथ कोई दूसरा पुरुष नहीं था। केवल स्त्रियाँ थीं। हनुमान्जी ने जिस मयतनया को उसके समीप ही शय्या पर शयन करते देखा था, वह साथ ही आ रही थी। शयनकक्ष में उस समय जो सुन्दरियाँ, सेविकाएँ सुप्त थीं, प्रायः वे सब साथ थीं।

रावण शय्या से उठकर अवश्य अधूरी निद्रा से उठ कर आया था। उसके केश अस्त-व्यस्त थे। समीप आने पर पवनतनय ने देखा कि उसके नेत्रों में सुरापान की अरुणिमा थी। उसने मस्तकों पर मुकुट धारण कर लिये थे। कटि में खड्ग धारण कर ली थी। किन्तु शयन के वस्त्रों में ही था। उसके साथ की स्त्रियों ने भी केवल मुँह धोकर वस्त्रों को ठीक किया था। वैसे वे श्रृंगार किये ही शयनकक्ष में भी सुप्ता दीखीं थी।

दशग्रीव के आगे-आगे वे नारियाँ मशालें लिये चल रही थीं। केवल मंदोदरी साथ चल रही थी। पीछे कोई नहीं था। कोई सशस्त्र रक्षिका साथ नहीं थी। अपने अन्तःपुर के ही उपवन में आने के लिये राक्षसेश्वर को रक्षिकाओं की अपेक्षा नहीं थी।

रावण ने सीताजी के निकट पहुँचकर मृदु वाणी में उनसे इस प्रकार कहना प्रारम्भ किया, "परम सुन्दरी वैदेही, तुम्हारे स्वयंवर के ही समय मैं तुम्हें प्राप्त करने गया था। उसी समय आकाशवाणी ने मेरी बहिन के अपहरण की सूचना दी। दूसरे तुम्हारे पिताजी की प्रतिज्ञा उचित नहीं थी। वह धनुष मेरे आराध्य देव भगवान् आशुतोष शंकरजी का था। मैं उसे तोड़ नहीं सकता था, उसका आदर ही कर सकता था। दूसरा उससे शतगुणित भारी धनुष भी होता, तो मैं उसे उठाकर तोड़ सकता था। मैंने तो कैलाश भी महेश्वर के साथ उठा लिया है वह तो उनका धनुष ही था।"

इतना कहने के पश्चात् वह सीताजी की चाटुकारी करने लगा, "सुन्दरी, मेरी ओर एक बार देखो। त्रिभुवन विजयी रावण तुमसे प्रार्थना कर रहा है। मैं तभी से तुम्हें अपना हृदय दे चुका हूँ। तुम स्वीकार करो, तो इसी समय लंका की महारानी हो जाओगी। यह मय-तनया मेरी समस्त रानियों के साथ तुम्हारी दासी होकर रहने को प्रस्तुत हैं। अब वह आशा त्याग दो कि कोई मानव समुद्र पार करके तुम तक पहुँच सकेगा। देवता भी लंका

के सिंहासन को मस्तक झुकाते हैं। तुम उस सिंहासन पर मेरे पार्श्व में विराजमान होकर त्रिभुवन-साम्राज्ञी बनो।"

सीताजी ने वाम कर में एक तृण लेकर आगे कर दिया। वे अवनतवदना तनिक दूसरी ओर घूमी थीं। तृण-मानो दशग्रीव को तृण दिखाकर सूचित करती हों कि वह इतना ही तुच्छ है। उनकी तेजस्विता अतर्क्य थी। वे रावण से इस प्रकार बोलीं, "कदर्य कीट। केशरी की वधू को छलपूर्वक तब उठा लाया, जब स्वामी अनुपस्थित थे। उनके छोटे भाई के द्वारा खींची रेखा के उल्लंघन का साहस तक तुझमें नहीं था और अब एकाकिनी असहाया अबला के सम्मुख डींग हाँकता है।"

उनका तेज देखकर हनुमान्जी आनन्द, उत्साह और गौरव में निमग्न हो गये और मन ही मन कहने लगे, "धन्य हो अम्बा।"

इसके बाद सीताजी ने उसकी भर्त्सना इस प्रकार करनी आरम्भ की, "अधम राक्षस, तुमने पुरुषसिंह श्रीराम और लक्ष्मण के सूने आश्रम में घुसकर मेरा हरण किया था। वे दोनों उस समय माया मृग को मारने के लिये वन में गये हुए थे। नहीं तो तभी तुम्हें इसका फल मिल गया होता। श्रीराम और लक्ष्मण की तो गन्ध पाकर भी तुम उनके सामने नहीं ठहर सकते। क्या कुत्ता कभी दो-दो बाघों के सामने टिक सकता है ?"

"रात्रि में खद्योत बहुत चमकते हैं। दिनकर के उदय होने पर तूने देखा है कभी उन्हें ? तेरा यह सब चाकचिक्य केवल तब तक है, जब तक सूर्यवंश के परम गौरव मेरे प्रभु के सम्मुख नहीं पड़ता तू। वे मेरे प्राणनाथ श्रीराम सुमित्राकुमार लक्ष्मण के साथ आकर अपने बाणों द्वारा शीघ्र ही तुम्हारे प्राण हर लेंगे। ठीक उसी तरह जैसे सूर्य थोड़े से जल को अपनी किरणों द्वारा शीघ्र ही सुखा देते हैं। तुम श्रीराम के बाणों से मारे जाकर तत्काल प्राणों से हाथ धो बैठोगे, इसमें रंच मात्र संशय नहीं है, क्योंकि काल तुम्हें पहले ही मार चुका है।"

रावण ने क्रोध से दाँत पीसा और खड्ग खींच लिया तथा सीता से कहा, "तू मरने पर ही तुली हुई है तो मर।"

"कुटिल, नीच राक्षस, कान खोलकर सुन ले।" भगवती भूमिजा का स्वर तनिक भी कम्पित नहीं हुआ-"सीता के कंठ में या तो तेरी यह तलवार पहुँच सकती है या मेरे स्वामी की नवमेघसुन्दर विशाल भुजा। तू सागरीय मण्डूक सिंहवधू की प्राप्ति की दुराशा मत कर।"

इतना तिरस्कार, इतना अपमान राक्षसेश्वर रावण का उसकी महारानी और अन्य स्त्रियों के सम्मुख हुआ। क्रोध से उसने पैर पटका, दाँत पीसे और तलवार उठाकर झपटने को हुआ। हनुमान्जी ऐसी स्थिति में शिंशुपा वृक्ष से कूद ही पड़ने वाले थे। उन्होंने सोचा, "इस अधम राक्षस को मैं एक आघात से मार डालने में समर्थ हूँ।" ऐसा सोचकर उन्होंने

रावण को मार डालने का निश्चय कर लिया। किन्तु मन्दोदरी ने उस समय अपने सिंदूर की रक्षा कर ली। भले ही उसने समझा हो कि वह विदेहनंदिनी पर कृपा कर रही है।

मन्दोदरी ने रावण से कहा, ''स्वामी, आप समर्थ हैं। असहाय नारी पर हाथ उठाना आपके शौर्य के अनुरूप नहीं है। किसी दु:खिनी के दुर्वचनों पर ध्यान नहीं दिया जाता।'' इतना कहकर उसने पति के चरण पकड़ लिये।

रावण ने क्रुद्ध होकर उच्च स्वर में कहा, ''सीता, सुन ले अब। मैं केवल एक महीने और प्रतीक्षा करूँगा। तू कहती है कि मैं राक्षस हूँ तो हूँ मैं राक्षस। तेरा यही दुराग्रह बना रहा तो अवधि बीतने पर तेरा मांस प्रातराश (कलेवा) के लिये रन्धन करके राक्षसियाँ उपस्थित करेंगी। तू मेरे अंक में आने का निश्चय कर, अन्यथा तेरी काया मेरे उदर में पहुँच कर रहेगी।''

चलते-चलते दशग्रीव ने वहाँ की रक्षिकाओं को आदेश दिया, ''तुम सब अब इस पर कृपा करना बन्द करो। यह सेवा से, सौम्य प्रयत्न से नहीं समझ सकती। हम राक्षस किसी को कैसे समझाते हैं, यह तुम सब जानती हो। इसके लिये वही सब उचित है।''

दशग्रीव जैसे आया था, लौट पड़ा उसी मार्ग से। उसने पीठ फेरी और वहाँ की राक्षसियों ने अपने भल्ल, त्रिशूल, मुद्गर आदि उठा लिये। वे विकटानना, लंबोदरी, कराल-द्रंष्ट्रा, दीर्घनखा, व्याघिनी-नेत्रा भयंकरी राक्षसियाँ चारों ओर से घेरकर सीताजी पर मानो एक साथ टूट पडीं। एक राक्षसी ने कहा, ''मैं अभी तेरा सिर तोड़कर उसमें से निकला मस्तिष्क खा लूँगी। बड़ा स्वादिष्ट होगा तेरा सिर।''

दूसरी ने पंजे फैलाकर कहा, ''तेरे इन कपोलों का मांस मैं एक ग्रास बना लेती हूँ।''

कोई उनके हृदय तक त्रिशूल बढ़ा ले गयी। किसी ने मुँह फाड़कर अपना दुर्गन्धित, पीले-टेढ़े भयंकर दाँतों वाला मुख इस प्रकार सीताजी के मुख के समीप किया मानो उनकी नासिका को दाँतो से ही काट लेने वाली हो। अम्बा सीताजी ने नेत्र ही बंद कर लिये। हनुमान्‌जी के लिये यह देखना असह्य हो गया। लेकिन जैसे वे दशग्रीव को मारने नहीं कूद सके थे, वैसे ही इस क्षण भी बाधा पड़ी। उन राक्षसियों में से एक सबसे श्रेष्ठा लगती थी। कुछ सौम्याकृति थी। उसने तीन वेणियाँ बना रखीं थी। उसका नाम त्रिजटा था। उसने राक्षसियों को डाँटा, ''तुम सबको आज ही मरने की उतावली है? मैंने बड़ा भयंकर स्वप्न अभी राक्षसेश्वर के आने के पूर्व देखा है। तनिक नेत्र बंद हुए और मैंने जो देखा, वह बहुत अनर्थ सूचित करता है। इस समय का स्वप्न असत्य नहीं होता। मेरे प्रातःकाल के देखे गये स्वप्न कभी असत्य नहीं हुए, यह तुम सब जानती ही हो। निकट भविष्य में यह स्वप्न सत्य होने वाला है। बाप रे, स्वप्न भी कैसा ? भयानक विनाश!''

त्रिजटा की बात सुनकर सबकी सब राक्षसियों ने उसे घेर लिया और एक साथ

पूछा, "त्रिजटे, क्या देखा है तूने," त्रिजटा ने अपने स्वप्न को बतलाना आरंभ किया, "राक्षसियों, मैंने देखा, एक पर्वताकार कपि आया है कहीं से। उसकी पूँछ में अग्नि लगी है। वह नगर में अग्नि लगा रहा है। पूरी लंका धू-धू करके बड़े वेग से जल रही है। तत्पश्चात् मैंने देखा कि राक्षसेश्वर मुण्डित मस्तक काले वस्त्र पहिने गर्दभारूढ़ दक्षिण दिशा में प्रयाण कर रहा है। उसके सब बाहु कट चुके हैं। मैंने विभीषण को श्वेत वस्त्र, श्वेत अंगारागयुक्त, श्वेत छत्र धारण किये देखा। उनकी जय-जयकार हो रही है और श्रीराम ने सीता को बुलाने के लिये चर भेजा है।"

त्रिजटा का स्वप्न सुनकर राक्षसियों के मुँह खुले के खुले रह गये। भय से उनके नेत्र विस्फारित हो गये। उन्होंने आतंकित होकर पूछा, "त्रिजटे, तुम हममें बड़ी हो और साथ में बुद्धिमान भी। हमें करना क्या चाहिये, यह बतलाओ ?"

त्रिजटा ने दो टूक उत्तर दिया, "राक्षसियों, अब हम सबका हित सीताजी की सेवा करने में है।"

सब की सब राक्षसियों ने भयाक्रान्त होकर सीताजी से विनम्र शब्दों में प्रार्थना की, "वैदेही, हम सब तो तुम्हारी दासियाँ हैं। हमको क्षमा करना।"

इतना कहकर सबने सीताजी को भूमि पर झुक कर प्रणाम किया और उनसे कहा, "अब तुम थोड़ा विश्राम कर लो। हमारे रहने से तुम्हें उद्विग्नता होगी। हम सब घर जाती हैं। हमें भी निद्रा आ रही है।"

भले ही वे क्रूरा, कुरूपा राक्षसियाँ थीं किन्तु उनकी समझदारी प्रशंसा योग्य थी। रात्रि के इस चतुर्थ प्रहर में उन निशाचरियों को निद्रा सतावे, यह भी स्वाभाविक था और सीताजी को इस समय अकेली छोड़ने से अधिक उचित सेवा दूसरी थी नहीं।

"सखि त्रिजटे, अब यह सब सहने में मैं असमर्थ हो गयी हूँ। तुम मुझ असहाया की थोड़ी सहायता करने की कृपा और करो।" परम पुरुष की नित्य अभिन्ना महाशक्ति जगज्जननी एक तुच्छ निशाचरी से इस प्रकार अनुनय करें, यह देखकर किसका हृदय विदीर्ण नहीं होगा ? वे कातर कण्ठ से कह रही थीं, "थोड़ी अग्नि ला दो। कदर्य, राक्षस की घृणित वासनापूर्ण बातों को सुनने की शक्ति मुझमें नहीं है। अपने दयामय आराध्य देव की उपेक्षा भी अब सही नहीं जाती। मैंने कटु वचन कहकर उनके अनुज को तिरस्कृत किया था। वे भक्तापराध क्षमा नहीं करते यह मैं जानती हूँ। यह उनके करों से सत्कृत शरीर पापी, दुष्टात्मा राक्षस का आहार बने, इससे पूर्व मैं इसे पावक को समर्पित कर दूँगी। मेरे वस्त्रों में लगी आग, मुझे दग्ध कर देने को पर्याप्त है।"

जानकीजी की बात सुनकर त्रिजटा ने व्याकुल होकर उनसे निवेदन किया, "जनकनंदिनी, हम रात्रिचरों की परम्परा है कि रात्रि में वे किसी को भी अग्नि नहीं देते, इसे हम अपने लिये अपशकुन मानते हैं। अतः इस समय आप मुझे क्षमा करें।" इतना

कहकर वह सीताजी को प्रणाम करके चली गयी।

उसके कुछ दूर जाते ही शोकाकुल, व्याकुल, एकाकिनी सीताजी ने चारों ओर देखकर कहा, "हाय, अभागिनी, तुझे कोई एक अग्निचिनगारी देने वाला भी नहीं हैं? तेरा शरीर राक्षसों का आहार बने। यही तेरी नियति है ? किन्तु तब यह एक मास पीछे क्यों ? एक मास और इस नारकीय यंत्रणा को भोगकर, राक्षसाधम की न सुनने योग्य अपावन बात सुनकर तुझे मरना ही है तो अभी मरण में क्या हानि है ? अग्निदेव तेरे तन की आहुति नहीं लेना चाहते, न सही। इतनी दीर्घ वेणी है तेरी। इसे कण्ठ से लपेटकर तरुशिखा से बाँधकर तू लटक सकती है। तेरे निष्प्राण शरीर को फिर दशग्रीव खा ले या और कोई, तुझे क्या करना है ?

"मेरे आराध्य, मेरे अन्तर्यामी, इस दासी को क्षमा करना।" ऐसा कहकर वे महिमामयी उठ खड़ी हुईं। नीचे तक पहुँची एक शाखा को उन्होंने उठाकर स्पर्श किया और कहा, "देव, यह दासी भले आपके श्रीचरणों का दर्शन किये बिना देहत्याग कर रही है, दिग्देवता साक्षी रहें, यह केवल आपकी है-जन्म-जन्मान्तर तक आपकी ही रहेगी। हे नाथ, इसे आगे भी अपना लेने की अनुकम्पा करना।"

इस प्रकार प्राणत्याग करने को उद्यत हो जब वे श्रीराम, लक्ष्मण और अपने कुल के विषय में विचार करने लगीं, उस समय शुभांगी सीता के समक्ष ऐसे बहुत से लोक प्रसिद्ध श्रेष्ठ शकुन प्रकट हुए, जो शोक की निवृत्ति करने वाले और उन्हें धैर्य बँधाने वाले थे। उनकी बायीं भुजा और बायीं आँख एक साथ फड़कने लगी। उन शकुनों को देख और समझ कर वैदेही हर्ष से खिल उठीं। उनका शोक जाता रहा, सारी थकावट और पीड़ा दूर हो गयी। मन का ताप शान्त हो गया।

सीताजी से वार्तालाप करने के विषय में हनुमान्जी का विचार

पराक्रमी हनुमान्जी ने सीताजी का विलाप, त्रिजटा की स्वप्न चर्चा तथा राक्षसियों की डाँट-डपट-ये सब प्रसंग ठीक-ठीक सुन-देख लिये। हनुमान्जी तरह-तरह की चिन्ता करने लगे, "जिन सीताजी को हजारों-लाखों वानर समस्त दिशाओं में ढूँढ़ रहे हैं, आज मैंने उन्हें पा लिया। मैंने गुप्त रूप से शत्रु की शक्ति का भी पता लगा लिया। मैं सीताजी को सान्त्वना अवश्य दूँगा, क्योंकि वे शोक से अत्यधिक व्याकुल हैं। यदि मैं इन सती-साध्वी को सान्त्वना दिये बिना चला जाऊँगा, तो मेरा यह आना अधूरा और दोषयुक्त होगा।

"किन्तु उनसे बातचीत करने में एक बाधा है। यदि मैं शुद्ध संस्कृत वाणी का प्रयोग करूँगा, तो सीताजी मुझे रावण समझकर बेहोश हो जायेंगी। ऐसी दशा में अवश्य ही मुझे

उस सार्थक भाषा का प्रयोग करना चाहिये, जिसे अयोध्या के आसपास की सामान्य जनता बोलती है, अन्यथा इन्हें मैं उचित आश्वासन नहीं दे सकता। अतः मैं अयोध्या के आसपास बोली जाने वाली वाणी से ही उनसे वार्ता करूँगा।''

हनुमानूजी द्वारा श्रीरामजी की कथा का वर्णन

हनुमानूजी ने रामकथा का प्रारंभ इस प्रकार किया,''इक्ष्वाकुवंशीय अयोध्या के चक्रवर्ती सुरेन्द्र-सखा महाराज के चार कुमार हुए। महर्षि विश्वामित्रजी भी जब राक्षसों के उत्पात का शमन करने में समर्थ नहीं हुए, तो अयोध्या पहुँचकर महाराज दशरथ से उनके दो कुमारों को माँग लाये। उन किशोर कुमारों ने क्रीड़ा-क्रीड़ा में उन राक्षसों का संहार कर डाला। महर्षि उन्हें लेकर मिथिला चले, तो बड़े कुमार ने अपनी चरण रज से पाषाणी भूता गौतमी पत्नी अहल्या का उद्धार कर दिया। जनकपुर में पुरारी का पिनाक उनके पौरुष से खण्डित हो गया। परशुराम जी उनको अपना धनुष देकर स्तुति करके विदा होने को बाध्य हुए। महाराज दशरथ बारात लेकर आये। चारों राजकुमारों का विवाह करके मिथिला से अयोध्या लौटे।''

हनुमानूजी ने देख लिया कि सीताजी खड़ी-खड़ी शान्त और स्थिर भाव से श्रीराम की कथा सुनने लगीं। उनके कपोलों पर अजस्र प्रवाहित अश्रुधारा का प्रवाह बन्द हो गया। उनके नेत्रों में आश्चर्य था। हनुमानूजी ने कथा का क्रम जारी रखा, ''महारानी कैकेयी को केवल कलंक मिलना था। देवताओं का षड्यंत्र सफल हुआ। श्रीराम पिता के वरदान को सार्थक करने अनुज एवं भार्या के साथ चौदह वर्ष के लिये वन पधारे, तो महाराज दशरथ प्राणधारण नहीं कर सके। अब तो अवधि की प्रतीक्षा करते भरतजी अपने अग्रज की पादुकाओं का पूजन कर रहे हैं।

''श्रीरघुनाथजी चित्रकूट से दण्डकारण्य आये तो सूर्पणखा को राक्षसों का काल वहाँ ले गया। छोटे कुमार द्वारा उसके नासिका-कर्ण क्या काटे गये, वह खर दूषण की सम्पूर्ण सेना को श्रीराम की शराग्नि में भस्म करवा के भी संतुष्ट नहीं हुई। उसी की प्रेरणा से दशग्रीव मायावी मारीच को लेकर जनस्थान पहुँचा। मारीच मायामृग बनकर भी मुक्ति पा गया श्रीराम के शर से मरकर, किन्तु दशग्रीव भी वैदेही को छलपूर्वक हरण करने में सफल हो गया। महाप्राण गीधराज जटायु वृद्ध थे, बाधक बनकर वे महाभाग दुष्ट राक्षस के खड्ग से आहत हो गये। मुझ पर अनुग्रह किया करुणाधाम श्रीराम ने-उनके आदेश से भगवती भूमिजा के अन्वेषण में निकले हम असंख्य चरों में से मेरी यात्रा आज सफल हुई।''

सीताजी का तर्क-वितर्क

विनीत भाव से बैठे हुए हनुमान्‌जी को देखकर मिथिलेशकुमारी को बहुत आश्चर्य हुआ। वे मन ही मन सोचने लगीं, "अहो, वानरयोनि का यह जीव तो अत्यंत भयंकर है।" सीताजी भयाक्रांत होकर "हा राम, हा राम, हा लक्ष्मण" ऐसा कहने लगीं। इतने में ही उन्होंने देखा कि वह वानर बड़े विनय भाव से आकर निकट आ बैठा है। तब उन्होंने विचार किया, "यह कोई स्वप्न तो नहीं है ? यदि यह स्वप्न है, तो अत्यंत भयंकर स्वप्न है। क्योंकि स्वप्न में वानर का देखना अत्यंत अशुभ है। परन्तु यह स्वप्न कैसे हो सकता है, मुझे तो नींद आती ही नहीं। मेरा हृदय सदैव श्रीरघुनाथ ही में लगा हुआ है। अतः उसी विचार के अनुरूप, वैसी ही अर्थ वाली यह कथा देख और सुन रही हूँ।"

"सोचती हूँ कि सम्भव है कि यह मेरे मन की ही कोई भावना हो तथापि बुद्धि से भी तर्क-वितर्क करती हूँ कि यह जो कुछ दिखाई सुनाई पड़ता है, इसका क्या कारण है ? मनोरथ या मन की भावना का कोई स्थूल रूप नहीं होता है, परन्तु इस वानर का रूप तो स्पष्ट दिखाई दे रहा है और यह मुझसे बातचीत भी करता है।

"मैं वाणी के स्वामी बृहस्पति को, वज्रधारी इन्द्र को, स्वयंभू ब्रह्माजी को तथा वाणी के अधिष्ठातृ देवता अग्नि को भी नमस्कार करती हूँ। इस वनवासी वानर ने मेरे सामने यह जो कुछ कहा है, वह सब सत्य हो, उसमें कुछ भी अन्यथा न हो।"

सीताजी का हनुमान् के प्रति सन्देह और उसका समाधान

हनुमान्‌जी ने उस शिंशुपा वृक्ष से नीचे उतर कर माथे पर अंजलि बाँध ली और प्रणाम करने के बाद उनसे कहा, "देवि, मैं श्रीरामचन्द्रजी का दूत हूँ और आपके लिये उनका सन्देश लेकर आया हूँ। श्रीरामजी अपने अनुज लक्ष्मण जी सहित सकुशल हैं। विदेह-नंदिनी, आपके पति के अनुचर तथा प्रिय अनुज तेजस्वी लक्ष्मणजी ने शोक से संतप्त हो आपके चरणों में मस्तक झुकाकर प्रणाम कहलाया है।"

सीताजी और हनुमान्‌जी के परस्पर दर्शन से दोनों को ही अद्‌भुत प्रसन्नता हुई। वे दोनों विश्वस्त होकर एक-दूसरे से वार्तालाप करने लगे। शोक-संतप्त सीताजी की बातें सुनकर हनुमान्‌जी उनके कुछ निकट चले गये। हनुमान्‌जी ज्यों-ज्यों निकट जाते, त्यों ही त्यों सीताजी को यह संशय होता कि यह कहीं रावण न हो।

तत्पश्चात् उन्होंने कहा, "वानर श्रेष्ठ, सचमुच ही यदि तुम भगवान श्रीराम के दूत हो, तो तुम्हारा कल्याण हो। मैं तुमसे उनकी बातें पूछती हूँ, क्योंकि उनकी चर्चा मुझे बहुत ही प्रिय है। मुझे तुम्हारे संबंध में सन्देह बना हुआ है कि कहीं तुम मायावी रावण तो नहीं

हो। अतः उनके शारीरिक चिन्हों, गुणों और स्वभाव का वर्णन करो जिससे मेरा संदेह दूर हो जाय।" सीताजी की बात सुनकर हनुमान्जी ने अपने आराध्य भगवान् श्रीरामचन्द्रजी के शारीरिक चिन्हों, गुणों तथा शील एवं स्वभाव का विस्तृत वर्णन किया। उनकी बात को सुनकर सीताजी को पूर्ण विश्वास हो गया कि ये वानर श्रीरामजी के परम भक्त और उनके विश्वसनीय दूत हैं।

तदनन्तर हनुमान्जी सीताजी को विश्वास दिलाने के लिये पुनः विनययुक्त वचन बोले, "महाभागे, मैं परम बुद्धिमान श्रीराम का दूत वानर हूँ। देवि, यह श्रीराम नाम से अंकित मुद्रिका है; इसे लेकर देखिये। आपको विश्वास दिलाने के लिये भगवान् श्रीराम ने इसे मुझे दिया है। आपका कल्याण हो। अब आप धैर्य धारण करें। अब आपके दुःखों की शीघ्रातिशीघ्र समाप्ति हो जायेगी।"

सीताजी उस मुद्रिका को लेकर ध्यान से देखने लगीं। उस समय उन्हें इतनी अधिक प्रसन्नता हुई, मानो स्वयं उनके पतिदेव ही उन्हें मिल गये हों। वे हनुमान्जी का आदर करके प्रशंसा करने लगीं, "वानरश्रेष्ठ तुम बड़े पराक्रमी, शक्तिशाली और बुद्धिमान हो, क्योंकि तुमने अकेले ही राक्षसपुरी को पददलित कर दिया है। तुमने मगर आदि जन्तुओं से भरे हुए सौ योजन विस्तृत महासागर को गाय की खुरी के समान समझा है। वानरशिरोमणे, मैं तुम्हें कोई साधारण वानर नहीं समझती; क्योंकि तुम्हारे मन में रावण जैसे भयानक राक्षस से भी न तो भय होता है और न घबराहट ही।"

"कपिश्रेष्ठ, दुर्भाग्यवश मैं उनसे दूर हो गयी हूँ। इस कारण रघुनाथजी मुझ पर स्नेहहीन तो नहीं हो गये हैं ? क्या वे मेरी याद करते हैं ? क्या वे कभी मुझे इस संकट से छुड़ायेंगे ?"

सीता का वचन सुनकर हनुमान्जी मस्तक पर अंजलि बाँधे उन्हें इस प्रकार उत्तर देने लगे, "आर्ये, आपको न देख पाने के कारण श्रीरघुनाथजी को बड़ा दुःख और संताप हो रहा है। जैसे ज्वालामुखी पर्वत जलती हुई बड़ी भारी आग से सदा तपता रहता है, उसी प्रकार वे आपकी विरहाग्नि में जल रहे हैं। वे अनिद्रा, शोक और चिन्ता-तीनों से संतप्त हैं। वे लंबी साँस लेकर बारम्बार 'हा प्रिये, हा प्रिये' कहते हुए आपको पुकारते रहते हैं। वे आपकी प्राप्ति में निरंतर प्रयत्नशील हैं।

"देवि, भगवान् श्रीराम को यह पता ही नहीं है कि आप लंका में रह रही हैं। जब मैं यहाँ से लौटकर जाऊँगा, तब मेरी बात सुनते ही वे वानर-भालुओं की विशाल सेना लेकर तुरंत वहाँ से चल देंगे। वे अपने बाण-समूहों द्वारा अक्षोम्य महासागर को क्षुब्ध और स्तब्ध करके उस पर सेतु बाँधकर लंकापुरी पहुँच जायेंगे और उसे राक्षसों से सूनी कर देंगे। उस समय उनके मार्ग में यदि यमराज, इन्द्रादिक देवता अथवा बड़े-बड़े असुर विघ्न बनकर खड़े होंगे, तो वे उन सबका भी संहार कर डालेंगे।"

हनुमान्जी की बात सुनकर सीताजी ने उनसे कहा, ''शूरवीर, भगवान् श्रीराम सूर्य के समान हैं। उनके वाण-समूह उनकी किरणें हैं। वे उनके द्वारा शत्रुभूत राक्षसरूपी जल को शीघ्र ही सोख लेंगे।'' इतना कहते-कहते सीताजी के मुख पर आँसुओं की धारा बह चली, वे श्रीरामजी के विरह में शोक से अत्यधिक व्याकुल हो गयीं।

उस समय हनुमान्जी ने उन्हें फिर आश्वस्त करते हुए कहा, ''माताजी, आप धैर्य धारण करें। मेरा वचन सुनते ही श्रीरामजी विशाल वाहिनी के साथ तुरंत लंका की ओर प्रयाण कर देंगे। अम्बा, आप चिन्ता त्याग दें। श्रीरामजी हम कपियों की महासैन्य लेकर यहाँ आवेंगे और राक्षसों को मारकर आपको ले जायेंगे।''

सीताजी ने इस दारुण दशा में भी हँसकर पूछा, ''कपियों की महासेना ? सब कपि तुम्हारे ही समान तो होंगे ? राक्षस पर्वताकार, महाबलवान और जन्मजात क्रूर होते हैं ?'' हनुमान्जी को यह लगा कि सीताजी को पूर्ण आश्वस्त किया जाना चाहिये। अब उन्हें छिपे रहने की आवश्यकता नहीं थी। भगवती भूमिजा के श्रीचरणों का दर्शन करके वे उन्हें प्रभु श्रीराम का सन्देश दे चुके थे। अब तो राक्षसेश्वर रावण से भी साक्षात्कार कर लेना था उन्हें। ऐसा विचार कर उन्होंने अपना वास्तविक रूप प्रकट कर दिया। वही पर्वताकार रूप जो जाम्बवन्त् के सम्मुख आवेश में आने पर किया था। इसके बाद अंजलि बाँधकर प्रार्थना की, ''मैं वन-उपवन, भवन परकोटे सहित सम्पूर्ण लंका ही नहीं, समूचा त्रिकूट उठाकर ले जाने में समर्थ हूँ। दशग्रीव मेरे सामने अल्पप्राण मसक है। आप आज्ञा दें अथवा आप मेरे कन्धे पर विराजें, मैं अभी आपको श्रीरघुनाथजी के समीप ले चलता हूँ। उन परमपुरुष के अनुग्रह से इस पावनपुत्र को राक्षस रोकने में समर्थ नहीं हैं।

सीताजी का आशीर्वाद

हनुमान्जी की वाणी सुनकर सीताजी ने स्वस्थ कंठ से कहा, ''निश्चय ही तुम ऐसा करने में समर्थ होगे। किन्तु मैं जानबूझकर परपुरुष का स्पर्श नहीं कर सकती। दशग्रीव मुझे उठाकर ले आया, तब मैं विवश थी। भगवान् श्रीराम जी का भी इसी में सुयश है कि वे स्वयं तुम सबके साथ आकर दुर्दान्त राक्षसों का दलन करके मेरा उद्धार करें।''

सीताजी का कथन सुनकर हनुमान्जी ने अपना रूप संकुचित कर लिया। उतने छोटे वे नहीं बने, जितने छोटे बनकर वे अशोक वाटिका में आये थे। उनका शरीर वैसा ही हो गया, जैसा सामान्य रूप से किष्किन्धा में रहा करता था।

वैदेही ने हर्षित होकर कहा, ''मैं प्रसन्न हूँ हनुमान्, वत्स, तुम वरदान माँग लो।''

हनुमान्जी ने उत्तर दिया, ''आपने मुझे वत्स कह दिया, मैं पूर्ण काम हो गया। यह हनुमान् आपका कपिपुत्र है। वत्स कहने से इसे क्या नहीं मिल गया ? कौन सी वस्तु इसे

अप्राप्य रह गयी ? आप इसे स्मरण रक्खें, बस।"

अम्बा ने हनुमान्‌जी को आशीर्वाद दिया, "यदि सीता ने स्वप्न में भी श्रीराम के अतिरिक्त किसी पुरुष का स्मरण नहीं किया है, तो इसकी वाणी सत्य हो। तुम अजर, अमर, निर्विकार देह, अनन्त बल, पौरुष, पराक्रम से सम्पन्न हो जाओ। विद्या और बुद्धि से परिपूर्ण हो जाओ। समस्त सिद्धियाँ तुम्हें सहज प्राप्त रहें। सारे सद्गुण तुममें नित्य निवास करें। तुम्हारा स्मरण प्राणी को आपत्ति में परित्राण दे और उसकी कामना पूर्ण करे। भगवान् श्रीरामचन्द्रजी तुम पर सानुकूल रहें।"

माँ सीता आशीर्वाद दिये चली जा रही थीं और हनुमान्‌जी हक्के-बक्के उनका श्रीमुख देख रहे थे। वे निखिल लोकेश्वरी, पराशक्ति-उनका स्नेह सागर उमड़ पड़ा। किन्तु उन्होंने जब अपने आशीर्वाद का अन्तिम वाक्य कहा-"श्रीरघुनाथ तुम पर सदा अनुकूल रहें," तो हनुमान्‌जी के प्राण परितृप्त हो गये। उन्होंने सीता माता के श्रीचरण दोनों हाथों से पकड़ लिये। उन पर मस्तक रख दिया। उनके आनन्दाश्रुओं ने उन पादपद्म को प्रक्षालित कर दिया।

"मेरे बच्चे, वत्स हनुमान्।" अनन्त वात्सल्य-महासागर उच्छसित हो उठा जगज्जननी के स्नेहयुक्त स्वर में। वे हनुमान्‌जी के मस्तक पर अपने अरुण कर फिराने लगीं। हनुमान्‌जी का जन्म सार्थक हो गया, धन्य हो गया, कृतकृत्य हो गया। परम महाशक्ति अम्बा के हनुमान्‌जी ज्येष्ठ सुत हो गये और सदा रहे। सदा के लिये यह वात्सल्य उनका स्वत्व बन गया।

अध्याय ८

अशोकवाटिका-विध्वंस

"अम्ब, कल प्रातः से मेरा उपवास चल रहा है। परसों भी मध्याह्न के पश्चात् थोड़े ही फल प्राप्त हुए थे। आपके अन्वेषण की चिन्ता में क्षुधा-पिपासा भूल गया था। इतना कहकर हनुमान्जी ने देखा कि जगत्माता इधर-उधर खिन्न होकर देखने लगी हैं। उन असहाया के समीप वहाँ क्या धरा था और उनका परम वात्सल्स-भाजन बच्चा भूखा है। यह उनके लिये असह्य था। हनुमान्जी ने सीताजी से निवेदन किया, "यहाँ इस वाटिका में इतने नाना रंगों के पक्व फलों के वृक्षों को इस अरुणोदय काल में देखकर मेरी क्षुधा अधिक बढ़ गयी है। हम वानर वैसे भी प्रातःकाल उठते ही उदरपूर्ति के अभ्यासी होते हैं। अतः यदि आप अनुमति दें"

सीताजी ने बीच ही में हनुमान् को रोककर कहा, "यह वाटिका दशग्रीव को अत्यंत प्रिय है। उसने यहाँ अत्यंत बलशाली रक्षक नियुक्त कर रखे हैं। तुम उन रक्षकों को पराजित भी कर लो तो उनकी सहायता करने के लिये और असंख्य आ सकते हैं।"

उनकी बात सुनकर हनुमान्जी ने कहा, "माताजी, रक्षकों की, राक्षस सेना की एवं स्वयं रावण की चिन्ता मुझे नहीं है। अब तो आपके आशीर्वाद से मैं अजर-अमर भी हो गया हूँ। मुझे प्रभु श्रीराम के समीप पहुँचने के पूर्व दशग्रीव को देख लेना आवश्यक है। उसकी सैन्यशक्ति, उसके बलाबल की भी जाँच करना भी समीचीन है; तभी उनके दूत बनने की सार्थकता सिद्ध होगी।"

इतना कहकर हनुमान्जी ने सीताजी को मस्तक झुकाकर प्रार्थना की, "हम वानर स्वभाव के चपल होते हैं। हम केवल फल तोड़कर शान्त बैठकर आहार नहीं कर सकते। आहार-ग्रहण के समय उछलना-कूदना हमारी प्रकृति है और इसमें शाखाएँ टूटती हैं और वृक्ष भी गिरते हैं। यदि मेरी इस चपलता से आपको कष्ट न हो तो मैं आहार ग्रहण करूँ।"

अम्बा सीताजी ने हनुमान्‌जी को अनुमति प्रदान करते हुए कहा, "हनुमान्, तुममें प्रभूत पराक्रम के साथ प्रबुद्ध प्रतिभा भी है। तुम यथेच्छ आहार करो। जो भी कुछ तुम्हें प्रिय एवं आवश्यक जान पड़े, उसे करो। किन्तु वत्स, राक्षस परम मायावी होते हैं। उनसे अपनी रक्षा के प्रति सावधान और सतर्क रहना। मेरा स्नेह और आशीर्वाद तुम्हारे साथ है।"

हनुमान्‌जी ने कहा, "अम्ब, आपने भी वानर के पराक्रम एवं प्रतिभा की अच्छी प्रशंसा की। वह जो कुछ भी है, अभी ही आपने प्रदान किया है।" इतना कर उन्होंने पुनः सीताजी के श्रीचरणों की वन्दना की। अब पर्याप्त प्रकाश हो गया था। वहाँ से वे कूदकर उपवन के फलोद्यान में पहुँच गये ।

हनुमान्‌जी ने प्रायः पूरी लंका देखी थी, किन्तु रात्रि में देखी थी। उस समय उनका ध्यान केवल सीताजी के अन्वेषण की ओर था। उन्होंने तब नगर-रचना की तरफ भी ध्यान नहीं दिया था। उन्होंने इस प्रकार सोचना प्रारम्भ किया, "मेरे प्रभु श्रीराम को इस राक्षस राजधानी पर आक्रमण करना है। मैं उनका अग्रचर हूँ। उनके लिये पथ प्रशस्त करना मेरा कर्तव्य है। यह राक्षसराज का अत्यंत दुर्गम दुर्ग है। इसके प्रत्येक द्वार पर स्वतःचालित अद्‌भुत शक्तिशाली यंत्र हैं। इस पुरी में कोई शत्रु-सैन्य प्रवेश नहीं पा सकता। संभव हो तो मुझे इन यंत्रों को ध्वस्त कर देना चाहिये। रावण तथा उसके शूरवीरों की शक्ति, स्वभाव, दुर्बलता का सूक्ष्म निरीक्षण और अध्ययन कर लेना चाहिये। यहाँ के निशाचरों को आतंकित करके उनका मनोबल और उत्साह भंग कर देना चाहिये। यहाँ के पथ, वीथियों तथा गुप्त मार्गों से परिचित होने के साथ प्रधान-प्रधान राक्षस-नायकों के निवास, शस्त्रागार, शिक्षण और संकट के शरण स्थल देख लेना चाहिये।"

"बिना उत्पात किये मैं यह कुछ कर नहीं सकता।" ऐसा सोचकर हनुमान्‌जी ने उच्च स्वर में किलकारी मार कर कूदना प्रारम्भ किया। एक वृक्ष से एक फल तोड़कर मुख में डाला और मान लिया कि वृक्ष उच्छृष्ट होकर व्यर्थ हो गया। व्यर्थ वृक्ष तो वाटिका में रहने के योग्य नहीं होता, अतः हनुमान्‌जी उसे उखाड़कर फेंक देते थे। उस वृक्ष के धक्के से, उनके कूदने से, उनके विशालकाय शरीर के प्रबल आघात से शाखाएँ और वृक्ष गिरने लगे। हनुमान्‌जी ने सोचा, "इसमें मेरा तनिक भी दोष नहीं है। दशग्रीव अपने को त्रिभुवन-विजयी कहता है, तो उसने ऐसे दुर्बल वृक्ष अपनी वाटिका में क्यों लगाये कि वे एक वानर के वेग को भी न सह सकें ?"

उपवन में रक्षकों की संख्या प्रचुर थी; किन्तु कहाँ हनुमान्‌जी और कहाँ वे दुर्बल रक्षक। वास्तविक बात तो यह थी कि परम पुरुष श्रीरघुनाथजी की अनुकम्पा और आद्याशक्ति सीताजी के आशीर्वाद के सम्मुख सृष्टि में सबल से सबल व्यक्ति परम निर्बल और निर्बल से निर्बल व्यक्ति परम सबल हो जाता है। उनकी इच्छा से कुलिश तृण में और

तृण कुलिश में परिवर्तित हो जाता है। उन सर्वशक्तिमान्, सर्वान्तर्यामिन् की महती प्रेरणा से महाप्रज्ज्वलित अग्नि और प्रचण्ड वायु एक तृण को भी न दग्ध कर सकते हैं और न उड़ा सकते हैं। अतः हनुमानूजी को समस्त राक्षसमण्डली तृणवत ही प्रतीत हुई।

उपवन रक्षकों ने अस्त्रशस्त्र से सुसज्जित होकर हनुमानूजी को घेरने, बन्दी बनाने अथवा मार डालने का विचार किया, किन्तु वे अपनी संकल्प पूर्ति में सफल न हो सके। उन्होंने कुछ वृक्ष उनकी ओर उछाल दिये और वे कौतूहल से देखने लगे। वृक्षों की भयंकर चोट से कितनों के अंग-भंग हो गये, कितनों के शरीर कुचल कर पिस गये। सारी वाटिका उन रक्षक-राक्षसों के शवों से पट गयी। हनुमानूजी ने इस प्रकार सोचना प्रारम्भ किया, "इतने कमजोर वृक्ष लोकविजयी दशग्रीव की वाटिका में क्यों होने चाहिये, जो एक कपि के कूदने के भार से टूटें या गिर पड़ें ? रावण को वाटिका की ही इच्छा थी तो सुदृढ़ वृक्ष लगवाता। मैंने उसके बल-विक्रम, आकार के सर्वथा विपरीत लगने वाली वह वाटिका उजाड़ दी। उसके बहुत से वृक्ष उखाड़ फेंके। कुछ वृक्ष शाखाओं के टूट जाने से ठूँठ हो गये हैं।"

इस प्रकार हनुमानूजी ने मतवाले पक्षियों के कलरव से मुखरित और नाना प्रकार के वृक्षों और लताओं से भरे-पूरे उस प्रमदा-वन (अन्तःपुर के उपवन; अशोकवाटिका) को उजाड़ डाला। वहाँ के वृक्षों को खण्ड-खण्ड कर दिया। जलाशयों को मथ डाला और उसके पर्वत शिखरों को चूर-चूर कर डाला। इससे वह सुन्दर वन कुछ ही क्षणों में मरघट सा दिखाई पड़ने लगा। दुरात्मा रावण के मन को विशेष कष्ट पहुँचाने वाला कार्य करके अनेक महाबलियों के साथ अकेले ही युद्ध करने का हौसला लेकर कपिश्रेष्ठ हनुमानूजी प्रमदावन (अशोकवाटिका) के फाटक पर आ गये। उस समय वे अपने अद्भुत तेज से प्रकाशित हो रहे थे।

रावण का किंकर नामक राक्षसों को भेजना

प्रमदावन में सोयी हुई विकराल मुखवाली राक्षसियों की निद्रा टूट गयी। उन्होंने उठने पर उस वन को उजड़ा हुआ देखा। महाबली, महान् साहसी एवं महाबाहु हनुमानूजी ने जब उन राक्षसियों को देखा, तब उन्हें डराने वाला विशाल रूप धारण कर लिया। वे राक्षसियाँ हनुमानूजी के उस भयंकर रूप से भयभीत होकर वैदेही से पूछने लगीं, "विशाल लोचने, यह कौन है ? किसका है ? कहाँ से किसलिये यहाँ आया है ? तुम्हारे साथ क्यों बातचीत की है ? ये सब बातें हमें बताओ, तुम्हें डरना नहीं चाहिये।"

उन राक्षसियों की बात सुनकर सीताजी ने कहा, "इच्छानुसार रूप धारण करने वाले राक्षसों के समझने या पहचानने का मेरे पास क्या उपाय है ? तुम्हीं जानो यह कौन

है और क्या करेगा ? साँप के पैरों को साँप ही पहचान सकता है। मैं भी इसे देखकर अत्यंत भयभीत हूँ। मुझे नहीं मालूम यह कौन है ?"

विदेहनंदिनी सीता की यह बात सुनकर कुछ राक्षसियाँ रावण को सूचना देने के लिये बड़े वेग से भागीं और रावण के पास जाकर बोलीं, "राजन्, प्रमदावन (अशोकवाटिका) में एक वानर आया है, जिसका शरीर बहुत ही भयंकर है। उसने सीता के साथ कुछ बातचीत की है। सारी अशोकवाटिका को तहस-नहस कर डाला है और अभी वहीं मौजूद है।"

राक्षसियों की यह बात सुनकर रावण प्रज्ज्वलित चिता की भाँति क्रोध से जल उठा। उसके नेत्रों से आग दहकने लगी। उसने हनुमान् को कैद करने के लिये अपने ही समान वीर किंकर नामधारी राक्षसों को जाने की आज्ञा दी। रावण की आज्ञा पाकर अस्सी हजार किंकर अस्त्र-शस्त्र से सुसज्जित होकर निकले। उनकी दाढ़ें विशाल, पेट बड़े और रूप भयानक थे। सब के सब महान बली, युद्ध के अभिलाषी एवं हनुमान्जी को पकड़ने के लिये उत्सुक थे। उन्हें अपने सम्मुख देखकर हनुमान्जी ने पूँछ पटककर भयंकर गर्जना की। उस समय हनुमान्जी ने उच्च स्वर से इस प्रकार घोषणा की-

जयत्यतिबलो रामो लक्ष्मणश्च महाबलः।
राजा जयति सुग्रीवो राघवेणाभिपालितः।।
दासोऽहं कोसलेन्द्रस्य रामस्याक्लिष्टकर्मणः।
हनुमानशत्रुसैन्यानां निहन्ता मारुतात्मजः।।
न रावणसहस्रं मे युद्धे प्रतिबलं भवेत्।
शिलाभिश्च प्रहरतः पादपैश्च सहस्रशः।।
अर्दयित्वा पुरीं लंकामभिवाद्य च मैथिलीम्।
समृद्धार्थो गमिष्यामि मिषतां सर्वरक्षसाम्।।
-वाल्मीकीय रामायण, सुन्दरकाण्ड, अध्याय ४२, श्लोक३३-३६

अर्थात्, "अत्यंत बलवान भगवान् श्रीराम तथा महाबली लक्ष्मण की जय हो। श्रीरघुनाथजी के द्वारा सुरक्षित राजा सुग्रीव की भी जय हो। मैं अनायास ही महान् पराक्रम करने वाले तथा कोसलनरेश श्रीरामचन्द्रजी का दास हूँ। मेरा नाम हनुमान् है। मैं वायु का पुत्र तथा शत्रुसेना का संहार करने वाला हूँ। जब मैं हजारों वृक्ष और पत्थरों से प्रहार करने लगूँगा, उस समय सहस्रों रावण मिलकर भी युद्ध में मेरे बल की समानता अथवा मेरा सामना नहीं कर सकते। मैं लंकापुरी को तहस-नहस कर डालूँगा। इसके पश्चात् मिथिलेशकुमारी सीताजी को प्रणाम करके, सब राक्षसों के देखते-देखते अपना कार्य सिद्ध

करके जाऊँगा।"

उनकी इस भयंकर गर्जना से समस्त राक्षसों पर भय एवं आतंक छा गया। उन राक्षसों ने हनुमान्‌जी को देखा। वे संध्याकालीन ऊँचे मेघ के समान लाल एवं विशालकाय दिखाई देते थे। हनुमान्‌जी ने अपना परिचय स्वयं देकर एक विशाल परिध लेकर उन निशाचरों का संहार कर डाला। कुछ राक्षसों ने जाकर रावण को यह समाचार निवेदन किया कि समस्त किंकर नामक राक्षस मार डाले गये। राक्षसों की उस विशाल सेना को मारी गयी सुनकर राक्षसेश्वर की आँखें चढ़ गयीं और उसने महान पराक्रमी प्रहस्त के पुत्र को हनुमान्‌जी को बन्दी बनाने के लिये भेजा।

चैत्य-प्रासाद का विध्वंस

इधर किंकरों का वध करके हनुमान्‌जी ने सोचा कि अब कुछ और विलक्षण कार्य करना चाहिये। अतः इस चैत्य-प्रासाद का विध्वंस अत्यावश्यक है। ऐसा सोचकर अपने बल का प्रदर्शन करते हुए मेरु पर्वत की भाँति ऊँचे उस चैत्य प्रासाद पर उछल कर चढ़ गए। वे विशाल शरीर धारण करके लंका को प्रतिध्वनित करते हुए उस प्रासाद को तोड़ने-फोड़ने लगे। उस चैत्य प्रासाद की रक्षा में अनेक राक्षस आए, पर हनुमान्‌जी ने क्षण भर में उन्हें काल के हवाले कर दिया।

प्रहस्त-पुत्र जम्बुमाली का वध

रावण की आज्ञा पाकर प्रहस्त का अति पराक्रमी और बलवान् पुत्र हनुमान्‌जी को पकड़ने के लिए उपस्थित हुआ। जम्बुमाली ने महाकपि हनुमान्‌जी को फाटक के छज्जे पर खड़े देख उन्हें तीखे वाणों से बींधना आरम्भ कर दिया। उसके बाणों की चोट से हनुमान्‌जी कुपित हो उठे और एक विशाल शिला लेकर उस पर प्रहार किया। पर उसने अपने अचूक बाणों से उस शिला के खण्ड-खण्ड कर दिये। इसके बाद हनुमान्‌जी ने साल का एक विशाल वृक्ष उखाड़कर ज़म्बुमाली पर प्रहार किया, पर उस वृक्ष को भी उसने टुकड़े-टुकड़े कर बिया। तत्पश्चात् हनुमान्‌जी परिध उठाकर बड़े वेग से घुमाकर जम्बुमाली के विशाल वक्षस्थल पर दे मारा। फिर न तो उसके मस्तक का पता चला और न दोनों भुजाओं तथा घुटनों का ही। न धनुष बचा, न रथ, न वहाँ घोड़े दिखाई दिये और न सारथी ही। महाबली जम्बुमाली चूर-चूर हुए वृक्ष की भाँति पृथ्वी पर गिर पड़ा। जम्बुमाली की मृत्यु का समाचार सुनकर रावण की आँखें रोष से रक्तवर्ण की हो गयीं और उसने तुरंत ही अपने मंत्री के पुत्रों को युद्ध के लिये जाने की आज्ञा दी।

मंत्री के सात पुत्रों का वध

रावण की आज्ञा पाकर मन्त्री के सात बेटे उस राजमहल से बाहर निकले। वे सातों अत्यन्त बलवान, महान् पराक्रमी एवं अत्यन्त तेजस्वी थे। उनके साथ विशाल सेना थी। वे अत्यन्त बलवान, धनुर्धर, अस्त्रवेत्ताओं में श्रेष्ठ तथा परस्पर होड़ लगाकर शत्रु पर विजय पाने की इच्छा वाले थे। राक्षसों द्वारा की गयी भयंकर बाण वर्षा से हनुमान्‌जी उसी तरह आच्छादित हो गये, जैसे कोई गिरिराज जल की वर्षा से ढक गया हो। पराक्रमी हनुमान्‌जी ने राक्षसों की उस विशाल वाहिनी को भयभीत करते हुए घोर गर्जना की और उन राक्षसों पर बड़े वेग से आक्रमण किया। उन वानरवीर ने किसी को थप्पड़ से ही मार गिराया, किन्हीं को पैरों से कुचल डाला, किन्हीं का घूसों से काम तमाम किया और किन्हीं को नखों से फाड़ डाला। कुछ लोगों को छाती से दबाकर उनका कचूमर निकाल दिया और किन्हीं-किन्हीं को दोनों जाँघों से दबोच कर मसल डाला। कितने ही निशाचर उनकी गर्जना से ही प्राणविहीन होकर वहीं पृथ्वी पर गिर पड़े।

इस प्रकार जब मंत्री के सातों पुत्र मारे जाकर धराशायी हो गए, तब उनकी बची-खुची सारी सेना इधर-उधर भाग गयी। प्रचण्ड पराक्रमी और शक्तिपुंज हनुमान्‌जी उन बड़े-बड़े राक्षसों को मौत के घाट उतार कर दूसरे राक्षसों के साथ युद्ध करने की इच्छा से फिर उसी फाटक पर जा पहुँचे।

रावण के पाँच सेनापतियों का वध

मंत्री के सातों पुत्र मारे गए यह जानकर रावण भयभीत हो गया। किन्तु उसने अपने भय को प्रयत्नपूर्वक छिपाया और बुद्धि का आश्रय ले आगे के कर्तव्य का निश्चय किया। उसने विरुपाक्ष, यूपाक्ष, दुर्धर, प्रघस और भासकर्ण-इन पाँच सेनापतियों को हनुमान्‌जी को पकड़ने की आज्ञा दी। वे पाँचों सेनापति परम बलशाली, महान पराक्रमी, नीतिनिपुण, धैर्यवान् तथा युद्ध करने में वायु के समान वेगशाली थे। जाते समय रावण ने उन्हें चेतावनी दी, ''उसके अलौकिक कर्म पर विचार करने से वह सामान्य वानर नहीं जान पड़ता। वह कोई महान प्राणी है और अत्यधिक बल से सम्पन्न है। तुम लोग बड़ी सावधानी और सतर्कता से उसे बलात् पकड़ लाओ। वानर समझ कर तुम्हें उसकी अवहेलना नहीं करनी चाहिए, क्योंकि वह वानर अत्यन्त धीर, अविचल और पराक्रमी है।

''मैंने पहले भी बड़े-बड़े पराक्रमी वानर और भालू देखे हैं। उनके नाम इस प्रकार हैं-बाली, सुग्रीव, जाम्बवान, सेनापति नील तथा द्विविद आदि अन्य वानर। किन्तु उनका वेग ऐसा भयंकर नहीं है और न ही उनमें ऐसा तेज, पराक्रम, बुद्धि, बल, उत्साह तथा

रूप धारण करने की शक्ति ही है।" आगे जाने पर उन वीरों ने देखा कि हनुमान्जी फाटक पर खड़े हैं और अपनी तेजोमयी किरणों से मण्डित हो उदयकाल के सूर्य की भाँति देदीप्यमान हो रहे हैं।

उनके पास पहुँचते ही दुर्धर ने सबसे पहले हनुमान्जी पर बाणों की झड़ी लगा दी। उन्होंने अपने शरीर को विशाल बनाकर आकाश में बढ़ना प्रारम्भ किया। दुर्धर ने उनका पीछा किया। उसे पीछा करते देख हनुमान्जी उसके रथ पर वेग से कूद पड़े। उनके भार से रथ के आठों घोड़ों का कचूमर निकल गया; धुरी और कूबर टूट गये तथा दुर्धर प्राणविहीन होकर पृथ्वी पर गिर पड़ा।

दुर्धर को धराशायी हुआ देख वीर विरुपाक्ष और यूपाक्ष को बड़ा क्रोध आया। वे दोनों आकाश में उछले। उन दोनों ने सहसा उछल कर आकाश में खड़े हुए हनुमान्जी की छाती में मुग्दरों से प्रहार किया। उनके प्रहार को विफल करके हनुमान्जी पृथ्वी पर कूद पड़े और एक विशाल वृक्ष उखाड़कर उसी से दोनों पर प्रहार करके उन दोनों राक्षसवीरों को मार डाला।

उन दोनों के मरने के पश्चात् प्रघस और भासकर्ण दोनों ने मिलकर एक साथ आक्रमण किया। प्रघस ने पैनी धारवाले पट्टिश से और भासकर्ण ने शूल से उन पर प्रहार किया। उनके शरीर की रोमावली रक्त से रंजित हो गयी। हनुमान्जी ने क्रोधावेश में एक विशाल पर्वत-शिला उखाड़कर उन दोनों पर दे मारा। उसके भयंकर आघात से वे दोनों पिस गए और उनके शरीर तिल के समान खंड-खंड हो गये। सेना और वाहनों सहित उन पाँचों वीर सेनापतियों को रणभूमि में मौत के घाट उतारकर हनुमान्जी पुनः पहले की ही भाँति फाटक पर जाकर खड़े हो गये।

रावणपुत्र अक्षकुमार का पराक्रम और उसकी मृत्यु

हनुमानजी द्वारा अपने पाँच सेनापतियों को सेवकों और वाहनों के सहित मारा गया सुनकर रावण ने अपने सामने बैठे हुए पुत्र अक्षकुमार को देखा। पिता के दृष्टिपात मात्र से प्रेरित होकर वह प्रतापी वीर युद्ध के लिए उत्साहपूर्वक उठा। वह उस दिव्य तेजोमय रथ पर आरूढ़ हुआ जिसकी उपलब्धि उसने उग्र तपस्या द्वारा की थी। उस सूर्यतुल्य तेजस्वी रथ पर बैठकर देवताओं के तुल्य पराक्रमी अक्षकुमार राजमहल से बाहर निकला। बड़ी भारी सेना लेकर वह वाटिका के द्वार पर बैठे हनुमानजी के पास पहुँचा। उनके पराक्रम पर विचार करके अक्षकुमार को महान क्रोध आ गया। उसने तीन तीखे बाण हनुमानजी पर छोड़कर उन्हें युद्ध के लिये प्रेरित किया। उस समय उन दोनों महावीरों में जो टक्कर हुई वह अतुलनीय थी। वह युद्ध देवताओं और असुरों के मन में भय उत्पन्न कर देने

वाला था।

कपिश्रेष्ठ हनुमानजी और राक्षसेश्वर रावण के पुत्र अक्षकुमार का वह संग्राम देखकर भूतल के सारे प्राणी चीख पड़े। सूर्य का ताप कम हो गया। वायु की गति रुक गयी। पर्वत हिलने लगे। आकाश में भयंकर शब्द होने लगा और समुद्र में तूफान आ गया। अक्षकुमार तीखे बाणों से हनुमान्जी को बींधने लगा। उनका रोष जाग्रत हो गया और वे अपना शरीर बढ़ाने लगे।

रणभूमि में अक्षकुमार का पराक्रम बड़ा प्रचण्ड दिखाई देता था। उसके तेज, बल, पराक्रम और बाण सभी बढ़े-चढ़े थे। युद्धस्थल में उसकी ओर दृष्टिपात करके हनुमान्जी ने हर्ष और उत्साह में भरकर भयानक गर्जना की। उनकी गर्जना सुनकर अक्षकुमार को परम क्रोध हुआ। उसकी आँखें रक्त के समान लाल हो गयीं। हनुमान्जी आकाश में उड़कर स्थित हो गए। अक्षकुमार ने उनका पीछा करके उन पर वाणों की झड़ी लगा दी। हनुमान्जी ने उसके युद्धकौशल, साहस, धैर्य और बुद्धिमत्ता की मन ही मन बहुत प्रशंसा की और सोचा, "इस अद्भुत शूरवीर को मारने की इच्छा नहीं हो रही है। किन्तु यदि इसकी उपेक्षा की गयी तो यह मुझे परास्त किये बिना नहीं रहेगा। क्योंकि संग्राम में इसका पराक्रम, तेज और शौर्य निरन्तर बढ़ता ही जा रहा है। अतः अब इसे मार डालना ही मुझे उचित प्रतीत होता है। बढ़ती हुई आग की उपेक्षा करना कदापि उचित नहीं है।" तत्पश्चात् आकाश में विचरते हुए हनुमान्जी ने थप्पड़ों की मार से अक्षकुमार के रथ के घोड़ों को यमलोक पहुँचा दिया। रथ को नष्ट-भ्रष्ट कर दिया। वह रथ पृथ्वी पर गिर पड़ा। महारथी अक्षकुमार धनुष और तलवार लेकर अंतरिक्ष में ही उड़ने लगा। हनुमान्जी ने उसके पास पहुँचकर उसके पैर दृढ़ता से पकड़ लिये और हजारों बार घुमाकर बड़े वेग से उसे पृथ्वी पर दे मारा। नीचे गिरते ही उसकी भुजा, जाँघ, कमर एवं छाती के टुकड़े-टुकड़े हो गये, खून की धारा बहने लगी, शरीर की हड्डियाँ चूर-चूर हो गयीं, आँखें बाहर निकल आयीं, अस्थियों के जोड़ टूट गये और नस नाड़ियों के बंधन शिथिल हो गए।

अक्षकुमार की मृत्यु से राक्षसराज रावण के हृदय में बहुत भय उत्पन्न हो गया। उसके मारे जाने पर नक्षत्र-मंडल में विचरने वाले महर्षियों, यक्षों, नागों, भूतों तथा इन्द्र सहित देवताओं ने वहाँ एकत्र होकर बड़े विस्मय के साथ हनुमान्जी का दर्शन किया। तत्पश्चात् काल की भाँति हनुमान्जी पुनः युद्ध करने की प्रतीक्षा करते हुए वाटिका के उसी द्वार पर जा पहुँचे।

इन्द्रजीत और हनुमान्जी का युद्ध

अक्षकुमार की मृत्यु का समाचार सुनकर रावण अत्यन्त शोक-संतप्त हो उठा।

बहुत कठिनाई से प्रकृतिस्थ होकर मेघनाद को बुलवाया। अनुज के वध को सुनकर मेघनाद अत्यधिक क्रुद्ध हो गया। उसने पिता को प्रणाम करके कहा, "मैं उस अधम वानर को आग्नेयास्त्र से भस्म कर दूँगा।"

रावण ने मेघनाद से शान्त और संयत स्वर में कहा, "वत्स, वानर का वध मत करना। उसे बन्दी बनाकर ले आना। वह एकाकी है, यह सत्य होने पर भी सत्य नहीं है। आवश्यक है यह जानना कि वह कहाँ से आया है ? किसने उसे भेजा है; हमारी राजधानी में इतना उत्पाती कपि भेजने का जो साहस कर सकता है, उस शत्रु का पता लगाना हमारे लिए बहुत आवश्यक है। यदि मर गया तो हम वास्तविक शत्रु को ही नहीं जान सकेंगे। बेटा तुम्हारा तपोबल, युद्धविषयक पराक्रम और अस्त्रबल मेरे ही समान हैं। युद्धस्थल में तुमको पाकर मेरा मन कभी विषाद को प्राप्त नहीं होता; क्योंकि यह निश्चित विश्वास रहता है कि विजय तुम्हारे पक्ष में होगी।

"वत्स, उस वानर की गति अथवा शक्ति का कोई मापतौल या सीमा नहीं है। वह अग्नि तुल्य तेजस्वी वानर किसी साधन विशेष से मारा नहीं जा सकता। अतएव तुम प्रतिपक्षी में अपने समान ही पराक्रम समझ कर अपने धनुष के दिव्य प्रभाव को याद रखते हुए आगे बढ़ो और ऐसा पराक्रम दिखाओ जो अव्यर्थ सिद्ध हो।"

अपने पिता के ये वचन सुनकर वीरवर मेघनाद ने युद्ध के लिये निश्चित विचार करके दशग्रीव की परिक्रमा की और वह अपने अद्‌भुत रथ पर बैठकर अनेक राक्षसों के साथ पवनपुत्र के समीप पहुँचा। उसका भयंकर सिंहनाद सुनकर सर्वसमर्थ हनुमान्‌जी लौहस्तम्भ लिये आकाश में उड़ चले। धनुर्धर मेघनाद ने अपने तीक्ष्णशरों से हनुमान्‌जी को बींध दिया। वे दोनों वीर महान वेग से सम्पन्न तथा युद्ध करने की कला में निष्णात थे। वे दोनों रोमांचकारी युद्ध करने लगे। वे दोनों वीर परस्पर भिड़कर एक-दूसरे के लिये दुःसह हो उठे। लक्ष्यवेध के लिये चलाये हुए मेघनाध के वे अमोघ बाण भी व्यर्थ होकर गिर पड़े, तब इन्द्रजीत को बड़ी चिन्ता हुई। उन कपिश्रेष्ठ को अवध्य समझकर मेघनाद ने विचार किया, "इन्हें किसी तरह कैद कर लेना चाहिये। परन्तु ये मेरी पकड़ में कैसे आ सकते हैं ?

ब्रह्मपाश के बन्धन में

ऐसा विचार कर उस महातेजस्वी वीर ने ब्रह्मास्त्र का प्रयोग किया । नित्यमुक्त श्रीपवनकुमार को विधाता ने ब्रह्मपाश से मुक्त रहने का वरदान पहले ही दिया था । किन्तु श्रीअंजनानन्दन मर्यादा का अतिक्रमण करना नहीं जानते। सृष्टिकर्ता ब्रह्मा के इस अमोघास्त्र की मर्यादा मर्यादापुरुषोत्तम का सेवक ही मिटा दे, यह किसी प्रकार उचित नहीं

था। वह प्रज्ज्वलित शर हनुमान्जी का स्पर्श करके आकाश में चला गया। दशग्रीव के पुत्र ने सहायतार्थ और भी सैनिक भेजे थे। वे हनुमान्जी के समीप आ गये थे। वे मूर्च्छित होकर गिरते समय भी बहुतों को धराशायी कर गये।

मेघनाद बुद्धिमान था। कृतविद्य था। उसे यह समझने में क्षण भर का भी विलम्ब नहीं हुआ कि हनुमान् की मूर्च्छा क्षणिक है। उसने तुरन्त ही उन्हें ब्रह्मपाश में बाँध लिया। वानर बन्धन में पड़कर अवश हो गया है, यह देखते ही वे राक्षस दौड़ पड़े, जो अब तक उनके भय से दूर खड़े थे। उनमें अनेक मोटी सुदृढ़ रस्सी अथवा अन्य पाश ले आये थे। वे हनुमान्जी को डाँटते-फटकारते आये और अपनी समझ से उन्हें भलीभाँति बाँधने लगे।

"हाय रे मूर्खता!" मेघनाद ने झल्लाकर पैर पटके और मस्तक पर हाथ दे मारा। उसे पता था कि ब्रह्मपाश अन्य बन्धन के साथ नहीं रहता। किन्तु कुछ बोलकर वह हनुमान्जी को सतर्क नहीं करना चाहता था। वह समझता था कि वानर इस तथ्य से अनजान पाशों के बन्धन में शान्त रहेगा।

हनुमान्जी यह भली-भाँति जानते थे कि ब्रह्मपाश निष्प्रभाव हो गया है । फिर भी वे इन्द्रजीत की आशा के अनुरूप शान्त बने रहे। उन्हें दशग्रीव और उसकी राजसभा को भी देखना था। इन पाशों से वे चाहे जब मुक्त हो सकते थे। अतः जब राक्षस उन्हें पकड़कर ले चले, तो वे चुपचाप चल पड़े। सावधान होकर वे मार्ग देखते जा रहे थे। राजपथ, मार्ग के भवन, वीथियाँ भी, क्योंकि राक्षस अशोकवाटिका से उन्हें सीधे अन्तःपुर के मार्ग से नहीं ले जा सकते थे। हनुमान्जी को उपवन से उस मार्ग से निकाला उन्होंने, जिसका रात्रि में विभीषण ने उनसे उल्लेख किया था।

अध्याय ६

लंका-दहन

रावण के पास पहुँचकर मेघनाद ने निवेदन किया, "पिताजी, यही वह उत्पाती वानर है।" उसने दशग्रीव की राजसभा में हनुमानूजी को खड़ा किया।

रावण के दरबार में

हनुमानूजी ने देखा कि रावण अपने सम्पूर्ण राजकीय वेश में है। उन्होंने राक्षसराज की अद्भुत सभा को ध्यानपूर्वक देखा। उसकी राजकीय सभा अमरावती की इन्द्रसभा से अधिक सुसज्जित, अनुशासित एवं प्रभावपूर्ण थी। अग्नि, वायु, यमादि अनेक दिक्पाल दिखायी पड़े। वे भयभीत थे और राक्षसेश्वर के भ्रूसंकेत की प्रतीक्षा में थे। दशग्रीव के दक्षिण पार्श्व में एक रत्नासन रिक्त था। वामपार्श्व के रत्नासन पर पिता को प्रणाम करके इन्द्रजीत बैठ गया। विभीषण जब आये, तो वे दक्षिणपार्श्व के आसन पर बैठे।

रावण अवश्य ही कज्जल कृष्णवर्ण का था; किन्तु उसका विशाल भाल, बड़े-बड़े नेत्र, प्रचण्ड भुजदण्ड, अत्यन्त विशाल वक्ष, सुपुष्ट अंग, अत्यंत बलिष्ठ शरीर और उसका तेज, गांभीर्य दुर्दम था। हनुमानूजी पहले ही सुन चुके थे कि वह श्रुतिशास्त्र का श्रेष्ठतम ज्ञाता है। नाना प्रकार के रत्नों से चित्रित, स्फटिकमणि के बने हुए विशाल एवं सुन्दर सिंहासन पर बैठा था। उसके मस्तक सोने के बने हुए बहुमूल्य एवं दीप्तिमान मुकुटों से उद्भासित हो रहे थे। मन्त्र-तत्व को जानने वाले दुर्धर, प्रहस्त, महापार्श्व तथा निकुंभ-ये चार राक्षसजातीय मंत्री उसके पास बैठे थे।

महावीर हनुमानूजी अत्यन्त आश्चर्य के साथ दशग्रीव को देख रहे थे। दीप्तिशाली राक्षसराज के तेज से प्रभावित होकर धर्ममूर्ति पवन पुत्र ने मन ही मन कहा, "इस अद्भुत

रूप, अनुपमशक्ति और आश्चर्यजनक तेज से सम्पन्न रावण में यदि प्रबल अधर्म न होता, तो यह दशानन इन्द्र सहित सम्पूर्ण देवलोक का संरक्षक हो सकता था।''

दैत्यराज रावण अपने सम्मुख पिंगाक्ष, पिंगकेश और पिंगरोमा वानर शिरोमणि हनुमानूजी को देखकर रोष से जल उठा। उसने अपने सामने बैठे हुए कज्जलगिरि के समान कृष्णवर्ण अपने मंत्री प्रहस्त से कहा-''प्रहस्त, इस बंदर से पूछो तो सही, यह कौन है ? कहाँ से आया है ? इसके यहाँ आने का उद्देश्य क्या है? इसने अशोकवाटिका क्यों ध्वस्त कर दी तथा इसने योद्धाओं के साथ मेरे प्राणप्रिय पुत्र को क्यों मार डाला?''

प्रहस्त ने हनुमानूजीसे कहा, ''वानर, तुम घबराओ नहीं, धैर्य रक्खो ! तुम्हें डरने की आवश्यकता नहीं। तुम कौन हो ? कहाँ से आये हो ? तुम्हें यहाँ किसने भेजा है ? यदि तुम सच-सच बता दो, तो तुम्हारी कोई क्षति नहीं होगी। मैं तुम्हें छुड़ा दूँगा।''

संभवतः रावण ने अपने सम्मुख इस प्रकार अशंक निर्भय किसी को जीवन में प्रथम बार देखा था। श्रीरघुनाथजी के पदाश्रित को भय दे सके, इतनी शक्ति महाकाल में भी नहीं और उन्हें तो महाशक्ति अम्बा का आशीर्वाद भी प्राप्त हो चुका था। वे पाशबंदी थे। किन्तु उन पाशों को अभी उन्होंने स्वेच्छा से अपने शरीर पर लिपटे रहने दिया था अन्यथा उनके लिये वे पाश ऐसे थे, जैसे कच्चे सूत।

हनुमानूजी ने मन ही मन परम प्रभु श्रीरामजी का स्मरण कर कहना प्रारम्भ किया, ''लंकाधिपति रावण, जिन अनन्त महिमामय परमप्रभु का आश्रय ग्रहण कर माया निखिल सृष्टि की रचना करती है, जिनकी शक्ति से ब्रह्मा, विष्णु और महेश क्रमशः सृष्टि का सृजन, पालन और संहार करते हैं, जिनके बल से शेषजी वनों और पर्वतों सहित समस्त ब्रह्माण्ड को अपने सिर पर धारण करते हैं और जो प्रत्येक युग में गोब्राह्मण, देवसमुदाय एवं धर्म की रक्षा तथा तुम्हारे जैसे धरती के भारभूत राक्षसों को दण्ड देने के लिये पृथ्वी पर अवतरित होते हैं, मैं उन्हीं भगवान् श्रीरामचन्द्रजी का दूत हूँ। क्या तुम्हें पता नहीं उन दशरथ कुमार ने भगवान् शंकर के उस कठोरतम धनुष को मृणाल-तुल्य तोड़ डाला जिसे तुम हिला तक नहीं सके थे ? खर-दूषण और त्रिशिरा को चौदह हजार राक्षसों के साथ अकेले मार डालने वाले श्रीराम को तुम नहीं जानते ? अरे तुमको अपने काँख में दबा रखने वाले बाली को उन्होंने एक ही बाण से मार डाला। तुम उन्हें न जानने का स्वांग भले ही कर लो, पर वे तुम्हें कैसे भूल सकते हैं, जिनकी सती-साध्वी पत्नी को तुम चोर की तरह चुरा ले आये हो ? रावण, तुम भली-भाँति देख और समझ लो, मैं उन्हीं सर्वशक्तिसम्पन्न परमप्रभु श्रीराम का दूत परम प्रतापी पवनदेव का पुत्र हनुमान् हूँ।''

''किष्किन्धापति श्रीरामसखा सुग्रीव ने सीता देवी की खोज के लिये कोटि-कोटि वीर वानर-भालुओं को सभी दिशाओं में भेजा है। उन्हीं का भेजा हुआ मैं शतयोजन सागर लाँघकर यहाँ आया हूँ। मैंने माता सीताजी का दर्शन कर लिया है। तुम भगवती सीताजी

को लंका का विनाश करने वाली कालरात्रि ही समझो। सीता का शरीर धारण करके तुम्हारे पास काल की फाँसी आ पहुँची है। राक्षसेश्वर, तीनों लोकों में एक भी ऐसा प्राणी नहीं है, जो भगवान् श्रीराम का अपराध करके सुखी रह सके। महायशस्वी श्रीरामचन्द्रजी चराचर प्राणियों सहित सम्पूर्ण लोकों का संहार करके फिर उसका नये सिरे से निर्माण कर सकते हैं। चतुर्मुख ब्रह्मा, त्रिनेत्र त्रिपुरारी, सहस्राक्ष इन्द्र, देवता, दैत्य, गन्धर्व, विद्याधर, नाग तथा यक्ष-ये सब मिलकर भी समरांगण में श्रीरघुनाथजी के सम्मुख नहीं टिक सकते।"

"मैं तो प्रभु के आदेशानुसार माता सीता का दर्शन करने गया था। मुझे जोर की भूख लगी थी, इस कारण फल खाने लगा। अपने स्वभावानुसार मैंने वृक्षों को तोड़ा, किन्तु तुम्हारे प्रहरी और सैनिक मुझ पर प्रहार करने लगे। भला, अपना शरीर किसे प्रिय नहीं होता ? अतः जिन्होंने मुझे मारा मैंने भी उन्हें मार डाला इसमें मेरा क्या दोष है ? अपराध तो तुम्हारे पुत्र ने किया है। तुम प्रत्यक्ष देख रहे हो, मैं यहाँ अन्यायपूर्वक बाँधकर लाया गया हूँ।"

कपीश्वर हनुमान्जी की चतुरतापूर्ण निर्भीक वाणी सुनकर देवगण प्रसन्न हो उठे और राक्षसगण भयाक्रान्त हो काँपने लगे। श्रीराम की शक्ति की महिमा सुन कर उनका मनोबल गिर गया। रावण क्रोधपूर्वक दाँत पीसने लगा, परन्तु परम बुद्धिमान्, मंगलमूर्ति हनुमान् दशग्रीव के यथार्थ हित के लिए अत्यन्त शान्तिपूर्वक उपदेश करते रहे- "लंकाधिपति, तुम ब्रह्माजी के अति उत्तम वंश में उत्पन्न हुए हो तथा पुलस्त्यनंदन विश्रवा के पुत्र और कुबेर के भाई हो, अतः देखो तुम तो देहात्मबुद्धि से भी राक्षस नहीं हो। फिर आत्मबुद्धि से राक्षस नहीं हो, इसमें तो कहना ही क्या है ?"

"तुम सर्वथा निर्विकार हो, इसीलिये शरीर, बुद्धि, इन्द्रियाँ और दुःखादि-ये सब न तुम्हारे गुण हैं और न तुम स्वयं हो। इन सबका कारण अज्ञान है और स्वप्न दृश्य के समान ये सब असत् हैं। यह बिल्कुल सत्य है कि तुम्हारे आत्मस्वरूप में कोई विकार नहीं है; क्योंकि अद्वितीय होने से इसमें विकार का कोई कारण ही नहीं है। जिस कारण आकाश सर्वत्र होने पर भी किसी पदार्थ के गुण-दोष से लिप्त नहीं होता, उसी प्रकार तुम देह में रहते हुए भी सूक्ष्मरूप होने से उसके सुख-दुखादि विकारों से लिप्त नहीं होते। 'आत्मा, देह, इन्द्रिय, प्राण और शरीर से मिला हुआ है,-ऐसी बुद्धि ही सारे बन्धनों का कारण है और' मैं चिन्मात्र, अजन्मा, अविनाशी एवं आनन्दस्वरूप ही हूँ'-इस बुद्धि से जीव मुक्त हो जाता है।

"पृथ्वी का विकार होने से देह भी अनात्मा है और प्राण वायुरूप ही है; अतः यह भी आत्मा नहीं है। अहंकार का कार्य मन अथवा प्रकृति के विकार से उत्पन्न हुई बुद्धि भी आत्मा नहीं है। आत्मा तो चिदानन्दस्वरूप, अविकारी तथा देहादिसंघात से पृथक् और उसका स्वामी है। यह निर्मल और सर्वदा उपाधिरहित है। उसका इस प्रकार ज्ञान होते ही

मनुष्य संसार से मुक्त हो जाता है।

"हे महापते, मैं तुम्हें आत्यंतिक मोक्ष का साधन बतलाता हूँ, सावधान होकर सुनो। भगवान् विष्णु की भक्ति बुद्धि को अत्यन्त शुद्ध करने वाली है। उसी से अत्यंत निर्मल आत्मज्ञान होता है। आत्मज्ञान से शुद्ध आत्मतत्व का अनुभव होता है और उससे दृढ़ बोध हो जाने पर मनुष्य परम पद प्राप्त करता है। इसलिये तुम प्रकृति से परे पुराण पुरुष, सर्वव्यापक, आदि नारायण, लक्ष्मीपति, हरि भगवान् का भजन करो। अपने हृदय में स्थित शत्रुभावरूप मूर्खता को छोड़ दो। शरणागतवत्सल श्रीराम की शरण लो और उनके भजन में दत्तचित्त हो जाओ।

"सीताजी को आगे कर अपने पुत्र और बन्धु-बान्धवों सहित भगवान् श्रीराम की शरण में जाकर उन्हें नमस्कार करो। इससे तुम भय से छूट जाओगे। जो पुरुष अपने हृदय में स्थित अद्वितीय सुखस्वरूप परमात्मा श्रीराम का भक्तिपूर्वक ध्यान नहीं करता, वह दुःख तरंगावली से पूर्ण इस संसार समुद्र का पार कैसे पा सकता है ? यदि तुम भगवान् श्रीराम का ध्यान नहीं करोगे, तो अज्ञान रूपी अग्नि में जलते हुए अपने आप को शत्रु के समान सुरक्षित नहीं रख सकोगे और उसे अपने किये हुए पापों से उत्तरोत्तर नीचे की ओर ले जाओगे, फिर तुम्हारे मोक्ष की कोई सम्भावना नहीं रहेगी।

"राक्षसाधिपति, मैं तुमसे बारम्बार विनीत प्रार्थना करता हूँ कि तुम माता सीता को अत्यन्त आदरपूर्वक आगे करके भगवान् के समीप चलो और उनके चरणों में गिरकर अपने अपराधों के लिये क्षमा माँग लो। विश्वास करो, वे दयाधाम श्रीराम तुम्हें निश्चय ही क्षमा कर देंगे। फिर तुम लंका में निष्कंटक राज्य करो। तुम्हारा लौकिक और पारलौकिक जीवन सुधर जायेगा, सफल हो जायेगा। तुम धन्य हो जाओगे।"

दशग्रीव और धैर्य नहीं रख सका। वह क्रोध से काँपता हुआ भयंकर स्वर में बोला, "मूर्ख कपि, इतना निर्भय होकर मेरे सामने तू अनर्गल प्रलाप करने का दुस्साहस कैसे कर रहा है ? जानता नहीं है कि लोक और परलोक दोनों के अधीश्वर दशानन के द्वार पर दीन बने उपस्थित रहते हैं। तू जिस सुग्रीव और राम की प्रशंसा करता है उनकी शक्ति मैं अच्छी तरह जानता हूँ। बाली के भय से भागता-भटकता फिरने वाला सुग्रीव धोखे से भाई का वध कराके वानरेन्द्र बन गया है।" ऐसा कहकर रावण ने अट्टहास किया और कहने लगा, "पिता ने जिसे अयोग्य समझकर वन में निर्वासित कर दिया, उस राम की प्रशंसा करता है तू ? पहले मैं तेरा वध करता हूँ। तत्पश्चात् सारे झगड़े की जड़ सीता का वध कर दूँगा। इसके अनन्तर सेना सहित सुग्रीव एवं सानुज राम को मार डालूँगा।"

दशानन की मिथ्या दर्पोक्ति को विशुद्धात्मा हनुमानूजी के लिए सह लेना संभव नहीं था। दाँत किटकिटाते हुए उन्होंने उग्र स्वर में कहा, "अधम राक्षसराज तेरे सिर पर मौत नाच रही है, इसी कारण तू प्रलाप कर रहा है। मैं भगवान् श्रीरामचन्द्रजी का सेवक हूँ।

मेरी शक्ति एवं पराक्रम की तू कल्पना भी नहीं कर सकता। तेरे जैसे कोटि-कोटि पापात्मा मेरी समानता करने में समर्थ नहीं हैं। तुझ जैसे तुच्छ कीट की मैं कोई गणना नहीं कर सकता। तुझमें शक्ति हो तो....... ।"

हनुमान्‌जी के वाक्य पूर्ण होने के पूर्व ही दुरात्मा रावण ने प्रज्ज्वलित क्रोधाग्नि में चिल्लाते हुए आज्ञा दी, "राक्षसों, तुम इस दुष्ट वानर का तुरन्त वध कर डालो।"

रावण की आज्ञा शिरोधार्य कर अनेक शक्तिशाली और पराक्रमी राक्षस कपीश्वर की ओर झपटे ही थे कि वार्तालाप कुशल विभीषण ने अपने ज्येष्ठ भ्राता रावण को समझाते हुए कहा, "वीरवर लंकेश्वर, धर्म की व्याख्या करने, लोकाचार का पालन करने अथवा शास्त्रीय सिद्धान्त को समझने में आपके समान दूसरा कोई नहीं है। आप क्रोध को त्याग कर विचार करें।" सत्पुरुषों का कथन है कि दूत कहीं, किसी समय भी वध करने योग्य नहीं होता। वह भला हो या बुरा, शत्रुओं ने इसे भेजा है। अतः यह उन्हीं के स्वार्थ की बात करता है। दूत सदा पराधीन होता है। अतः उसे कभी मृत्युदण्ड नहीं दिया जाता। दूत के लिये अंग-भंग आदि अन्य प्रकार के बहुत से दण्ड हैं। आप उनमें से किसी का उपयोग कर सकते हैं।"

अनुज विभीषण के देशकाल के उपयुक्त हितकर वचन सुनकर नीतिज्ञ रावण ने कहा, "विभीषण, तुम्हारा कहना ठीक है। किन्तु वध के अतिरिक्त इसे कोई दूसरा दण्ड अवश्य देना चाहिये। वानरों को अपनी पूँछ बहुत प्यारी होती है। यही इनकी शक्ति और आभूषण है। अतः यथाशीघ्र इसकी पूँछ जला दी जाय। इसकी पूँछ में पर्याप्त वस्त्र बाँधकर उसे भली प्रकार तैल से स्निग्ध कर दो और प्रज्ज्वलित कर दो। एक बार पूँछ में वस्त्र बाँधकर इसे पूरे नगर में घुमाओ। सब नगर-निवासी देख लें। जिनके स्वजनों को इसने मारा है, वे देख कर संतुष्ट हो लें कि उनके इस अपराधी को कैसे दण्ड दिया जा रहा है। यह दुमकटा बंदर अपने वनवासी स्वामी राम के पास जाकर उसे स्वयं काल के गाल में खींच ले जायेगा।"

दुष्ट दशानन ने पुनः इस प्रकार आज्ञा दी, "राक्षसों, तिरस्कार और अपमान करते हुए उसको लंकापुरी की सड़कों, चौराहों और गलियों में घुमाओ और अन्त में इसकी पूँछ में आग लगा दो।"

रावण की आज्ञा सुनकर विभीषण ने अत्यंत भयकातर होकर हनुमान्‌जी की ओर देखा। हनुमान्‌जी ने केवल नेत्र संकेत से उन्हें शान्त रहने को कहा। वे खिन्न हो गये थे; पर जानते थे कि दशग्रीव अब कोई प्रतिवाद नहीं सुनेगा। रावण ने सोचा होगा कि पूँछ में अग्नि लगने पर वानर उछल-कूद करके पूरे शरीर में अग्नि लगा लेगा और जल मरेगा। वह प्रहस्त और मेघनाद को एक बार देखकर प्रसन्न होकर उठा। उसके उठते ही दूसरे सब उठ गये। मेघनाद पिता के पीछे-पीछे चला गया। किन्तु प्रहस्त उन राक्षसों के साथ

हो गया जो हनुमान्जी को लेकर राजसभा से बाहर चले।

हनुमान्जी ने प्रहस्त के पुत्र का वध किया था। संभवतः वह उन्हें जलते देखने को बहुत उत्सुक था। अनावश्यक होने पर भी वह उनकी पूँछ में वस्त्र बाँधने और उसे तैलसिक्त करने की क्रिया का निर्देशक बन गया। तब तक वह उनके साथ ही रहा, जब तक उनकी पूँछ प्रज्ज्वलित नहीं कर दी गयी।

विभीषण अवनत मुख अत्यन्त क्लान्त और शिथिल पद अपने सदन की ओर लौट रहे थे। परन्तु हनुमान्जी उन्हें किसी संकेत से भी आश्वस्त करने में असमर्थ थे। राक्षसों ने हनुमान्जी को चारों ओर से घेर रखा था। हनुमान्जी भावी कार्यक्रम बनाकर मन ही मन प्रसन्न और आनन्दित थे। नगर के भली प्रकार निरीक्षण तथा आवश्यक अंशों को ध्वस्त करने का सुयोग सौभाग्य से उन्हें स्वतः प्राप्त हो रहा था। सम्भवतः भगवती सरस्वती ने हनुमान्जी के सानुकूल होकर रावण को वैसी बुद्धि दी थी।

लंका-दहन

रावण के आदेशानुसार क्रूर और कठोर राक्षस हनुमान्जी की पूँछ में पुराने सूती कपड़े लपेटने लगे। अपने आकार के समान ही राक्षस संभवतः बुद्धि से भी मोटे होते हैं। देवजाति के होने पर राक्षस यह नहीं सोच सके कि जो वानर उप-देवता है, कामरूप है, उसे स्थूल पाशबन्धन में कैसे रख सकते हैं ? वे सब उत्साहपूर्वक हनुमान्जी के लांगूल में वस्त्र लपेट रहे थे । वे देख रहे थे पूँछ निरन्तर बढ़ती जा रही है। वे स्वयं अपना शरीर इच्छानुसार बड़ा या छोटा करने में समर्थ थे। किन्तु किसी ने इस पर ध्यान नहीं दिया कि पूँछ निरन्तर बढ़ी जा रही है। बालक और वृद्ध सब दौड़-दौड़ कर अपने-अपने घरों से रंग-बिरंगे वस्त्र ले आ रहे थे। उन वस्त्रों को वे तेल, घी अथवा पशुओं की चर्बी में डुबोकर हनुमान्जी की पूँछ में कस कर लपेटने में लगे थे।

लंका में गोघृत, महिषघृत ही नहीं अजाघृत (बकरी का घी) उष्ट्रघृत (ऊँटिनी का घी), अनेक प्रकार के तेल-सभी को राक्षसों ने ढूँढ़-ढूँढ़ कर मँगा लिये। प्रहस्त सबको प्रोत्साहित कर रहा था। नगर के सभी गृहों से घृत, तेल आदि मँगवा लिये गये। राक्षस उत्साह में भरे हुए स्वयं यह काम कर रहे थे। अन्त में जब सभी प्रकार के तेल और घी समाप्त हो गये, तब हनुमान्जी की पूँछ में वस्त्र लपेटने का महोत्सव समाप्त हुआ।

अब निशाचरों ने दिन में हनुमान्जी की शोभा यात्रा निकाली। वे दुर्विनीत दौड़े आते और हनुमान्जी के ऊपर पदाघात करते थे। उन्हें भद्दी से भद्दी गालियाँ देते थे। राक्षस अपने राक्षसी स्वभावानुसार हनुमान्जी का सत्कार कर रहे थे। हनुमान्जी की लांगूल अत्यंत विशाल थी। इतनी विशाल कि वे वहाँ उपस्थित सब राक्षसों को उसमें लपेट सकते थे।

घृत, तेल आदि से आर्द्र वस्त्रों से बँधी हुई वह पूँछ उन्होंने लंबी फैला दी थी। राक्षस ही उसका भार उठाये हनुमान्जी के साथ चल रहे थे।

राक्षसों ने वस्त्रों को स्निग्ध करके उनकी पूँछ में कसकर लपेटा और ऊपर से रज्जु से अच्छी तरह बाँधा था। ऊपर से तैलादि डाला था। वे शंख, भेरी, श्रृंग आदि बजाते, हनुमान्जी के अपराध की घोषणा करते उन्हें नगर में घुमा रहे थे। उनका उपहास करते थे, गालियाँ देते थे, उन पर घूँसों, पैरों से प्रहार करते थे। तालियाँ बजाते, कूदते और अट्टहास करते थे। राक्षसों के बालक पत्थर और डण्डों से भी प्रहार करते थे। राक्षसियाँ द्वार पर, खिड़कियों पर और छज्जों पर एकत्र हो यह कौतुक देख रही थीं। उनका यह महोत्सव था।

हनुमान्जी का भी यह महोत्सव ही था। राक्षसों की गालियाँ, व्यंग्य और प्रहार की ओर उनका ध्यान नहीं था। उन्हें लंका देखने का पूरा अवसर प्राप्त हो गया था। उन्होंने लंका में प्रायः सब सैनिकों एवं सामान्य जनों को देख लिया। उनके स्वभाव का भी कुछ अनुमान कर लिया। इस उच्छृंखल उत्सव के समय भी राक्षसों का अनुशासन सराहनीय था। वे प्रहस्त के संकेतों का पूरा-पूरा पालन कर रहे थे।

नगर के राजपथों, भवनों को–विशेष भवनों को जो शस्त्रागार, वस्तुभंडार, सैनिक-शिविर हो सकते थे, हनुमान्जी ने ध्यानपूर्वक देखा। राजपथों, वीथियों, चबूतरों, चौराहों, गढ़द्वारों, आवासों, जलस्थानों आदि को वे इस प्रकार देख रहे थे कि उन्हें ठीक-ठीक स्मरण रख सकें। लंका का पूरा मानचित्र उन्होंने अपने मानस-पटल पर अंकित कर लिया।

उन्हें सम्पूर्ण नगर और प्रायः सभी गलियों में घुमाया गया। अन्त में राजसदन के सम्मुख विशाल चौराहे पर लाकर उनकी पूँछ में एक साथ अनेक राक्षसों ने अनेक स्थानों पर अग्नि लगायी। इसके लिए वे जलती हुई मशालें पहले से ही लिए हुए थे। उस समय राक्षसों ने अत्यधिक आह्लादित होकर भीषण कोलाहल किया। बहुत उछले-कूदे हर्षध्वनि करते, ताली बजाते, अट्टहास करते रहे। सब उन्हें छोड़कर थोड़ी दूर हट गये। वे सब प्रसन्न होकर गाल बजा रहे थे, "अब यह तनिक देर में उछलने लगेगा और चीखे-चिल्लायेगा।"

जैसे ही राक्षस पूँछ में आग लगाकर हनुमान्जी से कुछ दूर हटे, उन्होंने अपना आकार बहुत छोटा बना लिया, किन्तु पूँछ वैसी ही रहने दी। वे चाहते तो पूँछ भी छोटी कर सकते थे और वस्त्र भी गिरा सकते थे। परन्तु उन्होंने वैसा किया नहीं, क्योंकि उन्हें उनका प्रयोग करना था। शरीर को छोटा करते ही जो पाश उन्हें बाँधे थे, वे ढीले होकर सरक कर गिर पड़े। पाश-बंधन से छूटते ही उन्होंने अपना शरीर पुनः विशाल कर लिया। राक्षसों को कुछ देखने, समझने, सावधान होने का समय नहीं मिला।

अब वे अपनी प्रज्ज्वलित पूँछ से यहाँ एकत्र राक्षसों को पीटने लगे जो एक-दूसरे

को धक्का देते, कुचलते भागने लगे। किन्तु उनकी प्रज्ज्वलित विशाल पूँछ से बचकर जाते तो कहाँ जाते ? हनुमानूजी उन्हें पूँछ में लपेट-लपेटकर पटकने लगे। अब उनमें भयंकर हाहाकार मच गया था। प्रायः सब, जों वहाँ एकत्र थे, झुलस गये। वे मूर्च्छित होकर गिर पड़े। लेकिन प्रहस्त परम बुद्धिमान था। वह पहले ही दूर खड़ा राक्षसों को निर्देश दे रहा था। पूँछ में आग लगते ही, वह भाग गया था। उसे अनुमान हो गया होगा कि वानर पूँछ से अपने बंधन जला कर छूट सकता है।

वहाँ एकत्र राक्षसों में कितने मरे और कितने मूर्च्छित हुए, इसकी गणना नहीं की जा सकती थी। हनुमानूजी कूदकर समीप के भवन के ऊपर जा पहुँचे। उनकी लांगूल भवनों में अग्नि लगाने लगी। भवन-द्वार, वातायन, गवाक्ष, जो खुला मिल जाय, उसमें से लांगूल भीतर प्रवेश करके कक्ष को भी अग्नि-पवित्र करना उन्होंने प्रारम्भ कर दिया था।

वे शीघ्र ही दशग्रीव के सौध पर पहुँच गये। राक्षसेश्वर ने सभी लोकपालों को भेजा। उसने यम को आदेश दिया, "इस वानर को तुरन्त मार दो।" यमराज उसकी आज्ञा से आये, तो हनुमानूजी ने उन्हें उठाकर अपने मुख में रख लिया। दूसरे सब लोकपालों की ओर उनकी लांगूल लपकी तो वे लंका त्याग कर अपने लोकों को भाग गये। उन्हें स्वयं राक्षसों का अनिष्ट अभीष्ट था। लेकिन हनुमानूजी ने देखा कि आकाश में भगवान् हंसवाहन ब्रह्माजी आ गये हैं। उन्होंने उन चतुरानन सृष्टिकर्ता ब्रह्माजी को मस्तक झुकाया। उन्होंने हाथ उठाकर हनुमानूजी को अभयदान दिया और संकेत किया, संयमनी के स्वामी यमराज को छोड़ देने का। वे सूर्यनन्दन, यमराज हनुमानूजी से भी सामान्य थे। उन्हें मुख से निकालकर हनुमानूजी ने उनसे अपनी धृष्टता के लिये क्षमा माँगी तो वे बोले, "पवनपुत्र, तुम तो हम सबका ही प्रिय कर रहे हो। अग्निदेव तुम्हारी इच्छा के अनुसार बढ़ेंगे। तुम्हारे पिता पवनदेव अपने उनचास रूपों से तुम्हारी सहायता करने आ पहुँचे हैं। मैं अपने भाई शनि को सचेत करता जाता हूँ। जैसे ही तुम इस पुरी से पृथक् होगे, यह स्वर्ण पुरी शनि की दृष्टि से दग्ध होकर भस्म हो जायेगी।"

हनुमानूजी ने दुर्ग-द्वारों पर लगे हुए महायंत्रों को दग्ध कर दिया। सैन्य-शिविर, शस्त्रागार, वस्तु भांडार उनके विशेष लक्ष्य थे; किन्तु वे बार-बार दशग्रीव के सौध पर कूद जाते थे। वहाँ अग्निशमन के समस्त उपाय वे निष्फल कर देते थे। अंत में राक्षसेश्वर ने मेघों को वर्षा करके अग्नि बुझा देने की आज्ञा दी। मेघों को थोड़ी ही देर में उसे लौटने की आज्ञा देनी पड़ी। क्योंकि मेघों की वृष्टि से अग्नि और भी प्रज्ज्वलित होती थी।

दशग्रीव बहुत बुद्धिमान था। उसने समझ लिया कि अग्नि ज्वाला उस प्रचंडता को प्राप्त हो चुकी है, जिसमें जल पड़ते ही वह ओषजन (आक्सीजन) हार्द्रजन (हाइड्रोजन्) दोनों भागों में विभक्त हो जाता है और ओषजन ही अग्नि को नहीं बढ़ाता, हार्द्रजन के अणु तापाधिक्य से विस्फोटित होकर महाविनाश करने लगते हैं।

मेघादिदेव मस्तक झुकाकर चले गये। हताश रावण भवन के भूगर्भस्थ भाग में अपने परिवार के साथ चला गया। उसके मंत्री कह रहे थे, ''यह ईश्वरीय कोप साकार कपि बनकर प्रकट हुआ है।''

लंका में विस्फोट हो रहे थे। स्वर्ण द्रवित होकर बहने लगा था। उस प्रचंड ज्वाला का प्रकाश किसी भी सामान्य दृष्टि के लिए असह्य था। जहाँ संभव था, राक्षस और राक्षसियाँ भूगर्भस्थलों में शरण लेने के लिये भाग रहे थे। सरोवरों में समुद्र के समीप के स्थलों में भी उनके समूह खड़े थे और वहाँ भी उनकी पूँछ लपकती थी, तो वे जल में डुबकी लगाने को बाध्य हो जाते थे। वे इस बात को भली-भाँति जानते थे कि भूगर्भ में ताप उन्हें अवश्य अधभुना बना रहा होगा।

हनुमान्जी ने सावधानी रखी कि विभीषण के भवन तथा उद्यान तक ताप न पहुँचे। उन्होंने उनके समीप के भवनों को प्रज्ज्वलित किया तो उनके सम्मान्य पिता पवनदेव ने लपटों को विपरीत दिशा में प्रेरित किया। उस समय उनका प्रबल वेग लंका-दहन में सहायक बनकर प्रकट हो रहा था। पवनदेव अपने पुत्र के संकल्प का अनुगमन कर रहे थे।

हनुमान्जी ने एक भवन और छोड़ दिया-कुंभकर्ण का विशाल भवन। जब हनुमान्जी उसके भवन पर पहुँचे, तो उसकी पत्नी केश खोले अत्यन्त दीन होकर प्रांगण में आयी और उनसे प्रार्थना करने लगी, ''कपीश्वर, मेरे पति सो रहे हैं। वे निरपराध हैं। तुम्हें तुम्हारे स्वामी की शपथ है, मुझे विधवा मत बनाओ। यहाँ से पधारो, इस सदन पर दया करो।'' हनुमान्जी को उसकी स्त्री और निद्रामग्न महाकाय कुंभकर्ण पर दया आ गयी। वास्तव में वह निरपराध था। उसने कभी किसी का अपराध नहीं किया था और किया भी हो, तो केवल आहार के निमित्त किया होगा। आहार कर लेना कोई अपराध नहीं होता। सृष्टिकर्ता ने उसे जो शरीर और क्षुधा प्रदान की, इसके लिये वह दोषी नहीं माना जा सकता। अतः यह सब जान-समझकर हनुमान्जी उसके भवन से हट गये।

जो राक्षस हनुमान्जी को लंका की नगर-यात्रा कराते समय गालियाँ दे रहे थे, वे और उनकी पत्नियाँ पुकार-पुकार कर रावण को कोस रही थीं, गाली दे रही थीं, ''इस अहंकारी, मतिमंद रावण को स्वर्णपुरी में सुख से बैठना काटता था। इस अधम को इतनी रानियों से सन्तोष नहीं हुआ और यह सीताजी को हर ले आया। अब उस सती का क्रोध यह साकार कपि बना कूद-कूद कर सारी लंका जला रहा है। लंका अनाथ की भाँति जल रही है और अब वह मूषक के समान भूगर्भ में जा छिपा है।''

स्त्री-पुरुष, बालक-वृद्ध सब आग की लपटों से त्राण पाने के लिये इधर-उधर भाग रहे थे। पशुओं की वहाँ कौन चिन्ता करता? पशुओं में से कितने भस्म और कितने समुद्र में कूद कर बह गये। वहाँ किसे पड़ी थी कि पशुओं की चिन्ता करता ? वहाँ सबको अपने-अपने प्राणों की पड़ी थी। वे सब इधर से उधर भाग रहे थे। अपनी अत्यन्त

आवश्यक एवं प्रिय वस्तुएँ इधर से उधर फेंक रहे थे। उनके वस्त्र अधजले थे। केश झुलस गये थे। शरीरों पर फफोले पड़ गये थे। हनुमान्‌जी की पूँछ की लपटें उन्हें कहीं स्थिर नहीं रहने देती थीं। उन कपीश्वर के सम्बन्ध में लोग नाना प्रकार की कल्पनाएँ कर रहे थे। वे प्रचण्ड स्वर में किलकारियाँ मार रहे थे। उनकी प्रज्ज्वलित पूँछ जोरों से चक्कर काट रही थी। लंका के भवनों में, उद्यानों में, वीथियों में, आकाश में केवल लपटें ही दिखाई पड़ रही थीं। राक्षसगण चिल्ला-चिल्लाकर कह रहे थे, ''यह साक्षात् काल है। प्रलयंकर रुद्र ही कपि बनकर आ गये हैं।''

लंका प्रायः भस्म हो चुकी थी अथवा भस्म हो जाने वाली थी। हनुमान्‌जी बारम्बार भवनों पर पहुँच कर उलट-पुलट कर लंका जला रहे थे। अन्त में जब उन्हें पूर्ण रूप से ज्ञात हो गया कि सारी लंका दग्ध हो चुकी है, तो उन्होंने समुद्र में छलांग मारकर अपनी पूँछ बुझा ली। ठीक उसी समय उन्हें यह याद आ गया, ''हाय, मैंने लंका को जलाते समय यह कैसा कुत्सित और वीभत्स कर्म कर डाला ? क्रोध से भर जाने पर कौन पुरुष कौन सा जघन्य पाप नहीं कर डालता ? मेरी बुद्धि अत्यन्त खोटी है, मैं निर्लज्ज और महान् पापाचारी हूँ। मैंने सीताजी की रक्षा का कोई विचार न करके लंका में आग लगा दी। हाय, मैंने यह क्या किया ? मैं विस्मृत हो गया, लंका को जलाने में कि मेरी अम्बा भगवती भूमिजा भी वहीं दशग्रीव के राजसदन से सटे प्रमदावन (अशोकवाटिका) में हैं। उनका क्या हुआ ? मुझ अधम के प्रमाद से यदि भस्म हो गयी हों ?''

''राम, राम, राम,'' वे अपने परमाश्रय प्रभु को पुकारने लगे। वे इस प्रकार सोचने लगे-''मुझे तो अग्नि ने सामान्य ताप भी नहीं दिया था। मेरा कोई रोम भी नहीं झुलसा। इसके विपरीत लपटें मुझे शीतल प्रतीत होती थीं। यदि मैं अग्नि की प्रचण्ड लपटों में भस्म हो गया होता, तो इतनी वेदना मुझे नहीं होती। राम, राम, राम। मेरे द्वारा प्रभु श्रीराम का कितना भयंकर अनर्थ हो गया।''

ऐसा सोचकर हनुमान्‌जी खिन्न मन से सीता के समीप पहुँचने को मुड़े, तो थोड़ी देर तक लंका को आश्चर्यमयी दृष्टि से देखते रह गये। अब वहाँ कोई स्वर्णपुरी नहीं थी। उन्होंने यह भली-भाँति समझ लिया कि शनिदेव ने दृष्टि उठाकर लंकापुरी को देख लिया है। वहाँ केवल झुलसे कज्जल कृष्ण वर्ण की शिलाएँ थीं। वे भले ही सौध-भित्तियाँ हो, भूमि हो, परिखा हो या और कुछ सर्वत्र झुलसी काली शिलाएँ थीं।

सीताजी का पुनः दर्शन

हनुमान्‌जी ने अपना साधारण छोटा-सा रूप धारण कर लिया और 'जय जय श्रीसीताराम' करते हुए प्रमदावन (अशोकवाटिका) में सीताजी के सम्मुख उपस्थित हुए।

उन्होंने अम्बाजी के चरणों में साष्टांग प्रणाम किया। उन्हें देखते ही सीताजी के पास से बैठी हुयी राक्षसियाँ दूर भाग गयीं। अब उन्हें छिपने की आवश्यकता नहीं थी। राक्षसों की तो बात ही क्या, स्वयं रावण भी उनके पास आने का साहस नहीं कर सकता था।

सीताजी ने अनन्त वात्सल्य की वर्षा करते हुए हनुमान्जी के सिर पर अपना वरदहस्त रखकर कहा, ''वत्स हनुमान्, तुम्हें सकुशल देखकर मेरा चित्त शान्त हुआ। तुम्हारा कोई अंग ऐसा तो नहीं है कि जिसमें जलन होती हो ?

हनुमान्जी ने पुनः सीताजी के श्रीचरणों की धूलि अपने मस्तक पर धारण करके कहा, ''अंबे, आपके अनुग्रह से अग्नि की लपटें मुझे हिम-शीतल सी लगती थीं।''

सीताजी ने बताया, ''हनुमान्, एक राक्षसी ने आकर मुझे संवाद दिया था कि जिस वानर ने तुमसे बातचीत की थी उसे इन्द्रजित बाँधकर ले गया था। उसकी बहुत बड़ी पूँछ में भली प्रकार तैल से भीगे वस्त्र लपेटकर अपमानपूर्वक गलियों में घुमाया गया। सबने उसे पीटा, गालियाँ दीं और अब उसकी पूँछ में आग लगा रहे हैं। यह समाचार सुनकर मेरे प्राण काँप उठे। मुझे यहाँ से रावण के राजसदन की ओर उठती प्रचण्ड ज्वाला दीख पड़ी। मैं यहाँ एकाकिनी, विवशा क्या कर सकती थी ? मैंने संकल्प किया-'सीता यदि वास्तव में सती है, तो इसके पातिव्रत की शपथ अग्निदेव को ! हनुमान् के लिये उनको अपनी ज्वाला शीतल रखनी चाहिए' मैं मन ही मन बारम्बार इसी चिन्ता में निमग्न थी कि तुम्हारा अग्निदेव द्वारा बाल भी बाँका न हो।''

सीताजी के संकल्प की अवज्ञा करने का साहस अग्निदेव में संभव न था। हनुमान्जी की समझ में अब आया कि अग्नि का उष्णत्व उनके लिये क्यों शीतल हो गया था। भावातिरेक में उनके रोम-रोम खड़े हो गये। उन्होंने अपने अश्रुजल की अजस्र धार से सीताजी के श्रीचरण आर्द्र कर दिये। थोड़ी देर के बाद हनुमान्जी प्रकृतिस्थ होकर बोले, ''अम्ब, आपकी अनुकम्पा से मैंने लंका देख ली। इस दुर्धर्ष दुर्ग के द्वार, मार्ग और रहस्य ज्ञात कर लिये। प्रभु के पधारने के लिए पथ प्रशस्त हो गया। अब आप मुझे उनके समीप जाकर उन्हें यहाँ ले आने की आज्ञा प्रदान करें।''

हनुमान्जी की बात सुनकर माता वैदेही के नेत्र बरस पड़े। उन्होंने अत्यन्त व्यथा से कहा, ''बेटा, तुम्हारे यहाँ आने से मुझे सहारा मिल गया था। अब तुम भी जा रहे हो। तुम्हारे चले जाने के बाद मेरे लिए फिर यही दुःख के दिन और दुःख की रात्रियाँ होंगी। पर यदि तुम थक गये हो, तो एक दिन यहाँ किसी गुप्त स्थान में टिक जाओ। आज विश्राम करके कल चले जाना।''

अत्यन्त श्रद्धा एवं भक्तिपूर्वक पवनकुमार ने निवेदन किया, ''माँ, प्रभु का कार्य सम्पन्न किये बिना मुझे विश्राम कहाँ ? आपका अमोघ आशीर्वाद मेरे साथ है। मैं जिस वेग से यहाँ आया था, उसी वेग से समुद्र पार कर जाऊँगा। वहाँ कोटि-कोटि वानर-भालू

मेरी प्रतीक्षा करते होंगे। आपका समाचार पाकर उन सबके प्राण लौट आयेंगे। फिर तो वानरी सेना के साथ प्रभु यहाँ आयेंगे ही। आप दोनों को दिव्य सिंहासन पर एक साथ विराजमान देखकर ही हम लोग सुखी होंगे।"

भगवती सीता ने स्नेहपूर्वक पूछा, "बेटा, मेरे मन में एक संदेह अभी तक बना हुआ है, मैं समझती हूँ कि राक्षसों को छोड़कर तीन ही प्राणियों में समुद्र लाँघने की शक्ति है-तुममें, गरुड़ में और तुम्हारे पिता पवनदेव में। फिर बड़े-बड़े वानरों और रीछों के सहायक होने पर भी वानरेन्द्र महाबली सुग्रीव इस दुर्लंध्य समुद्र को कैसे पार करेंगे ? उनकी विशाल वाहिनी सहित, सानुज प्रभु सागर कैसे लाँघ सकेंगे ?"

हनुमान्‌जी ने विनयपूर्वक उत्तर दिया, "माता, बंदरों की शक्ति ही कितनी है ! वे इस डाल से कूद कर उस डाल पर चले जायेंगे, बस ! किन्तु परमप्रभु श्रीराम की अचिन्त्य अपरिसीम शक्ति से सब कुछ संभव है। उनकी कृपा की कोर से अत्यंत छोटा सर्प भी महाबली गरुण को खा सकता है; सर्वथा पंगु गगन स्पर्शी गिरिवर को लाँघने में समर्थ हो सकता है। उन मन बुद्धि से परे अचिन्त्य प्रभु के दर्शन कर समुद्र स्वयं मार्ग दे देगा। यदि उसने मार्ग देने में आनाकानी की तो उसे शुष्क करने के लिए सुमित्रानंदन लक्ष्मण का एक शर पर्याप्त है। दूसरे, वानरराज सुग्रीव कोटि-कोटि वानरों से घिरे हैं। उन शक्तिशाली कपिराज ने आपके उद्धार की प्रतिज्ञा कर ली है। उनके पास साधनों का अभाव नहीं है। आप धैर्य रखें। अब मेरे स्वामी यहाँ यथाशीघ्र पहुँचकर आपका उद्धार करेंगे।"

हनुमान्‌जी के इस उत्तर से माता जानकी को संतोष हुआ और उन्हें शान्ति मिली। उन्होंने अवरुद्ध कंठ से हनुमान्‌जी से कहा, "बेटा, प्रभु के चरणों में मेरा प्रणाम निवेदन कर उन्हें मेरी दयनीय और कारुणिक स्थिति बता देना और उनसे मेरी ओर से श्रद्धांजलि प्रार्थना करना कि वे तुरन्त यहाँ आयें। मैं प्रतिक्षण उन्हीं की प्रतीक्षा करती हुई जी रही हूँ। अवधि समाप्त होने पर मेरे प्राण नहीं टिक सकेंगे।"

दुःखिनी माता के नेत्रों से आँसू बहते जा रहे थे। उन्हें पोंछ-पोंछकर वे धैर्यपूर्वक अपने प्राणनाथ के लिये संदेश दे रही थीं, "वत्स हनुमान्, मेरे प्रिय और परम आज्ञाकारी देवर लक्ष्मण से कहना कि मुझसे अपराध हो गया; मैंने अनजान में उन्हें कटु वाक्य और अपशब्द कहे, इसके लिये वे मुझे क्षमा कर दें। मेरा भूरि-भूरि आशीर्वाद उनको कहना। वानरराज सुग्रीव, जाम्बवान्, युवराज अंगद आदि सब को मेरा आशीर्वाद कहना। उन सबसे कहना, "मैं आप लोगों के साथ प्रभु के आगमन की प्रतीक्षा में एक-एक पल बिता रही हूँ।" इतना कहकर कमललोचना माता सीताजी ने अंचल से मुँह ढक लिया।

माताजी की यह विवश और असहायावस्था देखकर महावीर श्रीहनुमान् का धैर्य जाता रहा। वे भी फफक-फफक कर रो पड़े। बड़ी कठिनाई से वे बोल सके, "माँ आप धैर्य धारण कीजिये; मेरे पहुँचते ही प्रभु यहाँ के लिये प्रस्थित हो जायेंगे।"

कुछ रुककर धैर्यपूर्वक हनुमान्जी ने कहा, ''माता, प्रभु ने जैसे आपके लिये अपनी मुद्रिका भेजी थी, उसी प्रकार आप भी मुझे कोई अपना चिन्ह दे दें, जिसे मैं प्रभु को दिखा सकूँ।''

माता सीता ने अपने केशपाश से चूड़ामणि को निकाला और उसे पवनकुमार को देते हुए कहा, ''बेटा, श्रीआर्यपुत्र एवं लक्ष्मण तुम्हारा विश्वास कर सकेंगे। उनके विश्वास के लिये मैं तुम्हें एक बात और बतला देती हूँ। तुम मेरे प्राणनाथ से निवेदन कर देना, चित्रकूट पर्वत की बात है। एक दिन मेरे जीवन सर्वस्व एकान्त में मेरी गोद में सिर रखे सो रहे थे। उसी समय इन्द्र पुत्र (जयंत) काकवेश में वहाँ आया और मांस के लोभ से मेरे पैर के लाल-लाल अँगूठे को अपने तीखी चोंच तथा पंजों से फाड़ डाला। निद्रा से उठते ही स्वामी ने मेरे पैर का अगूँठा देखा तो व्याकुल होकर उन्होंने पूछा, 'प्रिये, यह किस दुष्ट की करनी है ?' और उसी समय उन्होंने रक्त से सनी चोंच वाले काक को बार-बार मेरी ओर आते देखा। फिर क्या था ? क्रुद्ध प्रभु ने एक तृण उठाया और उस पर दिव्यास्त्र का प्रयोग करके उस प्रज्ज्वलित अस्त्र को लीला से ही उस कौए की ओर फेंक दिया। भयभीत काक प्राण लेकर भागा। वह तीव्रतम गति से भागता हुआ जहाँ-जहाँ गया, वहाँ-वहाँ वह प्रज्ज्वलित अस्त्र उसके पीछे लगा दीख पड़ता था। जयन्त इन्द्र और ब्रह्मादि के समीप गया, किन्तु रामास्त्र के सम्मुख उसे किसी ने आश्रय नहीं दिया। अन्त में नारदजी की प्रेरणा से वह पुनः प्रभु के पास आकर आर्तभाव से प्रार्थना करने लगा, ''प्रभो, स्वामिन, पाहिमाम्, पाहिमाम्। प्रभो, रक्षा करें। अपराध क्षमा हो' ऐसा कहते हुए वह प्रभु के श्रीचरणों में गिर पड़ा। दयानिधान प्रभु ने उससे कहा,'यह मेरा अस्त्र अमोघ है। अतएव तू अपनी एक आँख देकर चला जा।' उस काक ने अपनी बायीं आँख दे दी और प्रभु से बार-बार क्षमा याचना करता हुआ वह चला गया। वत्स, उन अपरिसीम, अचिन्त्य शक्ति-सम्पन्न प्रभु से कहना-वे शीघ्र पधारें।''

पवननंदन ने माता के श्रीचरणों पर सिर रख दिया और कहा, ''माँ, मुझे अब आज्ञा प्रदान कीजिये।''

माता के नेत्र पुनः बरस पड़े। आँसू पोंछते हुए उन्होंने कहा, ''बेटा हनुमान्, जाओ, पर प्रभु के साथ शीघ्र लौटना। देर न करना। तुम्हारा सर्वविध मंगल हो।''

अध्याय १०

लंका से वापसी

हनुमानजी ने सृष्टि-स्थिति-संहारकारिणी जननी का आशीर्वाद प्राप्त कर मन ही मन श्रीरघुनाथजी के चरणों में प्रणाम किया और फिर उछलकर उत्तम अरिष्ट गिरि पर चढ़ गये। उस शैलराज पर आरूढ़ हो वायुनन्दन कपिश्रेष्ठ श्री हनुमान् ने अपना शरीर बहुत विशाल बना लिया। वे दक्षिण से उत्तर दिशा में सागर पार करने के लिये बड़े वेग से उछले। हनुमान्जी के पैरों का दबाव पड़ने के कारण वह शोभाशाली महाधीर वृक्षों और ऊँचे शिखरों सहित धरती में धँस गया।

अरिष्ट गिरि से उछलकर आकाश में पहुँचते ही महाबली वज्रांग हनुमान्जी ने भयानक गर्जना की, जिससे दिशाएँ थर्रा उठीं, आकाश जैसे फट गया, मेघ तितर-बितर हो गये, समुद्र उछलने लगा, गिरिश्रृंग टूट-टूट कर गिरने लगे; और समूची लंका हिल उठी। राक्षसों ने समझा कि भूकम्प आ गया है। राक्षस जहाँ थे, वहीं काँप कर गिर पड़े। उनकी यह महान गर्जना दशग्रीव और उसके बलशाली राक्षसों को मानो यह चुनौती थी, "मैं हनुमान् अपना सारा कार्य समाप्त कर यहाँ से जा रहा हूँ, तुममें किसी में साहस हो, तो रोकने का प्रयत्न कर देखो। उनके भीषण गर्जन से आतंकित और भयाक्रांत होकर राक्षसियों का गर्भपात हो गया। सभासदों सहित स्वयं दशग्रीव भी सिंहासन से नीचे लुढ़क पड़ा। उसके बहुमूल्य मुकुट सिर से खिसककर नीचे गिर गये। इस अपशकुन की राक्षसों में सर्वत्र चर्चा होने लगी। उनमें भय और आतंक व्याप्त हो गया। लंका में तभी से विनाश-सूचक अपशकुनों की परम्परा प्रारम्भ हो गयी।

हनुमान्जी का स्वागत करने के लिए मैनाक पर्वत सागर से अब भी ऊपर उठे। अपने रत्नशिखर पर मानवाकार खड़े हो गये और उन्होंने स्नेहपूर्वक हनुमान्जी को पुकारा, "पवननंदन, अब किंचित विश्राम कर लो।" हनुमान्जी ने उन्हें सत्कृत करने के लिये कर से स्पर्श कर लिया, इस शिष्टाचार को निभाने में उन्हें अपने वेग की गति धीमी करनी

पड़ी। महेन्द्र पर्वत पर दृष्टि पड़ते ही उन्होंने गम्भीर स्वर में बार-बार गर्जना की। उनकी प्रबल गर्जना सुनकर समुद्र के उत्तरी तट पर बैठे हुए असंख्य वानर और भालू कार्यसिद्धि का अनुमान करके प्रसन्नता से किलकारी मारकर उछलने-कूदने लगे। उन्हें विश्वास हो गया कि हनुमान्‌जी माता सीता के दर्शन कर वापस लौट रहे हैं।

हनुमान्‌जी के कुशलपूर्वक लंका से लौट आने पर सारे वानर-भालू अत्यधिक आह्लादित हुए। उनमें से कोई हर्षनाद और सिंहनाद करने लगे। दूसरे महाबली वानर गर्जने लगे। कितने ही किलकारियाँ मारने लगे और दूसरे वानर एक की गर्जना के उत्तर में स्वयं भी गर्जना करने लगे। बहुत से कपिकुंजर हर्ष से उल्लसित हो अपनी पूँछ उठाकर नाचने लगे। कितने ही अपनी लम्बी और मोटी पूँछे हिलाने लगे। कितने ही वानर हर्षोल्लास से भरकर छलांगें भरते हुए पर्वतशिखरों पर वानरशिरोमणि हनुमान्‌जी को छूने और चूमने लगे। कुछ वानर परस्पर एक दूसरे का आलिंगन करने लगे।

एक महामुनि द्वारा हनुमान्‌जी के सूक्ष्म अहंकार का हरण

प्रभु श्रीरामचन्द्रजी की मधुर एवं मंगलमयी लीलाएँ आश्चर्यजनक होती हैं; जिनसे सम्पूर्ण धरा का परम हित होता है। आनन्दरामायण में भगवान् श्रीराम के किसी कल्प की अवतार लीला में पवनपुत्र की अद्‌भुत कथा उपलब्ध होती है, जो संक्षेप में इस प्रकार है-

दशग्रीव के सोने की लंका फूँककर केसरीकिशोर जगज्जननी जानकी के समीप पहुँचे। उन्होंने माता के चरणों में प्रणाम कर कहा, "माँ, आप मेरे कन्धे पर बैठ जायँ। मैं आज ही समुद्र पार कर आपको प्रभु के दर्शन करा देता हूँ।"

सीताजी ने उत्तर दिया, "बेटा हनुमान्, मेरे अनुपम शूरवीर प्राणनाथ को यह स्वप्न में भी सह्य न होगा कि मुझे अन्य कोई मुक्त कर ले जाय। रावण-वध एवं मेरा उद्धार उन्हीं के कर-कमलों द्वारा होने में उनकी और मेरी शोभा है। इससे तुम्हारे स्वामी श्रीरघुनाथजी की कीर्ति भी बढ़ेगी। तुम यह चूड़ामणि और मुद्रिका ले जाकर प्रभु को दे देना और उनसे प्रार्थना करना कि वे यहाँ पहुँचने में तनिक भी विलम्ब न करें।"

श्री आंजनेय ने मातृ-प्रदत्त चूड़ामणि और मुद्रिका अत्यंत आदरपूर्वक ले ली और माता के परम पावन पादपद्मों में प्रणाम कर लौट पड़े। हनुमान्‌जी उछल कर समुद्र तटवर्ती गिरि-शिखर पर चढ़ गये। पर्वत उनका वेग न सहन कर सका; चूर्ण हो गया। उसी समय लोकपितामह श्रीब्रह्माजी ने पवनात्मज के द्वारा लंका-दहन के विस्तृत विवरण से पूर्ण एक पत्र श्रीरामजी को देने के लिए हनुमान्‌जी को दिया। श्रीरामदूत चतुरानन का पत्र एवं माता जानकी की चूड़ामणि और मुद्रिका लेकर समुद्र के ऊपर वेगपूर्वक उड़ते हुए चले। वे भयानक सिंहनाद करते जा रहे थे।

उत्तर दिशा में समुद्र के पार जाने पर वे नीचे उतरे। वहाँ उन्होंने भजन करते हुए एक महामुनि को देखा। हनुमानूजी ने उन विरक्त मुनि से कहा, ''मुनिवर, मैं भगवान् श्रीराम के आदेशानुसार उनकी प्राणप्रिया जनकदुलारी का पता लगाकर समुद्र पार से आ रहा हूँ। मैं तृषाधिक्य से व्याकुल हूँ। कृपया कोई जलाशय बताइये।'' तपस्वी मुनि ने जप करते हुए अपनी तर्जनी अँगली से जलाशय की ओर संकेत कर दिया।

जब हनुमानूजी तपस्वी महामुनि को अपनी लंका यात्रा का वृत्तांत सुना रहे थे, तब अपनी उपलब्धियों की स्मृति से उनके हृदय में बड़प्पन की भावना का स्फुरण हो आया। भगवान् ठहरे भक्त-गर्वापहारी। वे हनुमान् जैसे आदर्श सेवक के हृदय में बड़प्पन की भावना का सूक्ष्म से सूक्ष्म स्फुरण भी कैसे सहन कर सकते थे ! तत्काल उन्होंने उसके प्रशमन की व्यवस्था कर दी।

श्रीहनुमानूजी चूड़ामणि, अँगूठी और विधाता-प्रदत्त पत्र जप करते हुए मुनि के समीप रखकर तृषा शान्त करने के लिए जलाशय की ओर चले गये। उसी समय मुनि के समीप उछलता-कूदता एक बंदर आया। उसने उस मुद्रिका को उठाकर साधु के समीप रखे हुए कमण्डलु में डाल दिया और फिर वहाँ से चला गया। जल ग्रहण कर हनुमानूजी लौटे। उन्होंने चूड़ामणि और पत्र के साथ मुद्रिका न देखकर मुनि से पूछा, ''मुनिनाथ, वह मुद्रिका क्या हुई ?''

मुनि ने कमण्डलु की ओर संकेत किया। हनुमानूजी ने कमण्डलु में हाथ डाला, तो एक ही साथ उसी आकार-प्रकार एवं रूपरंग की श्रीराम नामांकित शत-शत मुद्रिकाएँ निकल आयीं। श्रीपवनसुत ने पुनः कमण्डलु में हाथ डाला। फिर वैसी सहस्रों मुद्रिकाएँ निकल आयीं। इस प्रकार उन्होंने सहस्त्रों मुद्रिकाएँ निकालीं; पर कमण्डलु की अगूँठियाँ समाप्त ही नहीं हो रही थीं। उनकी लायी हुई अगूँठी कौन सी थी, श्रीहनुमान् समझ न सके। उनके आश्चर्य की सीमा न रही।

आश्चर्यचकित श्रीपवननंदन ने मुनि से पूछा, ''मुनिराज, इतनी अधिक मुद्रिकाएँ कहाँ से आयीं ? इनमें से मेरे द्वारा लाई हुई मुद्रिका कौन सी है ?'' वयोवृद्ध मुनि ने उत्तर दिया, ''प्रत्येक अवतार में श्री सीताहरण के पश्चात् जब-जब श्रीराघवेन्द्र ने पवनकुमार को उनका पता लगाने के लिये भेजा है, तब-तब हनुमान् ने लंका में सीता से मिलकर यहाँ अँगूठियाँ रखी हैं और बंदरों ने उठाकर इस कमण्डलु में डाल दिया है। इनमें से तुम अपनी अँगूठी पहचान कर ले लो।''

हनुमानूजी का गर्वांकुर नष्ट हो गया। आश्चर्यचकित हनुमानूजी ने मुनि से पूछा, ''मुनीश्वर आज तक कितनी बार श्रीराम ने अवतार लिया है ?''मुनि ने कहा ''कमण्डलु से मुद्रिकाएँ निकाल कर गिन लो''

हनुमानूजी अंजलि भर-भरकर अँगूठियाँ निकालने लगे, किन्तु उनका अंत नहीं

हुआ। उन्होंने मुनि के चरणों में प्रणाम किया और मन ही मन कहने लगे, ''भगवान् श्रीराम की लीला, गुण एवं शक्ति का अंत नहीं। उनके अवतारों की भी संख्या नहीं। उनके अवतार अनन्त हैं। मेरे पूर्व भी प्रभु श्रीराम की आज्ञा से असंख्य हनुमान् माता सीता का पता लगा चुके हैं, फिर मेरी क्या गणना है ?''

गलित-अभिमान आंजनेय ने मन ही मन श्री सीताराम के चरणों में प्रणाम किया। फिर हर्षोन्मत्त श्रीहर्राशज पर्वत शिखर से पृथ्वी पर कूद पड़े। उन्हें देखते ही वानर-भालुओं ने उन्हें चारों ओर से घेर लिया।

''मैंने सीताजी के दुर्लभ चरणों का दर्शन और स्पर्श प्राप्त कर लिया !'' पवनकुमार के इतना कहते ही जाम्बवान् ने उन्हें वक्ष से लगा लिया। उनके नेत्रों में प्रेमाश्रु भर आये। उन्होंने गद्‌गद कण्ठ से कहा, ''पवनपुत्र, तुमने हम सबके प्राणों की रक्षा कर ली !'' कुछ वानर हनुमान्‌जी की पूँछ चूमने लगे और कुछ उनके सम्मुख मधुर फलमूल रखकर उनसे खाने का आग्रह करने लगे। कुछ उन्हें सुख पहुँचाने के लिये अनेक प्रकार से उनकी सेवा करने लगे। हनुमान्‌जी ने किसी के चरणों में प्रणाम किया, तो किसी का आलिंगन किया, किसी के सिर पर हाथ रखकर आशीर्वाद दिया, तो किसी की पीठ ठोंककर उसकी प्रशंसा की। समर्थ श्रीरुद्रांश कुछ ही क्षणों में समस्त वानर-भालुओं से मिल लिये।

शोकहर श्रीकपिसत्तम से भगवती सीता के दर्शन, अशोकवाटिका-विध्वंस, राक्षसों के संहार, रावण से वार्तालाप एवं लंका दहन का समाचार सुनकर प्रसन्नता से उल्लसित युवराज अंगद ने हनुमान्‌जी से कहा, ''वानरश्रेष्ठ, बल एवं पराक्रम में तुम्हारे समान कोई भी नहीं है; क्योंकि तुम इस विशाल समुद्र को लाँघकर फिर इस पार लौट आये। कपिशिरोमणे, एकमात्र तुम्हीं हम लोगों के जीवनदाता हो। तुम्हारे प्रसाद से हम सब लोग सफल-मनोरथ होकर श्रीरामचन्द्रजी से और वानरेन्द्र सुग्रीव से मिलेंगे। अपने स्वामी श्रीरघुनाथजी के प्रति तुम्हारी भक्ति अलौकिक और अद्‌भुत है। तुम्हारा पराक्रम, बुद्धि, प्रतिभा और धैर्य भी आश्चर्यजनक है। अत्यंत सौभाग्य की बात है कि तुमने परम सती वैदेही का दर्शन प्राप्त कर लिया। अब इस सुखद संवाद से श्रीराघवेन्द्र का वियोग जनित शोक भी दूर हो जायेगा।''

हनुमानजी के लंका जाने के बाद ही जाम्बवान् ने बहुत से वानरों को किष्किंधा भेज दिया था। उनके द्वारा सुग्रीव को सन्देश भेजा था, ''भगवती भूमिजा दशग्रीव की पुरी लंका में हैं, यह पता लग गया है। पवनपुत्र वहाँ उनका दर्शन करने गये हैं। अतः अन्य दिशाओं में भेजे गये वानर-यूथपतियों को आज्ञा भेज दें कि वे किष्किंधा लौट आवें।'' यह सन्देश सुग्रीव के पास पहुँच गया था। सुग्रीव ने उसके अनुसार व्यवस्था भी कर दी थी और अन्य दिशाओं में गये दल लौट रहे थे।

अंगद की आज्ञा से मधुबन में वानरों का प्रवेश

जाम्बवान् एवं युवराज के परामर्श से यशस्वी हनुमान् सहित सभी वानर-भालु का समुदाय भगवान् श्रीराम को सुखदायक समाचार सुनाने के लिये कपिराज सुग्रीव के पास चल पड़ा। हनुमानूजी आगे-आगे चले और उनके पीछे वानरों का विशाल समुदाय उछलता-कूदता चलने लगा। उस समय सिद्ध आदि भूतगण अत्यंत वेगशाली, महाबली, बुद्धिमान पवननंदन की ओर अपलक दृष्टि से देखते हुए उनकी भूरि-भूरि प्रशंसा कर रहे थे।

आकाश में छलांग मारते हुए हर्षोन्मत्त वानर-भालु स्वर्ग के नन्दनवन के तुल्य मनोहर मधुबन के समीप पहुँचे। किष्किंधापति सुग्रीव के मधुबन की रक्षा उनके मामा महाबली दधिमुख नामक वानर सदा किया करते थे। उस मनोरम वन को देखकर वानर समुदाय मधु पीने एवं फल खाने के लिये लालायित हो उठा। हर्षोन्मत्त वानरों ने इसके लिए युवराज अंगद से आज्ञा माँगी। उन्होंने वृद्ध जाम्बवान् से पूछा। जाम्बवान् एवं हनुमान् के अनुमोदन से युवराज ने उन्हें आज्ञा दे दी। फिर क्या था ? प्रसन्नता से भरे हुए पिंगल वर्ण वाले वानर मधुबन के फल-मूलों का भक्षण एवं मधुपान करने लगे।

वानर मधु पीकर उन्मत्त हो गये। माता सीता का संवाद प्राप्त होने की प्रसन्नता से मधुमत्त वानरों की बड़ी विचित्र स्थिति हो गयी। आनन्दमग्न होकर कोई गाते, कोई हँसते, कोई नाचते, कोई गिरते-पड़ते, कोई जोर से चलते, कोई उछलते-कूदते और कोई प्रलाप करते हुए मधु पीते तथा बचा हुआ मधु फेंक देते। कोई फलों से लदे वृक्षों की डालियाँ तोड़ते और कुछ मदमत्त वीर वानर समूचा वृक्ष ही उखाड़कर फेंक देते। इस प्रकार अत्यंत रमणीय मधुबन तहस-नहस होने लगा।

दधिमुख और अन्य रक्षक दौड़े। युवराज अंगद और हनुमानूजी की आज्ञा से मतवाले वानर उलटे रक्षकों को डाँटने लगे। इतना ही नहीं उन्होंने रक्षकों को मारना पीटना भी शुरू कर दिया। विवशतः दधिमुख ने वानरराज सुग्रीव के सामने आकर निवेदन किया, "वानरेन्द्र, आपने जिस सुन्दरतम मधुबन की चिरकाल से रक्षा की है, उसे अंगद और हनुमानूजी की आज्ञा से वानरों ने नष्ट-भ्रष्ट कर दिया। इतना ही नहीं उन्होंने रक्षकों को मारा-पीटा भी है।

सुग्रीव के हर्ष की सीमा नहीं रही। उन्होंने दधिमुख से कहा, "मामाजी निश्चय ही हनुमानूजी माता सीता के दर्शन कर चुके हैं, अन्यथा मधुबन के फल खाने और मधुबन के मधु पीने का साहस वानरों को नहीं होता। युवराज ऐसी आज्ञा कदापि नहीं देते। मधुवन युवराज का ही है। आप उन्हें क्षमा कर दें।"

भगवान् श्रीराम ने सुग्रीव से पूछा, "राजन्, तुम सीता सम्बन्धी क्या बात कह रहे

थे,'' सुग्रीव ने विनयपूर्वक उत्तर दिया, ''प्रभो, लगता है कि हनुमान्‌जी माता सीता के दर्शन प्राप्त कर चुके हैं। अन्यथा वे लोग मधुबन के फल खाने और उसे तहस-नहस करने का साहस नहीं कर सकते थे।''

सुग्रीव ने दधिमुख से कहा, ''मामाजी आप जाकर उन लोगों से कह दें कि वे माता सीता का समाचार सुनाने के लिये प्रभु के श्रीचरणों में यथाशीघ्र उपस्थित हों।'' दधिमुख चले गये। भगवान् श्रीराम और लक्ष्मण के मुख पर प्रसन्नता की लहर देखकर वानरराज सुग्रीव भी आनन्दमग्न हो गये। दधिमुख ने लौटकर स्नेहपूर्वक सुग्रीव का आदेश सुनाया। सब तत्काल चल पड़े।

प्रभु के पादपद्मों में

महामति हनुमान्, युवराज अंगद एवं जाम्बवान् विशाल वानरों के समुदाय के साथ आकाश में उड़ चले। उस समय प्रस्रवणगिरि के शिखर पर श्रीराघवेन्द्र की पर्णकुटी थी। प्रभु भाई लक्ष्मणजी के साथ कुटिया के बाहर स्फटिक शिला पर आसीन थे। समीप ही वानरराज सुग्रीव भी बैठे थे। दूर से ही प्रसन्न वानरों के साथ आकाश मार्ग से उड़ते हुए आते देखकर वानरराज सुग्रीव ने कमलनयन श्रीरामजी से कहा, ''प्रभो, धैर्य धारण कीजिये निस्सन्देह पवननंदन ने श्री सीता देवी का पता लगा लिया है, अन्यथा अवधि समाप्त हो जाने पर युवराज इतने उल्लास से नहीं लौटते। मतिसत्तम, इस कार्य को सिद्ध करने में हनुमान्‌जी के सिवा और कोई कारण बना हो ऐसा संभव नहीं है। वानर शिरोमणि हनुमान्‌जी ही में कार्यसिद्धि की शक्ति और बुद्धि है। उन्हीं में उद्योग, पराक्रम, और शास्त्रज्ञान भी प्रतिष्ठित है।''

इस प्रकार वानरराज सुग्रीव परम बुद्धिमान् रघुनंदन जी को धैर्य बँधा ही रहे थे कि अंगद और हनुमान् को आगे करके हर्षातिरेक से सिंहनाद करते हुए वीर वानरों का समुदाय निकट आ गया। उन्हें देखकर सुग्रीव ने प्रसन्नतापूर्वक अपनी पूँछ उठा दी। अंगदादि वीर श्रीरघुनाथजी को देखकर हर्षोल्लास पूर्वक आकाश से नीचे उतर आये। समस्त वानरों ने सानुज श्रीराम और सुग्रीव के चरणों में प्रणाम किया। पवनकुमार हनुमान्‌जी दौड़कर राघवेन्द्र के भुवन-पावन चरण कमलों में लेट गये। प्रभु के दर्शन कर उनके आनन्द की सीमा न रही। उन्होंने कहा, ''स्वामिन्, माता सीता सतीत्व के कठोर नियमों का पालन करती हुईं शरीर से सकुशल हैं। मैंने जगज्जननी जानकी जी का दर्शन किया है।''

हनुमान्‌जी के इन वाक्यों से श्रीराम, लक्ष्मण और किष्किंधापति सुग्रीव की प्रसन्नता की सीमा न रही। श्रीरामचन्द्रजी ने अत्यधिक प्रीति और स्नेहपूर्वक हनुमान्‌जी की ओर

देखा। हनुमान्‌जी उनकी इस कृपामयी दृष्टि से धन्य और कृतकृत्य हो गये। वे प्रभु चरणों में पुनः प्रणाम कर, सुमित्रानंदन और सुग्रीव को भी प्रणाम कर हाथ जोड़े परम प्रभु के मुखारबिन्द की ओर अपलक दृष्टि से देखने लगे। उन्होंने हनुमान्‌जी से पूछा, ''वायुनंदन, देवी सीता कहाँ हैं ? वे कैसी हैं ? अपने प्राणों की रक्षा किस प्रकार कर रही हैं ? मेरे प्रति उनका भाव कैसा है ? तुम विदेहनंदिनी सीता का समाचार पूरा-पूरा सुनाओ।''

श्रीपवनकुमार ने पहले दक्षिण दिशा की ओर मुँह करके माता सीता का ध्यान कर श्रद्धापूर्वक प्रणाम किया। फिर उन्होंने अत्यंत नम्रतापूर्वक निवेदन किया, ''प्रभो, सौ योजन विस्तृत समुद्र के पार दुरात्मा रावण की नगरी लंका समुद्र के दक्षिण तट पर बसी हुई है। उस राक्षसपुरी में मैंने माता सीता को अशोकवाटिका में अशोक वृक्ष के नीचे अत्यंत व्यथित अवस्था में आपका निरन्तर स्मरण करते हुए देखा है। प्रभो, आपके वियोग में जलहीन मीन की भाँति छटपटाने वाली माता सीता का दुःख न कहने ही में भला है। हे करुणानिधि, माता जानकीजी का एक-एक क्षण आपके वियोग में कल्पों के समान व्यतीत हो रहा है। प्रभो, उनकी यह स्थिति है-

नाम पाहरू दिवस निसि, ध्यान तुम्हार कपाट।
लोचन निज पद जंत्रित, जाहिं प्रान केहिं बाट।।

हनुमान्‌जी के यह बचन सुनकर राघवेन्द्र अधीर हो उठे। उनके नेत्रों से आँसू बहने लगे। पवनपुत्र के नेत्र भी अश्रुपूरित हो गये, पर वे अपने अश्रुओं को रोककर माता का सन्देश कहते जा रहे थे-''माता सीता इस समय अत्यंत दुःख के दिन व्यतीत कर रही हैं। उन्हें दुष्ट दशानन ने अशोकवाटिका में बन्दी बना रखा है और क्रूर राक्षसियाँ वहाँ रात दिन पहरा दिया करती हैं। उनके शरीर पर एक मैली साड़ी है और उनके सुन्दर केश उलझकर जटा की तरह बन गये हैं। इस प्रकार एक वेणी धारण किये वे सतत् आपके ध्यान में निमग्न रहती हैं। माता जानकी नीचे पृथ्वी पर सोती हैं। वे अन्न-जल छोड़ देने के कारण अत्यंत कृशकाय हो गयी हैं और शोक से निरन्तर 'राम, राम, हा राम, हा राम' कहती रहती हैं। इस प्रकार माता सीता को मैंने भक्ति से प्रेरित कठोर तपस्या करते एवं दुःसह कष्ट सहते देखा है।''

''प्रभो, चलते समय माता ने आपके विश्वास के लिये अपनी चूड़ामणि दी है। साथ ही उन्होंने चित्रकूट में (इन्द्रपुत्र जयन्त) कौए की एक घटना का स्मरण कराते हुए कहा है कि स्वामी, इतनी महान शक्ति रहते हुए भी आप मौन क्यो हैं ? मेरा अपराध क्षमा कर शीघ्र ही मेरा उद्धार करें।''

पवनपुत्र के वचन सुनकर रघुनाथजी के नेत्रों में आँसू भर आये। वे सीताजी द्वारा

प्रदत्त चूड़ामणि को हृदय से लगाकर सुग्रीव से कहने लगे, "मित्र, इस चूड़ामणि को देखकर मेरा हृदय द्रवित हो रहा है। यह सुरपूजित मणि जल से प्रगट हुई थी और किसी यज्ञ में सन्तुष्ट होकर सुरेन्द्र ने इसे मेरे श्वसुर राजा जनक को दिया था, जो सदा मेरी प्रिया सीता के सीमन्त पर सुशोभित होती रही।"

हनुमान्‌जी के द्वारा अपनी प्राणप्रिया सीता का समाचार पाकर प्रभु ने अत्यंत प्रसन्नता से कहा, "हनुमान्, तुमने जो कार्य किया है, वह देवताओं के लिये भी दुष्कर है। मैं नहीं जानता कि इसके बदले में तुम्हारा क्या उपकार करूँ ? वत्स, मैंने मन में खूब विचार कर देख लिया कि मैं तुमसे उऋण नहीं हो सकता। तथापि लो, मैं तुम्हे अभी अपना सर्वस्व सौंपता हूँ !"

इतना कहकर करुणावतार परम प्रभु श्रीराम ने पवित्रात्मा हनुमान्‌जी को दोनों भुजाओं में खींचकर हृदय से लगाते हुये कहा, "संसार में मुझ परमात्मा का आलिंगन मिलना अत्यंत दुर्लभ है। वानरश्रेष्ठ, तुम्हें यह सौभाग्य प्राप्त हुआ है। अतः तुम मेरे परम भक्त और प्रिय हो।"

भगवान् श्रीराम के अनन्य भक्त श्रीमहादेवात्मज की कामनापूर्ति हुई। उनके वानर शरीर धारण का उद्‌देश्य पूरा हो गया। वे आनन्दमग्न होकर प्रभु के चरणकमलों में गिर पड़े। अधीर होकर उन्होंने बार-बार प्रार्थना की, "प्रभो, मेरी रक्षा कीजिये, रक्षा कीजिये !

भक्तवत्सल प्रभु श्रीराम ने हनुमान्‌जी से पूछा,"हनुमान्, तुम विशाल समुद्र लाँघकर लंका में कैसे पहुँचे ? वहाँ तुम देवी सीता से कैसे मिले ? उन्होंने क्या कहा ? लंकाधिपति रावण का दुर्ग और शक्ति कैसी है ? यह सब तुम मुझसे विस्तारपूर्वक कहो।"

लंकायात्रा का वर्णन

प्रभु श्रीराम की आज्ञा सुनकर हनुमान्‌जी ने विनीत भाव से कहना प्रारम्भ किया, "प्रभो, मैं सर्वथा पशु और उसमें भी तुच्छ चंचल वानर हूँ। मुझमें विद्या, बुद्धि और शक्ति ही कितनी है ! किन्तु आपके प्रताप से तो रुई भी बड़वाग्नि जला सकती है। किष्किंधा-धिपति सुग्रीव के आदेश से माता जानकी के दर्शनार्थ मैं खेल-खेल में ही उछला और आकाश में उड़ता हुआ लंका के सागर तट पर पहुँच गया। वहाँ राक्षसों की दृष्टि से बचने के लिये रात्रि में सूक्ष्म रूप से माता जानकी को ढूँढ़ने लगा। दशानन की प्रिय वाटिका में अशोक वृक्ष के तले शोकमग्ना माता के दर्शन कर मैं अधीर हो गया।"

"मैं वृक्ष पर पत्तों में छिपकर बैठा ही था कि वहाँ क्रूर दशग्रीव आ पहुँचा। उसने सतीत्व की साक्षात् प्रतिमा वियोगिनी माता को वश में करने के लिये उन्हें बहुत डराया-

धमकाया; क़िन्तु जब माता ने उसे कुत्ते की तरह दुत्कार दिया, तब वह अधम राक्षस माता को तलवार निकाल कर मारने दौड़ा। अपनी पटरानी मन्दोदरी के समझाने से वह एक महीने की अवधि देकर वहाँ से चला गया। राक्षसियों ने भी माता को बहुत डराया- ध मकाया। उन राक्षसियों के चले जाने पर माताजी असह्य दुःख के कारण प्राण त्याग देने के लिये प्रस्तुत हो गयीं।''

''उस समय मैंने वृक्ष के पत्तों में छिपे-छिपे आपके जन्म से लेकर दण्डकारण्य में जाने, सीता-हरण, सुग्रीव से मैत्री, बाली-बध आदि की संक्षिप्त कथा सुनाते हुए कहा कि किष्किंधापति सुग्रीव ने आपका पता लगाने के लिए चारों दिशाओं में करोड़ों वानरों को भेजा है। मैं भी उन्हीं का भेजा हुआ हूँ। आज आपका दर्शन प्राप्त कर कृतार्थ हो गया।

''मेरे मुख से आपकी मधुर लीला-कथा सुनकर माताजी ने कहा, जिन्होंने मुझे यह अमृततुल्य संवाद सुनाया है, वे मेरे सामने प्रकट क्यों नहीं होते। मैंने नीचे उतर कर माता के श्रीचरणों में प्रणाम किया। मुझ वानर को देखकर पहले तो वे सहम गयीं, परन्तु मैंने क्रमशः सब बातें बतलायीं। इसके बाद मैंने आपकी मुद्रिका उन्हें दी, तब माता के मन में मेरे प्रति विश्वास उन्पन्न हुआ। क्रूरतम रावण के यहाँ दुष्टा राक्षसियों के बीच अत्यंत कष्टपूर्ण जीवन व्यतीत करने वाली वियोगिनी जननी पुत्र को देखकर रो पड़ीं। उन्होंने कहा, ''वत्स, जिस प्रकार इन राक्षसियों के द्वारा मैं अहर्निश सताई जा रही हूँ, यह मेरे प्राणनाथ से बता देना।'' मैंने उन्हें अनेक प्रकार से धैर्य बँधाया और कहा, ''माँ, बस मेरे प्रभु के समीप पहुँचने की देर है। अमित शक्तिसम्पन्न श्रीराघवेन्द्र आपका संवाद पाते ही यहाँ पहुँचकर इस असुरदल का संहार कर देंगे। रोती हुई माता जानकी ने अत्यंत करुणापूर्वक लक्ष्मण के लिये कहा, लक्ष्मण, तुम्हें मैंने अज्ञानवश कुछ कठोर वचन कह दिया था, उसके लिए तुम मुझे क्षमा करना और श्रीरघुनाथजी के साथ शीघ्र आकर मेरी रक्षा करना, अन्यथा एक मास के उपरान्त मैं जीवित नहीं रहूँगी। इतना कहकर माता सीता रोने लगीं। उन्होंने वानरराज सुग्रीव को, महामति जाम्बवान्, युवराज अंगद तथा समस्त वानर-भालुओं को आशीर्वाद देते हुए सबसे शीघ्र लंका पहुँचकर राक्षसों को नष्ट करने की प्रार्थना की है।''

हनुमान्‌जी के द्वारा भगवती जानकी का समाचार सुनकर श्रीरामजी अत्यंत व्याकुल हो गये ! लक्ष्मण के नेत्र बरसने लगे और समस्त वानरों के भी नेत्र भर आये। पर हनुमान्‌जी धैर्यपूर्वक कहते जा रहे थे, ''माता की आज्ञा से मैं अशोक वाटिका में फल खाने चला गया; पर रावण के मिलने की इच्छा से मैंने वह मनोरम वाटिका विध्वंस कर दी। रावण के प्रिय पुत्र अक्षकुमार के साथ सहस्त्रों राक्षसों को मारने के पश्चात् मैं इन्द्रज़ित के द्वारा ब्रह्मपाश में बँधकर रावण के सम्मुख पहुँचाया गया। वहाँ उस क्रूर ने दण्डस्वरूप मेरी पूँछ जलाये जाने का आदेश दे दिया। बस आपकी कृपा से सारी लंका जल गयी।

भगवान् श्रीराम, लक्ष्मणजी, वानरराज सुग्रीव, महामति जाम्बवान्, अंगद, द्विविद, मैन्द, पनस, नल, नील आदि महान् वानरगण लंका में घटित हुई घटनाओं को ध्यानपूर्वक सुन रहे थे। हनुमान्जी सहसा श्रीराघवेन्द्र के चरणों पर गिर पड़े और बोले, ''प्रभु, यह सब मैंने नहीं किया है। अन्तर्यामी स्वामी, मेरे अन्तर में प्रविष्ट होकर अपनी शक्ति से आपने जो लीला करायी है, मैं वही निवेदन कर रहा हूँ।''

वे आगे कहने लगे, ''करुणामय स्वामी, वहाँ मैंने त्रिकूट पर्वत पर बसी हुई दिव्य लंकापुरी देखी। उस पुरी के चारों ओर चार लम्बे-चौड़े द्वार हैं। उनमें अत्यंत मजबूत किवाड़ और मोटी-मोटी अर्गलाएँ लगी हैं। उन द्वारों पर अत्यंत विशाल एवं शक्तिशाली यन्त्र लगे हुए हैं, जो बाण और पत्थर के गोलों की वर्षा करते हैं। उनके द्वारा लंका में प्रविष्ट करना अत्यंत कठिन है। पुरी के चतुर्दिक सोने का परकोटा है, जिसे तोड़ना अत्यंत दुष्कर है। उसमें मणि, मूँगे, नीलम और मोतियों का काम किया गया है। परकोटों के चारों ओर ग्राह और विशाल मत्स्यपूरित अगाध जल वाली खाइयाँ हैं। उन चारों द्वारों के सम्मुख खाइयों पर लकड़ी के ऐसे यन्त्रमय विशाल एवं सुदृढ़ पुल बने हुए हैं, जिन पर शत्रुसेना के आते ही उसे यन्त्रों द्वारा खाइयों में चारों ओर फेंक दिया जाता है।

''लंका पर आक्रमण करने का कोई मार्ग नहीं है। उसके चारों ओर दुर्गम नदी, पर्वत, वन, खाईं और सुदृढ़ परकोटे आदि हैं। लंका विस्तृत समुद्र के दक्षिण तट पर बसी है। अतएव लक्ष्य का किसी प्रकार पता न मिल सकने के कारण वहाँ जलयान से भी जाना बड़ा कठिन है। लंका के पूर्व द्वार पर दस सहस्त्र प्रचण्ड वीर राक्षस रहते हैं। उसके दक्षिण द्वार पर चतुरंगिणी सेना के साथ एक लाख राक्षस योद्धा, पश्चिम द्वार पर दस लाख राक्षस और उत्तर द्वार पर दस करोड़ राक्षस तथा मध्य भाग की छावनी में सैकड़ों सहस्त्र दुर्जेय वीरवर निशाचर रहते हैं। हाथी, घोड़े, खाइयों और शतघ्नियों आदि से दुष्ट दशानन की लंका सुरक्षित है, किन्तु आपकी कृपादृष्टि से मैंने प्रायः सारी कठिनाइयाँ समाप्त कर दी हैं-लंका के सुदृढ़ द्वार नष्ट कर दिये गये, खाइयाँ पाट दीं, परकोटों को धराशायी कर दिया गया, विशालकाय राक्षसी सेना का चतुर्थांश नष्ट कर दिया और समूची लंका फूँककर राख कर दी है। रावण के नागरिकों एवं उसके सैनिकों में ही नहीं स्वयं उसके मन में भी आपका भय एवं आतंक व्याप्त हो गया है। राक्षस-सैन्य का मनोबल तो समाप्त ही हो गया है। अतएव अब अविलम्ब शत्रु पर आक्रमण करना ही समीचीन प्रतीत होता है।''

हनुमान्जी के वचन सुनकर प्रभु श्रीराम ने अत्यंत प्रसन्न होकर कहा, ''हनुमान् ने जो कार्य किया है, वह करना देवताओं के लिये भी कठिन है। पृथ्वीतल पर और कोई तो उसका मन से भी स्मरण नहीं कर सकता। भला, ऐसा कौन है जो सौ योजन विस्तार वाले समुद्र को लाँघने और राक्षसों से सुरक्षित लंकापुरी को ध्वंस करने में समर्थ हो ? हनुमान् ने सुग्रीव के सेवक-धर्म को खूब निभाया। संसार में ऐसा न कोई हुआ और न

आगे होगा ही। उन्होंने जानकीजी का पता लगाकर आज मुझको, लक्ष्मण, समस्त रघुवंश, सुग्रीव आदि सभी को बचा लिया है।''

तत्पश्चात् श्रीराघवेन्द्र ने सुग्रीव से कहा, ''मित्रवर सुग्रीव, इस समय विजय नामक मुहूर्त व्यतीत हो रहा है। अतएव तुम समस्त सैनिकों को इसी समय प्रस्थान करने के लिये आदेश प्रदान करो। इस मुहूर्त में यात्रा करके मैं निश्चय ही समस्त राक्षसों-सहित दुर्जय दशानन को नष्ट करके देवी सीता को ले आऊँगा।''

अध्याय ११

लंका प्रयाण

श्रीरामचन्द्रजी की बात सुनते ही सुग्रीव ने तुरन्त किष्किंधा के शासन प्रबन्ध की व्यवस्था की और अत्यंत उल्लासपूर्वक उन्होंने समस्त यूथपतियों एवं वानर-भालुओं को कूच करने की आज्ञा दे दी। वीर वानर-भालुओं के मन में लंका को पीस डालने का अत्यधिक उल्लास भरा था। वे सब एक स्वर में बोल उठे, "श्रीसीताराम की जय, सानुज श्रीराम की जय।"

सुग्रीव के आदेशानुसार कोटि-कोटि वीर वानरों और रीछों की विशाल सेना प्रस्थित हुई। सब के मन में हर्ष और उत्साह भरा हुआ था। उस विशाल सेना के मध्य, वत्कल पहने, जटाजूट बाँधे और तूणीर कसे वीरवर कमलनयन श्रीरामजी और लक्ष्मणजी निराली शोभा पा रहे थे। हनुमान्‌जी ने प्रभु श्रीराम के पास पहुँचकर प्रार्थना की, "प्रभो, लंका बहुत दूर है। हमें पहुँचने की शीघ्रता है, अतः स्वामिन आप मेरे स्कन्ध को भूषित करें।" हनुमान्‌जी की प्रार्थना स्वीकृत हो गयी। युवराज अंगद ने कुमार लक्ष्मण को अपने कंधे पर बिठा लिया। सुग्रीव दोनों भाइयों के साथ चल रहे थे। गज, गवाक्ष, मैन्द, द्विविद, नल, नील, सुषेण और जाम्बवान् तथा अन्य शत्रुहन्ता समस्त सेनापति गण सेना के आगे-पीछे-मध्य में सावधानीपूर्वक निरीक्षण करते जा रहे थे। अत्यंत चंचल वीर वानर यूथपतियों के आदेश एवं सुग्रीव के भय से सर्वथा अनुशासित, बड़े वेग से उछलते-कूदते, गरजते, फल खाते और मधु पीते दक्षिण दिशा की ओर चल रहे थे।

सीता की अन्वेषण यात्रा में वानर और भालू पथ देख चुके थे। जल, फल, आदि प्रचुर मात्रा में उपलब्ध हों, ऐसे मार्ग से सब चले जा रहे थे। उनकी यात्रा अहर्निश बिना विश्राम के चलती रही। केवल सानुज प्रभु स्नान करके सन्ध्या करते, पार्थिव पूजन करते, तब उनकी यात्रा कुछ देर के लिए विरमित होती।

भगवान् श्रीराम के प्रसन्नतापूर्वक प्रस्थान करते ही माता जानकी का वाम नेत्र और

उनकी बायीं भुजा फड़कने लगी। उसी समय लंका में अनेक प्रकार के अपशकुन प्रारम्भ हुए, जिन्हें देखकर राक्षसगण मन ही मन चिन्तित हो उठे। उन वानर-भालुओं के सौभाग्य का क्या कहना, जो सुर-नर-मुनि दुर्लभ निखिल सृष्टि के स्वामी दयाधाम श्रीराम के कार्य के लिए उन्हीं के साथ प्रयाण कर रहे थे। उनके सौभाग्य को देख-देखकर इन्द्रादि देवगण मन ही मन उनकी प्रशंसा कर रहे थे।

वे लोग श्रीराघवेन्द्र के साथ मलयाचल और सह्याद्रि के मनोरम दृश्य देखते और उन पर्वतों को पार करते हुए अन्त में महान नीलोदधि के तट पर जा पहुँचे। वहाँ वानरों ने अत्यधिक प्रसन्नता से गर्जना की, "जय श्रीराम, जय श्रीसीताराम।" कोटि-कोटि वानरों की सामूहिक गर्जना के सम्मुख महासमुद्र की भयानक गर्जना मन्द पड़ गयी।

शरणागत विभीषण

रावण के गुप्तचरों ने उसे यह समाचार सुनाया, "राक्षसेन्द्र, महान वीर वानर-भालुओं की विशाल वाहिनी लेकर राम समुद्र तट पर पहुँच गये हैं।" इस संवाद से सारी लंका में बेचैनी फैल गयी। राक्षस और राक्षसियाँ अत्यंत चिन्तित होकर परस्पर कहने लगीं, "एक वानर ने तो समूची लंका की भयानक क्षति कर दी थी, अब कोटि-कोटि वानरों के समुदाय से हमारी क्या दशा होगी ?" भयभीत तो दशग्रीव भी था, उसके भी मन में आतंक व्याप्त था; किन्तु वह उसे प्रकट नहीं होने देता था। उसने सभाभवन में आकर सभासदों से कहा, "वीर राक्षसों, वानरों की सेना लेकर दशरथनंदन राम और लक्ष्मण लंका पर आक्रमण करने के लिए समुद्र के उस तट पर पहुँच गये हैं। अतएव आप लोग निर्णय करें कि इन तुच्छतम नर और वानरों को किस प्रकार दण्डित किया जाय।"

राक्षसाधिपति के इन वचनों को सुनकर चाटुकार सभासद उसकी दुर्जयता, उसके अमित बल और प्रबल पराक्रम की प्रशंसा करने लगे। प्रहस्त, दुर्मुख, वज्रदंष्ट्र, कुंभकर्ण, कुमार निकुंभ, इन्द्रजित, महापार्श्व, महोदर, कुंभ, अतिकाय आदि राक्षसों ने रावण का अभिवादन किया और उसके शौर्य की सराहना करते हुए कहा, "यह तो बड़े सौभाग्य की बात है कि हम क्षुधार्तों के प्रिय आहार नर और वानर-भालू काल की प्रेरणा से स्वयं हमारे मुँह में चले आ रहे हैं। हनुमान् तो हमारी उदारता और असावधानी के कारण क्षति पहुँचा कर चला गया; किन्तु अब तो वे किसी प्रकार अपना प्राण बचाकर भी यहाँ से लौट नहीं सकेंगे। उन दशरथकुमारों ने समरांगण में आपके धनुष से छूटे हुए दो जीभ वाले सर्पों के समान तीक्ष्णतम बाणों का दर्शन नहीं किया है। इसी कारण वे प्रज्ज्वलित दीप पर पतंग तुल्य मर मिटने के लिये इधर आने की कुचेष्टा करने जा रहे हैं। चिन्ता की तो कोई बात ही नहीं; आप आदेश दें, हम लोग अभी समुद्र पार जाकर वानरों को ढूँढ़-ढूँढ़कर उन्हें

पृथ्वी से मिटा दें।"

विभीषण चाटुकार मंत्रियों की डींग सुनकर क्षुब्ध हो गये। उन्होंने तत्क्षण प्रतिवाद करते हुए कहा, "धन्यवाद आप सब बड़े शूरवीर हैं। एक वानर आया था। उसने सारी लंका की मिट्टी पलीद कर दी। उस समय आप सबका पौरुष कहाँ था ?" उसी समय विभीषण की बात का समर्थन करते हुए दशग्रीव के नाना सुमाली के बड़े भाई माल्यवान उठ खड़े हुए और उन्होंने भरी सभा में कहा, "आप सबको तब अजीर्ण हो रहा था, जब अकेला वानर पुरी जला रहा था ? दशग्रीव, उत्तम होगा कि विभीषण की बात सुनो।"

विभीषण ने बिना रावण की अनुमति की अपेक्षा किये कहा, "राक्षसेन्द्र बुद्धिमान हैं, नीतिज्ञ हैं, चाटुकारी को समझते हैं। एक वानर ने प्रमदावन उजाड़ डाला, अनुचरों सहित अक्षकुमार को मार डाला, पुरी जलाकर खाक कर दी। सुरों के लिए दुर्लंध्य हमारी पुरी से जाते हुए गर्जना करके, चुनौती देकर गया, तब भी किसी का साहस उसे पकड़ने का नहीं हुआ। अब वैसे करोड़ों कपि आने वाले हैं। इन लोगों को आदेश देकर राक्षसेश देख लें, कोई सागर पार जाने का साहस कर पाता है ? वानरेन्द्र बाली को एक बाण से यमलोक भेज देने वाले श्रीराम क्या सामान्य मानव हैं !

"अपने कुल-पुरुष महर्षि पुलस्त्य ने शिष्य के द्वारा आपसे कहने को संदेश भेजा है-'सीता को देकर श्रीराम से सन्धि कर लो। उनके विरोध से राक्षस वंश निर्मूल हो जायेगा।' मुझे महर्षि का आदेश पालन करने योग्य प्रतीत होता है।"

माल्यवन्त ने विभीषण की बात समाप्त होने पर रावण से कहा, "राक्षसेन्द्र, विभीषण बुद्धिमान हैं, धर्म और नीति के मर्मज्ञ हैं, आपके परम हितैषी हैं। आप इनकी बात पर ध्यान दीजिये। वास्तव में श्रीराम सामान्य मानव नहीं हैं। अतः उनसे सन्धि कर लेना सर्वथा समीचीन है।"

विभीषण और माल्यवान्त की बात सुनकर रावण ने गर्जना की, "ये दोनों मूर्ख हैं, शत्रु के प्रशंसक हैं। इन दोनों को अविलंब यहाँ से निकाल दो।"

माल्यवन्त ने उठकर रावण की भर्त्सना करते हुए कहा, "रावण, तेरी बुद्धि भ्रष्ट हो गयी, विपरीत हो गयी है। समस्त राक्षसकुल का संहार करवाने पर तू उतारू है।" यह कहकर माल्यवन्त उठकर राज्यसभा से चले गये। उन वृद्ध मातामह का अपमान करने का साहस किसी में नहीं था। दशग्रीव भी जानता था कि उनको रुष्ट करके वह अपने सम्पूर्ण मातृकुल-राक्षसों के सहयोग से वंचित हो जायेगा।

विभीषण की अवमानना करने का साहस भी किसी राक्षस में नहीं था। दशग्रीव के आदेश पर भी कोई उन्हें राजसभा से निकालने के लिये नहीं उठा। विभीषण ने उठकर अपने अग्रज को प्रणाम किया और उनसे विनम्र शब्दों में निवेदन किया, "आपने सदा मुझे स्नेह दिया है। इस बार भी अपने अनुज की इतनी बात मान लें। श्रीराम के विरोध में

मुझे सबका विनाश स्पष्ट दिखालाई पड़ता है। वे सीता को पाकर न लौटें, तब उनसे संग्राम करना उचित होगा। किन्तु अभी तो आप सीता को लेकर सागर पार चलें। मैं आपके साथ चलता हूँ। उनकी भार्या लौटाकर हम क्षमा-याचना करेंगे, तो मुझे विश्वास है कि वे मान लेंगे।''

रावण विभीषण की बात सुनकर तिलमिला गया और उसने उठकर विभीषण के वक्षस्थल पर पदाघात किया और कहा, ''तू उस शत्रु से अवश्य ही सहानुभूति और प्रेम रखता है। कुलकलंक, तू साहस करता है यह कहने का कि दशग्रीव सामान्य मानव से क्षमा माँगे। दूसरा कोई यह वचन कहता, तो मैं उसका मस्तक धड़ से अलग कर चुका होता। तू अनुज है, अतः तेरा वध नहीं करता। अपने उन तपस्वियों के समीप जा और उन्हें ही सम्मति दे। तू शीघ्र लंका से मुख काला करके निकल जा।''

विभीषण ने मस्तक झुकाकर रावण को प्रणाम किया और वे अपनी गदा लेकर रावण की सभा से उठ खड़े हुए। उन्होंने आकाश में पहुँचकर इस प्रकार कहा, ''राक्षसेन्द्र, आप मेरे पितृतुल्य हैं। आपने मुझ पर पाद प्रहार किया, इसका मुझे तो दुःख नहीं है। मुझे दुःख यह है कि आप तथा आपके सब आश्रित मृत्युमुख में गिरने वाले हैं। मुझे दोष मत देना। मैं आपके ही वचनों को स्वीकार करके, अब परात्पर पुरुष श्रीराम की शरण में जा रहा हूँ।''

विभीषण के चार मंत्री उनके साथ आकाश में आ गये थे। उन्हें कोई छल नहीं करना था। वे सब अपने ही वेश में थे, कवच तथा वस्त्र धारण किये थे। अतः आकाश मार्ग से आये वानरों को उन्हें पहचानने में कोई असुविधा नहीं हुई। सचमुच महाकाय, कवच अस्त्रधारी, तेजस्वी विभीषण को मंत्रियों सहित आकाश से भूमि पर उतरते देखकर वानरों को कोई भ्रम नहीं हुआ। इसीलिये किसी ने न उनके और न उनके मंत्रियों के साथ किसी भी प्रकार की कोई अशिष्टता की। दूत का सम्मान करना श्रीरघुनाथजी के सेवक भलीभाँति जानते थे। लंका से इस प्रकार आये व्यक्ति को इन सबने दूत ही समझा था !

इधर विभीषण के हृदय में प्रभु श्रीराम के मिलन की उत्कंठा में आनन्द की लोल-लहरियाँ उठ रही थीं। वे मन ही मन सोचते जा रहे थे, ''आज मेरे महान सुकृतों का उदय हुआ है, जो मैं परम प्रभु श्रीराम के उन लाल-लाल चरणकमलों का दर्शन प्राप्त करूँगा, जिनके लिये देवता और ऋषि-मुनि जन्म-जन्मान्तरों तक कठोर साधना और तपश्चर्या करते हैं, फिर भी उन्हें वे भक्त सुखदायक चरण प्राप्त नहीं होते। जिन चरण कमलों के स्पर्श से गौतम की पत्नी तर गयीं, जिन अरुण चरणों को भगवती सीता ने अपने हृदय में धारण कर रखा है, कर्पूर गौर महादेव अपने अन्तर्हृदय में जिनका ध्यान सदैव करते रहते हैं और जिन लोकपावन चरणों की पादुकाओं की परम भाग्यशाली भरत श्रद्धा भक्तिपूर्वक निरन्तर पूजा करते हैं आज मैं अधम राक्षस होकर भी उन चरणों के दर्शन

का सौभाग्य प्राप्त करने जा रहा हूँ।"

वानरों ने उन्हें रावण का दूत समझकर उन्हें पहरे में ठहराकर सुग्रीव के पास पहुँचकर निवेदन किया, "प्रभो, रावण के अनुज विभीषण भगवान् श्रीराम से मिलने आये हैं।" वानरराज सुग्रीव ने श्रीराम से विनयपूर्वक निवेदन किया, "स्वामिन्, मायावी रावण का अनुज आपके पास मिलने आया है।"

भगवान् श्रीराम ने किष्किंधापति सुग्रीव से पूछा, "सखे, इस विषय में तुम्हारी क्या सम्मति है ?" नीतिनिपुण सुग्रीव ने उत्तर दिया, "प्रभो, राक्षस अत्यंत मायावी तो होते ही हैं। इनमें अन्तर्ध्यान होने की शक्ति भी होती है। यह शूरवीर विभीषण अत्यंत क्रूर रावण का प्रिय अनुज है। यह रावणानुज पता नहीं किस कूट अभिप्राय से आया है। मेरी सम्मति है कि इसे बाँधकर संग्राम की समाप्ति तक बन्दी बनाकर रखना चाहिये। विजय के पश्चात् इसका विचार करना समुचित होगा।"

सुग्रीव के वचन सुनकर श्रीपवनकुमार व्याकुल हो गये। उनका सहज स्वभाव है कि वे अपने सम्पर्क में आये हुए व्यक्ति को श्रीराम के चरणों में सौंपकर ही संतुष्ट होते हैं। लंका में वे विभीषण से भी मिल चुके थे। पवनपुत्र उनकी अनन्य भक्ति से प्रभावित भी हो चुके थे। माता सीताजी का पता उन्होंने ही बताया था और दुष्ट दशानन के सभाभवन में भी श्रीहनुमान्जी का पक्ष उन्होंने ही लिया था। और अब तो वे अपना सर्वस्व त्याग कर भगवान् श्रीरामजी की शरण में आ गये हैं। ऐसी स्थिति में वानरराज ने यह वचन कहकर क्या अनर्थ कर दिया ? हनुमान्जी शरणागतवत्सल प्रभु के उत्तर की प्रतीक्षा करने लगे।

भक्तसर्वस्व प्रभु श्रीराम ने सुग्रीव से कहा, "प्रिय सखे सुग्रीव, तुमने नीति की तो बड़ी सुन्दर बात कही; किन्तु शत्रु दुःखी हो या अभिमानी, यदि वह अपने विपक्षी की शरण में आ जाय, तो शुद्ध हृदय वाले श्रेष्ठ पुरुष को अपने प्राणों का मोह छोड़कर उसकी रक्षा करनी चाहिए। यदि शरण में आया पुरुष संरक्षण न पाकर उस रक्षक के देखते-देखते नष्ट हो जाय, तो वह उसके सारे पुण्यों को अपने साथ ले जाता है। इस प्रकार शरणागत की रक्षा न करने में महान दोष और पातक बताया गया है। शरणागत का त्याग स्वर्ग और सुयश की प्राप्ति को मिटा देता है और मनुष्य के बल और वीर्य का नाश कर देता है। अतएव जिसे करोड़ों ब्रह्महत्याएँ लगी हों, यदि यह भी मेरी शरण में आ जाय, तो उसका भी मैं परित्याग नहीं कर सकता। जीव ज्यों ही मेरे सम्मुख होता है, त्योंही उसके करोड़ों जन्मों के पाप नष्ट हो जाते हैं। वानरराज सुग्रीव मेरा यह व्रत है कि जो एक बार मेरी शरण में आकर शुद्ध हृदय से 'मैं आपका हूँ' यह कहता है मैं उसे सम्पूर्ण प्राणियों से निर्भय कर देता हूँ। मैं तो इच्छा होने पर क्षणार्द्ध में ही लोकपालों सहित सम्पूर्ण लोकों को ध्वंस कर उन्हें पुनः रच सकता हूँ। और पृथ्वी पर जितने राक्षस हैं उन सबको मेरे अनुज लक्ष्मण

अकेले ही क्षण भर में मार सकते हैं। अतएव तुम किसी प्रकार की चिन्ता मत करो। विभीषण को ले आओ।''

प्रभु श्रीरामजी के वचन सुनकर पवननंदन के आनन्द की सीमा न रही। उनके रोम-रोम पुलकित हो गये और नेत्रों में प्रेमाश्रु भर आये। हनुमान्‌जी ने सिंहनाद किया, 'भक्तवत्सल श्रीरामचन्द्रजी की जय!' अंगदादि वानरों के साथ वे अत्यंत उत्साहपूर्वक उछल कर सबसे पहले विभीषण के समीप जा पहुँचे और उन्हें आदरपूर्वक प्रभु के पास ले आये। विभीषण जटाजूट धारण किये हुए श्याम एवं गौर श्रीराम और लक्ष्मण के अलौकिक सौन्दर्य देखकर आश्चर्यचकित रह गये। वे निर्निमेष दृष्टि से उनकी रूपमाधुरी का सुधापान करते रहे।

कुछ क्षणों तक इस स्थिति में रहने के अनन्तर वे साष्टांग प्रणाम करते हुए कहने लगे, ''पद्‌मपत्राक्ष प्रभो, मैं आपकी सती पत्नी भगवती सीता का हरण करने वाले राक्षसकुलोत्पन्न दुष्ट दशानन का छोटा भाई विभीषण हूँ। मैं अत्यंत तामसिक प्रवृत्ति वाला अधम राक्षस हूँ। मैंने अपने भाई राक्षसराज से विदेहनंदिनी सीताजी को आपके पास भेजने की प्रार्थना की थी, किन्तु वे कालवश मुझ पर कुपित हो गये। तब मैं आपके यश का स्मरण कर अपने स्त्री पुत्रों को वहीं छोड़कर अपने मंत्रियों के साथ संसार पाश से मुक्त होने के लिये मुमुक्षु के रूप में आपके भुवन पावन चरणों की शरण में आ गया। करुणानिधान, भगवान् श्रीराम, आप मुझ अधम पर भी करुणादृष्टि कर मेरा जीवन और जन्म सफल करें, मुझे अपने चरणों की छाँह में रख लें।''

श्रीरघुनाथजी विभीषण की भक्तिपूर्ण वाणी सुनते ही लक्ष्मण सहित अस्त-व्यस्त हो उठे। विशाल भुजाओं में भरकर उन्होंने विभीषण को उठाकर हृदय से लगा लिया। अपूर्व औदार्य श्रीरघुनाथजी का और अद्‌भुत विनम्रता विभीषण की। मणिकांचन का यह विलक्षण संयोग। विभीषण श्रीरामानुज के ही नहीं सुग्रीव के चरणों पर भी सिर धरने को झुके। उन्हें उठाकर श्रीरामानुज ने तथा रोककर सुग्रीव ने आलिंगन किया। लगता था कि अवसर मिले तो विभीषण एक-एक वानर ऋक्ष के पादस्पर्श करना चाहते थे; किन्तु श्रीरघुनाथजी ने हाथ पकड़कर उन्हें समीप बैठा लिया। उन्होंने अत्यंत स्नेह से विभीषण से पूछा, ''लंकेश, सकुशल आ गये आप ? किसी वानर ने कोई अशिष्टता तो नहीं की ?''

परात्पर पूर्ण ब्रह्म श्रीराम के 'लंकेश' के सम्बोधन मात्र से विभीषण की समस्त सांसारिक आकांक्षाएँ तत्क्षण पूर्ण हो गयीं। दशग्रीव का सारा अधिकार समाप्त हो गया। लंका का भविष्य तत्क्षण निश्चित हो गया।

भगवान् श्रीराम ने लक्ष्मणजी से कहा, ''सौमित्र, मैंने विभीषण को लंकेश कहा है। लंका के सिंहासन पर इनका अभिषेक यथासमय तुम्हारे करों से होगा, जैसे किष्किंधा में तुमने सुग्रीव को अभिषिक्त किया था। किंतु राम अभी यहीं इनका अभिषेक करना चाहता

है।"

गद्गद कंठ से भगवान् का स्तवन करते हुए विभीषण ने निवेदन किया, "प्रभो, मैं आपके सुर मुनि दुर्लभ, त्रयतापहर चरणकमलों का दर्शन करके ही कृतार्थ हो गया। मैं धन्य हो गया। मुझे सर्वस्व प्राप्त हो गया। मुझे इन श्रीचरणों का तुच्छ सेवक रहने दें। मेरे अन्तर में पहले वासना थी, मैं स्वीकार करता हूँ। किन्तु वह तो आपके सम्मुख आते ही स्वयं विलीन हो गयी। अब आप इस सांसारिक कर्दम में मुझे क्यों डाल रहे हैं ?"

श्रीरघुनाथ ने कहा, "मित्र, तुममें कभी कामना नहीं थी। लेकिन राम को अपनी वाणी सत्य करने का अवसर दो तुम।" विभीषण से इतना कहकर श्रीराम ने लक्ष्मणजी को सम्बोधित करते हुए कहा, "सौमित्र, मेरे दर्शन का फल इन्हें अभी प्राप्त होना चाहिए। तुम सिन्धु का जल ले आओ।"

श्रीराम की आज्ञा प्राप्त होते ही लक्ष्मणजी कलश में समुद्र का जल ले आये। प्रभु के आदेश से मुख्य-मुख्य वानर-भालुओं के बीच विभीषण को लंका के पद पर अभिषिक्त कर दिया गया और प्रभु ने जयघोष किया, "लंकेश्वर विभीषण की जय!" सभी वानर ऋक्षों ने जयनाद किया, "जय, लंकेश्वर विभीषण की जय!"

जिस सम्पत्ति को रावण ने अपने दसों सिर चढ़ाकर आशुतोष भगवान शंकर से प्राप्त किया था, वही महान् सम्पत्ति हनुमान्जी के अनुग्रह से भगवान् श्रीराघवेन्द्र ने विभीषण को अत्यंत संकोचपूर्वक प्रदान कर दी। यह देखकर समस्त वानर-भालु प्रसन्न हो गये। किन्तु हनुमान्जी की प्रसन्नता की तो सीमा ही नहीं थी। सच तो यह है कि हनुमान्जी की कृपा से राक्षस विभीषण परमप्रभु श्रीराम के प्रीतिभाजन हो गये। लंकाधिपति से तिरस्कृत, निष्कासित, निराश्रित विभीषण श्रीअंजनानंदन की कृपा से निखिल सृष्टि के स्वामी प्रभु श्रीराम के समीप ही नहीं पहुँचे, लंकाधीश ही नहीं हुए, प्रभु के सर्वथा आत्मीय और स्वजन बन गये। दयार्द हृदय हनुमान्जी की दया का यह सजीव निदर्शन है।

अध्याय १२

सेतु-निर्माण में हनुमान्‌जी का योगदान

विभीषण का अभिषेक करने के पश्चात् प्रभु श्रीराम ने पूछा, "हम सब इस सौ योजन समुद्र के पार कैसे जा सकते हैं ? यह उपाय आप सब सोचकर निश्चय करें।" विभीषण ने कहा, "सागर को सगर के पुत्रों ने अभिबद्ध किया है। अतः ये रघुवंश के पूर्वपुरुष हैं। इनसे प्रार्थना करने पर पथ प्राप्त हो सकता है।" श्रीरघुनाथजी ने विभीषण का प्रस्ताव तत्काल स्वीकार कर लिया। लक्ष्मणजी की यह सम्मति थी, "शर संधान करके समुद्र शुष्क कर देना चाहिये।" श्रीरामचन्द्रजी ने अनुज के आग्रह को स्थगित कर विभीषण की मंत्रणा को स्वीकार कर लिया।

वे कुशासन पर बैठ गये। जल का भी परित्याग कर समुद्र से मार्ग देने के लिये प्रार्थना करने लगे। परात्पर परमपुरुष निराहार, अनिद्र तीन दिनों तक एक आसन पर बैठे-बैठे समुद्र से विनय करते रहे। किन्तु समुद्र पर कोई प्रभाव नहीं पड़ा, वह टस से मस नहीं हुआ। पूर्ववत् उत्ताल तरंगें उदधि में उठती रहीं। प्रतीक्षा की भी सीमा होती है। अन्त में चौथे दिन प्रातः स्नान संध्या के अनन्तर सृष्टि ने श्रीराम का निखिल लोकेश्वर रूप भी देखा, जब रुष्ट होकर अनुज से धनुष माँगा उन्होंने। वह अरुणाभ मुख, कुटिल भृकुटि सभी लोग स्तब्ध से देखते रह गये। सुरों में ही नहीं, सृष्टि रचयिता श्रीब्रह्माजी में भी समीप आकर प्रार्थना करने का साहस नहीं था, जब श्रीराम ने दण्ड को शर पर चढ़ाया। उन्होंने ब्रह्मदण्ड के समान भयंकर बाण को अभिमंत्रित कर श्रेष्ठ धनुष पर चढ़ाकर खींचते हुए कहा, "आज समस्त प्राणी रघुकुलोद्भव राम का पराक्रम देख लें। मैं समुद्र को अभी सुखा देता हूँ। फिर हमारे कोटि-कोटि वानर और भालु इसे पैदल ही पार कर जायेंगे।"

अचिन्त्य शक्ति सम्पन्न श्रीराम द्वारा धनुष की प्रत्यंचा खींचते ही पृथ्वी काँपने लगी, पर्वत डगमगाने लगे। सूर्यदेव की उपस्थिति में ही आकाश और दसों दिशाओं में अंधकार फैल गया। अन्तरिक्ष से कर्कश ध्वनि के साथ वज्रपात होने लगे। अतल गम्भीर पयोधि का

पानी खौलने लगा। मत्स्य और मकर आदि जल-जन्तु व्याकुल हो गये। तब जम्बूनद नामक सुवर्ण निर्मित आभूषण धारण किये स्निग्ध वैदूर्यमणि के समान दिव्य श्याम रूपधारी समुद्र हाथों में अपने ही अन्तस्थल में स्थित दिव्य रत्नों का उपहार लिये सीतापति श्रीराम के सम्मुख उपस्थित हुआ। सागर ने अपरिमित शक्ति सम्पन्न प्रभु के चरणों में अनुपम उपहार रखकर प्रणाम किया। फिर उसने अत्यंत विनयपूर्वक स्तुति करते हुए कहा, "प्रभो, सृष्टि रचना के समय आपने ही मुझे जड़ बनाया था। अतएव मेरी जड़ता पर दृष्टि न डालकर कृपापूर्वक मुझे क्षमा प्रदान करें।"

"आपकी सेना में समस्त शिल्पकला में निपुण नल और नील दो वानर हैं। ऋषियों के आशीर्वाद से इनके स्पर्श कर लेने से बड़े-बडे पर्वत भी आपके प्रताप से जल में तैरने लगेंगे। ये सुन्दर और सुदृढ़ पुल का निर्माण करने में पूर्ण समर्थ हैं। साथ ही मैं भी अपनी ओर से सहायता करूँगा। इस प्रकार मेरी मर्यादा तो सुरक्षित रहेगी और सब लोग अनन्त काल तक आपकी संसार मलापहारिणी कीर्ति का गान करेंगे।

भगवान श्रीराम ने समुद्र के कथनानुसार अपना अमोघ बाण 'द्रुमकुल्य नामक देश की ओर छोड़ दिया। वह बाण एक क्षण में ही वहाँ का सर्वनाश करके पूर्ववत् उनके तूणीर में लौट आया। अब प्रभु ने सेतु निर्माण की आज्ञा दी।

"जय श्रीराम, जय श्रीसीताराम, जय श्रीलक्ष्मण" का उच्च घोष आकाश में व्याप्त हो गया। उस समय हनुमान्‌जी में उत्साह का अद्‌भुत रूप देखने को मिला। वे स्वयं तो वृक्षों और पर्वतों को ला-लाकर नल-नील को देते तथा उनके संकेत पर समुद्र में डालते ही, अत्यंत चंचल वानरों से भी संयम और उत्साहपूर्वक यही कार्य कराते। हनुमान्‌जी के संग उनकी दक्षता, उनके श्रम, उत्साह तथा प्रोत्साहन से समस्त वानर भालु उछलते-कूदते हुए जाते और शीघ्रतापूर्वक वृक्षों और पर्वतों को ले आते। श्रीपवनकुमार की अध्यक्षता में उनके प्रोत्साहन से वानरों ने बड़ा परिश्रम किया। नल और नील ने अथक श्रम करके पहले ही दिन चौदह योजन लम्बा और दस योजन चौड़ा पुल तैयार कर दिया।

हनुमान्‌जी को इतने से ही संतोष नहीं हुआ। दूसरे दिन उन्होंने वानर-भालुओं को और प्रोत्साहित किया। वृक्षों और पर्वतों को लिये पवनपुत्र प्रायः समस्त वानरों के शौर्य, पुरुषार्थ, लगन और श्रम की प्रशंसा करते। फलस्वरूप दूसरे दिन बीस योजन सेतु और तैयार हुआ। हनुमान्‌जी को अब भी सन्तोष नहीं था। जगज्जननी जानकी की करुणमूर्ति उनके हृदय में व्याकुलता उत्पन्न कर रही थी। इस कारण वे शीघ्रातिशीघ्र माता सीता को प्रभु के चरणों में ले आने और क्रूर रावण का वध कराने के लिये अत्यंत व्यग्र थे। नल-नील सेतु निर्माण के कार्य में अथक परिश्रम कर रहे थे और श्रीपवननंदन उनके श्रम की भूरि-भूरि प्रशंसा करते रहते। फलतः तीसरे दिन सेतु इक्कीस योजन और बनकर तैयार हो गया। पर श्रीअंजनानंदन पूर्ण संतुष्ट नहीं हुए। वे वनों और पर्वतों में इतनी शीघ्रता

से जाते और वानरों, भालुओं एवं नल-नील आदि के पास इतनी त्वरित गति से पहुँचते कि सभी वानर भालु समझते कि मारुत सुत मेरे ही पास हैं। इस कारण चौथे दिन बाइस योजन पुल निर्मित हो गया।

बुद्धि, तेज, शक्ति एवं पराक्रम के सजीव विग्रह हनुमान्जी ने वानरों को प्रोत्साहित करते हुए कहा, ''परम भाग्यशाली वानर-भालुओं, निश्चित ही तुम्हारा सौभाग्य है कि तुम जगन्नियन्ता श्रीराम एवं निखिल भुवन की स्वामिनी माता जानकीजी के कार्य में निमित्त बन रहे हो; अन्यथा भगवान् श्रीराम की इच्छा मात्र से ही राक्षसकुल का ध्वंस हो जाता। प्रभु-चरणों में हम सबका जीवन-जन्म सफल हो रहा है। यह सुअवसर इन्द्रादि देवताओं के लिये भी दुर्लभ है। अब यह सेतु कुल तेईस योजन शेष रह गया है। अतएव आज इसे सागर पार लंका के तट तक अवश्य ही पूरा हो जाना चाहिये।''

गोवर्धन और हनुमान्

कोटि-कोटि वानरों ने गर्जना की 'जय श्रीराम!' हनुमान्जी ने पुनः सिंहनाद किया-'जय श्रीसीताराम!' और विशाल पर्वत लेने उड़ चले। दक्षिण के समस्त पर्वत सेतु में प्रयुक्त हो गये थे। इस कारण वे उत्तराखण्ड में हिमालय के समीप पहुँचे। उन्हें वहाँ द्रोणाचल का सात कोस सुविस्तृत शिखर अत्यंत उपर्युक्त प्रतीत हुआ। शिखर का नाम था गोवर्धन।

जब भगवान् श्रीराम के अवतार के समय देवगण उनकी दुर्लभतम मंगलमयी लीला का दर्शन करने एवं उसमें सहयोग प्रदान करने के लिये पृथ्वी पर अवतरित हुए, उसी समय गोवर्धन भी गोलोक से पृथ्वी पर आये। श्रीपवनपुत्र ने उन्हें उठाना चाहा, किन्तु परमाश्चर्य ! उनकी सम्पूर्ण शक्ति लगने पर भी द्रोणगिरि का वह शिखर टस से मस नहीं हुआ। श्रीरामभक्त हनुमान् ने प्रभु का ध्यान किया ही था कि उन्हें उस श्रेष्ठ गिरि की महत्ता विदित हो गयी। ''अरे ये तो साक्षात् भगवान् के विग्रह गोवर्धन हैं। इनकी प्रत्येक शिला शालग्राम तुल्य है।'' तब तो हनुमान्जी ने महिमामय गोवर्धन के चरणों में अत्यंत आदरपूर्वक प्रणाम किया और हाथ जोड़कर विनयपूर्वक कहा, ''पावनतम गिरिराज, मैं आपको प्रभु चरणों में उपस्थित करना चाहता हूँ, फिर आप क्यों नहीं चलते ? वहाँ आप दयामय प्रभु की मंगलमूर्ति के दुर्लभ दर्शन ही नहीं करेंगे, प्रभु आपके ऊपर अपने सुख शान्ति निकेतन चरण कमल रखते हुए सागर पार लंका में जायेंगे।''

हनुमान्जी के वचन सुनते ही गोवर्धन के आनन्द की सीमा न रही। 'वहाँ श्री भगवान के दुर्लभ दर्शन ही नहीं होंगे, बल्कि प्रभु मुझ पर अपने त्रयतापहर चरण-कमलों को रखते हुए समुद्र पार करेंगे।' इस कल्पना से उनके आनन्द की सीमा न रही। उन्होंने

पवनपुत्र से कहा, ''आंजनेय, मैं आपका अत्यंत कृतज्ञ हूँ। आपकी इस कृपा से मैं कभी उऋण नहीं हो सकता। आप दया करके मुझे यथाशीघ्र प्रभु के समीप ले चलें। आपकी इस अहेतुकी कृपा के लिये मैं आपका उपकृत बना रहूँगा।''

अब तो हनुमान्जी ने उन्हें अत्यंत सरलता से उठा लिया। कपीश्वर के वाम हस्त पर गोवर्धन पुष्पतुल्य प्रतीत हो रहे थे। गोवर्धन की प्रसन्नता की सीमा न थी। वे मन ही मन सोच रहे थे-''आज इन शक्तिपुंज हनुमान् की कृपा से कितने दिनों के बाद मेरी मनोकामना पूरी होगी। मंगल एवं परोपकार के साकार विग्रह पवननंदन ने इस प्रकार कितने प्राणियों का हित किया है। मेरा सौभाग्य है, जो आज मुझे इनके दर्शन और स्पर्श का सुअवसर प्राप्त हो गया। आज इनकी कृपा से मुझे मेरे जीवन सर्वस्व कमलनयन प्रभु के दर्शन हो जायेंगे !''

इस प्रकार गोवर्धन मन ही मन प्रभु एवं उनके भक्त का स्मरण, चिन्तन एवं गुणगान करते जा रहे थे और उधर भक्तवांछाकल्पतरु परम प्रभु ने सोचा, ''गोवर्धन गोलोक के मेरे मुरलीमनोहर श्रीकृष्ण रूप के अनन्य भक्त हैं। यहाँ उन्होंने कहीं मुझसे उस रूप में दर्शन देने का आग्रह किया, तो उनके सच्चे शुभैषी हनुमान्जी की ओर देखकर मुझे मर्यादा का त्याग करना पड़ेगा। क्या किया जाय ?''

प्रभु सोच रहे थे कि उस पाँचवें दिन शत योजन लम्बा और दस योजन चौड़ा सुविस्तृत दृढ़तम सेतु का तेईस योजन भाग भी पूर्ण हो गया। अतएव अब पर्वत एवं वृक्षादि की आवश्यकता नहीं रह गयी। तत्क्षण श्रीराघवेन्द्र की आज्ञा प्रचारित हुई, ''सेतुबन्धन का कार्य पूर्ण हो गया। अतएव अब पर्वत और वृक्षादि की आवश्यकता नहीं; जिनके हाथ में जो पर्वत या वृक्ष जहाँ कहीं हों, वे उन्हें वहीं छोड़कर तुरन्त मेरे समीप पहुँच जायँ।''

चंचल एवं वीर वानरों ने दौड़ते हुए सर्वत्र श्रीरघुनाथजी की आज्ञा घोषित कर दी। उनके हाथ में जो वृक्ष अथवा पर्वत जहाँ थे, वे उन्हें वहीं छोड़कर प्रभु के समीप दौड़ चले। आज दक्षिण भारत में वीर वानरों के छोड़े हुए वे ही पर्वत विद्यमान हैं। वहाँ के पर्वत तो पहले सेतु के काम आ चुके थे। महामहिमामय गोवर्धन को अपने हाथ में लिये केसरी-किशोर उस समय ब्रजभूमि तक पहुँचे ही थे कि उन्होंने प्रभु की आज्ञा सुनी। हनुमान्जी ने गोवर्धन को तुरंत वहीं रख दिया; किंतु उन्हें अपने वचन का पूर्ण ध्यान था। उसी समय उन्होंने देखा कि गोवर्धन अत्यंत उदास होकर उनकी ओर आशा भरे नेत्रों से देख रहे हैं। हनुमान्जी ने कहा, ''आप चिन्ता मत कीजिये। मेरे भक्तप्राणधन स्वामी मेरे वचनों की रक्षा तो करेंगे ही।'' इतना कहकर वे शीघ्रता से प्रभु की ओर उड़ चले।

पवनपुत्र ने गिरिराज गोवर्धन को ब्रजभूमि में स्थापित कर प्रभु श्रीरामजी को साष्टांग प्रणाम कर निवेदन किया, ''प्रभो, गिरिराज गोवर्धन आपके दर्शन के लिये अत्यंत लालायित थे, उन्हें ब्रजधरा में स्थापित करके आपसे अनुमति लेने आया हूँ। आपकी क्या

आज्ञा है ? गोवर्धन अत्यंत उदास हो गये हैं। मैंने उन्हें पुनः आश्वासन भी दे दिया है।"

भक्तवत्सल श्रीराम ने हनुमान्‌जी के चुप होते ही कहा, "प्रिय हनुमान्, तुम्हारा आश्वासन और तुम्हारा वचन मेरा ही आश्वासन और मेरा ही वचन है। गोवर्धन को मेरी प्राप्ति अवश्य होगी; किन्तु उन्हें मेरा मयूर मुकुटी वंशीविभूषित वेश प्रिय है। अतः हनुमान् वे गोवर्धन जहाँ के हैं, ठीक उसी स्थान पर पहुँच गये हैं। उनको यहाँ सागर तट पर लाकर ब्रजधरा से दूर नहीं करना है। अतएव तुम उनसे कह दो कि जब मैं द्वापर में ब्रजधरा पर उनके प्रिय मुरलीमनोहर रूप में अवतरित होऊँगा, तब उन्हें मेरे दर्शन तो होंगे ही, मैं ब्रजबालकों सहित उनके फलमूल एवं तृणादि समस्त वस्तुओं का उपभोग करते हुए उन पर क्रीड़ा करूँगा। इतना ही नहीं अनवरत सात दिनों तक मैं उन्हें अपनी अँगुली पर धारण भी किये रहूँगा। स्वजनों के साथ उनका पूजन भी करूँगा।"

पवनकुमार के मुख से स्वयं ही निकल पड़ा, "कृपामूर्ति श्रीराम की जय। वे आनन्दमग्न अंतरिक्ष से गोवर्धन के समीप पहुँचे। अत्यंत उत्सुकता से प्रतीक्षा करते हुए उनसे हनुमान्‌जी ने कहा, "गिरिराज, आप धन्य हैं ! भक्त-पराधीन प्रभु ने आपकी कामना-पूर्ति का वचन दे दिया। द्वापर में मयूरमुकुटी वंशीधर आपके आराध्य वेश में आपके ऊपर बालक्रीड़ा करेंगे। वे प्रभु उस समय आपके जल, पत्र, पुष्प, फल, शिला एवं तृण-लतादि प्रत्येक वस्तु का उपभोग तो करेंगे ही, सात दिनों तक निरन्तर आप उनके करकमल पर निवास करेंगे।"

हनुमान्‌जी की बात सुनकर गोवर्धन परम आह्लादित हो गये। नेत्रों में प्रेमाश्रु भरे उन्होंने अत्यंत विनम्रतापूर्वक श्रीरामभक्त हनुमान् से कहा, "आंजनेय, आपके इस महान उपकार के बदले मैं आपको कुछ भी देने की स्थिति में नहीं हूँ। मैं आपका सर्वथा कृतज्ञ रहूँगा।"

सहस्त्राब्दियों से गिरिराज पूजित हैं। विरक्त महात्मा एवं भक्त श्रद्धाभक्तिपूर्वक उनकी परिक्रमा करके अपने अभीष्ट की सिद्धि प्राप्त करते हैं। परम भाग्यवान् गोवर्धन को यह गौरवशाली पद द्वापर में अवतरित वंशीधर रूपी श्रीराम ने अपने भक्त आंजनेय के वचन की रक्षा के लिये ही प्रदान किया था। निश्चय ही जिस भाग्यवान को हनुमान्‌जी का दर्शन प्राप्त हो जाय, उसे प्रभु-प्राप्ति तो होकर ही रहेगी। करुणामूर्ति पवनकुमार अपने भक्त को प्रभु तक पहुँचाये बिना चैन नहीं लेते। गिरिराज से अत्यंत प्रेमपूर्वक मिलकर परोपकारी हनुमान् अपने प्रभु श्रीरघुनाथजी के चरणों में लौट आये।

प्रभु श्रीराम का कौतुक और हनुमान्‌जी

विशाल समुद्र पर सौ योजन लम्बा और दस योजन चौड़ा सुविस्तृत सेतु निर्मित

हो जाने पर भक्तवत्सल प्रभु श्रीराम ने चकित होकर वानरों से पूछा,"अरे ये पत्थर पानी में कैसे तैरने लगे ?"

वानरों ने अत्यंत विनयपूर्वक उत्तर दिया, "प्रभो, आपके परम पावन 'श्रीराम' की महिमा है। उसी के प्रताप से ये पर्वत और बड़े-बड़े शिलाखण्ड समुद्र पर तैर रहे हैं !"

कौतुकी रघुनंदन ने छोटे-छोटे दो-तीन पत्थर उठाकर समुद्र के जल पर रखे, पर वे सब के सब डूबकर नीचे चले गये, तब उन्होंने पूछा, "यह कैसे सम्भव है ? मैं स्वयं इन पत्थरों को अपने हाथ से छोड़ रहा हूँ, किन्तु ये पानी पर तैरने के बदले डूबते जा रहे हैं।" वानर-भालु एक दूसरे का मुँह देखने लगे। किन्तु उसी समय परम प्रभु श्रीराम के अनन्य भक्त पवनकुमार ने हाथ जोड़कर उत्तर दिया, "स्वामिन्, आप जिसे अपने कर कमलों से छोड़ देंगे, वह तो सहज ही डूब जायेगा। आपके बिना प्राणी की गति ही कहाँ ?" हनुमान्जी की इस उक्ति को सुनकर श्रीराघवेन्द्र मुस्कुरा उठे।

सुबेल पर्वत पर प्रभु का डेरा

वानर-भालुओं की विशाल वाहिनी के साथ श्रीराम ने समुद्र को पार किया। वहाँ उन्होंने सुबेल पर्वत पर डेरा डाला। एक ऊँचे, सुन्दर और समतल शिखर पर सुमित्रानंदन ने वृक्षों के कोमल पत्ते और सुंदर सुमनों को सजाया और उसके ऊपर एक सुंदर मृगचर्म बिछा दिया। उसी आसन पर करुणावतार परम प्रभु अपना सिर सुग्रीव की गोद में रखकर लेट गये थे। उनकी बायीं ओर उनका विशाल धनुष तथा दाहिनी ओर अक्षय तूणीर पड़ा था। श्रीरामजी एक दीप्तमान तीक्षणतम शर पर अपना कर कमल फेर रहे थे। भाग्यवान् विभीषणजी उनसे धीरे-धीरे परामर्श कर रहे थे। अत्यंत सौभाग्यशाली अंगद और हनुमान् उनके परम दुर्लभ चरणकमलों को धीरे-धीरे दबा रहे थे और उनकी दृष्टि प्रभु के मुखारबिन्द पर थी। वीरवर सौमित्र धनुष बाण धारण किये प्रभु के सिरहाने अत्यंत सावधान होकर वीरासन से बैठे थे।

उसी समय पूर्वाकाश में उदित चन्द्रमा को देखकर भगवान् श्रीराम ने पूछा, "आप लोग अपनी-अपनी बुद्धि के अनुसार बताइये कि इस चन्द्रमा में यह श्याम रंग क्या है ?" सबने अपनी-अपनी बुद्धि के अनुसार उत्तर दिये।

सबके अन्त में हनुमान्जी ने उत्तर दिया, "प्रभो, चन्द्रमा आपका प्रिय दास है और आपकी सुन्दर श्यामल मूर्ति उसके हृदय में निवास करती है, वही श्यामता सुधांशु में झलक रही है।"

कह हनुमन्त सुनहु प्रभु, ससि तुम्हार प्रिय दास।
तव मूरति विधु उर बसति, सोइ स्यामता अभास।।

-रामचरितमानस, लंकाकाण्ड, दोहा १२

सच तो यह है कि पवनतनय के रोम-रोम में प्राणाराध्य श्रीराम ही बसे हुए थे। उन्हें सर्वत्र अपने आराध्य देव के ही दर्शन होते थे। अवएव शशि मण्डल में श्रीराम दर्शन उनके लिये स्वाभाविक ही है।

अध्याय १३

समरांगण में श्रीहनुमान्

दूसरे दिन भगवान् श्रीराम ने अपने सचिव महामति जाम्बवान् के परामर्श से दशग्रीव को समझाने के लिये दूत के रूप में युवराज अंगद को लंका भेजा; किन्तु रावण के सिर पर तो मृत्यु नाच रही थी, इस कारण उस पर किसी बात का कोई प्रभाव नहीं पड़ा। युद्ध प्रारम्भ हो गया। वे भिन्दिपाल, खड्ग, शूल, परशु, शक्ति, तोमर, धनुष-बाण और गदा आदि विविध अस्त्र-शस्त्रों से युद्ध करते थे। वे परम वीर और पराक्रमी थे। पराजय की स्थिति उत्पन्न होते ही वे अदृश्य हो जाते थे और आकाश से धूल, अस्थि एवं रक्तादि की वर्षा करने लगते थे। अपनी सेना को व्याकुल देखकर मायापति श्रीराम अपने एक ही शर से निमिष मात्र में उनकी माया का विनाश कर देते थे। तत्पश्चात् वानर-भालू पुनः अत्यधिक उत्साह से युद्ध करने लगते थे।

भगवान् श्रीराम की विशाल सेना में सुग्रीव, मंत्रियों-सहित विभीषण, हनुमान्, अंगद, नील, मैन्द, द्विविद, गज, गवाक्ष, गयव, शरभ, गन्धमादन, पनस, कुमुद, हर, रंभ, जाम्बवान्, ऋषभ, दुर्मुख तथा शतबलि आदि प्रमुख योद्धा थे। इन पराक्रमी वीरों के अधीन लाखों-लाखों वानर-भालु योद्धा थे।

वानर-भालुओं के पास कोई अन्य अस्त्र-शस्त्र तो थे नहीं। वे गगनचुम्बी अट्टालिकाओं पर चढ़ जाते और उनके कंगूरों को तोड़कर राक्षसों के ऊपर प्रहार करते, क्रोध से किटकिटाते हुए राक्षसों पर कूद पड़ते, उन्हें थप्पड़ों से मारते, उन पर वज्रतुल्य मुष्टिका से प्रहार करते, उनको लातों से रौंदते और दाँतों से काटते। वानर असुरों की गर्दन तोड़ देते और नखों से उनका हृदय विदीर्ण कर देते थे। उनके गालों को फाड़ डालते और उनकी भुजाएँ उखाड़ कर फेंक देते थे। कुछ वानर-भालु राक्षसों को पकड़कर उन्हें रेत में गाड़ देते थे। और कुछ उन्हें पकड़कर समुद्र में डुबो देते थे।

समरभूमि में महापराक्रमी एवं महाबली पवनपुत्र तो राक्षसों के लिए साक्षात् काल

देवता ही प्रतीत होते थे। उन्होंने अकेले ही लंका के मनोरम प्रमदावन (अशोकवाटिका) को तहस-नहस करके कितने शूरवीर राक्षसों का संहार कर दिया था। उनके हाथों रावणपुत्र अक्षकुमार का वध हो चुका था। वैभवमयी लंका का सर्वनाश हनुमानूजी द्वारा ही हुआ था, इसे समस्त राक्षस देख चुके थे। आकाश को विदीर्ण करने वाला श्रीहनुमान् का सिंहनाद उन्हें क्षणार्द्ध के लिये विस्मृत नहीं हुआ था। अतएव राक्षसों के हतोत्साहित होने के लिये मर्कटाधीश शक्तिपुंज हनुमान् का नाम ही पर्याप्त था। जहाँ प्रज्ज्वलित अग्नि के समान दुर्धर्ष हनुमानूजी स्वयं हाथों में विशाल शैल धारण कर मेघगर्जन करते हुए दीख जायँ, वहाँ तो राक्षसों के प्राण पखेरू ही उड़ जाते थे। ओज, तेज एवं स्फूर्ति के साकार विग्रह वज्रांगबली जहाँ पहुँचते, वहाँ राक्षस सैन्य का सामूहिक संहार हो जाता। अधिकांश राक्षस उनकी भयंकर चोट से रक्तवमन करते हुए प्राण त्याग देते और कुछ भाग कर लंका में प्रवेश कर जाते।

श्रीहनुमानूजी एक ही स्थान पर युद्ध करते हों, ऐसी बात नहीं, वे जब जहाँ वानर-सैन्य पर राक्षसों का दबाव पड़ता देखते, वहीं 'जय श्रीराम' का गगनभेदी घोष करते हुए सीधे राक्षसों के मध्य उनके ऊपर कूद पड़ते। राक्षसों का तत्क्षण संहार हो जाता। वे अश्व, सारथि एवं रथ सहित राक्षस वीरों को आकाश में इतने वेग से फेंकते कि वे चक्कर काटते हुए, समुद्र के जल में गिरकर समाप्त हो जाते। वे राक्षसों को उनकी टाँग, हाथ या सिर-जब जिसका जो अंग हाथ में आया, पकड़ कर समुद्र में फेंक देते। इस प्रकार हनुमानूजी त्वरित गति से सहस्त्रों राक्षसों का संहार कर देते। वे छोटे-छोटे वृक्षों को तो स्पर्श ही नहीं करते थे, सीधे छलाँग मारते और समीप का बड़ा पर्वत उठाकर विद्युत गति से लौटते और राक्षसों पर फेंक देते। रह-रहकर कुछ पर्वत और विशाल शिलाखंड लंका में भी फेंकते रहते। सर्वत्र त्राहि-त्राहि मच जाती। पवनपुत्र हनुमान् अविश्रान्त युद्ध-क्षेत्र में राक्षसों का इतना भयानक संहार करते कि रण में उपस्थित राक्षसों के मन में सर्वनाश का निश्चय ही हो जाता। हनुमानूजी अत्यंत तीव्र गति से युद्ध के प्रत्येक स्थल पर पहुँचते। जहाँ वानर-भालु दुर्बल पड़ते, वहाँ वे राक्षसों पर कूद पड़ते। उनको समाप्त कर अपनी सेना का उत्साह बढ़ाते और फिर दूसरी ओर चले जाते। उनमें इतनी स्फूर्ति थी कि एक होते हुए भी वे सभी वानरों को अपने ही समीप एवं राक्षसों को अपने ही सम्मुख दीखते। गोस्वामी तुलसीदास जी ने पवनपुत्र के युद्ध-कौशल का हृदयग्राही और मनोरम चित्रण किया है। श्रीराम हनुमानूजी के शौर्य की प्रशंसा करते हुए लक्ष्मणजी से इस प्रकार कहते हैं-

हाथिन सों हाथी मारे, घोरे सो संहारे घोरे,
रथिन सों रथ बिदरनि बलवान की।
चंचल चपेट चोट चरन, चकोट चाहें,
हहरानी फौजें भहरानी जातुधान की।।

बार - बार सेवक-सराहना करत रामु,
तुलसी सराहैं रीति साहेब सुजान की।
लांबी लूम लसत, लपेटि पटकत भट,
देखौ देखौ, लखन ! लरनि हनुमान की।।

-कवितावली, लंकाकाण्ड, छंद ४०

अर्थात् हे लक्ष्मण, तनिक हनुमान् जी की ओर देखो। उन्होंने हाथियों से हाथियों को मार डाला है, घोड़ों से घोड़ों का संहार कर दिया है और रथों से मजबूत रथों को टकराकर तोड़ डाला। हनुमान्जी की चंचल चपेट, लातों की चोट और चुटकी काटना देखकर निशाचरों की सेनाएँ घबड़ा गयीं और चक्कर खाकर गिरने लगीं। श्रीराम बारंबार अपने सेवक की सराहना करते हुए कहते हैं, ''लक्ष्मण, तनिक हनुमान्जी का युद्धकौशल तो देखो। उनकी लंबी पूँछ कैसी शोभायमान है जिसमें लपेट-लपेटकर वे राक्षस वीरों को पटक-पटककर मार रहे हैं।'' गोसाईंजी भी अपने सुजान स्वामी की सेवक-वत्सलता की रीति की सराहना कर रहे हैं।

इसी प्रकार उनकी प्रचंड ललकार के प्रभाव का गोस्वामीजी ने इस प्रकार चित्रण किया है-

मत्त-भट-मुकुट-दसकंठ-साहस-सइल-
सृंग - बिहरनि जनु बज्र - टाँकी।
दसन धरि धरनि चिक्करत दिग्गज, कमठु,
सेषु संकुचित, संकित पिनाकी।।
चलत महि-मेरु, उच्छलत सायर सकल,
बिकल बिधि बधिर दिसि-बिदिसि झाँकी।
रजनिचर-घरनि घर गर्भ-अर्भक स्रवत
सुनत हनुमान की हाँक बाँकी।।

-कवितावली, लंकाकाण्ड, छंद ४४

अर्थात्,''जो उन्मत्त वीरों में शिरोमणि रावण के साहसरूपी शैलशिखर को विदीर्ण करने के लिये मानो वज्र की टाँकी है; उन हनुमान् जी की भयंकर ललकार को सुनकर दिक्पाल दाँतों से पृथ्वी दबाकर चिक्कारने लगते हैं, कच्छप और शेषजी (भय के मारे) सिकुड़ जाते हैं और शिवजी भी संदेह में पड़ जाते हैं (उन्हें यह संदेह हो जाता है कि सृष्टि का संहारक देवता तो मैं ही हूँ। बिना मेरे यह असामयिक संहार किस प्रकार हो रहा है ?) पृथ्वी तथा सुमेरु पर्वत विचलित हो जाते हैं, सातों समुद्र उछलने लगते हैं, ब्रह्माजी व्याकुल तथा वधिर होकर दिशा-विदिशाओं में झाँकने लगते हैं और घर-घर में निशाचरों की स्त्रियों के गर्भपात होने लगते हैं।''

रावण के प्रख्यात योद्धा धूम्राक्ष, अवनि, अकम्पन, अतिकाय, देवान्तक और त्रिशिरा आदि प्रमुख राक्षस हनुमान्जी के हाथों मारे गये। इस समाचार से रावण व्याकुल और अधीर हो गया। इन्द्रजित ने उसे आश्वासन दिया। मेघनाद युद्ध-सामग्री से पूर्णरूप से संपन्न होकर इष्टदेव द्वारा प्राप्त रथ पर आरूढ़ होकर समरांगण में पहुँचा।

हनुमान्जी की वीरता, पराक्रम और रणकौशल देखकर स्वयं इन्द्रजित भी मन ही मन उनसे भयाक्रांत रहता था। उस दिन उसने वानर-भालु सेना का भयानक संहार किया। उसकी भीषण वाणदृष्टि से सुग्रीव, अंगद, शरभ, नील, गन्धमादन, जांबवान्, सुषेण, वेगदर्शी, मैन्द, नल ज्योतिर्मुख तथा द्विविद आदि प्रख्यात शूरवीर वानर घायल हो गये। इतना ही नहीं उनके ब्रह्मास्त्र से भगवान् श्रीराम और लक्ष्मणजी भी मूर्च्छित हो गये।

जाम्बवान् और विभीषण की वार्ता

अपने घायल वीरों को देखते हुए विभीषण जब शरविद्ध वृद्ध जामवंत के पास पहुँचे, तो उनका हृदय काँप उठा। उन्हें जाम्बवान् के जीवन के संबंध में संशय उत्पन्न हो गया था। विभीषण ने उनके शरीर पर प्रेमपूर्वक हाथ फेरा और उनका समाचार पूछा। जामवंत ने उनसे इस प्रकार कहा, "लंकेश, मेरे सभी अंग-प्रत्यंग तीक्ष्ण बाणों से बिंधे हुए हैं। मुझे इतना कष्ट है कि मैं तुम्हें अपनी आँखों से देख भी नहीं सकता। केवल स्वर से तुम्हें पहचान रहा हूँ। तुम मुझे इतना ही बता दो कि पवनपुत्र हनुमान्जी जीवित हैं या नहीं ?"

विभीषण ने चकित होकर जाम्बवान् से पूछा, "ऋक्षराज, आपने वानरराज सुग्रीव, युवराज अंगद की बात तो दूर रही, स्वयं भगवान् श्रीराम और सौमित्र तक का भी समाचार नहीं पूछा। पवनपुत्र हनुमान् के प्रति आपका सर्वाधिक प्रेम दीख रहा है; इसका कारण क्या है ?"

वाणविद्ध जाम्बवान् ने अत्यंत कष्ट से उत्तर दिया, "राक्षसराज, यदि वीरवर हनुमान् जीवित हों, तो वानर-भालुओं की भरी हुई सेना भी जीवित ही है। और यदि उनके प्राण निकल गये हों, तो हम लोग जीते हुए भी मृतक के तुल्य हैं। तात, यदि वायु के समान वेगशाली और अग्नि के समान तेजस्वी और पराक्रमी पवनकुमार जीवित हैं, तो हम सबके जीवित होने की आशा की जा सकती है।

अस्मिजीवति वीरे तु हतमप्यहतं बलम्।
हनूमत्युज्झितप्राणे जीवन्तोऽपि मृता वयम्।। २२।।

धरते मारुतिस्तात मारुतप्रतिभो यदि।
वैश्वानरसमो वीर्ये जीविताशा ततो भवेत्।। २३।।
–वाल्मीकीय रामायण, लंकाकाण्ड, अध्याय ७४, श्लोक २२-२३

उसी समय हनुमानूजी वहाँ पहुँच गये और उन्होंने वृद्ध जामवंत के दोनों चरणों को स्पर्श करके विनयपूर्वक प्रणाम किया। पवनपुत्र के स्पर्श से जाम्बवान् का मुख दीप्तिमान हो उठा। उन्होंने हनुमानूजी से कहा, "वानरसिंह, आओ सम्पूर्ण वानरों की रक्षा करो। तुम्हारे अतिरिक्त दूसरा कोई पूर्ण पराक्रम से युक्त नहीं है। तुम्हीं इन सबके परम सहायक हो। यह समय तुम्हारे ही पराक्रम का है। मैं दूसरे किसी को इस योग्य नहीं देखता।

कुंभकर्ण से युद्ध

कराल काल की मूर्ति कज्जलगिरि-तुल्य कुंभकर्ण रणक्षेत्र में उपस्थित हुआ। उसे देखते ही वानर-रीछ वृक्ष और पर्वत उखाड़कर उसके ऊपर डालने लगे। वे एक-एक बार में अगणित शिलाखण्डों, वृक्षों से उस पर प्रहार करते थे। परन्तु उससे न तो कुंभकर्ण का मन ही विचलित हुआ और न शरीर ही टाले टला, जैसे मदार के फलों की मार से हाथी पर कुछ भी प्रभाव नहीं होता। वानर-भालु भयाक्रान्त होकर इधर-उधर भागने लगे, सारी सेना विचलित हो गयी। उसी समय हनुमानूजी सारी सेना को प्रोत्साहित करते हुए उसके पास पहुँचे। उन्होंने कुंभकर्ण को एक घूँसा मारा। आंजनेय की वज्र-मुष्टि के एक ही प्रहार से कुंभकर्ण व्याकुल होकर पृथ्वी पर गिर पड़ा और सिर पीटने लगा। भाग्यवश वह एक ही दिन के युद्ध में भगवान् श्रीराम के बाण से मुक्त हो गया।

संजीवनी-आनयन

युद्ध उत्तरोत्तर भयावह होता जा रहा था। रणांगन में मेघनाद आया। उसने भगवान् श्रीराम की समस्त सेना को अपने सर्पतुल्य तीव्रतम बाणों से क्षत-विक्षत कर दिया। सर्वत्र हाहाकार मच गया। उसका सामना करने के लिये विशाल धनुष-बाण धारण किये लक्ष्मण उसके सम्मुख उपस्थित हुए। भयानक संग्राम हुआ। मेघनाद का गर्जन-तर्जन देखकर महावीर हनुमानूजी ने तुरन्त एक पर्वत-शिखर उखाड़कर उसके ऊपर फेंका। प्राणरक्षा के लिये निशाचर आकाश में चला गया, अन्यथा अपने रथ, सारथि और घोड़ों के साथ वह भी वहीं पिस गया होता। पवनपुत्र बार-बार इन्द्रजित् को ललकारते थे, किन्तु वह उनसे दूर ही रहता था। वह भली-भाँति इस बात को जानता था कि हनुमानूजी का मुकाबला करना मृत्युवरण से कम नहीं है।

मेघनाद और लक्ष्मणजी में तुमुल संग्राम हुआ। उसने लक्ष्मण पर अनेक प्रकार के अस्त्र-शस्त्रों से प्रहार किया किन्तु उसके सभी अस्त्र लक्ष्मणजी द्वारा निष्फल कर दिये गये। इन्द्रजित् ने अनेक छल-कपट एवं अनीतिपूर्ण कार्य किये। परन्तु लक्ष्मणजी के सामने उसकी दाल न गल पायी। उन्होंने अपने तीक्ष्ण बाणों से मेघनाद के रथ को तहस-नहस कर दिया और सारथि को मार डाला। मेघनाद क्रोधित होकर लक्ष्मण को मार डालना चाहता था, किन्तु उसका कोई वश नहीं चल रहा था। इसके विपरीत लक्ष्मणजी की युद्ध निपुणता से उसी के प्राण संकट में पड़ गये। अपनी रक्षा का कोई मार्ग न देखकर उस क्रूर राक्षस ने लक्ष्मणजी पर ब्रह्मा दत्त अमोघशक्ति फेंकी। शक्ति अत्यंत तीव्र गति से सुमित्रानंदन के विशाल वक्ष में प्रविष्ट हो गयी। रक्त की धारा फूट पड़ी और लक्ष्मणजी अचेत होकर पृथ्वी पर गिर पड़े। लक्ष्मण को मूर्च्छित देखकर मेघनाद उन्हें उठाने दौड़ा। उसी ने नहीं, उसकी तरह अनेक वीर राक्षसों ने अपनी सम्पूर्ण शक्ति लगा दी, किन्तु शेषावतार लक्ष्मण को वे हिला भी नहीं सके। राक्षस सिर झुका कर लौट गये।

उस समय हनुमानूजी दूसरी ओर राक्षसों के संहार में लगे थे। सूचना प्राप्त होते ही वे उछलकर लक्ष्मणजी के पास पहुँच गये। लक्ष्मणजी को मूर्च्छित देखकर वे साक्षात् यमराज की भाँति भयानक हो गये। उनका मुख अत्यंत भयानक हो गया और नेत्रों से आग की ज्वाला निकलने लगी। फिर तो कुछ ही क्षणों में वहाँ के प्रबल राक्षसों का संहार कर दिया। कुछ ही राक्षस भागकर प्राण बचाने में सफल हो सके। तब हनुमानूजी ने सहज ही लक्ष्मणजी को गोद में उठा लिया। सुन्दरतम सुमित्राकुमार की मलिन मुखाकृति को देखकर बज्रांगबली के नेत्रों में आँसू भर आये। संध्या के अनन्तर श्रीरामचन्द्रजी लक्ष्मणजी की चिन्ता कर ही रहे थे कि हनुमानूजी उन्हें अपने हाथों में उठाये आ गये।

उन्होंने मूर्च्छित लक्ष्मणजी को प्रभु के सम्मुख लिटा दिया। उन्हें मूर्च्छित देखकर समस्त वानर-भालु चिन्तित हो गये। श्रीरामचन्द्रजी भी लक्ष्मण को ऐसी दशा में देखकर व्यथा से पीड़ित हो गये। श्रीरघुनाथजी को अधीर होते देखकर रुद्रावतार पवनपुत्र के नेत्र भी सजल हो गये। परन्तु ऐसी विषम परिस्थिति में हनुमानूजी अपने कर्तव्य से रंचमात्र विचलित नहीं हुए। उन्होंने अपने को दृढ़ करते हुए, सारी सेना को उत्साहित करते हुए वीर वाणी में आश्वासन दिया। गोस्वामी तुलसीदासजी ने उस अवसर के अत्यंत हृदयग्राही वर्णन गीतावली के एक छंद में इस प्रकार किया है-

जौ हौं अब अनुसासन पावौं
तौ चंद्रमहि निचोरि चैल-ज्यों, आनि सुधा सिर नावौं।। १।।
कै पाताल दलौं ब्यालावलि, अमृत-कुंड महि लावौं।
भेदि भुवन, करि भानु बाहिरो, तुरत राहु दै तावौं।। २।।

बिबिधु-वैद बरबस आनौ धरि, तौ प्रभु-अनुग कहावौं।
पटकौं मीच नीच मूषक-ज्यौं, सबहि को पापु बहावौं।। ३।।
तुम्हरिहि कृपा, प्रताप तिहारेहिं, नेकु बिलंब न लावौं।
दीजै सोइ आयसु तुलसी-प्रभु, जेहि तुम्हरे मन भावौं।। ४।।

–गीतावली, लंकाकाण्ड, पद ८

अर्थात् "(तब हनुमान्‌जी कहने लगे)-प्रभो, यदि इस समय मुझे आपकी आज्ञा मिल जाय, तो मैं चन्द्रमा को गीले वस्त्र के समान निचोड़कर उससे अमृत लाकर ही, आपको सिर नवाऊँ।। १।। अथवा पाताल में अमृत की रक्षा करनेवाले सर्पों को मारकर अमृतकुंड को भूमि पर उठा लाऊँ। यदि उससे भी काम न चले तो भुवनकोश को फोड़कर सूर्य को बाहर निकाल लूँ और तुरंत ही उस छिद्र पर राहु को रखकर उसे मूँद दूँ। (जिससे फिर सूर्य न उदय हो सके और प्रातःकाल न हो सके)।। २।। यही नहीं, यदि मैं देवताओं के वैद्य अश्विनीकुमारों को बलपूर्वक ले आऊँ, तभी प्रभु का अनुचर कहलाऊँ। नीच मृत्यु को मूषक (चूहे) के समान पटक दूँ। इस प्रकार सभी का पाप काट दूँ (फिर किसी को मरने का ही भय न रहे।) ।।३।। प्रभो, आपकी कृपा और आपके ही प्रताप से मैं इन कार्यों के सम्पादन में तनिक भी देर नहीं लगाऊँगा। अतः हे तुलसीदास के स्वामी, जिसके करने में मैं आपको प्रिय लगूँ, वही आज्ञा प्रदान कीजिये।"

हनुमान्‌जी का प्रलयंकर रुद्र-स्वरूप प्रकट होता जा रहा था। पर लीलावपु श्रीरघुनंदनजी को मनुष्योचित लीला करनी थी। उन्हें रुद्र के इस रौद्र रूप को देखकर चिन्ता हुई। उसी समय विभीषण की सम्मति से महाबुद्धिमान जाम्बवान् ने कहा, "भैया हनुमान्, निस्सन्देह तुम सब कुछ करने में समर्थ हो। तुम्हारे लिये इस संसार में कुछ भी दुर्घट कार्य करना असंभव नहीं है; किन्तु तुम्हें यह सब कुछ भी करना नहीं है। इस समय तुम लंका चले जाओ। उस नगरी की स्थिति से तुम्हारा पूर्ण परिचय है। वहाँ सुषेण नामक योग्यतम चिकित्सक है। तुम उसे ले आओ। उसके बताये हुए उपचार से निश्चय ही लक्ष्मण के घाव तुरंत भर जायेंगे और वे पूर्ववत शक्तिसम्पन्न हो जायेंगे।"

अन्यत्र वर्णन मिलता है कि भगवान् श्रीरामचन्द्रजी की वानरी सेना में सुषेण नामक एक वानर सुयोग्य चिकित्सक थे। उनके द्वारा इस औषधि का प्रयोग हो चुका था। इस बार महामति जाम्बवान् ने उसी औषधि को लेने के लिए भेजा। कल्पभेद से यह कथा भी सत्य है। किन्तु रामचरितमानस के अनुसार लंका के चिकित्सक सुषेण के द्वारा लक्ष्मण की मूर्च्छा मिटने की बात अधिक प्रसिद्ध है।

विभीषण ने हनुमान्‌जी को सुषेण के घर का ठीक-ठाक पता भी बता दिया। हनुमान्‌जी अत्यंत लघु रूप धारण करके लंका में तुरन्त प्रविष्ट हो गये। सुषेण के द्वार पर पहुँच कर उन्होंने सोचा, "सुषेण शत्रुपक्ष के चिकित्सक हैं, कहीं ये चलना अस्वीकार

न कर दें।" बस, पवनकुमार ने अधिक समय नष्ट करना उचित न समझा। उन्होंने उनका सम्पूर्ण भवन समूल ही उखाड़ लिया और उसे आकाश मार्ग से लाकर श्रीरघुनंदन के समीप कुछ दूरी पर रखकर खड़े हो गये।

सुषेण अपने घर से निकले तो श्रीराम की सेना देखकर चकित हो गये। उन्हें यह समझते तनिक भी देर नहीं लगी कि मुझे किसलिये लाया गया है ? विभीषण ने उन्हें सारी परिस्थिति बता दी। सुषेण ने नाड़ी, हृदय और घाव का परीक्षण किया और तत्पश्चात् कहा, "घाव गम्भीर है, किन्तु यदि संजीवनी बूटी सूर्योदय के पूर्व आ जाय, तो ये जीवित हो जायेंगे। इनकी शक्ति भी पूर्ववत लौट आयेगी।"

यह घटना उन दिनों की है, जब चिकित्सक अपने पवित्रतम कर्तव्य को सर्वोपरि समझते थे। शत्रु हो या मित्र-चिकित्सक का काम तो केवल रोगी का प्राण बचाना है। इस कारण सुषेण पर अविश्वास का कोई कारण नहीं था।

सुषेण ने दृष्टि उठाकर देखा, सामने पवनकुमार चिन्तित मुद्रा में खड़े थे। लंका दहन के समय से ही उनकी अलौकिक दैवीशक्ति से परिचित होने के कारण उन्होंने उनसे कहा, "पराक्रमी पवनकुमार, यह काम आप ही कर सकेंगे। आप तुरंत हिमालय पर्वत चले जाइये। वहाँ पहुँचने पर आपको अत्यंत ऊँचाई पर सुवर्णमय पर्वत ऋषभ का तथा कैलाश-शिखर का दर्शन होगा। उन दोनों शिखरों के बीच अत्यंत दीप्तिमान औषधियों का पर्वत 'द्रोणगिरि' दिखाई देगा। उसकी दीप्ति अद्भुत है। वहाँ सभी औषधियाँ सुलभ हैं। वहाँ संजीवनी, विशल्यकरणी, सुवर्णकरणी एवं संधानी नामक महौषधियाँ प्रकाशित रहती हैं। आप उन्हें शीघ्र लाकर लक्ष्मण को प्राणदान करें। स्मरण रहे कि ये औषधियाँ सूर्योदय के पूर्व तक ही उपयोगी सिद्ध होंगी। सूर्योदय के पश्चात् सुमित्राकुमार की रक्षा असंभव हो जायेगी।"

कालनेमि-वध

'जय श्रीराम' श्रीरामचन्द्रजी के चरणों में प्रणाम कर अंजनानंदन ने गर्जना की और वायुवेग से उड़े। वे आनन-फानन में हिमालय पहुँच गये। उन्होंने हिमालय की तराई में एक सुन्दर तपोवन देखा। वह तपोवन एक योजन विस्तृत था और उसमें पके हुए सुंदर फलों से लदे कदली, खजूर और कटहल आदि के वृक्ष लगे हुए थे। उक्त तपोवन में एक तेजस्वी मुनि भगवान् शंकर की पूजा कर रहे थे। हनुमान्जी प्यासे हो गये। उन्होंने सोचा कि इसी आश्रम में जल पीकर प्यास मिटा लूँ, तब द्रोणगिरि पर चलूँ। उन्होंने मुनि के चरणों में प्रणाम किया और कहा, 'भगवन्, मैं भगवान् श्रीराम का दूत पवनपुत्र हनुमान् हूँ। स्वामी के आवश्यक कार्य से जा रहा हूँ। मुझे अत्यधिक प्यास लगी है। कृपया मुझे जल बता

दीजिये।"

मुनि ने कहा, "तुम मेरे कमण्डलु का जल पी सकते हो।" हनुमान्‌जी ने कहा, "मुनीश्वर, कमण्डलु के जल से मेरा काम नहीं चलेगा। मेरी तृप्ति के लिये कोई जलाशय बताइये।" हनुमान्‌जी की बात सुनकर मुनि दाँत पीसकर रह गये।

हनुमान्‌जी के कार्य में देर करने के लिये मुनि ने कहा, "कपीन्द्र मुझसे कुछ छिपा नहीं है। तपोबल से मैं त्रिकाल की बात जानता हूँ। श्रीराम और रावण का भयंकर संग्राम छिड़ा हुआ है। यद्यपि लक्ष्मण इन्द्रजित की अमोघ शक्ति से मूर्च्छित हो गये हैं, किन्तु अब सुमित्राकुमार और समस्त वानर-वृन्द सचेत होकर बैठ गये हैं। अतएव तुम यहाँ स्थिरता से मधुर फलों को खाकर जल पी लो और फिर विश्राम कर लो और इसके पश्चात् लौट जाना।"

हनुमान्‌जी मुनि की बातों में नहीं आये। उन्होंने कहा, "मुनिवर, आप मुझे केवल जलाशय बता दीजिये। मैं प्रभु के दर्शन बिना एक क्षण के लिए भी विश्राम नहीं करना चाहता।" श्रीरघुनाथजी के कार्य में विघ्न उपस्थित करने के लिये भेजे गये मुनिरूपधारी मायावी राक्षस कालनेमि के कमण्डलु का विष व्यर्थ गया। मुनिरूपधारी राक्षस ने कहा, "ये औषधियाँ सर्वसाधारण को नहीं दीखतीं, लुप्त हो जाती हैं। किन्तु मैं तुम्हारी पूरी-पूरी सहायता करूँगा। तुम जलाशय में जल पीकर स्नान कर लो। फिर तुम्हारे आने पर मैं तुम्हें एक मंत्र का उपदेश कर दूँगा। उस मंत्रोपदेश के द्वारा तुम इन औषधियों को ही देख सकोगे"

मायावी कालनेमि ने हनुमान्‌जी को सतर्क किया, "देखो, तुम नेत्र बन्द करके जल पीना।" इतना कहने के बाद उसने जलाशय बता दिया।

पवनपुत्र हनुमान्‌जी ने नेत्र बन्द करके जलाशय में जल पीना प्रारम्भ ही किया था कि महामायाविनी घोररूपिणी मकरी ने उनका पैर पकड़ लिया। नेत्र खोलकर उन्होंने देखा, मकरी उन्हें निगलने का प्रयास कर रही थी। हनुमान्‌जी ने क्रुद्ध होकर उसका मुख फाड़ डाला। वह उसी समय मर गयी। सहसा हनुमान्‌जी ने आकाश में एक दिव्यरूपिणी स्त्री को देखा। उसने उनसे कहा, "कपीश्वर, मैं शापग्रस्ता धान्यमाली नामक अप्सरा थी। आज आपकी कृपा से मैं शापमुक्त हो गयी। अनघ, यह सुरम्य आश्रम सर्वथा मायाजनित है। मुनि के वेश में कालनेमि नामक असुर रावण के आदेशानुसार आपके कार्य में व्यवधान उपस्थित करने का प्रयत्न कर रहा है। आप इस दुष्ट को मारकर यथाशीघ्र द्रोणाचल चले जाइये। मैं आपके पावन स्पर्श से कृतार्थ होकर ब्रह्मलोक जाती हूँ।"

इतना कहने के पश्चात् धान्यमाली अप्सरा अदृश्य हो गयी और हनुमान्‌जी कालनेमि के पास पहुँचे। मुनिवेशधारी कालनेमि ने कहा, "वानरश्रेष्ठ, आओ, अब मैं तुम्हें मंत्रदीक्षा दूँ।" उसने सोचा कि लंबी-चौड़ी विधि बताने में सारी रात्रि व्यतीत हो जायेगी।

हनुमान्‌जी ने कालनेमि से कहा, "मुनिवर, पहले दक्षिणा तो ले लीजिये, तत्पश्चात् मुझे मंत्रदीक्षा दीजियेगा।" उनके वचन सुनकर कालनेमि चौंका ही था कि वह पवनपुत्र की विशाल और दृढ़ पूँछ में बँधकर पिसने लगा और जब बज्रांगबली ने उसे विशाल शिला पर जोर से पटका, तो उसके किसी भी अंग का पता नहीं चला। मृत्यु के समय वह अपने असली रूप-राक्षसरूप में-प्रकट हो गया और 'राम राम' कहते हुए उसने परमगति प्राप्त कर ली।

"जय श्रीराम, जय सीताराम" कहते हुए हनुमान्‌जी प्रसन्नतापूर्वक द्रोणाचल पर पहुँचे। यहाँ अनेक औषधियाँ अपने तेज से उद्‌भासित हो रही थीं। वे सुषेण द्वारा बताई हुई औषधियों को पहचान न सके। इस कारण उन्होंने वृक्षों, हाथियों, सुवर्ण अन्य सहस्रों प्रकार की धातुओं तथा औषधियों सहित पर्वत को ही सहसा उखाड़ लिया। उसे लेकर वे गरुड़ के समान भयंकर वेग से आकाश में उड़ चले।

भरतजी से मिलन

द्रोणाचल सहित आकाश में वेगपूर्वक चलने से आँधी और तूफान की तरह ध्वनि हो रही थी। उड़ते हुए हनुमान्‌जी अयोध्या के ऊपर पहुँचे ही थे कि श्रीरामजी के अनन्य भक्त भरतजी ने सोचा, "विशाल पर्वत लिये संभवतः यह कोई असुर उड़ा जा रहा है" ऐसा सोचकर उन्होंने अपना धनुष उठाया और उस पर बिना नोंक का बाण रखकर उसे धीरे से छोड़ दिया, "श्रीराम, जय राम, जय सीताराम" कहते हुए हनुमान्‌जी मूर्च्छित होकर धरती पर गिर पड़े। उनकी मूर्च्छावस्था में भी पर्वत ज्यों का त्यों सुरक्षित था।

भरतजी का हृदय काँप उठा। "अरे यह तो कोई श्रीराम का भक्त है" ऐसा सोचकर वे दौड़ पड़े। उन्होंने मूर्च्छित महाकाय मर्कटाधीश का कुम्हलाया हुआ मुँह देखा। उनके अधर हिल रहे थे और धीरे-धीरे सुनाई दे रहा था-"श्रीराम, जयराम, जय श्रीसीताराम।"

श्रीरामजी की ही आकृति के जटाजूटधारी श्यामल भरतजी के नेत्र बहने लगे। उन्होंने हनुमान्‌जी को सचेत करने के लिये अनेक प्रयत्न किये, किन्तु सब विफल हो गये। अन्त में उन्होंने कहा, "जिस निर्मम विधि ने मुझे अपने प्रभु श्रीराम से पृथक किया, उसी ने आज मुझे यह दुःख का दिन भी दिखाया है। किन्तु यदि भगवान् श्रीराम के अमल चरणकमलों में मेरी विशुद्ध निश्छल प्रीति है और श्रीरामजी मुझ पर प्रसन्न हों, तो यह वानर पीड़ामुक्त होकर पूर्ववत् सचेत और सशक्त हो जाय।"

"भगवान् श्रीराम की जय"-कहकर हनुमान्‌जी सचेत होकर उठकर बैठ गये। उन्हें जैसे कुछ हुआ ही नहीं। वे पूर्णतया स्वस्थ एवं सशक्त थे। उन्होंने अपने सम्मुख भरतजी को देखा, तो समझा मैं श्रीरामजी के ही समीप हूँ। उन्होंने भरतजी के चरणों में प्रणाम करके

पूछा, ''प्रभो, मैं इस समय कहाँ हूँ ?''

भरतजी ने आँसू पोछते हुए कहा, ''भद्र, यह तो अयोध्या है। तुम अपना परिचय दो।'' हनुमान्जी भरत के वचन सुनकर बोले, ''यह अयोध्या है ? तब तो मैं अपने स्वामी भगवान् श्रीरामचन्द्रजी की जन्मभूमि में पहुँच गया हूँ। मेरे प्रभु जैसा प्रायः गुणगान किया करते हैं, लगता है कि आप उनके अनुज कैकेयी-पुत्र भरतजी हैं।''

भरतजी ने रोते हुए कहा, ''हाँ भैया, अधम भरत यही है। इसी पातकी के कारण मेरे प्राणाधार श्रीराम को चौदह वर्ष के लिये अरण्यवास करना पड़ा है। मेरे ही कारण पितृदेव को स्वर्गलोक जाना पड़ा और जनकदुलारी को अनेक प्रकार की यातनाएँ सहनी पड़ रही हैं। मैं वही पापात्मा भरत हूँ। मैं तुम्हारा परिचय पाने के लिये उत्सुक और व्यग्र हूँ।''

हनुमान्जी ने भरतजी के चरणों में प्रणाम किया और कहना प्रारंभ किया, ''प्रभो, अंजना देवी मेरी माता हैं। मैं वायुदेवता का पुत्र श्रीराम दूत हनुमान् हूँ। लंकाधिपति दुष्टात्मा रावण ने माता जानकी का हरण कर उन्हें अशोकवाटिका में रख दिया है। प्रभु ने समुद्र पर सेतु निर्माण करवाया और फिर अपने वीर वानर-भालुओं की विशाल वाहिनी के साथ समुद्र के पार उतर गये। भयानक संग्राम हो रहा है। आज मेघनाद की अमोघशक्ति से लक्ष्मणजी मूर्च्छित हो गये हैं। उन्हीं के लिये मैं संजीवनी बूटी लेने द्रोणाचल गया था। बूटी न पहचानने के कारण पूरा पर्वत शिखर ही लिये जा रहा हूँ। अत्यंत सौभाग्य की बात है कि मार्ग में आपका भी दर्शन हो गया। प्रभु श्रीराम सदा ही आपका गुणगान किया करते हैं। आज आपके दर्शन करके मैं कृतार्थ हो गया।''

हनुमान्जी से सारा वृत्तान्त जानकर भरतजी ने रोते हुए उन्हें अपने वक्ष से लगा लिया और कहा, ''भाई पवनकुमार, मैं प्रभु के एक भी काम न आ सका। मुझ पातकी के कारण प्रभु को ये समस्त विपदाएँ झेलनी पड़ रही हैं और जब भाई लक्ष्मण मूर्च्छित पड़े हैं, तब मैंने और भी व्यवधान उत्पन्न कर दिया है !''

उसी समय हनुमान्जी द्वारा प्रभु श्रीराम, जानकी जी और लक्ष्मण का समाचार सुनकर माता कौशल्या, देवी सुमित्रा और वशिष्ठजी तथा अन्य सभी गुरुजन वहाँ उपस्थित हो गये। माता सुमित्रा ने कहा, ''वत्स, हनुमान्, श्रीराम से कह देना, लक्ष्मण ने अपने भ्रातृधर्म का पालन किया है। इससे मुझे असीम प्रसन्नता हुई है। सेवक को तो स्वामी की सेवा में प्राण त्याग करना ही चाहिये। लक्ष्मण चाहे न रहे, पर सीता के बिना श्रीराम का आगमन मैं सह न सकूँगी।''

सुमित्रा की बात सुनकर माता कौशल्या बोल पड़ीं, ''देखो भैया पवनकुमार, तुम राम से इनकी एक भी बात मत कहना। ये तो राम को प्राण से भी अधिक चाहती हैं। इस कारण इन्हें राम के बिना कुछ दीखता है न सूझता है। पर तुम राम से मेरा संवाद

अवश्य कह देना कि 'जिस प्रकार यहाँ से जाते समय तुम लक्ष्मण को अपने साथ ले गये थे, उसी प्रकार अयोध्या लौटते समय अपने साथ लक्ष्मण को अवश्य लेते आना।' लक्ष्मण के बिना तुम्हें अयोध्या नहीं आना चाहिये।''

इधर हनुमान्‌जी को समाचार दिये जा रहे थे, उधर अयोध्या की विशाल वाहिनी सेनापति के आदेश से लंका प्रयाण करने के लिये संनद्ध हो गयी थी। सहसा शस्त्रास्त्रों से सजी विशाल वाहिनी देखकर पवनपुत्र आश्चर्यचकित हो गये। सेनापति की प्रार्थना सुनते ही कुलगुरु वशिष्ठजी ने कहा, ''चक्रवर्ती सम्राट की सेना ऐसी ही होनी चाहिये; किन्तु मर्यादा का उल्लंघन नहीं होना चाहिये। इस समय सेना तो क्या शत्रुघ्न का भी वहाँ जाना उचित नहीं है। श्रीरघुनंदन ही अकेले धरती के सम्पूर्ण राक्षसों को समाप्त करने में सर्वथा समर्थ हैं।''

श्रीरामजी का संक्षिप्त समाचार सबने सुन लिया। सबके नेत्र आँसुओं से भरे थे। उधर रात्रि बीत जाने की आशंका थी। इस कारण भरतजी ने कहा, ''भाई हनुमान्, तुम मेरे बाण पर बैठ जाओ। मेरा यह बाण तुम्हें तुरंत ही प्रभु के पास पहुँचा देगा। कहीं देर न हो जाय ?''

हनुमान्‌जी के मन में क्षण भर के लिये गर्व उत्पन्न हो गया, ''यह बाण पर्वत सहित मेरा भार कैसे वहन कर सकेगा ?'' किन्तु दूसरे ही क्षण उन्होंने सोचा,''अभी ही तो मैं इनके बिना नोंक के बाण के आघात से मूर्च्छित होकर गिर ही गया था। प्रभु कृपा से सब कुछ सम्भव है।'' यह सोचकर उन्होंने हाथ जोड़कर भरतजी से कहा, ''प्रभो, स्वामी के प्रताप से आपका स्मरण करता हुआ मैं शीघ्र ही पहुँच जाऊँगा।'' हनुमान्‌जी ने भरतजी के चरणों में प्रणाम किया और पूर्ववत् वायुवेग से आकाश में उड़ चले।

उधर आधी रात बीत जाने पर भगवान् श्रीराम अत्यंत दुःख से अधीर हो गये और विलाप करते हुए कहने लगे, 'जिस भाई लक्ष्मण ने मेरे लिये माता-पिता-पत्नी ही नहीं, सम्पूर्ण राज्यसुख को त्याग दिया; मेरे सुख के लिये वन-वन भटकता फिरा, उसके बिना अब मैं अयोध्या कौन सा मुँह लेकर जाऊँगा ? वैदेही मिल भी गयी, तो अब मेरा लक्ष्मण के बिना क्या होगा ? अपने प्राणप्रिय भाई के बिना मैं निश्चिय ही अपना प्राण त्याग दूँगा। फिर हमारी तीनों माताएँ और भरत तथा शत्रुघ्न भी जीवित नहीं रह सकेंगे। इस प्रकार अब अयोध्या का सर्वनाश हो जायेगा। मेरे न रहने पर वानरराज सुग्रीव, यवुराज अंगद के साथ किष्किंधा में और ये वीर वानर-भालु पर्वत वनों में चले जायेंगे; किन्तु विभीषण को दिये गये मेरे वचन का क्या होगा ? विभीषण ने मेरा आश्रय ग्रहण किया है। ये मेरे शरणागत हैं। मेरा हृदय इसी चिन्ताग्नि में झुलस रहा है कि इस भक्त विभीषण का क्या होगा ?

लीलावपुधारी भगवान् श्री राघवेन्द्र के नेत्रों से अश्रुपात हो रहा था। उन्हें विलखते

और करुण विलाप करते देखकर वानर-भालु अत्यंत व्याकुल हो गये। सबके नेत्रों से अश्रु प्रवाहित होने लगे। रोते हुए वे प्रभु रह-रहकर आकाश की ओर देखते जाते थे। उनके मन में शक्तिपुंज हनुमान् के लौट आने की आशा लगी थी और वह आशा पूरी भी हो गयी। 'जय श्रीराम' का उच्च घोष करते हुए हनुमान्जी ने द्रोणाचल को श्रीराम जी के समीप ही एक ओर रख दिया एवं उनके चरणों में गिर पड़े। हनुमान्जी के इस आगमन ने करुण रस को वीर रस में परिवर्तित कर दिया-

प्रभु प्रलाप सुनि कान, बिकल भये वानर निकर।
आइ गयउ हनुमान, जिमि करुना महँ वीर रस।।
-रामचरितमानस, लंकाकाण्ड, दोहा ६१

हनुमान्जी के इस अलौकिक कृत्य को देखकर वानरों की प्रसन्नता की सीमा न रही। हर्षावेग में कोई वानर हनुमान्जी के चरण दबाता तो कोई हाथ और कोई उनकी पूँछ सहला रहा था। इधर वानर-भालु प्रसन्नता प्रकट कर रहे थे, उधर सुषेण ने बूटियों का प्रयोग लक्ष्मणजी पर किया।

लक्ष्मणजी जैसे निद्रावस्था से जगे हों। उठते ही उन्होंने कहा, ''मेघनाद कहाँ है ?'' कुछ देर बाद उन्हें परिस्थिति का बोध हुआ।

कृतज्ञता की मूर्ति श्रीरघुनाथजी ने अत्यन्त प्रसन्न होकर हनुमान्जी को गले लगाते हुए कहा, ''हे वत्स, हे महाकपे, अब तुम्हारी कृपा से मैं अपने भाई लक्ष्मण को स्वस्थ और निरामय देख रहा हूँ-

मारुति प्राह वत्साघ त्वप्रसादान्महाकपे।
निरामयं प्रपश्यामि लक्ष्मणं भ्रातरं मम।।
-अध्यात्म रामायण, लंकाकाण्ड, अध्याय ७, श्लोक ३६

लक्ष्मणजी के पूर्ण स्वस्थ हो जाने पर सुषेण ने श्रीरघुनंदन के चरणों में प्रणाम किया। दयाधाम श्रीराम ने उनके प्रति अपनी कृतज्ञता व्यक्त करते हुए कुछ माँगने को कहा। सुषेण ने प्रभु की सुदृढ़ भक्ति की याचना की, जिसे भक्तवत्सल श्रीराम ने उन्हें सहज ही दे दी।

सुषेण के इच्छानुसार महावीर हनुमान् ने उनके भवन को लंका में ले जाकर यथास्थान रख दिया। इसके पश्चात् द्रोणाचल को भी यथास्थान रखकर सूर्योदय के पूर्व ही लौट आये।

बज्रांगबली के इस महान् कार्य की स्वयं भगवान् श्रीराम और पुनर्जीवन प्राप्त लक्ष्मण तो प्रशंसा करते ही थे, समस्त वानर-भालु सर्वत्र उन्हीं का गुणगान कर रहे थे; किन्तु अभिमानशून्य आंजनेय के हृदय में इसका तनिक भी विचार नहीं था। उन्हें सदैव यही भाव रहता था जैसे उन्होंने कुछ भी नहीं किया है; मानो यह सब करने वाले कोई अन्य हनुमान् थे। वे तो सबसे पृथक् मन ही मन प्रभु श्रीराम के अरुण कमल तुल्य सुकोमल चरणों के ध्यान में तल्लीन थे।

रावण के साथ हनुमान्जी का युद्ध

क्रुद्ध रावण स्वयं युद्धभूमि में आया। उसके हाथ में अत्यन्त भयानक एवं दीप्तिमान धनुष था। उसने अपने तीक्ष्ण शरों की वर्षा से वानर-सैन्य को विचलित कर दिया। उस समय बज्रांगबली पवनपुत्र कूदकर उसके रथ के समीप पहुँच गये और अपना दाहिना हाथ उठाकर उन्होंने रावण को भयाक्रान्त करते हुए कहा, ''देखो, पाँच उँगलियों से युक्त यह मेरा दाहिना हाथ उठा हुआ है। तुम्हारे शरीर में चिरकाल से जो जीवात्मा निवास करता है, उसे आज यह इस देह से अलग कर देगा-

एष मे दक्षिणो बाहुः पंचशाखः समुद्यतः।
विधमिष्यति ते देहे भूतात्मानं चिरोषितम्।। ५६।।

वा० रामायण, लंकाकाण्ड, अध्याय ५६, श्लोक ५६

हनुमान्जी की ललकार सुनकर रावण ने अत्यन्त कुपित होकर कहा, ''वानर, तुम निश्चिन्त होकर पहले मुझ पर प्रहार कर लो। तब पराक्रम देखकर मैं तुम्हारा प्राण हरण करूँगा।''

हनुमान्जी ने उत्तर दिया, ''तुम यह क्यों भूल जाते हो कि मैंने पहले ही तुम्हारे प्राणप्रिय पुत्र अक्षकुमार को मार डाला है ?''

पवनपुत्र के इस कथन ने रावण का हृदय दग्ध कर दिया। उसने तुरन्त हनुमान्जी के वक्ष पर हाथ से प्रहार किया। बल-विक्रम-संपन्न महातेजस्वी रावण की मुष्टिका के आघात से हनुमान्जी क्षण भर के लिये विचलित हो गये; किन्तु वे परम पराक्रमी और तेजस्वी थे। सुस्थिर होते ही उन्होंने भी अत्यंत क्रोधपूर्वक राक्षसराज को कसकर एक घूँसा मारा।

महापराक्रमी महावीर का वज्रतुल्य घूँसा लगते ही रावण काँप उठा। कुछ क्षणोपरान्त उसने सँभल कर कहा, ''शाबाश वानर, पराक्रम की दृष्टि से तुम मेरे प्रशंसनीय प्रतिद्वन्द्वी हो !''

वीरवर पवनतनय ने उत्तर दिया, "अरे रावण, तुम अब भी जीवित हो ? इसलिये मेरे पराक्रम को धिक्कार है।"

धिगस्तु मम वीर्यस्य यत् त्वं जीवसि रावण।।

–वा० रा०, लंकाकाण्ड, अध्याय ५९, (श्लोक ६६)

इसके पश्चात् हनुमान्जी ने रावण से पुनः कहा, "अब तुम एक बार और मुझ पर प्रहार करो। तुम्हारे प्रहार के अनन्तर जब मेरा मुक्का पड़ेगा, तब तो तुम यमलोक पहुँच जाओगे।"

मर्कटाधीश के वाग्वाण से रावण के नेत्र क्रोध से लाल हो गये। उसने अत्यन्त कुपित होकर हनुमान्जी के वक्ष पर अपना प्रचण्ड घूँसा मारा। रावण के मुक्के से हनुमान्जी पुनः विचलित हो गये। उनके सँभलते-सँभलते रावण वानर सेनापति नील पर चढ़ बैठा। हनुमान्जी उधर दौड़े, किन्तु रावण को नील से युद्ध करते देखकर उन्होंने कहा, "अरे निशाचर, इस समय तुम दूसरे से युद्ध कर रहे हो, इस कारण मैं तुम पर प्रहार नहीं कर रहा हूँ।"

हनुमान्जी की प्रचण्ड वीरता के कारण शत्रुओं के रक्त से लिप्त उनका दर्शन होने पर रावण भी मन ही मन काँप उठता था। एक बार वह लक्ष्मणजी से युद्ध करने लगा था। लक्ष्मण के तीक्ष्णतम शरों से व्याकुल होकर भी वह उन्हें कोई क्षति नहीं पहुँचा पा रहा था। उसका सारा शरीर मेद और रक्त से सन गया था। उस अवस्था में उसने रणभूमि में ब्रह्माजी की दी हुई प्रचण्ड शक्ति बड़े वेग से लक्ष्मणजी पर छोड़ दी। वह शक्ति लक्ष्मण के विशाल वक्षःस्थल में प्रविष्ट हो गयी। वे आहत होकर पृथ्वी पर गिर पड़े। रावण प्रसन्न होकर लक्ष्मणजी के समीप पहुँचा और उन्हें उठाने लगा; किन्तु भगवान् शिव के कैलाश पर्वत को उठा लेने वाला रावण श्रीरामानुज के शरीर को हिला भी नहीं सका। उस समय हनुमान्जी दौड़े और अत्यंत कुपित होकर उन्होंने रावण की छाती में वज्रतुल्य मुक्के से प्रहार किया।

उनके बज्रांग मुक्के के भयानक प्रहार से रावण को चक्कर आ गया। वह घुटने के बल बैठ गया और काँपता हुआ गिर पड़ा। उसके मुख, नेत्र और कानों से रक्त बहने लगा। तड़पता, छटपटाता और चक्कर काटता हुआ रावण विवशतः अपने रथ के पिछले भाग में निश्चेष्ट होकर जा बैठा और कुछ ही देर में मूर्च्छित हो गया।

इधर हनुमान्जी सुमित्राकुमार को अपने दोनों हाथों से उठाकर श्रीरघुनाथजी के समीप ले गये। मूर्च्छा से जागने पर रावण हनुमान्जी की इस अलौकिक दिव्य शक्ति को देखकर आश्चर्यचकित हो गया। बात यह है कि शेषावतार लक्ष्मण आंजनेय के सौहार्द्र

एवं अनन्य भक्ति भाव के कारण उनके लिये सहज ही हल्के हो गये। श्रीरामजी ने लक्ष्मण को मूर्छितावस्था में देखकर कहा, "तुम कृतान्त भक्षक सुर त्राता" भगवान् श्रीराम का यह वचन सुनकर लक्ष्मणजी प्रकृतिस्थ हो गये और रावण की विकराल शक्ति आकाश में चली गयी।

रावण वानरों के प्रख्यात शूरवीरों पर आक्रमण कर उन्हें धराशायी करने लगा। यह देखकर श्रीराघवेन्द्रजी ने भी उस पर आक्रमण किया। उस समय भगवान् के अनन्य सेवक और भक्त पवनकुमार ने उनके समीप जाकर इस प्रकार निवेदन किया, "प्रभो, जैसे भगवान् विष्णु गरुड़ पर बैठकर दैत्यों पर आक्रमण करके उनका संहार करते हैं, उसी प्रकार आप मेरी पीठ पर बैठकर इस दुष्टात्मा रावण को दण्ड दें।"

हनुमान्जी का आग्रह देखकर भगवान् श्रीराम उनकी पीठ पर आरूढ़ होकर राक्षसेश्वर रावण से युद्ध करने लगे। आवश्यकतानुसार लक्ष्मणजी भी उनके कंधे पर बैठकर युद्ध करते थे। इस प्रकार हनुमान्जी समरांगण में सर्वत्र प्रमुख भूमिका निभा रहे थे। उन्होंने कितने राक्षसों को जीवन से मुक्त किया, इसकी संख्या नहीं। निश्चय ही युद्ध भूमि में राक्षसों को साक्षात् काल के वेश में दर्शन देने वाले हनुमान्जी के हृदय में उनके प्रति अपार करुणा भरी थी। वे प्रत्येक राक्षस को यथासंभव प्रभु श्रीराम के सम्मुख लाकर या प्रभु का स्मरण कर उसका वध करके उसे सदा के लिये अक्षय सुख-शान्ति निकेतन प्रभु के धाम भेज देने के लिये प्रतिक्षण प्रयत्नशील थे।

अहिरावण-वध

रावण के सहस्रों वीरों का नित्य प्रति संहार हो रहा था। उसके चुने हुए पराक्रमी योद्धा भी काल के गाल में प्रवेश कर गये थे। किन्तु जब उसका प्राण प्रिय पुत्र अजेय मेघनाद लक्ष्मणजी के शर से बिद्ध होकर मर गया, तब दशग्रीव धैर्य धारण न कर सका। वह व्याकुल होकर मूर्च्छित हो गया। सचेत होने पर वह अपनी निश्चित विजय प्राप्ति के लिये उपाय सोचने लगा। उसे अपने सहयोगी अहिरावण की स्मृति हो आयी। पर प्रश्न यह था कि पातालपुरी में उसे संदेश कैसे भेजा जाय ? लंका के बाहर जाने वाले द्वारों पर तो शत्रु-सैनिकों ने अधिकार कर लिया था।

रावण ने तत्काल विचार किया-"अहिरावण देवी का अनन्य भक्त और सेवक है।" इतना सोचते ही वह यथाशीघ्र देवी मंदिर में पहुँचा। वहाँ उसने स्नान करके शुद्ध वस्त्र धारण किया और आराधना में तन्मय हो गया। दशानन की आराधना से आकृष्ट होकर अहिरावण वहाँ तुरन्त आ पहुँचा। आदरपूर्वक रावण के चरणों में प्रणाम किया और पूछा, "आपने मुझे कैसे स्मरण किया ?"

रावण ने अहिरावण से प्रार्थना की, ''मित्र अहिरावण, मैं इस समय महान् विपत्ति में फँस गया हूँ। इस विपत्ति से मुझे तुम्हीं उबार सकते हो।''

अहिरावण ने कहा, ''क्या हुआ ? मुझे क्या करना है ? आप मुझे तुरन्त आज्ञा दीजिये।''

इतना पूछने पर रावण ने सविस्तार अपने कुकृत्यों का वर्णन करते हुए कहा, ''लक्ष्मण ने मेरी बहिन सूर्पणखा के नाक-कान काट डाले। इस पर क्रुद्ध होकर मैंने राम की पत्नी सीता का हरण कर लिया। बस, युद्ध छिड़ गया। इस युद्ध में मेरे महान् से महान् पराक्रमी योद्धा मार डाले गये। यहाँ तक कि कुंभकर्ण और मेघनाद भी नहीं बचे। अब मैंने असहाय होकर तुम्हारा स्मरण किया है।''

अहिरावण ने रावण से अपने मन की बात स्पष्ट करते हुए कहा, ''आपने सीता का हरण कर उचित कार्य नहीं किया। आप वीरतापूर्वक श्रीराम से युद्ध करते, यह तो शोभा की बात थी; किन्तु उनकी सहधर्मिणी का अपहरण कर आपने सर्वथा अनीतिपूर्ण कार्य किया है। इसका परिणाम तो शुभ हो ही नहीं सकता। दूसरी बात यह है कि खर, दूषण, त्रिशिरा, कुंभकर्ण और इन्द्रजित को मारने वाले सामान्य पुरुष नहीं होंगे। किन्तु आप मुझे आज्ञा दीजिये। मैं क्या करूँ ?''

रावण ने कहा, ''और कुछ नहीं; तुम किसी प्रकार केवल राम और लक्ष्मण को अपनी पुरी में ले जाओ और वहाँ उन दोनों का वध कर डालो। फिर ये वानर भालु तो स्वतः ही भाग जायेंगे। इसी प्रकार मेरी रक्षा हो सकेगी।''

अहिरावण ने दशग्रीव को आश्वासन दिया, ''आपके संतोष के लिये मैं आपकी आज्ञा का पालन करूँगा। आकाश में प्रकाश होते ही आप समझ लीजियेगा कि मैं निर्विघ्न दोनों भाइयों को लिये जा रहा हूँ।'' इतना कहकर अहिरावण रावण के चरणों में प्रणाम कर अपने उद्देश्य की पूर्ति के लिये चल पड़ा।

रात्रि का समय था। दिन भर के अनवरत युद्ध से थकी हुई श्रीराम की सेना शयन कर रही थी। सर्वसिद्धिमय आंजनेय का पहरा था। उन्होंने अपनी पूँछ बढ़ाकर वानर-भालुओं को अपने घेरे में ले लिया था। पूँछ की प्राचीर को पार कर भीतर प्रवेश करना किसी के लिये सहज संभव नहीं था। अहिरावण सहम गया। कुछ क्षण सोचने के बाद उसने विभीषण का वेश धारण कर लिया और सेना के भीतर प्रविष्ट होने की चेष्टा की।

हनुमान्जी अत्यंत सतर्क प्रहरी थे। उन्होंने विभीषण को तुरन्त रोककर पूछा, ''अरे भाई विभीषण, इतनी रात तक बाहर कहाँ रहे ? विभीषण का वेश धारण किये हुए अहिरावण ने उत्तर दिया, ''पवनपुत्र, मैं संध्या वंदन करने समुद्रतट पर चला गया था। वहाँ से लौटने में देर हो गयी।''

हनुमान्जी के मन में संशय हुआ, पर वे चुप ही रहे। अहिरावण ने भीतर जाकर

देखा कि सुग्रीव, अंगद, द्विविद, नल, नील, जाम्बवान् और विभीषण आदि प्रमुख सेनानायक श्रीराम और लक्ष्मण को अपने मध्य सुलाकर विश्राम कर रहे हैं। दिन भर के थके ये वीर सैनिक आंजनेय जैसे प्रबल प्रहरी के संरक्षण में निश्चिंत गाढ़ निद्रा में शयन कर रहे थे।

भगवान् श्रीराम की दाहिनी ओर उनका चमकता हुआ विशाल धनुष और शर पूरित तूणीर था और बायीं ओर उनके प्रिय भाई लक्ष्मण थे। लक्ष्मण की बायीं ओर उनका धनुष और त्रोण था। भगवान् श्रीराम का कर कमल भाई के वक्षःस्थल पर सुशोभित था। भगवान् श्रीराम और लक्ष्मण का चन्द्रविनिन्दक सुन्दर मुख ! मुखारविन्द पर बिखरी अलकें !! निद्रालु प्रभु की भुवनमोहिनी शान्त मुद्रा !!! सुग्रीवादि वानर भालुओं के सौभाग्य का क्या कहना ? जिन त्रिभुवनसुन्दर परम प्रभु की एक झलक अनेक जन्मों की कठोरतम साधना और तपश्चर्या से किसी-किसी महर्षि और मुनिश्रेष्ठ को ही प्राप्त होती है, उन्हीं करुणासिन्धु दशरथकुमार के साथ वे वानर-भालु खाते-पीते, सोते-जागते और युद्ध करते हैं। उन्हीं के लिये संग्राम भूमि में प्राण त्याग करते हैं।

श्रीराम-लक्ष्मण अनन्त-सौन्दर्य-सुधा-सिन्धु को अहिरावण ने देखा तो वह देखता रह गया। किन्तु उसे अपने वचन का ध्यान था और लीलानायक श्रीराम-लक्ष्मण को मानवीय लीला करनी थी। उन्हें असुर भक्तों का उद्धार करना था। समस्त सैनिकों के जाग जाने की आशंका से दुष्ट और मायावी अहिरावण ने उन्हें मोहित कर दिया, जिससे श्रीराम के अरण्यवास में सदा जागते रहने वाले लक्ष्मण भी जैसे सोते ही रहे। महाशक्तिशाली अहिरावण ने उन दोनों भाइयों को उठाया और वह आकाश मार्ग से तीव्र गति से भागा। सहसा आकाश में प्रकाश छा गया। रावण की प्रसन्नता की सीमा न रही।

रावण का सारा क्रोध शक्तिपुंज हनुमान् पर था; क्योंकि साधारण से साधारण और भयानक से भयानक परिस्थितियों और कार्यों में सफलता का समस्त श्रेय उन्हें ही प्राप्त होता था। श्री भगवान् राम की तुच्छ से तुच्छ सेवा करने में उन्हें झिझक अथवा लज्जा की अनुभूति नहीं होती थी, अपितु वे प्रभु की सेवा करना अपना परम सौभाग्य समझते थे और सेवा करने में ही संतोष समझते थे। रावण के पुत्र अक्षकुमार, अन्यतम महापराक्रमी राक्षस अकम्पन आदि का संहार हनुमान्‌जी ने ही किया था। हनुमान्‌जी के मुष्टि-प्रहार से स्वयं दशानन भी मूर्च्छित हो गया था। लंका से सुषेण को ले जाकर और सुदूर उत्तर से द्रोणगिरि लाकर संजीवनी द्वारा लक्ष्मण की प्राण रक्षा पवनपुत्र ने ही की थी। किन्तु अब श्रीराम और लक्ष्मण के मारे जाने पर राक्षसी माया से उसे भी समाप्त किया जा सकता है-यह सोचकर दशानन आश्वस्त हुआ। वह हर्षातिरेक से मन ही मन विजयोत्सव मनाने की योजना बनाने लगा।

सुग्रीव भगवान् श्रीराम के चरणकमलों में ही सोये हुए थे। आकाश में तीव्र प्रकाश

होने के कारण वे जाग पड़े। उन्होंने अपने समीप प्रभु को नहीं देखा तो चिल्ला उठे, "प्रभु कहाँ गये ? उन्हें कौन ले गया ?" वानर-सेना में अद्भुत कोलाहल मच गया। अंगद, विभीषण, मयन्द, द्विविद, नल, नील और जाम्बवान् आदि सभी आश्चर्यचकित और किंकर्तव्यविमूढ़ थे। सबके हृदय काँप रहे थे। सभी चिन्तित, व्याकुल और व्यग्र थे। सब अशान्त हो पवनपुत्र हनुमान्जी का मुँह देख रहे थे। परम बुद्धिमान जाम्बवान् ने हनुमान्जी से कहा, "भैया हनुमान्, अब तुम्हीं हम लोगों के प्राणों की रक्षा करो। चाहे जैसे हो प्रभु को लक्ष्मण सहित ले आओ। हम लोग तो किंकर्तव्यविमूढ़ हो गये हैं।"

हनुमान्जी ने उत्तर दिया, "इस पृथ्वी पर ही नहीं, आकाश और पाताल कहीं भी प्रभु हों, मैं तुरन्त उन्हें लक्ष्मणजी के सहित ले आऊँगा। प्रभु को लाने के लिये मैं काल का भी तत्काल संहार कर सकता हूँ। किन्तु पता तो चले वे कहाँ हैं ?"

जाम्बवान् ने हनुमान्जी से पूछा, "रात्रि में कोई अपरिचित तो नहीं आया था ?" हनुमान्जी ने उत्तर दिया, "ना, रात्रि में कोई नहीं आया। हाँ, विभीषण जी अवश्य समुद्र तट से संध्या करके देर से लौटे थे।" हनुमान्जी का उत्तर सुनकर विभीषण अत्यन्त चकित हुए और बोले, "मैं तो सायंकाल से ही प्रभु के चरणों के समीप था। एक क्षण के लिये भी कहीं नहीं गया। अवश्य ही मायावी असुर ने षड्यंत्र रचा है।"

कुछ क्षणों के उपरान्त चिन्तित विभीषण ने कहा, "कोई देवता, गंधर्व, सिद्ध, ऋषि-महर्षि मेरा रूप ग्रहण करके प्रभु का अपहरण करने नहीं आयेगा। दानवों में मय, दैत्यों में बलि तथा वाणासुर समर्थ हैं, किन्तु इनमें से कोई भी ऐसा कार्य कभी नहीं करेगा। राक्षसों में से केवल दो ही मेरा रूप ग्रहण कर सकते हैं-दशग्रीव तथा अहिरावण। किन्तु इस समय दशग्रीव स्वयं लंका त्याग कर कहीं जा नहीं सकता। वह पुरी में भी प्रभु को ले जाकर गुप्त नहीं रख सकता है। अतः अवश्य ही यह कार्य अहिरावण का है। वह पातालपुरी का निवासी होने पर भी दशग्रीव का मित्र है। उसी ने यह अपकर्म किया है।"

विभीषण ने वहाँ पहुँचने का मार्ग निर्दिष्ट किया। उस पुरी का प्रवेश-पथ समझाया। उन्होंने हनुमान्जी को सतर्क किया और कहा, "वह महामायावी परम शाक्त-वीरशाक्त है। उसके बलि-प्रधान-पूजन ने उसे अनेक वीरसिद्धि सम्पन्न कर रखा है।" विभीषण से पाताल-प्रवेश का मार्ग तथा अहिरावण की राजधानी, उसके मार्ग, द्वार, राजसदन आदि की सभी आवश्यक जानकारी प्राप्त कर हनुमान्जी ने कहा, "आप सब सावधान और सतर्क रहें। समस्त वानर-ऋक्षों को सचेत कर दें। मेरी तथा सानुज प्रभु की अनुपस्थिति का कोई भी समाचार शिविर से बाहर न जाय। सब ऐसे रहें, जैसे कुछ हुआ ही नहीं है। प्रतिदिन के समय पर ही पुरी के द्वारों पर आक्रमण किया जाय। दशग्रीव भी आवे, तो प्राणपण से युद्ध किया जाय। मैं भी तो महावीर हूँ। किसी भी वीर सिद्धि से मुझे क्या शंका ?"

हनुमान्‌जी ने सुग्रीव को प्रणाम किया और वे वायुवेग से उड़े। उड़ते समय सहज ही उनके मुख से निकला-"जय श्रीराम।"

मकरध्वज से साक्षात्कार

हनुमान्‌जी को पाताल लोक पहुँचते कितनी देर लगती। वे पाताल में प्रविष्ट होकर सीधे अहिरावण के नगर द्वार पर पहुँच गये। वहाँ ठीक उन्हीं के आकार प्रकार का एक महाकाय वानर नगर की रक्षा के लिये नियुक्त था। वह हनुमान्‌जी के समान ही स्वर्णवर्ण और सुपुष्ट था। वे सूक्ष्म रूप धारण करके द्वार के भीतर प्रवेश करने ही जा रहे थे कि गर्जते हुए उस वानर ने डाँटकर पूछा, "तुम कौन हो ? सूक्ष्म रूप धारण कर चोरी से कहाँ जा रहे हो ? मेरे यहाँ रहते हुए तुम द्वार के भीतर कदापि प्रवेश नहीं कर सकते। मेरा नाम मकरध्वज है और कान खोलकर सुन ले, मैं परमपराक्रमी बज्रांगबली हनुमान् का पुत्र हूँ।"

पवनपुत्र ने आश्चर्यचकित होकर उससे पूछा, "बज्रांगबली हनुमान् का पुत्र ? अरे, हनुमान् तो बालब्रह्मचारी हैं। तुम उनके पुत्र कहाँ से आ गये ?" मकरध्वज ने उत्तर दिया, "मेरे पिताजी जब लंका दहन करने के अनन्तर समुद्र में पूँछ बुझाकर स्नान कर रहे थे, तब श्रम के कारण उनके शरीर से स्वेद झर रहा था। वही स्वेदयुक्त जल एक मछली पी गयी थी। वही मछली पकड़ कर मेरे स्वामी अहिरावण के भोजनालय में लायी गयी थी। काटते समय उसके उदर से मेरी उत्पत्ति हुयी। अहिरावण ने ही मेरा पालन-पोषण किया। कोई अपने माता-पिता को जान नहीं सकता। सबको इस विषय में सुनकर ही श्रद्धा करनी पड़ती है। आज आपके श्रीचरणों का दर्शन करके मैं अपना अहोभाग्य मानता हूँ। मुझे जब चेतना प्राप्त हुई, तो मुझे इस पुरी के अधीश्वर अहिरावण के सम्मुख उपस्थित किया गया। उत्पन्न होने के कुछ क्षण पश्चात् ही मैं युवा हो गया था। मेरा नाम (मकरध्वज) इस पुरी के स्वामी ने ही रखा और मुझे इस पुरी का द्वाररक्षक बना दिया।

"देवर्षि नारद ने मुझे सूचित किया, "लंकादहन करके जब पवनपुत्र पूँछ बुझाने समुद्र में कूदे, उनके शरीर से टपकते स्वेदविन्दु को एक महामत्स्या पी गयी। वह महाजाल में पड़ी और अहिरावण की रंधनशाला में पहुँचायी गयी। उसका उदर चीरने पर तुम्हारी उत्पत्ति हुई।" मैंने देवर्षि की वाणी पर विश्वास कर लिया। मैं वानर हूँ। अतः मेरे पिताजी को भी वानर ही होना चाहिये।"

हनुमान्‌जी अपने विशाल रूप में प्रकट हो गये और उन्होंने मकरध्वज से कहा, "बेटा, हनुमान् तो मैं ही हूँ।" इतना सुनने पर उसने हनुमान्‌जी के चरणों में प्रणाम किया। तत्पश्चात् हनुमान्‌जी ने उससे पूछा, "बेटा, यह तो बता दो कि अहिरावण मेरे स्वामी

श्रीराम और लक्ष्मण को ले आया है क्या ?"

मकरध्वज बोला, "पिताजी, मैं नाम तो नहीं जानता; किन्तु स्वामी अभी कुछ ही काल पूर्व जटाजूटधारी दो अत्यंत सुन्दर मानव कुमारों को ले आये हैं। उनमें से एक श्याम वर्ण हैं और एक गौर। सुना है कि दोनों को यहाँ की आराध्या महाकाली के मंदिर में पहुँचाया गया है और महापूजा प्रारम्भ हो गयी है। प्रभात के पूर्व दोनों की बलि देवी को दे दी जायेगी।"

हनुमान्जी ने उसे आज्ञा दी, "तब ठीक है। मैं प्रभु के दर्शन करूँगा। द्वार से हटो।" वह द्वार रोके खड़ा ही रहा।

मकरध्वज ने अत्यन्त नम्रतापूर्वक उत्तर दिया,"आप आज्ञा दें तो मैं अपना मस्तक उतार कर आपके चरणों में अभी रख दूँ। किन्तु मैं इस समय द्वार रक्षक हूँ। स्वामी की अनुमति के बिना शक्ति रहते किसी को पुरी में प्रवेश करने देकर कर्तव्यच्युत नहीं होऊँगा। आपका यह आदेश मैं न मानने को विवश हूँ। आप मेरा वध करके ही पुरी में प्रवेश पा सकते हैं। यदि पिता के नाते मैंने आपको द्वार के भीतर जाने दिया, तो मैं धर्म से च्युत हो जाऊँगा। मैं अपने स्वामी के साथ विश्वासघात कदापि नहीं कर सकता।"

हनुमान्जी को प्रभु के समीप पहुँचने की जल्दी थी। उन्होंने तुरन्त अपने पुत्र मकरध्वज पर मुष्टिका प्रहार किया। पर वह भी वीर पिता का वीर पुत्र था, युद्ध छिड़ गया। जैसा पिता, वैसा ही पुत्र। किसी प्रकार हनुमान्जी ने उसे पछाड़कर उसी की पूँछ से उसे कसकर द्वार पर बाँध दिया और स्वयं द्रुत गति से भीतर चले गये।

हनुमान्जी सूक्ष्मरूप से देवी मंदिर में पहुँचे। वहाँ उन्होंने देखा-चामुण्डा के सम्मुख प्रज्ज्वलित अग्निकुंड के समीप पाद्य, अर्घ्य, स्नानार्थ जल, रक्तचंदन एवं लाल फूलों की माला तथा धूप-दीपादि पूजोपकरण प्रस्तुत हैं। अहिरावण स्नान करके रक्त वस्त्र, रक्तचंदन एवं रक्तपुष्पों की माला धारण कर वहाँ आ गया है। पूजा प्रारम्भ होने वाली ही है। हनुमान्जी सीधे देवी के पीछे चले गये। परम प्रभु श्रीरामचन्द्रजी के अनन्य भक्त एवं सेवक पवनकुमार के स्पर्श से देवी पाताल में प्रविष्ट हो गयीं और उनके स्थान पर स्वयं श्रीरामदूत देवी के रूप में भयानक मुख फाड़कर खड़े हो गये।

अहिरावण ने पूजा प्रारम्भ की। उसने गंध, अक्षत, पुष्प, पुष्पमाला, धूप और दीप के अनन्तर अब पक्वान्न देवी को अर्पित किया, तब हनुमान्जी ने उसे भक्षण कर लिया। लड्डू, खीर, पूड़ी, हलवा आदि जो भी पदार्थ अहिरावण देवी को अर्पित करता, हनुमान्जी सब ग्रहण करते जाते।

अहिरावण मन ही मन प्रसन्न होकर सोच रहा था, "आज देवी अत्यंत प्रसन्न हैं, तभी तो प्रत्यक्ष प्रकट होकर नैवेद्य स्वीकार कर रही हैं।" अहिरावण ने राजसदन के सभी पकवान मँगवाये और देवीरूपी पवनपुत्र ने सबको उदरस्थ कर लिया।

अहिरावण तथा उसके सब उपस्थित साथी हर्ष में बारम्बार कह रहे थे, "आज भगवती महाकालिका परम प्रसन्न प्रत्यक्ष हो गयीं हैं। समस्त अर्पित नैवेद्य इन्होंने ग्रहण कर लिया। आज की महाबलि की संभावना ने ही भगवती महाकाली को प्रसन्न कर दिया है। अवश्य आज परा सिद्धि प्राप्त होगी।"

अन्त में अहिरावण ने श्रीराम और लक्ष्मण को मँगवाया। बलि के लिये ही राक्षसों ने परमप्रभु श्रीराम और लक्ष्मण जी को स्नान कराकर उन्हें मूल्यवान नवीन वस्त्र और आभूषण धारण कराये थे। गन्ध, पुष्प, पुष्पमाला तथा धूप दीपादि से सविधि उनकी पूजा की थी। इस प्रकार उन्होंने श्रीरघुनाथ एवं लक्ष्मण को देवी के सम्मुख उपस्थित किया। काल के गाल में पड़ा हुआ अहंकारी अहिरावण बोला, "अब कुछ ही देर में तुम दोनों भाई देवी की भेंट चढ़ा दिये जाओगे। अपने त्राता का स्मरण कर लो।"

प्रभु को सर्वथा मौन देखकर लक्ष्मणजी अत्यन्त विस्मित थे। लक्ष्मणजी सतर्क और चिन्तित दिखलाई पड़ रहे थे। हनुमान्जी ने मन ही मन दोनों भाइयों को प्रणाम किया। उन्होंने लक्ष्मणजी के संकल्प को जान लिया। वे इस प्रकार सोच रहे थे-"प्रभु आज यह कैसी लीला कर रहे हैं। न स्वयं कुछ करते हैं और न मुझे कुछ करने का संकेत कर रहे हैं। यदि ऐसी स्थिति रही तो इस पातालपुरी में मर्यादा मानना आवश्यक नहीं है। मेरी एक हुंकार में ये समस्त राक्षस भस्म हो जायेंगे।"

उसी समय श्रीराघवेन्द्र ने अपने अनुज से कहा, "भाई लक्ष्मण, आपत्ति के समय समस्त प्राणी मेरा स्मरण करते हैं, किन्तु मेरी आपदाओं का हरण करने वाले तो पवनकुमार ही हैं। अतः हम लोग उन्हीं का स्मरण करें।" लक्ष्मणजी ने आशंका प्रकट की, "भैया, यहाँ पवनपुत्र हनुमान् कहाँ ?" भगवन् श्रीराम ने उत्तर दिया, "प्रिय लक्ष्मण, आंजनेय कहाँ नहीं हैं ? वे धरा के कण-कण में विद्यमान हैं। मुझे तो देवी के रूप में भी उन्हीं के दर्शन हो रहे हैं।"

लक्ष्मणजी ने देवी की ओर दृष्टि उठायी ही थी कि बज्रांगबली हनुमान्जी ने घोर गर्जना की

अहिरावण की बलि

हनुमानजी के भयंकर गर्जन से ऐसा प्रतीत हुआ, मानो आकाश फट जायेगा। सम्पूर्ण पातालपुरी काँप उठी। राक्षसों सहित महापराक्रमी अहिरावण के नेत्र मुँद गये। तत्काल हनुमान्जी ने एक ही झटके से अहिरावण के हाथ से तलवार छीन ली। उन्होंने श्रीराम और लक्ष्मण को अपने एक कंधे पर बैठाकर राक्षसों का वध करना प्रारम्भ कर दिया। "अकस्मात् यह सब कैसे हो गया ?" यह सोचकर अहिरावण चकित हो ही रहा

था कि वहाँ के आधे राक्षस समाप्त हो गये। भयानक रौद्रमूर्ति हनुमान्‌जी से प्राण बचाकर राक्षस भाग जाना चाहते थे, किन्तु पवनकुमार ने अपनी पूँछ लम्बी कर चतुर्दिक उसकी इतनी विशाल चहारदिवारी बना ली थी कि एक भी राक्षस भागकर अपना प्राण नहीं बचा सका। सभी मार डाले गये।

अहिरावण ने कुपित होकर अपनी दूसरी तीक्ष्ण तलवार उठा ली। उसने उसी तलवार से हनुमान्‌जी पर आक्रमण किया; किन्तु रुद्रावतार वज्रांग पर लगकर उसकी प्रचण्ड तलवार टूट गयी। अब कुद्ध होकर हनुमानूजी ने अपने हाथ की तलवार के एक ही झटके से अहिरावण का मस्तक उतार दिया। रक्त का फव्वारा छोड़ता और नाचता हुआ उसका कबन्ध पृथ्वी पर और मस्तक प्रज्ज्वलित अग्निकुंड में गिर पड़ा। इस प्रकार उस प्रचण्ड राक्षस का हवन पूर्ण हुआ।

राक्षस अहिरावण का सारा परिवार मारा गया। वहाँ से चलते समय श्रीरघुनाथजी ने अपनी ही पूँछ में आबद्ध मकरध्वज का परिचय पाया, तो उन्होंने तुरंत हनुमान्‌जी को आदेश दिया, "हनुमन्त, सर्वप्रथम, मकरध्वज को पाताल का राज्य प्रदान करो।"

हनुमान्‌जी ने मकरध्वज का राजतिलक कर कहा, "बेटा, तुम धर्मपूर्वक शासन करते हुए सदा-सर्वदा मेरे स्वामी श्रीसीताराम का स्मरण करते रहना।" मकरध्वज ने भगवान श्रीराम और लक्ष्मण के दुर्लभतम चरणकमलों की रज माथे पर चढ़ायी और अपने पिता को प्रणाम कर उन्हें विदा किया। पवनपुत्र अपने प्रभु श्रीराम और लक्ष्मण को अपने कंधे पर बैठाकर तीव्रतम गति से लंका की ओर उड़े।

इधर वानर-भालु दुःख के अपार समुद्र में डूब-उतरा रहे थे। सभी चिन्तित, व्यग्र, दुःखी और अशान्त थे। उनकी व्याकुलता उत्तरोत्तर बढ़ती ही जा रही थी कि सबने हनुमान् जी का हर्षोल्लास पूर्ण स्वर सुना-"जय श्रीराम!"

वानर-भालुओं ने प्रसन्न होकर देखने के लिये अपने-अपने नेत्र ऊपर उठाये ही थे कि उग्रवेग से हनुमान्‌जी श्रीराम-लक्ष्मण के साथ उनके मध्य उपस्थित हो गये। वानर भालु हर्षोल्लास में गर्जन करने लगे-"भगवान् श्रीराम की जय ! सुमित्रानंदन की जय !! पवनपुत्र हनुमान् की जय !!!"

सुग्रीव की सेना में प्रसन्नता की लहरें उमड़ रही थीं और उधर उस जयघोष को सुनकर दुष्ट दशानन का मुख मलीन हो गया।

अध्याय १४

मातृ-चरणों में

रावण के प्रायः सभी प्रमुख योद्धा समाप्त हो गये। रावण ने भयानक युद्ध किया, किन्तु श्रीरघुनाथजी के सम्मुख उसकी एक न चली। वह अमित सौन्दर्य राशि-त्रैलोक्य-त्राता का दर्शन करता हुआ उन्हीं के पावनतम तीक्ष्ण शर की भेंट चढ़ गया। दशानन के निर्जीव शरीर के भूलुंठित होते ही श्रीराम और रावण के युद्ध की पूर्णाहुति हो गयी। 'जय श्रीराम' आनन्दातिरेक से वानर-भालु उछलने, कूदने और परस्पर एक-दूसरे का आलिंगन करने लगे। आकाश में देवगण प्रभु का स्तवन करते हुए, उन पर स्वर्गीय सुमनों की वृष्टि करने लगे। आंजनेय के भी हर्ष की सीमा नहीं थी। उस समय उनके हर्षाश्रु से भरे नेत्रों के सम्मुख निखिल भुवनेश्वरी माता सीता के अरुण अमल चरण-कमल थे।

भगवान श्रीराम ने विभीषण, अंगद, सुग्रीव और जाम्बवान् आदि वीरों से उनकी प्रशंसा करते हुए कहा, "आप लोगों के बाहुबल से आज मैंने रावण को मार दिया। आप सब लोगों की पवित्र कीर्ति जब तक सूर्य और चन्द्र रहेंगे, तब तक स्थिर रहेगी और जो लोग मेरे सहित आप सबकी कलि-कल्मषनाशिनी त्रिलोकपावनी कथा का कीर्तन करेंगे, वे परमपद को प्राप्त होंगे।"

रामो विभीषणं दृष्ट्वा हनूमन्तं तथांगदम्।
लक्ष्मणं कपिराजं च जाम्बवन्तं तथा परान्।। १।।
परितुष्टेन मनसा सर्वानेवाब्रवीद्वचः।
भवतां बाहुवीर्येण निहतो रावणो मया।। २।।
कीर्तिः स्थास्यति वः पुण्या यावच्चन्द्रदिवाकरौ।
कीर्तयिष्यन्ति भवतां कथां त्रैलोक्यपावनीम्।। ३।।
मयोपेतां कलिहरां यास्यन्ति परमां गतिम्।। ४।।

–अध्यात्म रामायण, लंकाकाण्ड, सर्ग १२, श्लोक १-४

उसी समय मृत रावण को देखकर मन्दोदरी आदि रावण की पत्नियाँ पछाड़ खाकर गिर पड़ीं और विलाप करने लगीं। स्वयं विभीषण अपने अग्रज का शव देखकर शोक से व्याकुल हो गये। यह देखकर सुमित्रानंदन ने उन्हें संसार की नश्वरता का वर्णन करते हुए प्रेमपूर्वक समझाया। उनके उपदेश से विभीषण के शोक और मोह का निवारण हो गया। वे लक्ष्मणजी के साथ प्रभु के समीप पहुँचे। प्रभु ने बन्धु-बान्धवों सहित विभीषण को सांत्वाना देकर यथाशीघ्र दशानन का अंत्येष्टि संस्कार करने की आज्ञा दी। विभीषण ने पितातुल्य बड़े भाई रावण का विधिपूर्वक अन्तिम संस्कार कर उसे जलांजलि दी। तत्पश्चात् पृथ्वी पर सिर रख उसे प्रणाम किया। इसके पश्चात् उन्होंने मन्दोदरी आदि रानियों को समझा-बुझाकर राजभवन भेज दिया और स्वयं प्रभु के समीप जाकर विनीत भाव से हाथ जोड़कर खड़े हो गये।

भगवान् श्रीराम ने विभीषण को प्रथम भेंट में ही लंकाधीश बना दिया था। किन्तु अब उनके आदेशानुसार लक्ष्मणजी ने सुग्रीव, अंगद, हनुमान् और जांबवान् आदि के साथ लंका में प्रवेश किया और वहाँ उन्होंने ब्राह्मणों के द्वारा मंत्रपाठपूर्वक समुद्र के जल से भरे हुए सुवर्ण कलशों से विभीषण का मंगलमय अभिषेक किया। विभीषण लंका के अधीश्वर हुए, यह देखकर पवनपुत्र के हर्ष की सीमा न रही। सच तो यह है कि विभीषण को इस सुख, सौभाग्य और ऐश्वर्य की प्राप्ति का मुख्य हेतु श्रीहनुमान्-मिलन ही था। यह अहेतुक दयामय पवनपुत्र की दयामयी दृष्टि का ही चमत्कार था।

विभीषण लंका के संभ्रान्त नागरिकों के साथ विविध प्रकार के बहुमूल्य उपहार लेकर लक्ष्मणजी सहित प्रभु के चरणों में पहुँचे। उपहार प्रभु के चरणों में रखकर उन्हें सादर दण्डवत प्रणाम किया। विभीषण को राज्यपद पर अभिषिक्त देखकर श्रीरघुनाथजी अत्यंत प्रसन्न थे।

श्रीराघवेन्द्रजी ने देखा कि उनके सम्मुख पर्वताकार हनुमान्जी हाथ जोड़े विनीत भाव से खड़े हैं। श्रीरामजी ने उनसे कहा, "पवनकुमार, तुम मिथिलेश कुमारी के स्नेहभाजन हो। तुम महाराज विभीषण की आज्ञा प्राप्त करके लंका में प्रवेश करो और वहाँ सीता को रावण वध का समाचार सुना दो। साथ ही वानरराज सुग्रीव, युवराज अंगद, मैन्द, द्विविद, नल, नील, जाम्बवान्, विभीषण तथा अन्यान्य वीर वानर-भालुओं के साथ उनको मेरा और लक्ष्मण का कुशल समाचार भी बतला दो।"

श्रीराम भगवान् का आदेश पाकर हनुमान् ने गर्जना की, "जय श्रीराम"। हर्ष उनके हृदय में समा नहीं रहा था। जगज्जननी जानकी जी को उन्होंने वचन दिया था और वह वचन रावणवध के साथ पूरा हो गया, किन्तु यह कुशल समाचार ! यह विजय-सन्देश !! प्रभु के विरह-वह्नि में जलने वाली अनुपम सती पत्नी सीता को प्रभु का विजय-सन्देश !!! इससे अधिक सुख की वस्तु और क्या होगी ?

विभीषण के आदेशानुसार महावीर हनुमान्‌जी के साथ प्रख्यात वीर राक्षस चल रहे थे। हनुमान्‌जी का सर्वत्र उल्लासपूर्ण स्वागत एवं सादर अभिनंदन हो रहा था। किन्तु उन प्रभु भक्त को तो मातृ चरणों के दर्शन की, उन चरणों में दण्ड की भाँति लेट जाने की उत्कट लालसा थी। हनुमान्‌जी अशोकवाटिका में पहुँचे।

माता सीता उसी अशोक-तरु के नीचे राक्षसियों से घिरी बैठी थीं, जहाँ पहले पवनतनय ने उनका दर्शन किया था। उग्रवेश हनुमान्‌जी दौड़े और 'माता' कहते हुए उनके चरणों में लेट गये। हनुमान्‌जी के देखते ही माता सीता का मुख हर्ष से खिल उठा।

कुछ देर बाद हनुमान्‌जी उठे और हाथ जोड़कर खड़े हो गये। उन्होंने गद्‌गद कण्ठ से कहा, "माताजी राक्षसेश्वर रावण मारा गया। विभीषण ने लंका का राज्यपद प्राप्त कर लिया और प्रभु श्रीरामचन्द्रजी, लक्ष्मण, सुग्रीव, और वानरसेना सहित सकुशल हैं।"

जीवन सर्वस्व प्रभु का संदेश कितना सुखद था, इसे वियोगिनी माता जानकी ही जान सकती थीं। उनके आनन्द की सीमा नहीं थी। हर्षातिरेक के कारण कुछ क्षण तो वे बोल भी नहीं सकीं। फिर सँभलकर उन्होंने कहा, "वत्स हनुमान्, इस संदेश के सदृश त्रैलोक्य में अन्य कोई वस्तु मुझे आनन्द नहीं दे सकती। इस अवसर पर मैं तुम्हें क्या दूँ ? मुझे नहीं सूझ रहा है ? तुमने मेरा बड़ा उपकार किया है। मैं तुमसे कभी उऋण नहीं हो सकती।"

विनीतात्मा हनुमान्‌जी माता के चरणों में गिर पड़े। उन्होंने कहा, "माता, मैं शत्रु के नष्ट होने पर स्वस्थ चित्त से विराजमान विजयशाली श्रीराम का दर्शन करता हूँ। यह मेरे लिये नाना प्रकार की रत्नराशि और देवराज्य से भी बढ़कर है। पुत्र तो माता से कभी भी उऋण नहीं हो पाता। मैं आपके साथ परम प्रभु के चरणों की छाँह में पड़ा रहूँ, मुझे आपकी सेवा का सुअवसर प्राप्त होता रहे, बस, मेरी यही लालसा है। मेरी इतनी ही कामना है।"

पवनपुत्र की श्रद्धा-भक्तिपूर्ण विनीत वाणी सुनकर जनकनंदिनी ने प्रसन्न होकर कहा, "वीरवर, तुम्हारी वाणी उत्तम लक्षणों से सम्पन्न, माधर्य गुणों से पूरित तथा बुद्धि के आठ अंगों से अलंकृत है। बुद्धि के आठ गुण निम्नलिखित हैं-१.सुनने की इच्छा, २. सुनना, ३. ग्रहण करना, ४. स्मरण रखना, ५.ऊहा (तर्क-वितर्क), ६.अपोह (सिद्धान्त का निश्चय), ७. अर्थ का ज्ञान होना, तथा ८. तत्व को समझना। ऐसी वाणी केवल तुम्हीं बोल सकते हो। तुम वायु देवता के प्रशंसनीय पुत्र तथा परम धर्मात्मा हो। शारीरिक बल, शूरता, शास्त्रज्ञान, मानसिक बल, पराक्रम, उत्तम दक्षता, तेज, क्षमा, धैर्य, स्थिरता, विनय तथा अन्य बहुत से सुन्दर गुण केवल तुम्हीं में एक साथ विद्यमान हैं, इसमें संशय नहीं है।"

पवनपुत्र की प्रशंसा करते हुए माता जानकी जी ने उन्हें दुर्लभतम आशीर्वाद दे दिया, "हे पुत्र, सुनो, समस्त सद्‌गुण तुम्हारे हृदय में बसें और हे हनुमान्, लक्ष्मणजी के साथ

कोसलपति प्रभु सदा तुम पर प्रसन्न रहें।"

परमब्रह्म की आद्याशक्ति जगदम्बा सीताजी से अमोघ आशीर्वाद प्राप्त कर हनुमान्जी पुनः मातृ-चरणों में गिर पड़े। कुछ देर बाद उन्होंने क्रूर दृष्टिवाली विकराल मुखी राक्षसियों को देखकर निवेदन किया, "माता, इन विकराल, विकट आकारवाली, क्रूर और अत्यंत दारुण राक्षसियों ने आपको बड़ी पीड़ा पहुँचायी है। इन्हें देखकर मेरा खून खौल रहा है। आप कृपापूर्वक आज्ञा प्रदान करें, तो मैं इनके दाँत तोड़ दूँ। इनके नाक-कान काट लूँ और इनके बाल नोचकर मुक्कों और लातों से इनका कचूमर निकाल दूँ।"

हनुमान्जी की कठोर वाणी सुनकर सीताजी को निरन्तर डराने-धमकाने वाली रावण की दुष्ट दासियाँ अत्यंत भयभीत होकर वैदेही के मुखारबिन्द की ओर देखने लगीं। जनकदुलारी ने कहा, "ना, बेटा, ये तो स्वयं रावण के अधीन थीं और उसका आदेश पालन कर रही थीं। रावण की मृत्यु के पश्चात् तो ये अत्यंत विनयपूर्वक मुझे प्रत्येक रीति से संतुष्ट करने की चेष्टा कर रही हैं। मुझे तो अपने पूर्व कर्मों के कारण यह सारा दुःख निश्चित रूप से भोगना ही था। इसलिये यदि इन राक्षसियों का कुछ अपराध भी हो, तो उसे मैं क्षमा करती हूँ। ये तो दया की पात्र हैं।"

सीताजी के वचन सुनकर हनुमान्जी ने गद्गद कण्ठ से कहा, "दयामयी, स्नेहमयी, ऐसे वचन मेरे परमब्रह्म श्रीराम की अभिन्न स्वरूपा, पराशक्ति सीताजी ही बोल सकती हैं।" फिर उन्होंने निवेदन किया, "माँ, अपनी ओर से आप मुझे कोई सन्देश दें। अब मैं स्वामी के पास जाऊँगा।"

सीताजी ने हनुमान्जी से कहा, "वत्स हनुमान्, अब ऐसी व्यवस्था करो कि मैं यथाशीघ्र प्रभु के पादारविन्दों का दर्शन प्राप्त कर सकूँ।" हनुमान्जी उन्हें प्रणाम करके प्रभु के समीप पहुँच गये।

लंकाधिपति राक्षसेश्वर विभीषण ने जो प्रथम आज्ञा दी, वह थी श्रीजगदम्बा को भली-भाँति स्नान कराकर, वस्त्राभरण सज्जिता करके ससम्मान प्रभु के समीप पहुँचाने की व्यवस्था करने के सम्बन्ध में। मन्दोदरी तथा विभीषण की पत्नी सरमा ने सीताजी से अत्यधिक अनुरोध किया, "सती शिरोमणि सीताजी, अब आप विधिवत् स्नान करें; और अंगराग तथा आभूषणों से सुसज्जित होकर प्रभु श्रीराम के समीप उपस्थित हों।"

किन्तु सीताजी ने उनके अनुरोध को अस्वीकार करते हुए, यह तर्क उपस्थित किया, "मैं तपस्वी की अर्द्धांगिनी हूँ। मेरे स्वामी अभी तापस वेश में हैं।" इतना कहकर उन्होंने स्नान तो कर लिया किन्तु अंगराग और आभूषण स्वीकार नहीं किये। केवल सादे स्वच्छ वस्त्र धारण किये। विभीषण ने शिविका में पहुँचाने की व्यवस्था की थी। परन्तु जब वानरों का समुदाय अम्बा के दर्शन को उत्सुक दौड़ा, तब प्रभु ने उन्हें पैदल आने का आदेश दिया।

नितान्त निष्करुण होती है मर्यादा। मर्यादा पुरुषोत्तम के वे कटु उपेक्षापूर्ण वचन तथा उन परमपावनी अम्बा की अग्नि परीक्षा का स्मरण करते हुए हृदय विदीर्ण होता है। लेकिन अल्पकालीन था, यह अत्यन्त दारुण प्रसंग। उसके अनन्तर वाम पार्श्व में आसीन अम्बा-श्रीसीताराम की यह दिव्य प्रथम झाँकी लंका की उस समरभूमि में करके हनुमानूजी आदि के नेत्र धन्य-धन्य और कृतकृत्य हो गये।

अध्याय १५

हनुमदीश्वर

सेतु-बन्ध के अनन्तर श्रीराम के द्वारा अमित महिमामय 'रामेश्वर' की स्थापना का उल्लेख मिलता है। यह लोक-प्रख्यात है। किन्तु 'रामेश्वर' की स्थापना के सम्बन्ध में एक और कथा 'आनन्द रामायण' तथा पुराण ग्रन्थों में वर्णित है। यहाँ वह कथा स्कंद पुराण के 'ब्रह्मखंड' के आधार पर लिखी जा रही है।

दशग्रीव के परमधाम गमन के साथ ही लंकाविजय का कार्य पूर्ण हो गया। फिर विभीषण के राज्याभिषेक के अनन्तर श्रीरघुनंदन अपनी सहधर्मिणी सीता, अनुज लक्ष्मण, पवनपुत्र हनुमान, वानरराज सुग्रीव, युवराज अंगद, महामति जाम्बवान् आदि वानर-भालुओं के साथ पुष्पक विमान पर आरूढ़ हो आकाश मार्ग से चलकर गन्धमादन पर्वत पर उतरे। उस समय महामुनि अगस्त्य के साथ दण्डकारण्य-निवासी ऋषि-मुनियों ने आकर प्रभु का दर्शन किया एवं गद्गद कंठ से प्रभु की स्तुति की।

श्रीराघवेन्द्र ने उन तपस्वी मुनियों के चरणों में श्रद्धापूर्वक प्रणाम कर अत्यंत विनय के साथ निवेदन किया, ''तपस्वी ब्राह्मणों, मैं क्षत्रिय हूँ। दुष्टों पर शासन करना क्षत्रियोचित धर्म और कर्तव्य है। इस कारण मैंने लंकाधिपति रावण का तथा उसके भाइयों एवं पुत्रों का ही नहीं, सम्पूर्ण पुलस्त्यकुल का संहार किया है, किन्तु वह था तो ब्राह्मणकुलोत्पन्न ही। अतएव ब्राह्मण वध के पाप का प्रायश्चित क्या है ? आप लोग कृपापूर्वक विचारकर मुझे यह बताने का कष्ट करें।''

भगवान् श्रीराम के वचन सुनकर मुनियों के मन में अपार प्रसन्नता हुई। उन्होंने कहा, ''मर्यादा पुरुषोत्तम भगवान् श्रीराम आप यद्यपि स्वयं परब्रह्म परमेश्वर हैं, पाप नामक कोई वस्तु आपका स्पर्श भी नहीं कर सकती, आपने तो उन राक्षसों को मुक्ति प्रदान कर उनका परम मंगल ही किया है, किन्तु मर्यादा पालन और मर्यादा रक्षा आपका धर्म है। अतएव आप यहाँ लोक संग्रह की दृष्टि से शिवलिंग की स्थापना करें। उस शिवलिंग की

असीम महिमा होगी और वह आपके ही नाम से प्रख्यात होगा। उसके दर्शन और पूजन से मनुष्य तो परमपद प्राप्त करेंगे ही, रावण वध का दोष भी दूर हो जायेगा।"

लिंग स्थापना का पुण्यमय समय दो ही मुहूर्त में आने वाला था। अतएव उसी काल में प्रतिष्ठा करने की दृष्टि से श्रीराघवेन्द्र ने पवनकुमार को शिवलिंग लाने के लिये कैलाश पर्वत भेजा। परम पराक्रमी श्रीरामभक्त हनुमान् की प्रसन्नता की सीमा न रही। उन्होंने अपने आराध्य श्रीसीताराम के चरणों में प्रणाम किया और वायुवेग से उड़ चले। कैलाश पर्वत पहुँचते उन्हें देर न लगी; किन्तु वहाँ लिंगरूपधारी महादेवजी का दर्शन नहीं प्राप्त हुआ, तब ज्ञानिनामग्रगण्य हनुमान ने आशुतोष शिव को सन्तुष्ट कर उनसे शिवलिंग प्राप्त कर लिया और फिर विद्युत गति से लौट चले। इधर हनुमान्जी के न पहुँचने से स्थापना का मुहूर्त व्यतीत होते देखकर तत्वदर्शी मुनियों ने धर्मपालक श्रीरामचन्द्रजी से कहा, "रघुनन्दन पुण्यकाल समाप्त होने वाला ही है। अतः वैदेही ने लीलापूर्वक जो बालू का शिवलिंग बनाया है, इस समय आप उसी की स्थापना कर दीजिये।"

उन ऋषियों का आदेश प्राप्त होते ही भगवान् श्रीराम ने अपनी सहधर्मिणी सीता तथा मुनियों के साथ मंगलाचरण प्रारम्भ किया। उस समय १. ज्येष्ठ मास २. शुक्ल पक्ष ३. दशमी गंगावतरण दिवस, ४. बुधवार, ५. वृष का सूर्य, ६. कन्या का चन्द्र, ७. हस्त नक्षत्र, ८. गद-करण ६. आनन्दयोग, १०. अभिजित् मुहूर्त का अपूर्व संयोग था। साथ ही व्यतीपात योग प्रारम्भ होने वाला था। अतः मुनियों के आदेश के अनुसार श्रीभगवान् राम ने शिवलिंग की स्थापना कर दी और उसी की अर्चा सम्पन्न की।

हनुमान्जी कैलाश पर्वत से दो शिवलिंग लेकर लौटे तो शिवलिंग की स्थापना देखकर खिन्न होकर रोष के स्वर में उन्होंने कहा, "प्रभो, मैं तो आपके आदेश से ही गया था। विलम्ब भी सकारण ही हुआ मुझे।" श्रीरामजी ने हनुमान्जी को पुनः समझाया, "प्रिय हनुमन्त, मैं तुमसे भिन्न तो नहीं हूँ। मेरा प्रत्येक कार्य तुम्हारा है और तुम्हारा कार्य मेरा है। इस स्थापना को भी तुम अपना ही मान लो।"

हनुमान्जी को संतोष नहीं हुआ। उनके नेत्रों से अश्रुविन्दु गिरने लगे, क्योंकि उनमें कर्तृत्वाभिमान था। भगवान् श्रीराम अपने अनन्य भक्त और सेवक हनुमान्जी के कर्तृत्वाभिमान को भी पूर्णरूप से मिटा देने पर तुले हुए थे। प्रभु श्रीराम फलार्पण स्वीकार करें, तो कर्म सफल हो, किन्तु उन उदार-चक्र-चूड़ामणि को तो फलार्पण नहीं, कर्मार्पण भी नहीं, अपितु कर्ता का ही आत्मार्पण अभीष्ट था। उन्होंने हँसकर कहा, "हनुमान्, तुम रुदन क्यों करते हो ? तुम्हें मेरा स्थापित यह शिवलिंग अभीष्ट नहीं है, तो इसे उखाड़कर सागर में समर्पित कर दो। मैं तुम्हारा ले आया हुआ श्रीविग्रह स्थापित कर दूँगा।

श्रीरामजी के ये वचन सुनकर हनुमान्जी अत्यंत प्रसन्न हुए। उन्होंने अपने हाथों लाये हुए दोनों लिंगविग्रह भूमि पर धर दिये और वे अपने दोनों हाथों से प्रभु द्वारा स्थापित

लिंगविग्रह को उखाड़ने लगे। किन्तु महान् आश्चर्य ! हनुमान्‌जी की अपरिमित शक्ति से भी वह शिवलिंग टस से मस नहीं हुआ। जिन शक्तिशाली पवनपुत्र ने शेषावतार लक्ष्मणजी को फूल के समान आसानी से उठा लिया था, उन्हीं हनुमान्‌जी द्वारा बालू द्वारा निर्मित सामान्य शिवलिंग हिल तक न सका।

हनुमान् जी को यह लगा कि लिंगविग्रह पंचामृत स्नान से स्निग्ध हो गया है, अतः उनके हाथ खिसक जाते हैं। अतः उन्होंने अपनी पूँछ भली-भाँति उस शिवलिंगविग्रह में लपेटी और पूरी शक्ति लगाकर उखाड़ने लगे। फल यह हुआ कि उनकी पूँछ का एक भाग टूट गया। वे मुँह के बल दूर जा गिरे। इतनी चोट लगी कि वे मूर्च्छित हो गये।

भले ही शिशु अपनी अज्ञता के कारण गिरे, किन्तु अम्बा तो देखती नहीं रह सकती थीं। अनंत वात्सल्यमयी अम्बा श्रीमैथिलीजी अपने पुत्र हनुमानजी की सँभाल के लिये तुरंत दौड़ पड़ीं। उन्होंने जल लेकर हनुमान्‌जी का मुँह धोया और अपने आँचल से पोंछा। उनकी मूर्च्छा दूर हुई, तो वे अम्बा के श्रीचरणों में श्रद्धाभक्तिपूर्वक लेट गये।

श्रीराम भगवान् भी उनके पास पहुँच गये। उन्होंने सस्नेह कहा, "प्रिय हनुमान् उठो और जो तुम लिंगविग्रह ले आये हो, उसकी स्थापना इस परम पावन मुहूर्त में कर दो। तुमने भी तो युद्ध में मेरे लिये बहुत से राक्षसों का संहार किया है। तुम्हारी दृष्टि उन्हें शीघ्र परमधाम भेजने की थी। तुम तो स्वयं परमपावन हो, अतएव पाप तो तुम्हें स्पर्श भी नहीं कर सकता; किन्तु व्यवहारतः इस लिंग की स्थापना से तुम उस पाप से मुक्त हो जाओगे।"

पवनपुत्र द्वारा भगवान् श्रीराम की स्तुति

भगवान् श्रीराम की गहनतम आत्मीयता एवं प्रीति से प्रभावित पवननंदन श्रीरघुनाथजी के सर्वमंगलमूल चरणकमलों में दण्ड की भाँति लेट गये और फिर खड़े होकर हाथ जोड़े गद्‌गद कण्ठ से स्तवन करने लगे-"सबकी उत्पत्ति के आदि कारण सर्वव्यापी, श्रीहरिस्वरूप श्रीरामचन्द्रजी को नमस्कार है। आदिदेव, पुराणपुरुष, भगवान गदाधर को नमस्कार है। पुष्पक के आसन पर नित्य विराजमान होने वाले महात्मा श्रीरघुनाथजी को नमस्कार है। प्रभो, हर्ष में भरे हुए वानरों का समुदाय आपके युगल चरणाविन्दों की सेवा करता है, आपको नमस्कार है। राक्षसराज रावण को पीस डालने वाले तथा सम्पूर्ण जगत् का अभीष्ट सिद्ध करने वाले श्रीरामचन्द्रजी को नमस्कार है। आपके सहस्रों मस्तक, सहस्रों चरण और सहस्रों नेत्र हैं। आप विशुद्ध विष्णु स्वरूप राघवेन्द्र को नमस्कार है। आप भक्तों की पीड़ा दूर करने वाले तथा सीताजी के प्राणबल्लभ हैं। आपको नमस्कार है। दैत्यराज हिरण्यकशिपु के वक्षस्थल को विदीर्ण करने वाले आप नृसिंहरूपधारी भगवान् विष्णु को नमस्कार है। अपनी दाढ़ों पर पृथ्वी उठानेवाले भगवान् वराह, आपको नमस्कार है।

"बलि के यज्ञ को भंग करने वाले आप भगवान् त्रिविक्रम को नमस्कार है। वामनरूपी भगवान् उपेन्द्र को नमस्कार है। अपनी पीठ पर महान मंदराचल धारण करने वाले भगवान् कच्छप को नमस्कार है। तीनों वेदों की रक्षा करने वाले मत्स्यरूपी भगवान् को नमस्कार है। क्षत्रियों का अंत करने वाले परशुरामरूपी राम को नमस्कार है।

"राक्षसों का नाश करने वाले आपको नमस्कार है। राघवेन्द्र का रूप धारण करनेवाले आप श्रीरामचन्द्रजी को नमस्कार है। महादेव के महान् भयंकर महान् धनुष को भंग करने वाले आपको नमस्कार है। क्षत्रियों का अंत करने वाले क्रूर परशुराम को भी त्रास देने वाले आपको नमस्कार है। भगवन् आप अहिल्या का सन्ताप और महादेवजी का चाप हरने वाले हैं, आपको नमस्कार है।

"दस हजार हाथियों का बल रखने वाली ताड़का के शरीर का अन्त करने वाले आपको नमस्कार है। वज्र के समान कठोर और चौड़ी, बाली की छाती छेद डालने वाले आपको नमस्कार है। आप मायामयमृग का नाश करने वाले तथा अज्ञान को हर लेनेवाले हैं, आपको नमस्कार है। दशरथजी के दुःखरूपी समुद्र को सोख लेने के लिये आप मूर्तिमान अगस्त्यजी हैं, आपको नमस्कार है। अनन्त उत्ताल तरंगों से उद्वेलित समुद्र का भी दर्प दलन करने वाले आपको नमस्कार है। मिथिलेशनन्दिनी सीताजी के हृदयस्थल को विकसित करने वाले सूर्यरूप आप लोकसाक्षी श्रीहरि को नमस्कार है।

"हरे, आप राजाओं के भी राजा और जानकीजी के प्राणवल्लभ हैं, आपको नमस्कार है। कमलनयन आप ही तारक ब्रह्म हैं, आपको नमस्कार है। आप ही योगियों के मन को रमाने वाले 'राम' हैं। राम होते हुए चन्द्रमा के समान आह्लाद प्रदान करने के कारण 'रामचन्द्र' हैं, सबसे श्रेष्ठ और आनन्द स्वरूप हैं। आप विश्वामित्र के परम प्रिय हैं। खर नामक प्रचण्ड राक्षस का हृदय विदीर्ण करने वाले हैं, आपको नमस्कार है।

"भक्तों को अभयदान देने वाले देवदेवेश्वर, प्रसन्न होइये। करुणासिन्धु श्रीरामचन्द्र आपको नमस्कार है; मेरी रक्षा कीजिये। वेदवाणी के भी अगोचर रामचन्द्र मेरी रक्षा कीजिये। श्रीराम, कृपा करके मुझे उबारिये। मैं आपकी शरण में आया हूँ। रघुवीर, मेरे अज्ञान को इस समय दूर कीजिये। रघुनंदन, स्नान, आचमन, भोजन, जाग्रत, स्वप्न, सुषुप्ति आदि सभी क्रियाओं और सभी अवस्थाओं में आप मेरी रक्षा कीजिये। तीनों लोकों में कौन ऐसा पुरुष है, जो आपकी महिमा का वर्णन या स्तवन करने में समर्थ हो सकता है ? रघुकुल को आनन्दित करने वाले श्रीराम, आप ही अपनी महिमा को जानते हैं।"

–(स्क० पु०, ब्रा०, से० मा० ४६। ३१-४६)

पवनपुत्र हनुमान्‌जी द्वारा जगज्जननी श्रीजानकीजी की स्तुति

करुणामूर्ति श्रीरघुनाथजी की इस प्रकार स्तुति करने के अनन्तर अंजनानंदन भक्तिपूर्ण हृदय से जगज्जननी श्रीजानकीजी की स्तुति करते हुए कहने लगे, ''जनकनंदिनी, मैं आपको नमस्कार करता हूँ। आप सब पापों का नाश तथा दारिद्र्य का संहार करने वाली हैं। भक्तों को अभीष्ट वस्तु देने वाली भी आप ही हैं। राघवेन्द्र श्रीराम को आनन्द प्रदान करने वाली विदेहराज जनक की लाडली श्रीकिशोरीजी को मैं प्रणाम करता हूँ। आप पृथ्वी की कन्या और विद्यास्वरूपा हैं, कल्याणमयी प्रकृति भी आप ही हैं। रावण के ऐश्वर्य का संहार तथा भक्तों के अभीष्ट का दान करने वाली सरस्वतीरूपी भगवती सीता को मैं नमस्कार करता हूँ।

''पतिव्रताओं में अग्रगण्य आप श्रीजनकदुलारी को मैं प्रणाम करता हूँ। आप सब पर अनुग्रह करने वाली समृद्धि, पापरहित और श्रीविष्णुप्रिया लक्ष्मी हैं। आप ही आत्मविद्या, वेदत्रयी तथा पार्वतीरूपा हैं। आपको मैं नमस्कार करता हूँ। आप ही क्षीरसागर की कन्या और चन्द्रमा की भगिनी कल्याणमयी महालक्ष्मी हैं, जो भक्तों पर कृपा-प्रसाद का अनुग्रह करने के लिये सदा उत्सुक रहती हैं। आप सर्वांगसुन्दरी सीता को मैं प्रणाम करता हूँ। आप धर्म का आश्रय और करुणामयी वेदमाता गायत्री हैं, आपको मैं प्रणाम करता हूँ। आपका कमलवन में निवास है। आप ही हाथ में कमल धारण करनेवाली तथा भगवान् विष्णु के वक्षःस्थल में निवास करने वाली लक्ष्मी हैं। चन्द्रमण्डल में भी आपका निवास है। आप चन्द्रमुखी सीतादेवी को मैं नमस्कार करता हूँ।

''आप श्रीरघुनन्दन की आह्लादमयी शक्ति हैं। श्रीरामचन्द्रजी की परम प्रियतमा जगदम्बा जानकी को मैं प्रणाम करता हूँ। सर्वांगसुन्दरी सीता का मैं अपने हृदय में सदैव चिन्तन करता हूँ।''

(स्क० पु०, ब्रा०, से० मा०, ४६। ५०-५७)

इसके बाद आंजनेय ने प्रभु के आदेशानुसार श्रीरामेश्वर के उत्तरी भाग में अपने द्वारा लाया हुआ शिवलिंग स्थापित कर दिया।

आनन्द रामायण के अनुसार रामेश्वर की स्थापना

आनन्द रामायण के सारकाण्ड में यह कथा कुछ भिन्न रूप में पायी जाती है। उसके अनुसार, सेतु-बंध के समय श्रीराघवेन्द्रजी ने हनुमान्‌जी को काशी जाकर भगवान् शंकर से एक उत्तम शिवलिंग माँगकर मुहूर्तमात्र में आने की आज्ञा दी। पवननंदन तीव्र वेग से काशी पहुँचे और शिवजी से दो श्रेष्ठ लिंग माँगकर उसी वेग से लौट पड़े। उसी समय उनके

मन में कुछ गर्व हो आया। सर्वान्तर्यामी भक्तवत्सल प्रभु ने मुहूर्त बीतते देखकर बालू का शिवलिंग बनाकर सेतु के उस छोर पर स्थापित कर दिया।

बालू के शिवलिंग की स्थापना का समाचार पवनकुमार को मार्ग में ही मिल गया था। इस कारण उन्होंने प्रभु श्रीराम के समीप आते ही क्रोध से पृथ्वी पर अपना पैर पटका। इससे उनके दोनों पैर पृथ्वी में धँस गये। अत्यंत क्षुब्ध होकर उन्होंने प्रभु से कहा, ''प्रभो, आपने काशी में भगवान् शिव से एक उत्तम शिवलिंग लाने के लिये मुझे भेजा था। क्या यह आपको स्मरण नहीं था ? आपने व्यर्थ ही मेरा उपहास किया। अब मैं इन दोनों शिवलिंगों का क्या करूँ ?''

श्रीरामचन्द्रजी ने अत्यंत शांतिपूर्वक हनुमान्जी से कहा, ''कपे, अब यदि तुम मेरे द्वारा स्थापित बालुकामय शिवलिंग को पूँछ में बाँधकर उखाड़ दो तो मैं तुम्हारे काशी से लाये गये इस शिवलिंग को स्थापित कर दूँ।'' हनुमान्जी ने उक्त बालू के शिवलिंग के ऊपरी भाग में पूँछ लपेटकर उसे जोर से हिलाया। अनेक बार हिलाने पर भी जब वह टस से मस नहीं हुआ, तब महावीर हनुमान् ने अपनी पूरी शक्ति लगाकर उसे खींचा। भगवान् श्रीराम के स्पर्श से उक्त प्रतिष्ठित शिवलिंग वज्र-तुल्य हो गया था। महावीर की अमित शक्ति से भी वह बालू का शिवलिंग हिला तक नहीं किन्तु हनुमान्जी की पूँछ टूट गयी। वे दूर पृथ्वी पर मुँह के बल गिरकर मूर्च्छित हो गये। वह दृश्य देखकर वहाँ समस्त वानर-भालु हँस पड़े। कुछ क्षणोपरान्त मूर्च्छा दूर हुई, पर साथ ही श्रीराम भक्त हनुमान जी के अहंकार और दर्प भी चूर-चूर हो गये। उन्होंने अत्यंत विनयपूर्वक स्तुति करते हुए कहा, ''कृपासिन्धु श्रीराम, मेरे द्वारा जो अपराध हुआ हो, उसे आप क्षमा करें।''

मयापराधितं राम तत्क्षमत्व कृपानिधे।

(आनन्द रामायण, सा० १० १४०)

दयामय श्रीरामचन्द्रजी ने पवननंदन से कहा, ''हनुमान्, तुम मेरे द्वारा स्थापित रामेश्वर शिवलिंग से उत्तर की ओर इस विश्वनाथ नामक शिवलिंग को स्थापित कर दो।'' फिर भगवान् श्रीराम ने हनुमान्जी के द्वारा स्थापित शिवलिंग को वरदान देते हुए कहा, ''हनुमान् तुम्हारे द्वारा स्थापित शिवलिंग की पूजा किये बिना जो मनुष्य सेतु-बंध रामेश्वर की पूजा करेंगे, उनकी पूजा व्यर्थ हो जायेगी।''

असम्पूज्य विश्वनाथं मारुते त्वत्प्रतिष्ठितं।
ममादौ पूजयन्त्यत्र ये नरा लिंगमुत्तमम्।
रामेश्वराभिधं सेतौ तेषां पूजा वृथा भवेत्।।

(आनन्द रामायण सा० १०/१४३-४४)

इसके अनन्तर प्रभु ने पवनकुमार से आगे कहा, "मेरे लिये लाया हुआ विश्वनाथ शिवलिंग यहाँ चुपचाप पड़ा रहने दो। यह लिंग दीर्घकाल तक पृथ्वी पर अपूजित रहेगा। भविष्य में मैं स्वयं इसकी स्थापना करूँगा। तुम्हारी पूँछ यहीं छिन्न हुयी है, अतएव तुम यहीं धरती पर छिन्नपुच्छ तथा गुप्तपाद होकर अपने गर्व का स्मरण करते रहना।"

तत्पश्चात् दयामूर्ति श्रीरघुनाथजी ने अपने करकमलों से हनुमान्जी की पूँछ का स्पर्श करके उसे पूर्ववत् सुदृढ़ एवं सुन्दर बना दिया। पवनपुत्र ने प्रभु की लीला से शिक्षा ग्रहण की। अब सर्वथा गर्वरहित हनुमान्जी की प्रसन्नता की सीमा न रही। उन्होंने सीतापति श्रीराम के आदेशानुसार श्रीरामेश्वर लिंग के उत्तर अपना विश्वनाथ-लिंग स्थापित कर दिया।

अध्याय १६

जननी अंजना का दूध

भगवान् श्रीराम अपने प्राणप्रिय भाई भरत से मिलने के लिये अत्यधिक उत्कंठित और अधीर हो रहे थे, इस कारण राक्षसराज विभीषण ने रत्नादि उपहारों के साथ उनकी सेवा में कुबेर का इच्छानुसार चलने वाला, दिव्य एवं उत्तम पुष्पक विमान उपस्थित कर दिया। उक्त सूर्य-तुल्य तेजस्वी विमान पर श्रीरघुनाथजी की आज्ञा से विभीषण, हनुमान् एवं प्रमुख वानर-भालुओं के साथ सुग्रीव और युवराज अंगद भी चढ़ गये। फिर भगवान् श्रीराम की प्रेरणा से वह पुष्पक विमान आकाश मार्ग से तीव्र गति से उड़ चला।

भगवान् श्रीराम अपनी प्राणप्रिया सीताजी को त्रिकूट पर्वत पर बसी हुई विशाल लंका, मेघनाद, कुंभकर्ण एवं रावण आदि के वधस्थल, सेतुबन्ध, शिवस्थापना आदि को दिखाते हुए अपनी लीला का विवरण सुनाते जा रहे थे कि वह अद्भुत विमान किष्किंधा के ऊपर जा पहुँचा। श्रीरघुनाथजी ने उसे वहाँ उतरने की आज्ञा प्रदान की।

विमान के किष्किंधा उतरते ही वानरराज सुग्रीव की आज्ञा से उनकी तारा, रूमा आदि सुन्दरी स्त्रियाँ वैदेही के समीप पहुँच गयीं। माता सीताजी की इच्छा के अनुसार सुग्रीव की रानियाँ भी प्रभु श्रीराम के राज्याभिषेक का उत्सव देखने अयोध्या चलीं।

उस समय पवननंदन हाथ जोड़े टकटकी लगाये प्रभु के मुखारबिन्द की ओर ऐसे देख रहे थे, जैसे वे कुछ कहना चाहते हों। भक्तवत्सल प्रभु ने उनकी ओर देखते ही तुरंत पूछा, तब हनुमान्जी ने हाथ जोड़कर अत्यंत विनयपूर्वक निवेदन किया, "प्रभो, माताजी के दर्शन किये अधिक दिन बीत गये। यदि आज्ञा हो तो मैं उनके चरणों का दर्शन और स्पर्श कर आऊँ। मैं पुष्पक पर पल में पहुँच जाऊँगा।"

श्रीरघुनाथजी ने हर्षोल्लासपूर्वक हँसते हुए कहा, "और हम लोग माताजी के दर्शन से वंचित ही रहेंगें क्या ?" प्रभु की आज्ञा से विमान अयोध्या के पथ से हटकर कांचनगिरि के लिए उड़ चला। हनुमान्जी के पिता, केसरी बहुत संकोची प्रकृति के थे। वे

किष्किंधा में ही रुक गये। माता पुत्र के मिलन में व्यवधान बनना उन्हें नहीं रुचा। वैसे भी जब से सुग्रीव वानरेन्द्र हुए, केसरी को वह सादर समीप रखते थे। अब तो सुग्रीव ने उन पर वानर की पूरी व्यवस्था छोड़ रखी थी। पवनपुत्र की तपस्विनी माता एकाकिनी रहती थीं। वह एकांतप्रिय थीं। उन्होंने तो प्रभु के अनुरोध पर भी अयोध्या जाना स्वीकार नहीं किया था।

विमान के उतरते ही हनुमान्जी के साथ स्वयं जगज्जननी जानकी और श्रीराम सबके साथ उतर पड़े। सौमित्र तथा वानर-भालुओं का विशाल समुदाय और वानर पत्नियों के साथ विभीषण की पत्नियाँ हनुमान्जी की जननी अंजना का दर्शन करने चलीं।

माता का दर्शन होते ही हनुमान् जी दौड़कर अबोध शिशु की भाँति उनके चरणों में गिर पड़े। उनका कंठ अवरुद्ध हो गया। नेत्रों से आँसू बह चले। उन्होंने बड़ी कठिनाई से कहा, ''माँ !''

माता अंजना को उनका लाल-उनका प्राणखंड कितने दिनों के बाद मिला था। वे सजल नेत्रों से हनुमान्जी के सिर पर अपना हाथ फेरने लगीं। पुत्र को आशीर्वाद तो उनका रोम-रोम दे रहा था। उसी समय वहाँ सीताजी और लक्ष्मण के सहित प्रभु श्रीराम भी पहुँच गये। हनुमान्जी ने उनका परिचय दिया, ''माँ, ये मेरे प्राणनाथ प्रभु और ये माता जानकी तथा ये प्रभु के अनुज सौमित्र हैं। साथ में वानरेन्द्र सुग्रीव सपरिकर हैं। राक्षसेन्द्र विभीषण और उनकी रानियाँ भी हैं।''

जननी अंजना ने अति स्नेह से हनुमान्जी को गले से लगाते हुए कहा, ''पुत्र, तूने आज मुझे पवित्र कर दिया है। मेरा जीवन धन्य हो गया।''

अंजना के आनंदाश्रु से हनुमान्जी का सिर आर्द्र हो गया। किन्तु तभी वह हड़बड़ी में पड़ गयीं। हनुमान्जी ने माँ को अर्चा का उपक्रम करते देखकर मना किया, ''यह सब तू करेगी, तो प्रभु को बड़ा संकोच होगा। मेरे स्वामी अत्यंत संकोची हैं। तेरी वन्दना करने पधारे हैं। आशीर्वाद देगी, तभी आनंदित होंगे अन्यथा अयोध्या पहुँचते-पहुँचते महान् अनर्थ हो जायेगा। वनवास की अवधि समाप्त होते ही भरतजी अपने प्राणों का परित्याग कर देंगे।'' हनुमान्जी ने इतना कहकर पूरी स्थिति माता अंजना को समझाकर स्पष्ट कर दी। अंजना ने परिस्थिति की विषमता को देखते हुए पूजा-अर्चा और अल्पाहार का सारा प्रबंध स्थगित कर दिया।

अंजना के सुख-सौभाग्य का क्या कहना ? स्वयं परमप्रभु चलकर उनके द्वार पर पधारे। देवी अंजना उनके चरण-कमलों में गिरने ही जा रही थीं कि श्रीरघुनाथजी ने अपने पिता का नाम लेते हुए उनके चरणों का स्पर्श कर उन्हें प्रेमपूर्वक बैठाया। भगवती सीताजी और लक्ष्मणजी ने उन्हें प्रणाम किया। इसके पश्चात् सुग्रीव, अंगद, विभीषण, असंख्य वानर-भालु, सुग्रीव और विभीषण की पत्नियाँ-सबने एक साथ पृथ्वी पर मस्तक रखकर

हनुमान्जी की माता अंजना को अत्यंत भक्तिपूर्वक प्रणाम किया।

माता अंजना अपने भाग्य पर गर्व कर रही थीं। निखिल सृष्टि के स्वामी एवं उद्‌भव स्थिति संहारकारिणी जगदम्बा को मेरा लाल हनुमान् मेरे द्वार पर ले आया। उन्होंने मुझे सम्मान दिया। यह सौभाग्य देवताओं और तपस्वी महर्षियों को भी कहाँ प्राप्त होता है ? उन्होंने बड़े प्यार से, बड़े स्नेह से प्रभु को, उनके मुखारविन्द को, उनके कर-कमलों को एवं अरुणकमल तुल्य लाल-लाल चरणों को सहलाया। माता जानकी को हृदय से लगाया और सबकी ओर देखती हुयी माता अंजना ने कहा, "मैं जननी हूँ मैं ही यथार्थ पुत्रवती हूँ। मेरे पुत्र हनुमान् ने भगवान् श्रीराम के चरणों में अपना सर्वस्व समर्पित कर दियां है और उसी के कारण सृष्टिकर्ता, जगदाधार स्वामी ने स्वयं मेरे यहाँ पधारकर मुझे अपना दुर्लभतम दर्शन प्रदान करने की कृपा की है। उन्होंने भी मुझे 'माँ' कहकर अत्यधिक सम्मान दिया है। अब मैं केवल अपने हनुमान् की ही नहीं, इन प्रभु श्रीराम की, बेटी सीता की, लखनलाल की और इन असंख्य परम पराक्रमी तेजस्वी वानर-भालुओं की माता हूँ।"

इतना कहकर उन्होंने पुनः हनुमान्जी से कहा, "बेटा, कहते हैं पुत्र माता से कभी उऋण नहीं हो पाता, किन्तु तू मुझसे उऋण हो गया। तूने अपना जीवन और जन्म तो सफल कर ही लिया, तेरे कारण मेरे भाग्य पर बड़े से बड़े सुर-मुनि-पुंगवों को भी ईर्ष्या हो सकती है।"

हनुमान्जी ने माता अंजना के चरण दबाते हुए कहा, "माँ, इन करुणामूर्ति माता सीता को दशानन हर ले गया था। इन करुणानिधान की आज्ञा एवं इन्हीं की कृपाशक्ति से मैंने समुद्र पार जाकर लंका में माताजी का पता लगाया। फिर प्रभु श्रीराम ने समुद्र पर पुल बँधवाया और लंका में राक्षसों के साथ भयानक संग्राम किया। मेघनाद, कुंभकर्ण और रावण जैसे प्रख्यात दुर्जय पराक्रमी राक्षसों का प्रभु ने वध किया और फिर विभीषणजी को लंका के राज्य पद पर अभिषिक्त कर माता जानकीजी, लक्ष्मणजी, राक्षसेश्वर विभीषण, वानरेन्द्र सुग्रीव तथा अन्य प्रसिद्ध वानर-भालुओं के साथ अयोध्या पधार रहे हैं।"

हनुमान्जी के वचन सुनते ही माता अंजना ने कुपित होकर उन्हें अपनी गोद से धकेल दिया। उनके नेत्र लाल हो गये और अधर काँपने लगे। उन्होंने क्रोध पूर्वक कहा, "तूने व्यर्थ ही मेरी कोख से जन्म लिया। मैंने तुझे व्यर्थ ही अपना दूध पिलाया।"

अंजना की बात सुनकर परमप्रभु श्रीरघुनाथजी के साथ विदेहनंदिनी, सौमित्र, समस्त वानर-भालु, विभीषण, सुग्रीव, विभीषण और सुग्रीव की पत्नियाँ तथा स्वयं हनुमान्जी भी चकित थे कि यह अंजना को क्या हो गया ? वे सहसा क्रुद्ध क्यों हो गयीं ? हनुमान्जी हाथ जोड़े चुपचाप, किंकर्तव्यविमूढ़ हो माता की ओर टकटकी लगाये देख रहे थे और अंजना देवी उन्हें डाँटती हुई कह रहीं थीं, "तुझे और तेरे बल एवं पराक्रम

को धिक्कार है। क्या तुझमें इतनी शक्ति नहीं थी कि तू लंका में प्रवेश करने पर त्रिकूट पर्वत को उखाड़कर समूची लंका को समुद्र में डुबा देता ? तू दुष्ट दशानन को उसके सैनिकों सहित नहीं मार सकता था ? और यदि उन्हें मारने में समर्थ नहीं था तो उनसे युद्ध करता हुआ स्वयं मर जाता। किन्तु तेरे जीवित रहते परम प्रभु श्रीराम को सेतु बंधन एवं राक्षसों से युद्ध करने का कष्ट उठाना पड़ा। तुझे मेरा दूध पिलाना निरर्थक सिद्ध हुआ। तूने मेरे दूध को लज्जित कर दिया। धिक्कार है तुझे ! अब तू मुझे अपना मुँह मत दिखाना।"

माता अंजना क्रोध से काँप रही थीं। हाथ जोड़े हनुमान्‌जी ने कहा, "माँ, मैंने तेरे दूध को कभी लज्जित नहीं किया है और न भविष्य में तेरे महिमामय दूध को कभी आँच ही आयेगी। यदि मैं स्वतंत्र होता तो लंका क्या, इच्छा होने पर सम्पूर्ण ब्रह्माण्ड को क्षणार्द्ध में पीसकर रख देता। राक्षसों को तो मच्छरों की तरह मसल कर मार डालता और उसी समय माता जानकी को प्रभु के श्रीचरणों में पहुँचा देता, किन्तु जगज्जननी जानकी का पता लगाने के लिये समुद्र के पार जाते समय मेरे नायक जाम्बवन्तजी ने मुझे आदेश दिया था कि तुम केवल माता सीता को देखकर उनका कुशल-समाचार लेकर लौट आना।"

हनुमान्‌जी ने महामतिमान् जाम्बवन्तजी की ओर देखकर कहा, "माँ, तुम इनसे पूछ लो। मैं यदि इनकी आज्ञा का उल्लंघन कर देता, तो स्वामी की परम पवित्र लीला और कीर्ति में व्यवधान पड़ता। मैं तो अपने प्रभु की सेवा के लिये केवल उनकी आज्ञा का पालन करना ही अपना प्रमुख कर्तव्य मानता हूँ।"

हनुमान्‌जी की बात सुनने पर जाम्बवान् ने उनकी बात की पुष्टि करते हुए माता अंजना से निवेदन किया "माताजी, हनुमान्‌जी सत्य कह रहे हैं। आपके दुग्ध के प्रताप से इनके लिये कुछ भी असंभव नहीं है। किन्तु यदि ये मनमानी करते, तो प्रभु की कीर्ति और यश का विस्तार कैसे हो पाता ?"

मर्यादा पुरुषोत्तम श्रीराम ने भी जाम्बवान् के वचन का अनुमोदन किया, तब माता अंजना का क्रोध शांत हुआ। उन्होंने विनय भाव से कहना प्रारम्भ किया, "अरे बेटा, यह सब मैं नहीं जानती थी। मुझे आश्चर्य हुआ कि मैंने जिस हनुमान् को अपना दूध पिलाकर पाला पोसा और बड़ा किया है, वह इतना कायर कैसे हो गया कि उसके रहते जगदाध ारी स्वामी श्रीरामजी को कष्ट उठाना पड़ा ?"

माता अंजना के द्वारा बार-बार अपने दुग्ध की प्रशंसा को सौमित्र अतिशयोक्ति समझ रहे थे। माता अंजना ने उनके मुखारविन्द को देखकर अनुमान कर लिया कि 'लखनलाल को मेरी बातों पर सन्देह हो रहा है।' उन्होंने कहा, "वत्स लक्ष्मण, आप समझ रहे हैं कि यह बुढ़िया अपने दूध का क्या गुणगान कर रही है ? पर मेरा दूध असाधारण है। आप स्वयं देख लीजिये।"

माता अंजना ने अपने स्तन को दबाकर दुग्ध की धार समीपस्थ पर्वत शिखर पर

छोड़ी । फिर तो जैसे वज्रपात हो गया। भयानक शब्द के साथ वह पर्वत फटकर दो भागों में विभक्त हो गया। समस्त वानर-भालुओं ने चकित होकर गर्जना की, "माता अंजना की जय" तत्पश्चात् अंजना देवी ने कहा, "लख़नलाल, मेरा यही दूध हनुमान् ने पिया है। मेरा दूध कभी व्यर्थ नहीं जा सकता।"

प्रसन्नवन्दन श्रीरामचन्द्रजी ने हाथ जोड़कर माता अंजना से चलने की आज्ञा माँगी, तब उन्होंने कहा, "प्रभो, आपने दर्शन देकर मुझे तो सर्वस्व दे दिया है; फिर भी मेरी एक प्रार्थना है कि आप मेरे हनुमान् को अपना बनाकर सदा इसे सदा अपने श्रीचरणों की छत्रछाया में रखियेगा।"

हनुमान्जी ने माता के चरणों पर सिर रखा, तो उन्हें आशीर्वाद देते हुए उन्होंने कहा, "बेटा, तू सदा निष्कपट भाव से अत्यंत श्रद्धापूर्वक परमप्रभु श्रीराम एवं जगज्जननी माता जानकी जी की सेवा करते रहना। इन्हें अपना माता पिता और सर्वस्व समझना।

"माता अंजना की जय !" प्रभु के साथ सबने जयजयकार की और उनके साथ सब लोग पुष्पक विमान पर आरूढ़ हुए और विमान तीव्र गति से अयोध्या के लिये उड़ चला।

अध्याय १७

श्रीरामदूत

आकाश में तीव्रतम गति से उड़ता हुआ पुष्पक विमान तीर्थराज प्रयाग के ऊपर पहुँचा। भगवती सीता ने त्रिवेणी के पवित्र चरणों में प्रणाम किया। वहाँ से अयोध्या का दर्शन कर तो श्रीरघुनंदन भावविभोर हो गये। उन्होंने, सीताजी और लक्ष्मणजी ने त्रयत्रापनाशिनी अयोध्यापुरी को प्रणाम किया। तदन्तर प्रभु के आदेशानुसार पुष्पक त्रिवेणी तट पर उतर पड़ा। वहाँ प्रभु ने जनकदुलारी सीता और लक्ष्मण तथा समस्त वानर भालुओं के साथ अत्यंत प्रसन्न होकर स्नान किया और ब्राह्मणों को दान-दक्षिणा देकर उन्हें संतुष्ट कर दिया।

इसके पश्चात् भक्तवत्सल प्रभु ने पवननंदन को बुलाकर कहा, ''कपिश्रेष्ठ, तुम शीघ्र ही अयोध्या जाकर वहाँ का कुशल समाचार ले आओ। साथ ही हमारी कुशलता का समाचार भरत को बतला देना। श्रृंगवेरपुर में जाकर बनवासी निषादराज गुह से भी मिलकर मेरे सकुशल लौटने का समाचार सुना देना। वह मेरा मित्र है। वन से मेरे कुशलपूर्वक लौटने का समाचार पाकर उसे अपार प्रसन्नता होगी। उससे तुम्हें भाई भरत का भी समाचार मिल जायेगा। भरत की मुखमुद्रा और चेष्टाओं का भी ध्यान रखना। यदि किसी प्रकार उनके मन में राज्यसुख की तनिक भी कामना लक्षित हो, तो वे निश्चिन्ततापूर्वक भूमण्डल का राज्य करें। ऐसी स्थिति में मैं कहीं अन्यत्र रहकर तपोमय जीवन व्यतीत करूँगा। प्रत्येक रीति से मुझे भरत का सुख अभीष्ट है। उनसे मिलकर तुम यथाशीघ्र लौट आओ।''

हनुमान्जी ने प्रभु के चरणकमलों में प्रणाम किया और 'जय श्रीराम' कहकर आकाशमार्ग से गरुड़ वेग से उड़ चले। उन्होंने ब्राह्मण का वेश धारण कर लिया था। श्रृंगवेरपुर पहुँचकर हनुमान्जी ने निषादराज गुह को प्रभु आगमन का समाचार सुनाया, तो उनके हर्ष की सीमा न रही। वे हर्षोल्लासपूर्वक श्रीराचन्द्रजी के स्वागत की तैयारी में जुट गये एवं हनुमान्जी अयोध्या के लिये प्रस्थित हुए। मार्ग में श्रीपरशुराम तीर्थ, बालुकिनी नदी, वरूथी, गोमती और भयानकशालवन के दर्शन करते हुए पवनकुमार ने अयोध्या से एक कोस की दूरी पर भरतजी के आश्रम को देखा।

श्रीभरतजी की वियोगावस्था के कारण अत्यंत करुण स्थिति थी। परम प्रभु श्रीराम के वियोग में उन्होंने राज्य सुख को तिलांजलि दे दी थी। भगवान् श्रीराम अपनी प्रिया सीता और अनुज लक्ष्मण सहित अयोध्या त्याग कर वन में क्या गये, भरत का तन, मन, प्राण और सारा सुख उनके साथ चला गया। बनवासी श्रीराम की भाँति श्रीराम-चरण-चंचरीक भरतजी अयोध्या में ही कठोर साधना और तपश्चर्या कर रहे थे। वे अयोध्या से एक कोस दूर नन्दिग्राम में एक पर्णशाला में निवास करते थे। वे शरीर में भस्म रमाते तथा वल्कल और कृष्ण मृगचर्म पहनते थे। उनकी जटाएँ बढ़ गयी थीं। वे फल-मूलादि का आहार करके प्रभु की चरण पादुकाओं की पूजा करते रहते और उन्हीं के सम्मुख बैठकर पृथ्वी का शासन करते थे। उनके पास मंत्री, पुरोहित और सेनापति भी योगयुक्त होकर रहते और गेरुआ वस्त्र धारण करते थे।

भगवान् श्रीराम के अनन्य सेवक और प्रेमी भरतजी का अधिकांश समय अपने प्रभु अग्रज के स्मरण-चिन्तन में ही व्यतीत होता था। श्रीसीताराम के वियोग में वे प्रायः रोते रहते थे। कठोर तपःपूर्ण जीवन व्यतीत करने से वियोगी भरतजी का शरीर अत्यधिक दुर्बल हो गया था। उन्होंने प्रभु के चौदह वर्षों के अरण्यवास की अवधि को एक-एक दिन गिनकर व्यतीत किया था। प्रभु के आने में अब केवल एक दिन और शेष रह गया था। इस कारण भरतजी अत्यधिक अधीर और अशान्त हो गये थे। एक-एक पल जैसे वर्ष तुल्य हो गया था। उन्होंने अयोध्या से श्रृंगवेरपुर तक ऐसे अश्वारोहियों को नियत करवा दिया था, जो गंगा तट तक प्रभु के पधारते ही तुरंत अवध में सूचना पहुँचा दें। इस कारण तनिक पत्ता भी खटकता, तो भरतजी उत्सुक होकर कान लगा देते; पर कहीं से प्रभु के पधारने की कोई सूचना नहीं प्राप्त हो रही थी। अतएव वे मन ही मन व्याकुल हो रहे थे।

यद्यपि भरतजी की दाहिनी भुजा और दाहिनी आँख बार-बार फड़क कर शुभ की सूचना दे रही थी, किन्तु श्रीसीताराम के दर्शन के लिए आतुर उनके दुःख की सीमा नहीं थी। वे सोचते थे, "अब तक तो प्रभु श्रीराम के आने की अवधि मेरा प्राणाधार थी। एक-एक दिन की गणना करके मैंने बड़े कष्ट से उस अवधि को व्यतीत किया है। अवधि का अंतिम दिन बीतने वाला है। क्या कारण है कि अब तक प्रभु नहीं आये ? कहीं ऐसी बात तो नहीं है कि आंतरिक कुटिल समझ कर वह मुझे भूल गये ? सचमुच. लक्ष्मण अत्यंत भाग्यशाली हैं। उन्होंने सब कुछ परित्याग करके श्रीराम के पदारविन्द में अपनी दृढ़ भक्ति अभिव्यक्त की है। मुझे मेरे प्रभु ने कपटी और कुटिल समझ कर मेरा परित्याग कर मुझे अपने साथ नहीं लिया। यदि प्रभु वास्तव में मेरे जघन्य कृत्यों का स्मरण करते हैं, तो करोड़ों जन्मों में मेरा निस्तार नहीं हो सकता।

"मैं यह भली-भाँति समझता हूँ कि मेरे भक्तवत्सल प्रभु अपने भक्त के बड़े से बड़े

अवगुणों पर भी दृष्टि नहीं डालते, क्योंकि वे दीनबन्धु हैं और उनका स्वभाव अत्यधिक मृदुल है। वे क्षमासागर हैं। भक्तों के समस्त अपराध वे तत्क्षण क्षमा कर देते हैं। मेरे मन में यह पक्का विश्वास है कि मेरे प्राणनाथ मुझे निश्चय ही मिलेंगे; दाहिनी आँख और दाहिनी भुजा का बार-बार फड़कना यही सूचित करता है। यह शुभ शकुन है। यदि अवधि समाप्त होने पर मेरे प्राण रहते हैं, तो इस जगत् में मुझसे बढ़कर कौन अधम और पातकी होगा ?" (रामचरित मानस, उत्तरकाण्ड, दोहा १ तक)

रघुकुलतिलक श्रीराम की पादुकाओं के सम्मुख कुशासन पर बैठे भरतजी उन्हीं की स्मृति में विकल और विह्वल हो रहे थे। उनके नेत्रों से अश्रुपात हो रहा था, अधरों से वे प्रभु और जगज्जननी सीताजी के पावनतम नाम 'श्रीसीताराम, श्रीसीताराम' का जप कर रहे थे। उसी समय ब्राह्मण वेशधारी हनुमान्जी उनके समीप उपस्थित हो गये। अपने परम प्रभु, नवनीरद-वपु श्रीराम की प्रतिमूर्ति भरतजी की विरह व्यथा देखकर पवनपुत्र की प्रसन्नता की सीमा न रही। उन्होंने हाथ जोड़कर अत्यंत नम्रतापूर्वक मधुर वाणी में भरतजी से कहना प्रारम्भ किया-

"प्रभो, आप जिन दण्डकारण्यवासी तपोनिष्ठ भगवान् श्रीराम का अहर्निश चिन्तन, मनन और भजन-तप करते रहते हैं तथा जिनसे मिलने के लिये अत्यंत व्याकुल, चिन्तित और अधीर हो रहे हैं, वे ककुत्स्थनंदन श्रीराम अपने शत्रु रावण को मारकर अपनी प्रिया वैदेही, अनुज लक्ष्मण तथा अपने मित्र वानर-भालुओं और राक्षसेश्वर विभीषण के साथ कुशलपूर्वक आपसे मिलने के लिये अधीर और व्यग्र होकर आ रहे हैं। कल पुष्य नक्षत्र के योग में आप उनका दर्शन प्राप्त करेंगे।"

भगवान् श्रीराम के सकुशल पधारने का सन्देश ! अमृतमय सुखद सन्देश !! भरतजी में जैसे नवजीवन का संचार कर दिया। उनके आनन्द की सीमा न रही। उन्होंने आतुरतापूर्वक ब्राह्मणदेव को प्रणाम किया ही था कि हाथ जोड़े हुए पवनपुत्र उनके चरणों की ओर झुके। भरतजी ने उन्हें गले से लगा लिया और अत्यन्त प्रेमपूर्वक पूछा, "मुझे अतिशय आनन्द प्रदान करने वाला सन्देश सुनाने वाले आप कौन हैं ? आप कहाँ से पधारे हैं ? हनुमान्जी ने उत्तर दिया, "प्रभो, मैं भगवान् श्रीराम का दास और भक्त पवनपुत्र हनुमान् हूँ। प्रभु ने मुझे आपका कुशल समाचार जानने और अपनी कुशलता का संवाद सुनाने के लिये आपकी सेवा में भेजा है।" यह सुनते ही भरतजी ने उनका पुनः गाढ़ालिंगन किया, उनके नेत्रों से वेगपूर्वक आँसू बहने लगे। उन्होंने अंजनानंदन के शरीर पर हाथ फेरते हुए कहा, "हनुमान्, आज तुम्हें देखकर मेरा सारा दुःख और ताप नष्ट हो गया। मानो तुम्हारे रूप में मुझे मेरे परम प्रभु श्रीराम ही मिल गये । भाई हनुमान्, इस सुखद संदेश के समान मेरे लिये आनन्द प्रदायक और कुछ नहीं है। हे तात, मैं तुमसे किसी प्रकार उऋण नहीं हो सकता। अब तुम मुझे मेरे प्रभु का चरित्र सुनाओ।"

श्रीभरतजी के आदेशानुसार हनुमान्जी ने उनके चरणों में सिर झुकाया और श्रीरामचन्द्रजी का सम्पूर्ण चरित्र क्रमशः सुना दिया। मारुतिजी से श्रीराम-चरित्र सुनते हुए भरतजी मन ही मन परम आनन्दित हो रहे थे। हनुमान्जी के चुप हो जाने पर उन्होंने पूछा, "क्या प्रभु मुझे भी कभी दास की भाँति स्मरण करते थे ?"

अत्यंत विनीत भरतजी के वचन सुनकर मारुति ने उत्तर दिया, "प्रभो, मैं सर्वथा सत्य कहता हूँ, आप भगवान् के प्राणतुल्य हैं। वे सदा आपका गुणगान करते हुए आत्मविभोर हो जाते थे। अब आप कृपापूर्वक मुझे प्रभु के समीप पहुँचने की आज्ञा दीजिये।"

प्रेममूर्ति भरतजी ने पुनः हनुमान्जी को गले लगा लिया। वे पवनकुमार का बार-बार आलिंगन करते जा रहे थे। उनके हृदय में आनन्द नहीं समा रहा था। पवनकुमार ने भरतजी के चरणों में प्रणाम किया और प्रभु श्रीराम के समीप पहुँचने के लिये तीव्र गति से चल पड़े।

हनुमान्जी के अयोध्या के लिये प्रस्थित हो जाने पर श्रीरघुनाथजी मुनिवर भरद्वाज के आश्रम में पहुंचे और उनका दर्शन कर सीता तथा भाई लक्ष्मण सहित उनके चरणों में प्रणाम किया। सुग्रीव, अंगद और विभीषण आदि ने महामुनि के चरणों में श्रद्धाभक्ति पूर्वक हृदय से प्रणाम किया। महर्षि भारद्वाज ने श्रीराम को शुभ आशीर्वाद देकर अत्यंत प्रेमपूर्वक बैठाया। भगवान् श्रीराम ने कहा, "मुनिनाथ, आपकी महती अनुकम्पा से चतुर्दश वर्ष का वनवांस काल समाप्त होनें पर मुझे पुनः आपके चरणों के दर्शन का सौभाग्य प्राप्त हुआ है। आपको यदि भाई भरत का कुछ संवाद प्राप्त हुआ हो, तो कृपया बताइये।"

मुनिवर भरद्वाज ने उत्तर दिया, "धर्ममूर्ति श्रीराम, आपने पृथ्वी का भार उतारने का महान् दायित्व पूर्ण कर लिया और शत्रु पर विजय प्राप्त कर सफल मनोरथ हो अपनी सती पत्नी, भाई लक्ष्मण एवं मित्रों सहित कुशलपूर्वक लौट आये, यह देखकर मैं आनन्दमग्न हो रहा हूँ। मेरी प्रसन्नता की सीमा नहीं है।"

तत्पश्चात् अत्यंत गद्गद कंठ से महर्षि ने कहा, "श्रीराम, आप समस्त लोकों से वन्दित और सम्पूर्ण जगत के स्वामी हैं। आप साक्षात् विष्णु भगवान् हैं, जानकीजी लक्ष्मी हैं और ये लक्ष्मणजी शेषावतार हैं। आप सर्वान्तर्यामी हैं किन्तु आपके पूछने पर मैं बता रहा हूँ कि अयोध्या में सब कुशल मंगल है। आपके अनुज भरत आपके स्मरण में रोते हुए किसी प्रकार एक-एक क्षण कठिनाई से व्यतीत कर रहे हैं। वे अत्यंत कृश हो गये हैं। कौशल्यादि आपकी माताएँ तथा सभी अयोध्यावासी उत्सुकता के साथ आपके लौटने की प्रतीक्षा कर रहे हैं।"

महामुनि भरद्वाज के द्वारा भाई भरत की प्रीति एवं उनका दुःख जानकर रघुकुलनंदन श्रीराम व्याकुल हो गये। उनके नेत्रों से अश्रु प्रवाहित होने लगे। उन्होंने महामुनि

के अनुरोध की रक्षा के लिये उनका आतिथ्य स्वीकार किया। तब तक हनुमान्जी ने नन्दिग्राम से लौटकर प्रभु के श्रीचरणों में प्रणाम किया। उनके द्वारा अपने अनुज भरत का कुशलमंगल जानकर भ्रातृवत्सल प्रभु श्रीराम ने महामुनि के चरणों में प्रणाम किया और भाई भरत से मिलने के लिये आतुर होकर पुष्पक विमान में जा बैठे। विमान वेगपूर्वक उड़ चला।

हनुमान्जी के लौटते ही भरतजी ने यह सुखद समाचार गुरु वसिष्ठ, माताओं, एवं मंत्रियों को सुनाया, तो उनके भी हर्ष की सीमा न रही। राजसदन ही नहीं, पूरी अयोध्यानगरी में यह सुखद समाचार बिजली की लहर की भाँति व्याप्त हो गया। सबके सब आनन्द सागर में निमज्जित हो गये। छोटे-बड़े सभी अत्यंत उत्साहपूर्वक अपने घरों, द्वारों एवं मार्गों को सजाने लगे। अनेक प्रकार के उज्ज्वल मोतियों और रत्नों की वन्दनवारों एवं चित्र-विचित्र पताकाओं से अयोध्यानगरी सज उठी। गृह-गृह, गली-गली, राजमार्ग, राजसदन-सर्वत्र जैसे आनन्द मूर्तरूप धारण कर नृत्य कर रहा था। सर्वत्र हर्ष ! सर्वत्र प्रसन्नता !! सर्वत्र आनन्द ! सर्वत्र उल्लास !! सर्वत्र प्रभु के दर्शन की उत्कट लालसा !!! अयोध्या नगरी आज तक ऐसी कभी नहीं सजी थी। उसकी शोभा के सम्मुख अमरावती भी लज्जित हो रही थी। बालक, युवा, वृद्ध, स्त्री और पुरुष सभी नवीन एवं आकर्षक वस्त्राभरणों में सजे थे और सभी प्रभु के दर्शनार्थ और स्वागतार्थ सबसे आगे पहुँच जाना चाहते थे।

कहीं बालकों, कहीं युवकों, कहीं वृद्धों, स्त्री-पुरुषों का समुदाय भगवान् श्रीराम के दर्शनार्थ मंगलगान करता हुआ चला जा रहा था। अयोध्या से प्रभु के स्वागतार्थ एक लाख घोड़े, दस सहस्र हाथी और सुनहरी बागडोरों से विभूषित दस सहस्र रथ आदि अनेक ऐश्वर्यमयी वस्तुओं के साथ लोग चले। प्रभु के दर्शन के लिये पालकी में माताएँ, राजसदन की स्त्रियाँ और शत्रुघ्न के साथ भरतजी सिर पर प्रभु की पादुकाओं को रखकर पैदल ही चले, उस समय भरत के मन में हर्ष नहीं समा रहा था। रह-रह कर उनके नेत्रों से प्रेम के आँसू छलक पड़ते थे।

नगर के बाहर भरतजी के साथ शत्रुघ्नजी, महर्षि वसिष्ठ, सभी माताएँ, राज महिलाएँ और समस्त पुरवासी अत्यंत आतुरता से प्रभु के आगमन की प्रतीक्षा कर ही रहे थे कि उन्हें सहसा चन्द्रमा के समान कान्तिमान और सूर्य के समान तेजस्वी पुष्पक विमान दिखायी दिया।

भगवान् श्रीराम की जय ! जगज्जननी जानकी जी की जय !! लखन लाल की जय !!! से सम्पूर्ण वायुमंडल गूँज उठा और उसी समय मन की गति से चलने वाला विमान धरती पर उतर गया। सीताजी, लक्ष्मणजी एवं अपने समस्त परिकरों के साथ उतर जाने पर भगवान् श्रीराम ने पुष्पक को कुबेर के पास चले जाने की आज्ञा दी।

भगवान् श्रीराम ने अपने सम्मुख वामदेव, वसिष्ठ आदि श्रेष्ठ मुनियों को देखकर अपना धनुष बाण पृथ्वी पर रख दिया और लक्ष्मण सहित दौड़कर उनके चरणकमलों में अत्यंत श्रद्धापूर्वक प्रणाम किया। वसिष्ठजी ने श्रीराम और लक्ष्मण को उठाकर अपने हृदय से लगा लिया और वे उन्हें अनेक प्रकार के आशीर्वाद देने लगे। इसके बाद धर्ममूर्ति श्रीराम ने समस्त ब्राह्मणों को आदरपूर्वक प्रणाम कर उनका आशीर्वाद प्राप्त किया।

भरत, शत्रुघ्न और माताओं सहित समस्त पुरवासी प्रभु की ओर अपलक दृष्टि से देख रहे थे। भरतजी ने अत्यंत श्रद्धापूर्वक प्रभु श्रीराम की पादुकाएँ सिर से उतार कर उनके सम्मुख रखीं और उनके चरण कमलों को पकड़ लिया। प्रीति परवश श्रीरघुनाथजी की भी बड़ी विचित्र स्थिति थी। भरतजी के प्रेम से उनके नेत्र सजल हो गये थे। श्रीभगवान् राम उन्हें बार-बार उठाने का प्रयत्न कर रहे थे; किन्तु भरतजी प्रभु के जन्म-जरा-मृत्यु-विरामदायी दुर्लभतम चरण-कमलों से उठाने पर भी नहीं उठ रहे थे। भक्तवत्सल प्रभु श्रीराम ने उन्हें बरबस उठाकर हृदय से लगा लिया।

गहे भरत पुनि प्रभु पद पंकज। नमत जिन्हहि सुर मुनि संकर अज।।
परे भूमि नहिं उठत उठाये। बर करि कृपासिंधु उर लाए।।
स्यामल गात रोम भए ठाढे। नव राजीव नयन जल बाढ़े।।
-रामचरितमानस, उत्तरकाण्ड, ४ दोहे के बाद की चौपाइयाँ।

नवनीरदवपु श्रीराम एवं नवघनश्याम भरतजी-दोनों जटाजूटधारी, दोनों तपस्वी, दोनों एक-दूसरे के प्राणाधिक प्रिय, दीर्घकाल के पश्चात् दोनों प्राणप्रिय भाइयों का मिलन ! श्रीराम भरत से उनका कुशलसंवाद पूछ रहे हैं, पर प्रेमानंद में निमग्न होने के कारण भरतजी का कंठ अवरुद्ध हो गया है। वे बोल नहीं पाते, उनकी स्थिति वे ही जानते हैं। बड़ी कठिनाई से भरतजी बोल पाये, "प्रभो, आपने मेरी रक्षा कर ली। आपका दर्शन प्राप्त हो गया। बस, इससे सब आनन्द-मंगल है।"

भगवान् ने प्रसन्न होकर शत्रुघ्नजी को हृदय से लगाया और भरतजी ने भाई लक्ष्मण को अपने वक्ष से सटा लिया। एक ओर वानरराज सुग्रीव और उनकी पत्नियाँ, जाम्बवान्, मैन्द, द्विविद, नल और नीलादि वानर-भालुओं का समुदाय, दूसरी ओर कुलगुरु वसिष्ठजी, माता कौसल्या, सुमित्रा और कैकेयी तथा अन्य राज महिलाएँ और उनके मध्य भगवान् श्रीराम और भरत, श्रीराम और शत्रुघ्न, लक्ष्मण और भरत तथा सुमित्रा के पुत्रद्वय लक्ष्मण और शत्रुघ्न का परस्पर मिलन। उन चारों भाइयों का अद्भुत प्रेम एवं उनकी पाप-ताप-नाशक अलौकिक सौन्दर्य राशि ! उनके समीप हाथ जोड़े चकित एवं पुलकित अंजनानंदन।

अध्याय १८

महिमामय हनुमान्

जगज्जननी जानकी और जगतत्राता प्रभु श्रीराम को अयोध्या के सिंहासन पर आसीन देखकर सर्वत्र हर्ष व्याप्त हो गया। अयोध्या में तो आनन्द का पावन नर्तन ही हो रहा था। हर्षातिरेक से मेदिनी पुलकित हो गयी और देवगण हर्षित होकर स्वर्गीय सुमनों की वृष्टि करने लगे। अयोध्या के सिंहासन पर अभिषेक के समय सर्वाभरण भूषित संसारैक सम्राट, त्रिभुवन-चक्रवर्ती श्रीरघुनाथजी की साम्राज्ञी के साथ जो शोभा हो रही थी, शेष भी उसका वर्णन करने में समर्थ नहीं। लोकपालों, दिक्पालों ने भी उपहारार्पण करके श्रीसीताराम के पादपीठ को अपने मुकुट-किरीट-कोटि से स्पर्श करने में सौभाग्य माना। त्रिभुवनेश्वर के प्रसादोपहार परिसीम नहीं हुआ करते। सब माण्डलीक महीपतियों को-महेन्द्रादि भी माण्डलीक ही मानने लगे थे अपने को अयोध्या का-उपहार प्राप्त हुए। ऋषि-महर्षि, विप्रवृन्द, सूत-मागधादि, कला-जीवी, प्रजा के प्रधान, नागरिक, सेवक सत्कृत हुए। ऐसे अवसरों पर जो अत्यंत निकट होते हैं, उनका क्रम अन्त में आता है। परमोदार प्रभु ने वानर-भालुओं को यह सम्मान दिया। युवराज अंगद, वानरेन्द्र सुग्रीव, ऋक्षराज जाम्बवन्त, राक्षसेश्वर विभीषण आदि अयोध्या में उपस्थित सब लंका से साथ आये अन्त में सत्कृत हुए। वस्त्र, आभरण, अकल्पनीय रत्न-सुर भी जिनकी स्पृहा करें, ऐसे उपहार प्राप्त हुए सबको।

श्रीरघुनाथजी ने मुनियों एवं ब्राह्मणों को मुस्कल दानादि देकर प्रत्येक रीति से प्रसन्न कर उनका आशीर्वाद प्राप्त किया। इसके पश्चात् उन्होंने अपने मित्र किष्किंधापति सुग्रीव को मणियों से युक्त सोने की एक दिव्य माला भेंट की, जो सूर्य की किरणों के समान प्रकाशित हो रही थी। फिर प्रभु श्रीराम ने युवराज अंगद को नीलम से जटित दो बाजूबन्द भेंट किये, जो चन्द्रमा की किरणों के समान उज्ज्वल प्रतीत होते थे। इसी प्रकार धर्म का मर्म समझने वाले प्रभु श्रीराम ने राक्षसराज विभीषण, परम बुद्धि-वैभव सम्पन्न जाम्बवान्,

द्विविद, मैन्द, नल और नील आदि वानर-भालुओं को मनोवांछापूर्वक बहुमूल्य अलंकार एवं श्रेष्ठ रत्नादि प्रदान किये।

उसी समय भगवान् श्रीराम ने महारानी सीता को अनेक सुन्दर वस्त्राभूषण अर्पित किये। साथ ही उन्होंने चन्द्रकिरणों के तुल्य प्रकाशित उस परमोत्तम मुक्ताहार को उनके गले में डाल दिया, जिसे उन्हें वायुदेवता ने अत्यंत आदरपूर्वक प्रदान किया था। माता सीता ने देखा, प्रभु ने सबको अनेक बहुमूल्य उपहार अत्यंत प्रेमपूर्वक प्रदान किये, किंतु पवनकुमार को अब तक कुछ भी नहीं मिला और पवनकुमार निरंतर श्रीसीताराम के चरणारविंद की ओर देख रहे थे, उन्हें त्रैलोक्य की सम्पूर्ण सम्पत्ति उन चरणों में ही समायी दीख रही थी। माता सीता ने प्रभु श्रीराम की ओर देखकर अंजनानंदन को कुछ भेंट देने का विचार किया। उन्होंने प्रभु-प्रदत्त दुर्लभतम मुक्ताहार अपने गले से निकाल कर हाथ में ले लिया और प्रभु की ओर तथा समस्त वानरों की ओर देखने लगीं। महारानी सीताजी की इच्छा का अनुमान कर प्रभु ने कहा, "सौभाग्यशालिनि, तुम जिसे चाहो, इसे दे दो।"

अपने प्राणनाथ का आदेश प्राप्त होते ही माता सीता ने वह मुक्ताहार पवनपुत्र को दे दिया। उक्त बहुमूल्य हार को कंठ में धारण करने पर हनुमान्‌जी की शोभा अद्भुत हो गयी। हनुमान्‌जी की भक्ति से तो सभी प्रभावित थे और सभी स्वीकार करते थे कि तेज, धृति, यश, चतुरता, शक्ति, विनय, नीति, पुरुषार्थ, पराक्रम और उत्तम बुद्धि-ये दसों गुण इनमें सदा विद्यमान रहते हैं। अतएव इस बहुमूल्य हार के यथार्थ पात्र हनुमान्‌जी ही थे। किन्तु इस हार के मिस श्रीरघुनाथजी ने एक नयी लीला प्रारम्भ कर दी, जिससे हनुमान्‌जी की अद्भुत महिमा प्रकट हुई और उनकी अनन्य भक्ति के सम्मुख सबको नतमस्तक होना पड़ा।

हनुमान्‌जी के मन में आया, "जगज्जननी सीताजी ने यह महामूल्यवान मुक्ताहार मुझे प्रदान किया है, तो अवश्य इसमें कुछ विशेषता होगी। सृष्टि के सब पदार्थ पंचभूतात्मक हैं। मुक्ता हो, माणिक हो, हीरक हो या काष्ठ अथवा पाषाण-सृष्टि में कहीं कुछ भी विशेषता नहीं है। सब पदार्थ सामान्य ही हैं। सब त्रिगुणात्मक, सब पंचभूत-रचित। यहाँ केवल मेरे आराध्य देव, इन सिंहासनासीन श्रीसीताराम का श्रीविग्रह और इनका नाम विशेष है। यही दो-परम ब्रह्म और उनकी अचिन्त्य पराशक्ति शाश्वत और चिन्मय हैं। ये जहाँ हों, उसे ही विशिष्टता प्राप्त हो जाती है।" इतना सोचकर हनुमान्‌जी ने उस हार को गले से निकाल कर ध्यानपूर्वक देखना प्रारम्भ किया कि उसमें यह विशेषता है या नहीं।

जहाँ हनुमान्‌जी के उस बहुमूल्य मुक्ताहार को प्राप्त करने के सौभाग्य की प्रशंसा हो रही थी, वहीं श्रीहनुमान्‌जी की मुखाकृति पर उसकी प्राप्ति के कारण हर्ष का कोई चिह्न नहीं दीख रहा था। वे तो सोच रहे थे कि माता जानकी और प्रभु श्रीराम मेरी अंजलि में अपने अनन्त आनन्दप्रदायक चरणकमल रख देंगे, किन्तु यह मातृप्रदत्त मुक्ताहार ! कुछ

देर तक तो वे उस हार को, उसके प्रकाशविकीर्णकारी एक-एक मुक्तामणि को ध्यानपूर्वक देखते रहे, किन्तु उनमें उनका अभीष्ट नहीं प्राप्त हुआ। उन्होंने सोचा, संभवतः इसके भीतर मेरे अभीष्ट, 'श्रीसीताराम' मिल जायँ। बस, उन्होंने एक-एक मुक्ता को मुँह में डालकर अपने वज्र-तुल्य दाँतों से फोड़ दिया, पर उसमें भी कुछ नहीं था। वह तो उनकी दृष्टि में निरा चमकता हुआ पत्थर था। हनमानूजी ने उसे फेंक दिया।

यह दृश्य देखकर सबका ध्यान पवनतनय की ओर आकृष्ट हो गया। भगवान् श्रीराम मन ही मन मुस्करा रहे थे और माता जानकी, भरत आदि भ्राता राक्षसराज विभीषण, वानरराज सुग्रीव, युवराज अंगद, महाप्रबुद्ध जाम्बवान्, निषादराज, समस्त वानर-भालु एवं सभासद्गण यह दृश्य देखकर चकित हो रहे थे। हनुमानूजी ने दूसरी मुक्ता को भी मुँह में डालकर फोड़ दिया और उसे भी देखकर फेंक दिया। इस प्रकार वे अनमोल मुक्तामणि और रत्नों को मुख में डालकर दाँतों से फोड़ते और उसे देखकर फेंक देते।

सभासदों का धैर्य जाता रहा, पर कोई कुछ बोल नहीं पा रहा था। काना-फूसी होने लगी, "आखिर हनुमानूजी हैं तो बंदर ही न ? बंदर को बहुमूल्य हार देने का और क्या परिणाम होता ?" विभीषण ने तो पूछ ही लिया, "हनुमानूजी, इस हार के एक-एक रत्न से विशाल साम्राज्य क्रय किये जा सकते हैं और आप इन्हें तोड़-फोड़ कर नष्ट कर दे रहे हैं।"

एक रत्न को फोड़कर ध्यानपूर्वक देखते हुए हनुमानूजी ने कहा, "लंकेश्वर, क्या करूँ ? मैंने देखा कि इस हार में मेरे प्रभु की भुवनपावनी मूर्ति है कि नहीं ? किन्तु इसमें उसे न पाकर मैं इनके रत्नों को तोड़-फोड़ कर देख रहा हूँ कि संभवतः इनमें मेरे सर्वेश्वर की मूर्ति मिल जाय, पर अब तक तो एक रत्न में भी मेरे प्रभु की मूर्ति के दर्शन नहीं हुए। जिनमें मेरे स्वामी की त्रयतापनिवारक मूर्ति नहीं, वे तो तोड़ने और फेंकने ही योग्य हैं। इनका उपयोग ही क्या ?

महामूल्यवान् रत्नों के नष्ट होने से राक्षसराज विभीषण ने कुछ क्षुब्ध होकर पूछा,"यदि इन अनमोल रत्नों में प्रभु की झाँकी नहीं मिल रही है, तो पहाड़ जैसी आपकी इस काया में प्रभु की झाँकी होती है क्या?"

हनुमानूजी ने दृढ़ विश्वास के साथ उत्तर दिया, "निश्चय ही, मेरे प्राणनाथ प्रभु मेरे हृदय में भी विराजते हैं। और यदि वे वहाँ नहीं हैं, तब तो इस शरीर का कोई उपयोग ही नहीं। मैं इसे अवश्य नष्ट कर दूँगा। आप स्वयं देख लीजिये।" इतना कहकर भगवान् श्रीराम के अनन्य चरणानुरागी पवनकुमार ने दोनों हाथों को अपने वक्ष पर रखा और अपने तीव्रतम नखों से फाड़कर उसे दो भागों में विभक्त कर दिया। आश्चर्य ! महान् आश्चर्य !! विभीषणजी ने ही नहीं, भगवती सीताजी सहित भगवान् श्रीराम एवं समस्त सभासदों ने प्रत्यक्ष देखा, सम्मुख सिंहासन पर विराजित श्रीसीताराम की पावनतम मंजुल

मूर्ति पवनपुत्र हनुमान्जी के हृदय में भी विराज रही थी और उनके रोम-रोम से' राम-राम' की ध्वनि गूँज रही थी। लंकेश्वर को महान् पश्चाताप और ग्लानि हुई। वे हनुमान्जी के चरणों पर गिर पड़े।

समस्त सभासदों ने जयघोष किया, "भक्तराज हनुमान् की जय !" भगवान् श्रीराम भी सिंहासन से सहसा उतर पड़े और उन्होंने हनुमान्जी को अपने हृदय से लगा लिया, अन्यथा वे अपना सारा शरीर उधेड़ कर रख देते। निखिल-भुवन पावन भक्तवत्सल श्रीराम के मंगलमय करस्पर्श से उनका शरीर पूर्ववत् स्वस्थ और सुदृढ़ हो गया। राजसभा में सबने हृदय से स्वीकार किया कि हनुमान्जी भगवान् श्रीसीताराम के अनन्य भक्त एवं वाह्यान्तर श्रीराममय हैं। पवनकुमार को माता जानकी और परमप्रभु श्रीराम ही प्राणप्रिय समझते हों, या श्रीसीताराम की ही सम्पूर्ण ममता एवं स्नेह के केन्द्र हों, ऐसा नहीं; इन्हें भरत, लक्ष्मण, शत्रुघ्न, कौसल्यादि माताएँ तथा श्रीराम-चरणानुरागी सभी प्राणाधिक प्यार करते थे।

भगवान् श्रीराम की आज्ञा से वानरराज सुग्रीव जब किष्किन्धा के लिये प्रस्थित हुए, तब उन्होंने पवनपुत्र से अतिशय प्रीतिपूर्वक कहा, "पवनकुमार, तुम पुण्य की राशि हो। दयाधाम, भक्तवत्सल श्रीराम की सेवा करो। अतिशय सरल और परम उदार हनुमान्जी जीवमात्र को प्रभु के अक्षय सुख-शान्ति-निकेतन चरणकमलों में पहुँचाने के लिए व्यग्र रहते हैं। ये भगवदुन्मुख प्राणियों के अहेतुक सहायक हैं। युवराज अंगद ने प्रभु से विदा लेकर किष्किन्धा जाते समय हनुमान्जी से प्रार्थना की, "हे हनुमान्, मैं तुमसे हाथ जोड़कर कहता हूँ कि प्रभु के चरणों में अत्यन्त आदरपूर्वक प्रमाण निवेदन करना और उन्हें बार-बार मेरा स्मरण दिलाते रहना।"

प्रभु को उनके चरणोन्मुख प्राणी का स्मरण दिलाने में तो ये प्रतिपल आतुर रहते हैं। सर्वथा निश्छल, अत्यन्त सरल हनुमान्जी का तो यही स्वभाव है। हनुमान्जी सुग्रीव आदि को पहुँचाने के बाद लौटते ही अंगद के अनन्य प्रेम की प्रशंसा की, जिसे सुनकर भगवान श्रीराम प्रेम निमग्न हो गये। यह देखकर हनुमान्जी को अत्यन्त आनन्द प्राप्त हुआ। इतना ही नहीं, भरत, लक्ष्मण और शत्रुघ्न भगवान् श्रीराम के चरणों में कुछ निवेदन करना चाहते हैं, तो प्रभु के सम्मुख बोल नहीं पाते, वे हनुमान्जी का सहारा लेते हैं। हनुमान्जी के द्वारा ही उनके कार्य की सिद्धि होती है। देखिये न, तीनों भाइयों ने श्रीप्रभु के चरणों में प्रणाम किया। वे प्रभु से कुछ पूछना चाहते हैं, पर संकोचवश कुछ कह नहीं पाते। हनुमान्जी की ओर देखने लगते हैं। अन्तर्यामी प्रभु सब जान गये और वे हनुमान्जी से पूछते हैं, "कहो, हनुमान्, क्या बात है ?" हनुमान्जी ने हाथ जोड़कर कहा, "हे दीनदयाल प्रभो, सुनिये। हे नाथ, भरतजी, कुछ पूछना चाहते हैं, पर प्रश्न करने में संकोच करते हैं। इस प्रकार हनुमान्जी भरतादि भ्राताओं के सहायक तो हुए ही, वे सहज ही उनके प्रीतिभाजन भी हैं।

जहाँ भगवान् श्रीराम के नाम का जप होता है, जहाँ प्रभु के मंगलमय मधुर नाम का कीर्तन होता है, जहाँ करुणामूर्ति श्रीसीताराम की लीला-कथा एवं उनका स्मरण-चिंतन होता है, वहाँ हनुमान्जी सदा उपस्थित रहते हैं। वे भगवती श्रीसीता सहित भगवान् श्रीराम के नाम-जापक एवं उनके लीलागुण-गायक का हृदय से आभार मानते हैं। हनुमान्जी के तन में, मन में, प्राण में-यहाँ तक कि उनके रोम-रोम में व्याप्त निखिल-भुवन-पावन परम प्रभु ने लीला संवरण कर साकेत पधारते समय उन्हें आदेश प्रदान किया था, ''हरीश्वर, जब तक संसार में मेरी कथाओं का प्रचार रहे, तब तक तुम भी मेरी आज्ञा का पालन करते हुए प्रसन्नतापूर्वक विचरते रहो।''-

मत्कथाः प्रचरिष्यन्ति यावल्लोके हरीश्वर।
तावद् रमस्व सुप्रीतो मद्वाक्यमनुपालयन्।।
-वा० रा० ७/१०८/३३-३४

हनुमान्जी ने तुरन्त हाथ जोड़कर विनयपूर्वक निवेदन किया, ''भगवन्, संसार में जब तक आपकी पावन कथा का प्रचार रहेगा, तब तक आपके आदेश का पालन करता हुआ मैं इस पृथ्वी पर ही रहूँगा।''

यावत् तव कथा लोके विचरिष्यति पावनी।
तावत् स्थास्यामि मेदिन्यां तवाज्ञामनुपालयन्।।
-वा० रा० ७ / अध्याय १०८, श्लोक ३५/३६

परम प्रभु श्रीराम की आज्ञा के पालन में सतत् जागरूक रहने वाले हनुमान्जी के भाग्य की तुलना सम्भव नहीं। भगवान् श्रीराम ने एक सघन अमराई में कुछ देर विश्राम करने का विचार किया ही था कि वहाँ भरतजी ने अपना वस्त्र बिछा दिया। करुणामूर्ति श्रीराम उस पर बैठ गये और भरतादि उनकी सेवा करने लगे। उस समय पवनपुत्र हनुमान्जी उन पर पंखा झलने लगे। सजल जलदवपु परमप्रभु श्रीराम के दर्शन कर हनुमान्जी का शरीर पुलकित हो गया और उनके नेत्रों में प्रेमाश्रु भर आये।

सच्चिदानंदन प्रभु की इस झाँकी में हनुमान्जी की सेवा एवं उनके भक्तिभाव का स्मरण कर भगवान् शंकर गद्गद कंठ से जगन्माता पार्वती से कहते हैं, ''गिरिजे, हनुमान्जी के समान न तो कोई बड़भागी है और न कोई श्रीराम के चरणों का प्रेमी ही है, जिनके प्रेम और सेवा की स्वयं प्रभु ने अपने श्रीमुख से बार-बार बड़ाई की है।''

गये जहाँ सीतल अँबराई।।
भरत दीन्ह निज वसन डसाई। बैठे प्रभु सेवहिं सब भाई।।
मारुतसुत तब मारुत करई। पुलक वपुष लोचन जल भरई।।
हनूमान सम नहिं बड़भागी। नहिं कोउ रामचरन अनुरागी।।
गिरिजा जासु प्रीति सेवकाई। बार बार प्रभु निज मुख गाई।।

–रामचरितमानस, उत्तरकाण्ड, दोहा ४६, चौपाई ३-५

अध्याय १६

भावुक भक्त

भगवान् श्रीराम के अनन्य भक्त हनुमान्‌जी की माता जानकीजी के चरणों में भी अद्‌भुत श्रद्धा-भक्ति है, क्यों न हो, वे परमब्रह्म भगवान् श्रीराम की अभिन्न स्परूपा अचिन्त्य परा शक्ति हैं।

सिन्दूर-शृंगार

जगज्जननी माता सीताजी से हनुमानजी तनिक भी संकोच नहीं करते थे। जननी से संकोच भी कैसा ? बात है मंगलवार के प्रातःकाल की। माता सीताजी की माँग में सिंदूर देखकर भोले-भाले हनुमान्‌जी ने उनसे पूछा, ''माताजी, आपने यह सिंदूर क्यों लगाया है ?'' सीताजी ने हँसते हुए उत्तर दिया, ''इस लाल सिंदूर के लगाने से तुम्हारे स्वामी (भगवान् श्रीराम) की आयु-वृद्धि होती है।''

हनुमान्‌जी मन ही मन सोचने लगे, ''सिंदूर लगाने से मेरे स्वामी भगवान् श्रीराम की आयु बढ़ती है ?'' वे बहुत देर तक इस बात पर सोचते रहे। वे सहसा उठे और ढूँढ़कर अपने सर्वांग में तेल लगाया, तत्पश्चात् आपादमस्तक सिंदूर पोत लिया। सर्वांग सिंदूर रूप हो गया, जैसे उन्होंने सिंदूर में स्नान किया हो। ''मेरे इस सिंदूर-लेप से मेरे प्रभु की आयु वृद्धि हो जायेगी।'' इस हर्षोल्लास में, वे अपनी क्षुधा-पिपासा भी भूल गये। इसके पहले उन्होंने माता जानकी से कुछ कलेवा करने को माँगा था। पर वह उन्हें विस्मृत हो गया।

वे सीधे प्रभु श्रीराम की राजसभा में पहुँचे ही थे कि उन्हें इस सिंदूर पूरितांग अद्‌भुत वेश में देखकर, वहाँ जोरों का अट्टहास हुआ। स्वयं श्रीभगवान् भी मुस्करा उठे। वे हनुमान्‌जी से पूछ बैठे, ''हनुमान, आज तुमने सर्वांग में सिंदूर लेप कैसे कर लिया ?''

सरल हनुमान्‌जी ने विनम्रता से उत्तर दिया, "प्रभो, माताजी के तनिक सा सिंदूर लगाने से आपकी आयु में वृद्धि होती है, यह जानकर आपकी अत्यधिक आयु वृद्धि के लिये मैंने समूचे शरीर में सिंदूर लगाना प्रारम्भ कर दिया है।"

श्रीभगवान्‌जी हनुमान्‌जी के सरल भाव पर मुग्ध हो गये। उन्होंने घोषणा कर दी, "आज मंगलवार है। इस दिन मेरे अनन्य प्रीतिभाजन महावीर हनुमान् का जो तेल और सिंदूर से श्रृंगार करेंगे, उन्हें मेरी प्रसन्नता प्राप्त होगी और उनकी समस्त कामनाओं की पूर्ति हो जाया करेगी।" पवनात्मज ने प्रभु के दोनों चरणों को पकड़ लिया।

चुटकी बजाने की सेवा

श्री हनुमान्‌जी निरन्तर भगवान् श्रीराम की सेवा में संलग्न रहना चाहते थे। प्रभु की सेवा में ही उन्हें सुख-शान्ति का अनुभव होता था। सेवा के लिये वे प्रतिक्षण अवसर देखा करते थे। प्रभु की कोई आवश्यकता हो, प्रभु कोई भी आज्ञा प्रदान करें, उसके लिए हनुमान्‌जी सदा सजग, सावधान और तत्पर रहते थे। प्रभु की सेवा के लिये वे पृथ्वी ही नहीं, आकाश और पाताल में भी चले जाने के लिये सदैव ही कटिबद्ध रहते थे। उनकी इसी सेवावृत्ति के कारण भरतादि बन्धुओं की बात तो अलग रही, स्वयं जगज्जननी जानकी को भी प्रभु की किसी सेवा का सुयोग प्रायः नहीं मिल पाता था, इस कारण वे सभी उद्विग्न रहा करते थे।

एक दिन भरत, लक्ष्मण और शत्रुघ्न-तीनों भाई माता जानकी के पास पहुँचे। माताजी ने पूछा, "आज तीनों भाई एक साथ कैसे पधारे ?"

भरतजी ने कहा, "प्रभु की छोटी से छोटी और बड़ी से बड़ी सभी सेवा हनुमान्‌जी कर लेते हैं। हम लोगों की आंतरिक इच्छा है कि कुछ सेवा का अवसर हमें भी मिले; किन्तु हनुमान्‌जी सेवा के लिए निरन्तर हाथ जोड़े प्रभु के मुखारविन्द की ओर निहारा करते हैं। इस कारण हमें प्रभु की सेवा का कोई सुयोग नहीं मिल पाता। आपके चरणों में यही निवेदन करने हम तीनों भाई यहाँ आये हैं।"

स्वयं माताजी भी प्रभु की सेवा का सुयोग प्राप्त करने के लिये तरस रही थी। वे भी व्यग्र थीं। उन्होंने तीनों भाइयों से कहा, "आप लोंगों को भी प्रभु की सेवा का सुअवसर मिलना चाहिए, यह तो मैं भी चाहती हूँ; किन्तु हनुमान्‌जी के कारण मैं भी प्रायः प्रभु की सेवा से वंचित रह जाती हूँ। पर किया क्या जाय ? आप लोग कोई उपाय बताइये।"

गंभीर विचार-विमर्श के उपरान्त निश्चय हुआ कि, "प्रभु के शय्या त्याग से उनके पुनः शयन-काल तक की सेवा की एक तालिका बना ली जाय और उन सेवाओं को हम लोग अपने-अपने इच्छानुसार बाँट लें। उस निर्णीत सेवा की तालिका पर प्रभु के हस्ताक्षर

कराकर उस पर राजमुद्रा की छाप लगवा ली जाय। इस प्रकार हनुमान्जी स्वतः सेवानिवृत्त हो जायेंगे और हम लोगों को प्रभु की सेवा का अवसर प्राप्त होता रहेगा।" तालिका बन गयी। अब प्रभु के हस्ताक्षर का प्रश्न था। माता जानकी ने कहा, "हस्ताक्षर तो मैं करा लूँगी ?" तत्पश्चात् पूर्ण आश्वस्त होकर तीनों भाई वहाँ से चले गये। रात्रि में माता जानकी ने प्रभु से निवेदन किया, "आप इस सेवा तालिका पर हस्ताक्षर कर दें।"

प्रभु ने जिज्ञासा की, "कैसी सेवा-तालिका ?" सीताजी ने उत्तर दिया, "आपकी सेवा के लिए आपके तीनों भाइयों ने मेरी सहमति से यह तालिका तैयार की है।" प्रभु ने ध्यानपूर्वक आद्योपान्त पूरी तालिका देखी। उसमें पवनपुत्र का नाम न देखकर उन्हें षड्यन्त्र का अनुमान तो हुआ; किन्तु उन्होंने मुस्कुराते हुए उस पर हस्ताक्षर कर दिया। फिर माताजी ने कहा, "इस पर राजमुद्रा की छाप भी लग जानी चाहिये।" प्रभु ने कहा, "कल राजसभा में राजमुद्रा की छाप भी लग जायेगी।"

दूसरे दिन उस सेवा-सूची पर राजमुद्रा की छाप भी लग गयी तथा उसकी एक-एक प्रति राजसभा में वितरित कर दी गई। भरतादि बन्धुओं के साथ माताजी की इस गोष्ठी में निर्णीत प्रस्ताव से हनुमान्जी सर्वथा अपरिचित थे। वे प्रभु की सेवा के लिए आगे बढ़े ही थे कि उन्हें रोककर कहा गया, "आज से प्रभु की सेवा बाँट दी गयी है। अतएव आप इस सेवा से तो पृथक ही रहें। हनुमान्जी ने उत्सुकता से पूछा, "सेवा-वितरण का कार्य कब हुआ ?" उनकी इस जिज्ञासा की निवृत्ति के लिए उनके हाथ में राजमुद्रांकित प्रभु की सेवा-तालिका दे दी गयी। अत्यंत ध्यानपूर्वक तालिका देख लेने के पश्चात् हनुमान्जी ने कहा, "अरे इसमें तो मेरा कहीं नाम ही नहीं है ?"

हनुमान्जी को उत्तर मिला, "यह तालिका आपकी अनुपस्थिति में बनी थी। हाँ, इस तालिका के अतिरिक्त भी कोई अन्य सेवा हो तो आप उसे सहर्ष कर सकते हैं।" बुद्धिमान हनुमान्जी ने कहा, "भगवान को जँभाई आने पर चुटकी बजाने की सेवा इस तालिका में नहीं है।" लक्ष्मणजी ने कहा, "चाहें तो आप वह सेवा ले लें।"

हनुमान्जी ने प्रभु के जँभाई आने पर चुटकी बजाने की सेवा को स्वीकार करते हुए कहा, "ठीक है, पर इस तालिका की तरह मेरी सेवा पर भी प्रभु के हस्ताक्षर हो जायँ और उस पर राजमुद्रा भी अंकित कर दी जाय।"

इसमें किसी को आपत्ति नहीं थी। भक्तवत्सल प्रभु ने हनुमान्जी के सेवापत्र पर तुरन्त हस्ताक्षर कर दिया और उस पर राजमुद्रा की छाप भी लगा दी गयी। बस, हनुमान्जी तुरंत चुटकी तानकर प्रभु के सम्मुख वीरासन से बैठ गये। पता नहीं प्रभु को कब जँभाई आ जाय, इसलिए चुटकी बजाने की सेवा के लिए उन्हें सतत सावधान रहना नितान्त आवश्यक था। प्रभु उठे और सेवा परायण हनुमान्जी भी उनके साथ ही उठे। प्रभु चले और उनकी ओर मुँह किये चुटकी ताने हनुमान्जी भी बढ़े। प्रभु बैठे और हनुमान्जी भी

बैठे। हनुमान्‌जी प्रतिक्षण चुटकी ताने परम प्रभु के मुखारविन्द की ओर निहारते रहे।

भगवान् श्रीरामजी भोजन करने बैठे और हनुमान्‌जी उनके सम्मुख चुटकी तानकर बैठ गये। उन्हें अपनी सेवा की ही चिन्ता थी। यहाँ तक कि भोजन और जलपान भी प्रभु की ओर चुटकी ताने हनुमान्‌जी ने बायें हाथ से ग्रहण किया। एक क्षण के लिये भी उनकी दृष्टि प्रभु के मुखारविन्द से नहीं हटती थी।

रात्रि आयी। हनुमान्‌जी प्रभु की शय्या के सम्मुख चुटकी ताने खड़े थे। अर्द्धरात्रि व्यतीत हो गयी पर सेवाग्रगण्य हनुमान्‌जी अपनी सेवा से चूकना नहीं जानते थे। किन्तु जानकीजी की आज्ञा से उन्हें रात्रि के समय प्रभु से पृथक होना पड़ा। उन्होंने सोचा कि जँभाई आने का समय तो निश्चित है नहीं, यदि मेरे प्रभु को रात्रि में जँभाई आ जाय, तब तो मैं अपनी सेवा से वंचित रह जाऊँगा। वे प्रभु के शयनागार के समीप ऊँचे छज्जे पर बैठकर प्रभु का नाम लेते हुए चुटकी बजाने लगे और उनकी चुटकी बजती ही रही। प्रभु के परम भक्त हनुमान्‌जी प्रभु को जँभाई आने की संभावना से क्षुधा, तृषा, एवं निद्रा का परित्याग कर जब चुटकी बजाते जा रहे हैं, तब अपने वचन के अनुसार प्रभु को जँभाई भी आनी चाहिए।

फिर क्या था ? श्रीरघुनाथजी को जँभाई आने लगी। एक बार, दो बार, तीन बार, चार बार, दस बार, पचास बार नहीं, अनवरत रूप से उन्हें जँभाई पर जँभाई आने लगी। जब जँभाई लेते-लेते प्रभु थक गये, तो कष्ट से उनका मुँह खुला ही रह गया। यह दृश्य देखकर माता सीता घबड़ा गयीं। व्याकुल होकर उन्होंने माता कौशल्याजी को बुलवाया। माता कौशल्या श्रीरामजी की यह अवस्था देखकर व्याकुल होकर चिल्ला उठीं। फिर तो माता सुमित्रा, कैकेयी, भरत, लक्ष्मण, शत्रुघ्न, उनकी पत्नियाँ-सभी एकत्र हो गये। सबने देखा प्रभु श्रीराम का मुँह खुला का खुला पड़ा है। वह किसी प्रकार बन्द ही नहीं हो पा रहा है।

राज्य के प्रमुख चिकित्सक दौड़े। उन्होंने बहुमूल्य औषधियाँ दीं। किन्तु भक्तवत्सल, जगदाधार स्वामी को उन वनऔषधियों से तनिक भी लाभ नहीं हुआ। उनका मुँह खुला का खुला ही रहा। इतना ही नहीं, अधिक देर से मुँह खुला होने के कारण, नेत्रों से धीरे-धीरे आँसू भी बहने लगे। अत्यंत करुण दृश्य उपस्थित हो गया। सब के सब रोने लगे। समाचार पाकर गुरु वसिष्ठजी भी पहुँचे। प्रभु श्रीराम ने हाथ जोड़कर उनके चरणों में प्रणाम किया, किन्तु मुँह खुला होने के कारण कुछ बोल न सके। नेत्रों से आँसू बहते ही जा रहे थे। इस चिन्ताजनक करुण स्थिति में प्रभु के अनन्य सेवक हनुमान्‌जी को न देखकर वसिष्ठजी को महान् आश्चर्य हुआ। उन्होंने पूछा, "हनुमान्‌जी कहाँ हैं ?"

जानकीजी ने अत्यंत दीनतापूर्वक उत्तर दिया, "प्रभो, हनुमान्‌जी के साथ बहुत अन्याय हुआ है। उनकी सारी सेवा छीन ली गयी है। अब उन्होंने प्रभु के जँभाई आने पर

चुटकी बजाने की सेवा ली है। वे दिन भर प्रभु के सम्मुख चुटकी ताने खड़े रहते हैं और वीरासन से बैठे रहते हैं। अपनी इस सेवा के लिये उन्होंने क्षुधा, पिपासा और निद्रा का परित्याग कर दिया है। रात्रि में अत्यंत कष्ट से यहाँ से गये। वे दुःख से व्याकुल होकर कहीं रुदन कर रहे होंगे।" वसिष्ठजी हनुमान्जी के पास पहुँचने के लिये तुरन्त दौड़ पड़े। उन्होंने देखा प्रभु के शयनागार के सम्मुख ऊँचे छज्जे पर हनुमान्जी प्रभु के ध्यान में मग्न होकर उनके पवित्र नाम का कीर्तन करते जा रहे हैं और उनके दाहिने हाथ से निरंतर चुटकी बजती जा रही है। वसिष्ठजी ने उन्हें पकड़कर हिलाया, तो हनुमान्जी के नेत्र खुले। अपने सम्मुख महर्षि वसिष्ठजी के दर्शन कर हनुमान्जी ने उनके चरणों में प्रणाम किया। वसिष्ठजी के आदेशानुसार हनुमान्जी उनके पीछे-पीछे चल पड़े।

हनुमान्जी ने प्रभु का खुला मुखारविन्द एवं उनके नेत्रों से बहते आँसू देखे, तो अत्यंत व्याकुल हो गये। अधीर बज्रांगबली हनुमान्जी के नेत्रों से भी आँसू बहने लगे। चिन्ता और दुःख के कारण उनका चुटकी बजाना बन्द हो गया और चुटकी के बन्द होते ही प्रभु श्रीराम का मुखारविन्द भी बन्द हो गया। हनुमान्जी ने प्रभु के युगलचरणों में अपना मस्तक रख दिया और वे अबोध शिशु की भाँति सिसकने लगे।

माता सीताजी ने हनुमान्जी को उठाकर अतिशय स्नेह से कहा, "बेटा, हनुमान्, अब प्रभु की सारी सेवा तुम्हीं किया करो। तुम्हारी सेवा में कोई किसी प्रकार का हस्तक्षेप नहीं करेगा।" सकलगुण निधान सरलतम हनुमान्जी ने जगज्जननी जानकीजी के पावन चरणों में सिर रख दिया और अपने आँसुओं से उनका प्रक्षालन करने लगे। निखिल भुवनेश्वरी माता सीताजी का शाश्वत शांतिप्रदायक स्नेहपूर्ण करकमल स्वतः हनुमान्जी के मस्तक पर चला गया।

हनुमान्जी द्वारा नाम-जापक काशीनरेश की रक्षा

एक बार हनुमान्जी ने अपने प्रभु श्रीरघुनाथजी से अपनी माता अंजना के दर्शनार्थ जाने की आज्ञा माँगी। प्रभु ने उन्हें सहर्ष आज्ञा प्रदान कर दी। हनुमान् जी अपनी माता के दर्शनार्थ जाने वाले थे; उसी समय काशीनरेश श्रीरघुनाथजी के दर्शनार्थ आ रहे थे। मार्ग में उनसे देवर्षि नारद मिल गये। काशीनरेश ने देवर्षि के चरणों में सादर भक्तिपूर्वक प्रणाम किया।

नारदजी ने उन्हें आशीर्वाद देकर उनसे प्रश्न किया, "तुम कहाँ जा रहे हो ?" काशीनरेश ने उत्तर दिया, "प्रभो, मैं परमप्रभु श्रीराम के दर्शन के निमित्त राजसभा में जा रहा हूँ।" देवर्षि ने पूछा, "मेरा एक काम करोगे ?"

वास्तव में देवर्षि नारद श्रीहरि के मूर्तिमान मन हैं। प्रभु श्रीराम को कोई अद्भुत

लीला करनी होती है, तो वे देवर्षि नारद को निमित्त बना लेते हैं। कुतुहली नारद को एक कौतुक सूझ गया। लीलामय श्रीराम को अपने नाम का प्रताप प्रकट करना था।

काशीनरेश ने उत्तर दिया, "धरती पर ऐसा कौन पुरुष है, जो आपकी आज्ञा पालन करने के लिये न दौड़ पड़े ? आपकी आज्ञा का पालन का सुअवसर सुरों के लिए भी सौभाग्य की बात है।"

देवर्षि नारद ने कहा, "तुम राजसभा में भगवान् श्रीरामचन्द्र के चरणकमलों में श्रद्धाभक्तिपूर्वक प्रणाम तो अवश्य करना, किन्तु उन्हीं के समीप सिंहासन पर बैठे वयोवृद्ध तपस्वी विश्वामित्र की उपेक्षा कर देना। उन्हें प्रणाम मत करना।"

नरेश ने प्रश्न किया, "ऐसा क्यों भगवन् ?" नारदजी ने उत्तर दिया, "काशीनरेश, इस प्रश्न का उत्तर पीछे मिल जायेगा। इस समय नहीं।" काशीनरेश भगवान् श्रीराम की सभा में पहुँचे, तो उन्होंने भगवान् श्रीराम, महर्षि वसिष्ठजी आदि ऋषियों को प्रणाम किया, किन्तु वहीं बैठे विश्वामित्र मुनि की उपेक्षा कर दी। विश्वामित्र का यह प्रत्यक्ष अपमान था। विशेषतः यह अपमान बोध, तब अधिक होता है जब संदेह का कारण होता है। वसिष्ठजी और विश्वामित्र की प्रतिद्वन्द्विता तो जग-जाहिर थी। विश्वामित्र जी इस अपमान से तिलमिला उठे। उन्हें यह प्रतीत हुआ कि काशीराज ने उनके उपार्जित ब्रह्मर्षि पद की अवज्ञा की है। उन्हें क्षत्रिय ही मानकर उसने प्रणाम नंहीं किया। उस समय तो वे राजसभा में चुप रहे; किन्तु बाद में उन्होंने श्रीराम से कहा, "श्रीराम, तुम मर्यादा पुरुषोत्तम कहलाते हो पर तुम्हारी राजसभा में, तुम्हारी उपस्थिति में ही मर्यादा की अवहेलना हुई है।"

विश्वामित्रजी की बात सुनकर भगवान् श्रीराम ने आश्चर्य से चकित होकर पूछा, "प्रभो, मेरे रहते कब और कहाँ मर्यादा का उल्लंघन हुआ ? आप कृपापूर्वक बतलाने का कष्ट करें।"

विश्वामित्रजी ने क्षुब्ध होकर उत्तर दिया, "आज ही राजसभा में काशीनरेश ने तुम्हारे चरणों में तथा अन्य ऋषियों को तो प्रणाम किया, किन्तु उसने मेरी सर्वथा उपेक्षा कर दी। यह कदापि उचित नहीं।" मर्यादा पुरुषोत्तम भगवान् की भृकुटी रोषावेश में वक्र हो गयी। उन्होंने कहा, "प्रभो, मेरी राजसभा में, मेरे ही सम्मुख आपकी उपेक्षा ? यह तो मेरा भयानक तिरस्कार है। शासन की अवमानना है।" इतना कहकर उन्होंने अपने त्रोण से तीन बाण निकाले और प्रतिज्ञा करते हुए कहा, "इन शरों से आज संध्या के पूर्व उस अधम नरेश का वध करके, तब राम जल ग्रहण करेगा।"

श्रीरघुनाथजी के त्रोण में केवल पाँच बाण रहते हैं। तीन उन्होंने निकालकर पृथक् रख दिये, इसका बहुत बड़ा अर्थ था। सम्राट की-श्रीराम की प्रतिज्ञा का समाचार अयोध्यापुरी में तत्काल फैल गया। काशीनरेश ने यह समाचार सुना तो अत्यधिक भयाक्रांत हो गये। उनका कण्ठ शुष्क हो गया। जीवन से सर्वथा निराश हो गये। वे दौड़े-दौड़े देवर्षि

नारद के पास पहुँचे और प्रणाम करके उन्होंने सारा वृत्तान्त बतला दिया। देवर्षि नारद ने तटस्थ की भाँति उत्तर दिया, ''प्रतिज्ञा तो मैंने भी सुनी है। और श्रीराम की प्रतिज्ञा ! सर्वविदित है कि रघुकुल में प्रतिज्ञा पूर्ति के लिये प्राण तक होम कर देने में आपति नहीं होती।''

काशीराज ने रोकर कहा, ''प्रभो, मैंने तो आपके आदेश का पालन किया था। जैसे भी हो, आप मेरे प्राण बचाइये।'' नारदजी ने काशीनरेश को समझाया, ''चिन्ता की बात नहीं। मृत्यु तो निश्चित होती है। उसे कोई टाल नहीं सकता। यदि भगवान् श्रीराम के शर से प्राणपखेरू उड़ जायँ, तो निश्चय ही जीवन सफल हो जायेगा। पर तुम एक काम करो। नारदजी ने धीरे-धीरे काशीनरेश से कहा, ''तुम हनुमान्जी की माता अंजना के समीप जाकर उनके चरण पकड़ लो। जब वे चरण छुड़ाने लगें, तब तुम अपनी रक्षा के लिए उनसे वचन ले लेना। जब तक वे तीन बार तुम्हारी रक्षा के निमित्त वचन न दे दें, तब तक तुम उनके चरण पकड़े रहना। बस, तुम्हारा काम बन जायेगा।''

परमपावन देवर्षि के चरणों में प्रणाम करने की भी काशीनरेश को सुधि न रही। वे भागे-भागे अंजना के पास पहुँचे। वे बैठी हुई भगवान्राम का जाप कर रही थीं। रोते-कलपते काशिराज माता अंजना के चरणों में गिर पड़े। उनके चरणों को पकड़ कर उन्होंने कहा, ''माँ, मेरी रक्षा करो। आज सायंकाल तक एक समर्थ व्यक्ति ने मुझे मार डालने का संकल्प किया है। तुम्हारे अतिरिक्त मेरा प्राण और कोई नहीं बचा सकता । रक्षा करो, माँ रक्षा करो।'' माता अंजना ने प्रश्न किया, ''किसने और क्यों तुझे आज संध्या के पूर्व ही मार डालने का प्रण किया है ?'' माता अंजना के प्रश्न सुनकर काशिराज और उच्च स्वर से क्रंदन करने लगे और बोले, ''माँ, तुम मेरी रक्षा का वचन दे दो, अन्यथा मैं अभी तुम्हारे चरणों में ही प्राण त्याग कर दूँगा।''

वात्सल्यमयी सरल अंजना ने काशिराज को आश्वासन देते हुए कहा, ''वत्स, मेरे रहते तेरा कोई बाल भी बाँका नहीं कर सकेगा। मैं तेरी प्राण-रक्षा का वचन देती हूँ।'' फूट-फूटकर रोते हुए नरेश ने अधीर होकर पुनः प्रार्थना की, ''माँ, मुझे विश्वास नहीं हो रहा है। मेरे विश्वास के लिए तुम यही बात तीन बार कह दो।''

सरल स्नेहमयी जननी ने राजा को तीन बार आश्वासन देते हुए कहा, ''मैं तेरी प्राण रक्षा का वचन देती हूँ। तेरे प्राणों की रक्षा करूँगी !! मैं अपना प्राण देकर भी तेरे प्राण बचाऊँगी !!! अच्छा अब तो बता, तुझे मारने की प्रतिज्ञा किसने की है।''

काशिराज ने उत्तर दिया, ''भगवान् श्रीराम ने। उन्होंने आज सायंकाल तक मेरे वध की प्रतिज्ञा की है और इसके लिये उन्होंने तीन तीक्ष्ण बाण भी निकाल कर पृथक् रख लिये हैं।''

माता अंजना चिन्ता में पड़ गयीं। वे सोचने लगीं, ''श्रीराम की प्रतिज्ञा कैसे अन्यथा

हो सकती है ?" फिर उन्होंने नरेश से कहा, "पर मैंने भी तुझे वचन दे दिया है। अतः प्रयत्न तो करूँगी ही।" उसी समय हनुमान्‌जी ने वहाँ पहुँचकर अंजना को प्रणाम किया। आशीर्वाद देती हुई माता अंजना ने कहा, "बेटा, तुम ठीक समय पर आ गये। अभी-अभी मैं एक आवश्यक कार्यवश तुम्हारी चिन्ता कर ही रही थी। वह कार्य हो जाय तो मेरा मन हल्का हो जाय।" माता अंजना की बात सुनकर हनुमान्‌जी ने कहा, "माताजी, यथाशीघ्र आज्ञा प्रदान कीजिए। आपका कार्य करने के लिए मैं प्रतिक्षण प्रस्तुत हूँ।"

माता अंजना ने कहा, "पर काम तो कठिन है बेटा; इसी कारण मैं चिन्तित और व्यग्र हो गयी हूँ।" हनुमान्‌जी ने उन्हें आश्वस्त करते हुए कहा, "आपकी कृपा से आपका पुत्र विद्या-बुद्धि, बल-पौरुष और पराक्रम से ही सम्पन्न नहीं, उस पर निखिल भुवनपति श्रीरघुनाथजी की अपार करुणा की दृष्टि भी निरंतर ही रही है। आप आज्ञा प्रदान करें।"

माता ने कहा, "मेरे लाल, यह सब कुछ मैं जानती हूँ। किन्तु काम अत्यंत कठिन है, इसीलिए कहने में झिझक हो रही है किन्तु उस दुष्कर कर्म की चिन्ता भी मुझे सता रही है।"

हनुमान्‌जी ने अपनी जननी अंजना से कहा, "माताजी, आपके पवित्रतम चरणों के सम्मुख मैं एक बार नहीं, तीन बार प्रतिज्ञा करता हूँ कि आपकी आज्ञा मिलने पर काम चाहे जितना भी कठिन होगा, मैं उसे अवश्य पूर्ण कर आपकी चिन्ता दूर कर दूँगा।" उन्होंने माता अंजना के सम्मुख यों तीन बार कहा।

माता अंजना ने हनुमान्‌जी के बल, पराक्रम और उनकी मातृभक्ति की प्रशंसा करते हुए कहा, "वत्स, तुमसे मुझे यही आशा थी और ऐसा ही विश्वास भी था। बेटा, मैंने काशिनरेश को उसकी प्राण रक्षा का वचन दे दिया है। आज सायंकाल तक श्रीराम ने उसका वध करने की प्रतिज्ञा कर ली है और इसके लिए उन्होंने तीन तीक्ष्ण शर भी निकाल कर रख लिये हैं।"

माता अंजना अपने पुत्र का मुँह देखन लगीं। हनुमान्‌जी गम्भीर हो गये थे। बोले, "मेरे प्रभु, श्रीराम की प्रतिज्ञा.... ।" माता ने पुत्र को विचारमग्न देखकर कहा, "पर बेटा, मैं काशिराज को वचन दे चुकी हूँ। और तुमने मुझे तीन बार वचन भी दिया है। शरणागत की रक्षा धर्म है बेटा, और धर्मपालन तो......"

हनुमान्‌जी ने माता के चरणों में मस्तक रखकर कहा, "कुछ करूँगा ही, माँ। आज सायंकाल तक की ही अवधि है। अतएव मुझे शीघ्र जाने की अनुमति दीजिए।" माता अंजना की आज्ञा प्राप्त होते ही हनुमान्‌जी काशीनरेश के साथ अयोध्या पहुँचे। वहाँ पहुँच कर उन्होंने काशीनरेश को निर्देश देते हुए कहा, "राजन्, तुम सकल कलुषनाशिनी परमपावनी सरयू में कमर तक जल में खड़े होकर अविराम 'राम राम' का जप करते रहो।"

काशिराज ने पवनपुत्र के आदेश का पालन करना प्रारम्भ किया और उधर हनुमान्जी तुरन्त श्रीराम के पास पहुँचे। वहाँ उन्होंने भगवान् श्रीराम के चरणों में प्रणाम कर उनके दोनों चरण पकड़ लिये। वे बोले, "स्वामी, आज मैं आपसे एक वर की याचना करता हूँ।" श्रीराम भगवान् ने उत्साहपूर्वक कहा, "हनुमान् तुम्हारे लिये अदेय कुछ भी नहीं है। तुम तो कभी कुछ चाहते ही नहीं। मैं तो सदा चाहता हूँ कि मुझसे कुछ चाहो, कुछ माँगो, पर मेरी इस इच्छा की पूर्ति तुमसे नहीं हो पाती। बोलो, तुम क्या चाहते हो ?"

प्रसन्न होकर हनुमान् जी ने प्रभु का चरण सहलाते हुए कहा, "करुणामय स्वामी, भक्तवत्सल प्रभु, मैं चाहता हूँ कि आपके अमित महिमामय नाम का जप करने वाले की सदा रक्षा किया करूँ और मेरी उपस्थिति में आपके नाम-जापक पर कभी, कहीं, कोई किसी प्रकार का प्रहार न करे। यदि दुर्भाग्यवश निखिल सृष्टि का सर्वसमर्थ स्वामी भी प्रहार करे तो उसका भी प्रहार व्यर्थ सिद्ध हो जाय।"

दयामूर्ति भक्तवत्सल श्रीरामचन्द्रजी ने तुरन्त आशीर्वाद दिया, "प्रिय हनुमन्त, तुम नाम-जापक की रक्षा करने में सदा समर्थ होओगे। और तुम्हारी उपस्थिति में नाम जापक पर किया गया अमोघ प्रहार भी व्यर्थ सिद्ध होगा।"

प्रभु का आशीर्वाद सुनकर हनुमान्जी ने उच्च स्वर से 'जय श्रीराम' का उच्चारण किया और प्रभु के चरणकमलों पर मस्तक रख दिया। तत्पश्चात् वे तुरन्त सरयू तट पर पहुँचे। वहाँ वे गदा तानकर अत्यंत सावधानी से खड़े हो गये और काशीनरेश से बोले, "तुम बिना रुके निरंतर 'राम राम' की रट लगाये रहो" विचित्र स्थिति हो गयी। एक ओर सर्वाधार स्वामी श्रीरामजी की सायंकाल तक नरेश के वध की प्रतिज्ञा और दूसरी ओर अनन्य भक्त हनुमान्जी का उनकी रक्षा के लिए कटिबद्ध हो जाना। राजा सरयू जल में खड़े होकर प्राणभय से अनवरत रूप से 'राम राम' का जाप कर रहे थे और वर प्राप्त हनुमान्जी उनकी रक्षा के लिए गदा ताने खड़े थे। बात विद्युत गति सी चारों ओर व्याप्त हो गयी।

अयोध्या के समस्त बाल-वृद्ध, युवा नर-नारी कौतूहलवश आराध्य श्रीरामजी और उनके अनन्य भक्त हनुमान्जी का युद्ध देखने सरयू तट पर एकत्र हो गये। प्रभु और सेवक के प्रतिज्ञापालन का दृश्य देखने के लिये वहाँ विशाल जनसमुदाय एकत्र हो गया। सायंकाल हो चला था। यह समाचार सत्यव्रती श्रीरघुनाथजी को मिला। भगवान् श्रीराम कुपित हो गये। उन्होंने अपने प्रण का पालन करने के लिये पृथक् रखे गये तीन शरों में से एक शर उठाया और उसे अपने विशाल धनुष पर रखकर प्रत्यंचा तानकर खींची और शर छोड़ दिया। शर अत्यंत शीघ्रता से नरेश के समीप पहुँचा, किन्तु उन्हें 'राम राम' का जप करते देखकर, वह उनका मस्तक छिन्न नहीं कर सका। वह नरेश के चुप होने की प्रतीक्षा करता

रहा। किन्तु हनुमान्‌जी के द्वारा दीक्षित नरेश प्राणभय से निरंतर पूरी शक्ति लगाकर 'राम राम' जपते ही जा रहे थे। निराश होकर वाण प्रभु के पास लौट आया। उसने निवेदन किया, "प्रभो, नामजापक की सर्वत्र रक्षा के लिये आपने मारुति को वर प्रदान कर दिया है और उस पर सभी प्रहार व्यर्थ सिद्ध होने की आपकी ही वाणी है। वह राजा निरंतर आपके नाम का जप कर रहा है और बज्रांगबली हनुमान् गदा ताने उसकी रक्षा में सन्नद्ध हैं। इस कारण मैं अवश होकर लौट आया।"

यह सुनकर लीलावपुधारी श्रीराम का क्रोध बढ़ा। उन्होंने दूसरा शर धनुष पर चढ़ाकर छोड़ा। वह विद्युत-गति के समान चला और काशीनरेश का प्राण हरण करने के लिये उनके पास पहुँचा भी। किन्तु अब तो राजा हनुमान्‌जी के आदेशानुसार सीतासहित नाम 'सीताराम सीताराम' का जाप कर रहे थे। इस प्रकार दूसरे शर को भी नरेश के कंठ का स्पर्श करने का अवसर नहीं प्राप्त हुआ, विवशतः वह भी प्रभु के समीप लौट आया। उसने भी राजा के 'सीताराम सीताराम' रटने और गदाधर हनुमान्‌जी के द्वारा उनकी रक्षा का वृत्तान्त सुना दिया।

सत्यप्रतिज्ञ भगवान् श्रीराम अत्यंत क्रुद्ध हो गये। उन्होंने कहा, "मैं स्वयं सरयू-तट पर चलकर उस धृष्ट नरेश और हनुमान् को भी मार डालता हूँ।" उन्होंने अपना विशाल धनुष और तीसरा बाण लिया और तीव्र गति से सरयू तट की ओर चल पड़े।

इधर हनुमान्‌जी ने विचार किया, "प्रभु अपने मंगलमय नाम की विरद रखते हैं, भक्तों के लिए वे अपना सर्वस्व त्याग कर देते हैं। भक्त उन्हें प्राणप्रिय हैं।"

अतएव उन्होंने राजा से कहा-"अब तुम भगवती सीता और प्रभु के नाम के साथ मेरे नाम का भी जप करना प्रारंभ कर दो।" राजा 'जय सियाराम जय हनुमान' का जप करने लगे। अत्यधिक देर से जोर-जोर से रामजप करते-करते काशीनरेश थक गये और उनकी वाणी लड़खड़ाने लगी थी। वे तो मृत्युभय से अत्यंत साहसपूर्वक जैसे-तैसे नामजप चला ही रहे थे; किन्तु मातृभक्त हनुमान्‌जी भी अपने एक अंश से काशिराज के कंठ में प्रविष्ट होकर 'जय सियाराम जय जय हनुमान्' का अनवरत रूप से जाप करने लगे। क्रोधारुणलोचन श्रीराम को शरसंधान किये आते देखकर वसिष्ठजी व्याकुल हो गये। उन्होंने सोचा, "भगवान् श्रीराम की प्रतिज्ञा अन्यथा नहीं हो सकती और कहीं उन्होंने नरेश के साथ हनुमान्‌जी को भी मार डाला, तो महान अनर्थ हो जायेगा।" तब हनुमान्‌जी के समीप पहुँचकर वसिष्ठजी ने उन्हें समझाने का प्रयत्न किया, "पवनकुमार, रघुनन्दनजी तुम्हारे सर्वस्व हैं। उनकी प्रतिज्ञा पूरी हो जाने दो। दिनान्त समीप होने के कारण उनका क्रोध बढ़ता ही जा रहा है। यह राजा तो उन श्रीराम के पावन शरस्पर्श से जन्म-जरा-मरण से सदा के लिए मुक्त हो जायेगा। एक राजा के लिए अपने स्वामी के सम्मुख तनकर खड़े हो जाना तुम्हारे जैसे अनन्य सेवक के लिए कदापि उचित नहीं है।"

हनुमान्‌जी ने अत्यंत विनयपूर्वक उत्तर दिया, "गुरुदेव, मैं त्रिकाल में भी अपने सर्वसमर्थ प्रभु के सम्मुख खड़ा होने की कल्पना भी नहीं कर सकता। मैं तो अपने प्रभु के नाम और उनके वरदान की रक्षा के लिए प्राणाहुति देने के निमित्त प्रस्तुत हो गया हूँ। मेरा इससे अधिक सौभाग्य क्या होगा कि मैं अपने प्राणाधिक प्रभु श्रीराम के नाम और उनके वरदान की रक्षा में उनके ही करकमलों से छोड़े हुए उन्हीं के शराघात से शरीर त्याग कर उनमें विलीन हो जाऊँ।"

वसिष्ठजी ने देखा, "इन ज्ञानमूर्ति को विचलित करना संभव नहीं। श्रीरघुनंदनजी सरयू-तट पर पहुँचना ही चाहते हैं। महर्षि विश्वामित्र भी वहाँ पहुँचकर भगवान् और उनके अनन्य भक्त की यह लीला देखकर चकित और चिंतित हो रहे थे। तब वसिष्ठ जी ने काशीनरेश से कहा, "नरेश, तुम शीघ्र महर्षि विश्वामित्रजी के चरण पकड़ लो। वे सहज कृपालु हैं।" 'जय सियाराम जय जय हनुमान्' का जप करते हुए काशीनरेश ने दौड़कर महर्षि विश्वामित्र के दोनों चरण पकड़ लिये। उनके अश्रुओं से महर्षि के चरण आर्द्र हो गये। वे रोते हुए कहते ही जा रहे थे-'जय सियाराम जय जय हनुमान्।' महर्षि विश्वामित्र द्रवित हो गये। उन्होंने शरसंधान लिये हुए मर्यादा पुरुषोत्तम श्रीराम से कहा, "श्रीराम, काशीनरेश के अपराध का प्रायश्चित्त हो गया। मैंने इसे क्षमा कर दिया। अब तुम भी अपना अमोघ शर धनुष से उतार कर त्रोण में रख लो।"

महर्षि के संतुष्ट होते ही भगवान् श्रीराम का क्रोध स्वतः शान्त हो गया। उन्होंने अपने शस्त्रगुरु विश्वामित्रजी की आज्ञा का पालन किया। श्रीरामजी का तीसरा बाण धनुष से त्रोण में आ गया। राजा की प्राण रक्षा तो हुई ही, भगवान् के सम्मुख भक्त हनुमान् विजयी हुए। इस समाचार से माता अंजना की प्रसन्नता की सीमा न रही।

अध्याय २०

श्रीहनुमान् को तत्वोपदेश

एक दिन भगवान् श्रीराम अपने सदन में जगज्जननी सीताजी के साथ सिंहासन पर आसीन थे। हनुमान्‌जी ने उनके पाद-पद्मों में प्रणाम किया तो उन्हें बैठ जाने का संकेत हुआ। वे अंजलि बाँधकर बैठ गये। भगवान् श्रीराम के संकेत से समस्त अंतरंग सेविकाएँ भी कक्ष से बाहर चली गयीं। तब श्रीरघुनाथजी ने अम्बा की ओर देखा और उनसे कहा, ''सीते, हनुमान् को हमारा वास्तविक स्वरूप समझाओ।''

अपने प्राणाधार परम प्रियतम का आदेश प्राप्त कर उद्‌भवस्थिति संहारकारिणी जनकनन्दिनी शरणागत परम पावन आंजनेय को भगवान् श्रीराम का निश्चित तत्व समझाने लगीं, ''तुम्हारे ये स्वामी क्या हैं, कैसे हैं, मैं भी ठीक-ठीक नहीं जानती। इनके स्वरूप का वर्णन न वाणी से किया जा सकता है न मन से कल्पना में आ सकता है, और न बुद्धि द्वारा निर्णय किया जा सकता है। तुम जो कुछ देखते हो, देख सकते हो, भूत, भविष्य और वर्तमान का दृश्यमात्र मेरा विलास है। जो देखा या सुना जा सकता है, जो मन अथवा बुद्धि में आ सकता है, सब मेरी क्रीड़ा है, सब मैं ही हूँ।''

जगज्जननी सीताजी ने हनुमान् की ओर स्नेहपूर्वक देखकर कहा, ''वत्स, यद्यपि मैं अपने इन आराध्य देव से अभिन्न इनकी शक्ति हूँ। किन्तु इन्हीं के समान मैं भी मन, वाणी एवं बुद्धि आदि का विषय नहीं हूँ। मैं ही पराविद्या योगमाया हूँ। माया अथवा प्रकृति मेरा विलास है। स्वामी को सच्चिदानंद मेरे कारण कहा जाता है। मैं चिच्छक्ति हूँ, मैं आनन्दात्मा हूँ। इसी से मुझे सन्धिनी, संवित् और आह्लादिनी कहते हैं। मेरी सत्ता की छाया तमोगुण, रजोगुण, सत्वगुण होकर प्रकृति को त्रिगुणात्मक स्वरूप प्रदान करती है।''

हनुमान्‌जी सीताजी के मुख को अपलक देख रहे थे। वे कह रही थीं, ''सीता जीव को प्रभु के पादपद्मों में पहुँचाने वाली पराशक्ति है, यही जगत्पालिका महालक्ष्मी, जगत्कर्तृ महासरस्वती और प्रलयंकारी महाकालिका है। ब्रह्मांडों में ब्रह्मा, विष्णु, रुद्र इससे शक्ति प्राप्त, इसी की संतान हैं। यही योगमाया है और इसकी छाया है वह माया, जो अनन्त कोटि ब्रह्माण्डों की इन मेरे अद्वितीय स्वापी में प्रतीति करा रही है। जीव अनन्तकाल से

माया की गोद में सोया है और जगत् का जन्म-मरण का स्वप्न देख रहा है। उसे परमात्मा की अभिन्न पराशक्ति, मैं ही जाग्रत कर सकती हूँ, करती हूँ।

"हनुमान्, तुम्हारे ये स्वामी रघुनंदन मन, बुद्धि और वाणी से परे हैं। ये अद्वितीय हैं, अतः अविकारी, निष्क्रिय और परिपूर्ण हैं। इनका यह श्रीविग्रह भी मेरा विलास है। मेरे आश्रय से ये साकार हैं। इनका निर्गुण-सगुण उभय स्वरूप, इनके अनंत नित्यधाम सब मेरा विलास है। इनकी यह अवतार लीला, यह अयोध्या में आविर्भाव, मिथिला में मेरा पाणिग्रहण, वनयात्रा, मेरा अपहरण, लंका का युद्ध, दशग्रीव-वध और यह राज्य संचालन-सब मेरी क्रिया है। इन अक्रिय परिपूर्ण में यह आनन्दोल्लास लहरिका जीवों के कल्याण के निमित्त मैंने उठाई है। मैं अभी क्रीड़ालगा हूँ। अत्यंत अप्रिय भी मेरी क्रीडा़ हो सकती है। केवल आनन्ददात्री ही मैं नहीं हूँ। विषाद की वह्नि-ज्वाला भी मैं जगाती हूँ। पर प्रचंड परिताप के बिना पूर्ण परिशोधन सम्यक् परिपाक नहीं हुआ करता।"

"पवनपुत्र, मुझे संसार की उत्पत्ति, स्थिति और अंत करने वाली मूल प्रकृति जानो। मैं ही निरालस्य होकर इनकी सन्निधिमात्र से इस विश्व की रचना किया करती हूँ। तो भी इनकी सन्निधि मात्र से की हुई मेरी रचना को बुद्धिहीन लोग इनमें आरोपित कर लेते हैं। ये श्रीराम तो वास्तव में न तो चलते हैं, न ठहरते हैं, न शोक करते हैं, न इच्छा करते हैं, न त्यागते हैं और न कोई अन्य क्रिया ही करते हैं। ये आनन्दस्वरूप और परिणामहीन हैं, केवल माया के गुणों का आश्रय लेने के कारण ही, ये वैसे प्रतीत होते हैं।"

भगवान् श्रीराम द्वारा उपदेश

इसके अनन्तर भक्तप्राणधन लोकपति श्रीराम अपने अनन्य भक्त पवनकुमार को स्वयं उपदेश देने लगे, "पवनपुत्र, मैं तुम्हें आत्मा, अनात्मा और परमात्मा का तत्व बताता हूँ, इस तत्व को सावधान होकर सुनो। जलाशय में आकाश के तीन भेद स्पष्ट दिखाई देते हैं-एक महाकाश, दूसरा जलावच्छिन्न आकाश और तीसरा प्रतिबिम्बाकाश। जैसे आकाश में ये तीन बड़े-बड़े भेद दिखाई देते हैं, उसी प्रकार चेतन भी तीन प्रकार का है-एक तो बुद्ध्यवच्छिन्न चेतन जो बुद्धि में व्याप्त है, दूसरा जो सर्वत्र परिपूर्ण है और तीसरा जो बुद्धि में प्रतिबिम्बित होता है, जिसे आभास चेतन कहते हैं। इनमें से केवल आभास चेतन के सहित बुद्धि में ही कर्तृत्व है अर्थात् चिदाभास के सहित बुद्धि ही सब कार्य करती है किन्तु अज्ञजन भ्रांतिवश निरवच्छिन्न, निराकार, निर्विकार साक्षी आत्मा में कर्तृत्व और जीवत्व का आरोप करते हैं, अर्थात् उसे ही कर्ता, भोक्ता मान लेते हैं। हमने जिसे जीव कहा है, उसमें आभास चेतना तो मिथ्या है, क्योंकि सभी आभास मिथ्या ही हुआ करते हैं। बुद्धि

अविद्या का कार्य है और परब्रह्म परमात्मा वास्तव में विच्छेदरहित है, अतः उसका विच्छेद भी विकल्प से ही माना हुआ है। इसी प्रकार उपाधियों का बाध करते हुए सायास अहंरूप अविच्छिन्न चेतन (जीव) की 'तत्वमसि' (वह तू है) आदि महावाक्यों द्वारा पूर्ण चेतन (ब्रह्म) के साथ एकता स्थापित की जाती है। जब महावाक्य द्वारा इस प्रकार जीवात्मा और परमात्मा की एकता का ज्ञान प्राप्त हो जाता है, उस समय अपने कार्यों के सहित अविद्या नष्ट हो जाती है-इसमें कोई सन्देह नहीं।

"हनुमान्, मेरा भक्त इस उपर्युक्त तत्व को समझकर मेरे स्वरूप को प्राप्त होने का पात्र हो जाता है। पर जो लोग मेरी भक्ति को छोड़कर शास्त्ररूप गड्ढे में पड़े भटकते रहते हैं, उन्हें सौ जन्म तक भी न ज्ञान होता है और न मोक्ष प्राप्त होता है। हे अनघ, यह परम रहस्य मुझ आत्मस्वरूप श्रीराम का हृदय है और साक्षात् मैंने ही तुम्हें सुनाया है। यदि तुम्हें इन्द्रलोक के राज्य से भी अधिक सम्पत्ति मिले, तो भी तुम मेरी भक्ति से हीन किसी दुष्ट पुरुष को मत सुनाना।"

(अध्यात्म रामायण १/१/५४-५६)

परम कृतार्थ भक्तराज हनुमान् ने अपने परमाराध्य प्राणधन सीतावल्लभ श्रीराम के चरणों पर अपना मस्तक रख दिया और भक्तवांछाकल्पतरु प्रभु राघवेन्द्र का त्रैलोक्यपावन स्नेहमय करकमल सहज ही उनके सिर को सहलाने लगा।

तत्पश्चात् भगवान् श्रीराम ने हनुमान्जी से फिर कहना प्रारंभ किया, "प्रभंजन-पुत्र, तुम स्वयं साक्षात् वैराग्य हो। प्रबुद्ध विवेकोद्भव सम्यक् वैराग्य सम्पन्न हुए बिना यदि आत्मविद्या प्राप्त भी हो जाय, तो वह अनर्थकारिणी ही होती है; क्योंकि देहासक्त-इन्द्रिय-योगासक्त की बुद्धि में जो ज्ञानाभास आता है, वह उसे देहात्मवादी बनाकर अधःपतित कर देता है।"

सीताजी की ओर संकेत करते हुए प्रभु श्रीराम ने कहा,"इस सृष्टि में इनके अनुग्रह के बिना कोई पराविद्या प्राप्त करके मुक्त नहीं हुआ करता। अतः इनका-इन भक्तिदेवी की अनुग्रह-प्राप्ति आवश्यक है। इनका अनुग्रह ही मेरा अनुग्रह है। हम दोनों अभिन्न हैं, आकार चाहे दो भले ही हों। भक्ति से श्रद्धैक-गम्य सगुण ब्रह्म की उपलब्धि होती है। भक्ति में ही सगुण के अनुग्रह की उपलब्धि करके निर्गुण स्वरूप का भी बोध हो जाता है। राम नित्य, निर्गुण, निरंजन, निर्विकार, अद्वितीय, चिन्मात्र हैं। किन्तु जब किसी की श्रद्धा समन्वित प्रीति-किसी व्यक्ति की-भक्त की प्रीति इसमें प्रतिफलित होती है, तो उसकी श्रद्धा-उसके भाव के अनुरूप राम सगुण साकार हो जाता है। यह श्रद्धा क्योंकि नित्य है, राम नित्य सगुण साकार हैं निर्गुण निराकार रहते भी। श्रद्धा-ये भागवती भक्ति सीता राम से नित्य अभिन्न हैं।

"जीव श्रद्धा समन्वित विवेक के द्वारा वैराग्य करके बोध का अधिकारी होता है। यह ब्रह्मात्मैक्य-बोध उसके अविद्यान्धकार को दूर कर निर्गुण, निरंजन अद्वितीय तत्व से एक कर देता है। यह कैवल्य प्राप्त करता है। जीव श्रद्धा समन्वित प्रीति का प्रश्रय प्राप्त करके मेरे सगुण साकार का प्रीतिभाजन बनता है। वह मेरे अनुग्रह से मेरे नित्यधाम में अपने परिकर रूप को पहचान लेता है। यह उसका अपने स्वरूप का ज्ञान भी उसके अविद्यान्धकार का नाश कर देता है। उसके प्राकृत नाम-रूप के मोह का समूलोन्मूलन कर देता है। अतः उसका कर्मपरवश परिभ्रमण समाप्त हो जाता है। वह माया के मण्डल से जन्म-मरण से मुक्त होकर मेरे नित्यधाम में मेरा शाश्वत सान्निध्य प्राप्त कर लेता है।"

हनुमान् अपने शरीर की सुधि भूलकर प्रभुश्री के तत्वोपदेश को बड़ी ही तन्मयता से सुन रहे थे। इस उपदेश के अनन्तर दूसरे दिन प्रातःकाल जब हनुमान्जी ने श्रीराम के चरणों में प्रणाम किया, तो उन्होंने प्रश्न किया, "तुम कौन हो ? तुम्हारा स्वरूप क्या है ?"

तत्वोपदेश के उपरान्त हनुमान्जी की अनुभूति-व्याख्या

प्रश्न पूछने के पश्चात् हनुमान्जी ने प्रभु के वदनारविन्द की ओर देखा, तो उन्हें पता लगा कि उस पर विनोदमयी मुस्कान थिरक रही है। अम्बा सीताजी भी उन्हें सस्मित सनेह देख रही थीं। हनुमान्जी तुरन्त समझ गये कि, "मेरे इन परमाश्रय परम गुरु-युगल ने जो कल पराविद्या का पाठ पढ़ाया है, उसकी परीक्षा ले रहे हैं। शिक्षक शिष्य से प्रश्न किये बिना कैसे जानेगा कि उसने उपदेश का कितना अंश हृदयंगम किया है।"

हनुमान्जी ने सविनय अपनी अनुभूति इस प्रकार बतलानी प्रारंभ की, "प्रभो, आपके कृपा प्रसाद से ही मैं अपनी अनुभूति का वर्णन संक्षेप में इस प्रकार कर रहा हूँ-

देह दृष्ट्या तु दासोऽहं जीव दृष्ट्या त्वदंशकः।
वस्तुतस्तु त्वमेवाहं इति मे निश्चिता मतिः।।

"यह शरीर समष्टि का अंग है। इसका एक कण भी व्यक्ति का अपना नहीं है। इसमें जो भी पृथ्वी, जल, अग्नि, वायु, आकाश है वह प्रतिक्षण परिवर्तित हो रहा है। इसका अणु-अणु कुछ दिनों में नूतन हो जाता है। जैसे श्वास किसी की भी नहीं है। एक शरीर की श्वास दूसरे किसी के भीतर जाने को स्वतंत्र है, वैसे ही पृथ्वी, जलादि भी प्रतिक्षण परिवर्तित हो रहे हैं। पार्थिव शरीरधारी प्राणी का आकार ही पृथक् है। शरीरों के पदार्थ-तत्व तो अनुक्षण आ रहे हैं, जा रहे हैं।

''केवल प्रभु का श्रीविग्रह-सगुण साकार परमात्मा का स्वरूप चिन्मय है। यह अवतार शरीर हो अथवा नित्य-धामस्थ, केवल यही अपार्थिव अथच चिन्मय है। यही ध्येय है, यही स्मरणीय है, आराध्य है।

''व्यक्ति का शरीर-वह कोई भी हो, कैसा भी हो, कितना बड़ा महापुरुष हो; किन्तु शरीर तो महापुरुष होता नहीं। हाँ, अवतारों का शरीर पंचभौतिक नहीं होता है, वह दिव्य होता है। वह केवल देखने भर को प्रतीत होता है। वह प्रकट होता है और अपना उद्देश्य पूर्ण कर तिरोहित हो जाता है। अज्ञजन इसके रहस्य को नहीं समझ सकते। अतएव प्रभु का श्रीविग्रह-सगुण साकार परमात्मा का स्वरूप चिन्मय और दिव्य है। सामान्य व्यक्तियों का शरीर समष्टि संचालक का यंत्र मात्र है। समष्टि संचालक का दास है-नित्य दास है देहसृष्टि के संचालक का।

''देह की सृष्टि से सर्वेश्वर के सब दास हैं, देह का पालन-पोषण, देह की सब दशा एवं क्रिया उस सर्व-संचालक की इच्छा पर निर्भर है। अतएव न केवल देहासक्त, मुक्तात्मा महापुरुष का भी देह तो इस सृष्टि के संचालक का दास ही है। इस सत्य को, आस्तिक भाव को स्वीकार करना है।

''जीव का अर्थ ही है चिदाभास। त्रिगुणात्मक अंतःकरण में जो अंतर्यामी चेतन का प्रतिबिम्ब पड़ रहा है, वह जीव है। जीव, अर्थात् जन्म-मरण को अपने में स्वीकार करके एक से दूसरे शरीर में आने-जाने वाला, एक लोक से लोकान्तर में आने-जाने वाला होता है।

''बहुत स्पष्ट शब्दों में कहूँ तो मन, बुद्धि, चित्त, अहंकार, समन्वित अंतःकरण,पंच कर्मेन्द्रियाँ, पंच ज्ञानेन्द्रिय, पंच तन्मात्राएँ-शब्द, स्पर्श, रूप, रस, गंध-इन उन्नीस तत्वों का पुंजीभाव सूक्ष्म शरीर व्यापक चेतन का प्रतिबिम्ब ग्रहण करके उस चिदाभास से युक्त जीव बन गया है। सूक्ष्म शरीर से परिच्छिन्न, प्रति शरीर पृथक्-पृथक् स्थित यह जीव क्या है ? जिसका प्रतिबिम्ब है, उसके अंश के अतिरिक्त इसकी स्वतंत्र सत्ता क्या है ?''

''जब कोई व्यक्ति अपने नाम रूप के पृथकत्व को स्मरण करता है-दूसरी कोई वासना न हो, तब भी वह उस समय जीव होता है। जैसे शरीर का प्रत्येक अंग पूरे शरीर का अंश है, प्रत्येक शरीर विराट् का अंश है और शरीरस्थ चेतन विराट् के संचालक ईश्वर का अंश है। इसे भी सबको स्वीकार करना है।''

''अब वस्तु सत्य ? वस्तु सत्य दो नहीं हो सकता। मेरे स्वामी श्रीरघुनाथजी अद्वितीय हैं, सर्वव्यापक हैं, तो उनसे पृथक् मेरी सत्ता संभव ही नहीं है। ऐसी अवस्था में 'त्वमे वेदं सर्वम्' सिर झुकाकर कहते समय कहना पड़ता है-'नाऽहं न मे।' इसका फलितार्थ हुआ-'सकलमिदमहं च वासुदेवः।' प्रभो, इस प्रकार अध्यात्म तत्व के सम्बन्ध में मेरी यही अनुभूति है।'' आत्मानुभूति-विषयक हनुमान्जी की इस व्याख्या से प्रभु श्रीराम पूर्ण संतुष्ट हुए। अंबा सीताजी ने भी अपना संतोष प्रकट किया।

अध्याय २१

श्रीरामाश्वमेध के अश्व के साथ

धर्म के साक्षात् विग्रह महामुनि अगस्त्यजी की सत्प्रेरणा से भगवान् श्रीराम ने अश्वमेध-यज्ञ करने का संकल्प किया। महर्षि वसिष्ठ जी ने अत्यंत पुष्ट, अरुणमुख, पीताभ-पुच्छ, अत्यंत शुभ्र श्यामकर्ण, परम सुन्दर एवं समस्त शुभ लक्षणों से सम्पन्न अश्व का सविधि पूजन करवाया। तदुपरान्त उन्होंने अश्व के चंदन चर्चित, कुंकुम आदि गंधों से युक्त उज्ज्वल ललाट पर अत्यंत चमकता हुआ स्वर्णपत्र बाँध दिया। उस पर राजाधिराज भगवान् श्रीराम के यशोगान के साथ अश्व को छोड़ने का उद्देश्य अंकित था-"जिन नरेशों के मन में हमसे अधिक शक्ति का अभिमान हो, वे इस रत्नालंकारों से विभूषित अश्व को पकड़ने का साहस करें। हम उनके हाथ से इस अश्व को बलात् छुड़ा लेंगे।"

अश्व की रक्षा में जो सेना नियुक्त हुई, उसके अधिपति मनोनीत हुए श्रीशत्रुघ्न कुमार, किन्तु श्रीरघुनाथजी ने अश्व के साथ हनुमान्‌जी को भेजते हुए आदेश किया, "पवन पुत्र हनुमान्, तुम्हारे पराक्रम और प्रसाद से ही मैंने बड़े-बड़े दुष्कर कार्य किये हैं। राम अश्वमेध-यज्ञ करने का साहस भी तुम्हारे अप्रमत्त पौरुष के भरोसे कर सका है। अतः तुम अश्व के साथ सम्पूर्ण सेना के संरक्षक होकर जाओ। मेरी ही भाँति मेरे सबसे छोटे भाई शत्रुघ्न की सुरक्षा के प्रति सतर्क रहना। शत्रुघ्न की बुद्धि कठिन अवसर पर विचलित हो सकती है, किन्तु जहाँ अवसर उपस्थित हो, समझा कर उन्हें कर्तव्य ज्ञान कराना। यह केवल तुम्हीं कर सकते हो। राम अपना अत्यंत प्रिय अनुज तुम्हें सौंपता है।"

अपने परम प्रभु भगवान् श्रीराम की आज्ञा पाते ही समरप्रिय अंजनानंदन पुलकित हो गये। अश्व-रक्षण में सब वानर यूथप भी सम्मिलित थे। ऋक्षराज जाम्बवन्त, वानरेन्द्र सुग्रीव, राक्षसाधिपति विभीषण, युवराज अंगद, नल-नील आदि सब सदल श्रीअयोध्यानाथ के अश्वमेध-यज्ञ का आमंत्रण प्राप्त करके आ गये थे। सब के सब अश्वरक्षक सेना में सम्मिलित हो गये। हनुमान्‌जी ने यात्रा के लिये उद्यत होकर अपने आराध्य के लोकपावन

चरणों में अत्यंत श्रद्धा और भक्तिपूर्वक प्रणाम किया।

भगवान् श्रीराम की अजेय चतुरंगिणी सेना का सर्वत्र सादर अभिनंदन और स्वागत होता था। यद्यपि अधिकांश स्थानों पर उन सर्वेश को सार्वभौम सम्राट स्वीकार करके राजाओं ने अश्व को अर्घ्य दिया, सेना-सहित कुमार शत्रुघ्न एवं भरत-कुमार पुष्कल का सत्कार किया। किन्तु अश्व को अवरुद्ध करने वाले भी थे और वे उपेक्षणीय नहीं थे। उनमें से अनेक अत्यंत सात्विक मानधनी भी थे और कुछ अद्‌भुत भक्त भी थे।

महर्षि च्यवन की प्रसन्नता और अयोध्या गमन

श्रीरामानुज शत्रुघ्न, भरतकुमार पुष्कल तथा पवनकुमार के दर्शन कर राजे-महाराजे अपना जीवन सफल समझते थे। कपिश्रेष्ठ हनुमान् के साथ शत्रुघ्न तथा भरतनंदन पुष्कल अपने समस्त वीरों के साथ भाँति-भाँति के आश्रम देखते तथा वहाँ जगतपावन श्रीरघुनाथजी के गुणगान सुनते हुए यात्रा कर रहे थे। उस समय उन्हें चतुर्दिक मुनियों की यह कल्याणकारी वाणी सुनायी पड़ती थी, "यज्ञ का अश्व चला जा रहा है, जो श्रीहरि के अंशावतार श्रीशत्रुघ्न जी के द्वारा सब ओर से सुरक्षित है। भगवान का अनुसरण करने वाले वानर तथा भगवद्‌भक्त भी उसकी रक्षा कर रहे हैं।"

निरंतर तपस्या और योगबल से सम्पन्न महर्षि च्यवन के पावनतम आश्रम में शत्रुघ्नादि पहुँचे। वैरशून्य जन्तुओं से भरा हुआ वह आश्रम सिद्ध तपस्वियों से सुशोभित था। शत्रुघ्न ने तपस्या के मूर्तिमान स्वरूप महर्षि च्यवन के सम्मुख अत्यंत विनयपूर्वक अपना परिचय देते हुए उनके चरणों में प्रणाम किया। महर्षि च्यवन ने शत्रुघ्न को यशस्वी होने का आशीर्वाद प्रदान करते हुए समीपस्थ मुनियों से कहा, "ब्रह्मर्षियों, यह आश्चर्य की बात देखो जिनके नाम का स्मरण और कीर्तन आदि मनुष्य के समस्त पापों का नाश कर देते हैं, महान पातकी और परस्त्री-लंपट पुरुष भी जिनका नाम स्मरण करके आनन्दपूर्वक परमगति को प्राप्त कर लेते हैं, वे भगवान् श्रीराम भी यज्ञ करने वाले हैं। आज मुझे अपनी तपस्या का फल प्राप्त हुआ है, क्योंकि अब मैं उन निखिल सृष्टिपति परम करुणामय प्रभु श्रीराम के अनूप रूप का दर्शन प्राप्त करूँगा। उनके पावन चरणों की रज से अपने शरीर को तथा उनकी अत्यंत विचित्र कर्ताओं का वर्णन कर अपनी वाणी को पवित्र कर लूँगा।"

इतना कहकर वे गद्‌गद स्वर में प्रार्थना करने लगे-"हे श्रीरामचन्द्र, हे रघुनन्दन, हे धर्ममूर्ति, हे भक्तवांच्छाकल्पतरु, करुणामय प्रभो, आप अपने पावनतम चरणकमलों की रज प्रदान कर मेरा संसार-सागर से उद्धार कर दीजिये।"

सुमित्रानंदन शत्रुघ्न ने अत्यंत विनीत वाणी में च्यवन ऋषि से निवेदन किया,

"मुनिराज, निश्चय ही सर्वपूज्य श्रीरघुनाथजी परम भाग्यशाली हैं, जो आप जैसे तपस्वियों के हृदय में निवास करते हैं। ऋषिवर, आप अपने चरणकमलों की पवित्र धूलि से हमारे यज्ञ को पवित्र करने की कृपा करें।" शत्रुघ्न के वचन सुनकर महर्षि च्यवन सपरिवार अयोध्या के लिये प्रस्थित हुए। उन्हें पैदल यात्रा करते देखकर पवनकुमार ने अत्यंत विनीत वाणी में कहा, "स्वामिन्, यदि आप आज्ञा प्रदान करें, तो मैं इन श्रीरामभक्त महर्षि को अपनी पुरी पहुँचा आऊँ।"

श्रीरामानुज ने उत्तर दिया, "हाँ, आप इन्हें अवश्य पहुँचा आइये।" बस, यह सुनकर परम पराक्रमी हनुमान्जी ने परिवार सहित महर्षि च्यवन को अपनी पीठ पर बैठाकर तुरंत अयोध्या पहुँचा दिया। हनुमान्जी के इस अलौकिक कर्म से महर्षि अत्यंत प्रसन्न हुए। समर्थ महर्षि का सहज आशीर्वाद मारुतात्मज ने प्राप्त कर लिया।

चक्रांका नगरी के राजा सुबाहु पर कृपा

भगवान् श्रीराम के अश्वमेध-यज्ञ के अश्व के साथ शत्रुघ्नजी की सायुध चतुरंगिणी सेना चक्रांका नगरी के समीप पहुँची। उस सुन्दर और सम्पन्न नगरी के नरेश धर्मात्मा सुबाहु थे। एक पत्नीव्रती महाराजा सुबाहु, सद्गुणी, प्रजापालक, परम पराक्रमी, अनुपम योद्धा तो थे ही, क्षीरशायी लक्ष्मीपति श्री विष्णुजी के अनन्य भक्त भी थे। वे दयामय विष्णुजी की मधुर-मनोहर लीला-कथा के अतिरिक्त अन्य वार्ता सुनना भी नहीं चाहते थे। वे महान राजा स्वधर्म पालन में सतत् तत्पर रहते थे।

आखेट के लिये निकले हुए राजा सुबाहु के वीराग्रणी पुत्र दमन की दृष्टि उस अश्व पर पड़ी। बस, वीरवर दमन ने अश्व को पकड़ लिया। शत्रुघ्न की विशाल वीर-वाहिनी के साथ राजकुमार दमन का भयंकर संग्राम हुआ। सुबाहुनंदन दमन के प्रबल पराक्रम एवं युद्धकौशल को देखकर शत्रुघ्न की सेना चकित हो गयी। शत्रुघ्न की सेना का भीषण संहार हुआ। किन्तु भरतनंदन पुष्कल के साथ भयानक युद्ध में वीरता के सजीव विग्रह दमन मूर्छित हो गये।

तत्पश्चात् वीराग्रणी राजा सुबाहु स्वयं सुवर्णभूषित रथ पर आरूढ़ होकर निकले। महायुद्ध में प्रवीण राजा सुबाहु के भाई राजा सुकेतु और युद्धकला में निपुण चित्रांग और विचित्र भी अपने-अपने आयुध धारण कर युद्ध क्षेत्र में उपस्थित हुए। राजा सुबाहु ने अपने वीर पुत्र दमन को रथ में बैठाकर अपनी सेना क्रौंचव्यूह में खड़ी कर दी। उसके मुख के स्थान पर सुकेतु और कंठ की जगह चित्रांग सावधान होकर खड़े हो गये। पंखों के स्थान पर नरेश के वीर पुत्र दमन और विचित्र डट गये। स्वयं राजा सुबाहु पुछ भाग में स्थित थे।

अत्यंत भयानक युद्ध छिड़ गया। अतुल पराक्रमशाली राजकुमार चित्रांग और भरतपुत्र पुष्कल एक-दूसरे को पराजित करने का पूर्ण प्रयत्न करने लगे। राजकुमार चित्रांग की वीरता और शस्त्र कौशल से वीरवर पुष्कल अत्यंत चकित थे। किन्तु पुष्कल के तीक्ष्णतम शर से सुबाहु पुत्र चित्रांग का किरीट और कुण्डलों सहित मस्तक कटकर पृथ्वी पर गिर पड़ा।

क्षात्रधर्म का पालन करते हुए वीरवर चित्रांग के स्वर्ग प्रयाण से राजा सुबाहु के भाई, उनके पुत्र, सशस्त्र सैनिक अतिशय क्रुद्ध होकर भयानक युद्ध करने लगे। स्वयं परम पराक्रमी श्रेष्ठ वीर धर्मात्मा सुबाहु भीषण युद्ध में तत्पर हो गये। उनके महान् संहार से पार्श्वभाग की रक्षा करने वाले अतुलित बलशाली बज्रांग हनुमान् उनकी ओर दौड़े।

हनुमान्‌जी और राजा सुबाहु का भयंकर युद्ध

नखायुद्ध महावीर पवनपुत्र मेघ की भाँति विकट गर्जना करने लगे। महाराज सुबाहु ने अपने सम्मुख समरप्रिय अंजनानंदन को देखते ही उन पर तीक्ष्णतम दस शरों से प्रहार किया। किन्तु महाशक्तिशाली वीरपुंगव हनुमान् ने उन शरों को हाथ से पकड़कर उन्हें टुकड़े-टुकड़े कर फेंक दिये और तुरन्त राजा सुबाहु को रथ सहित अपनी लंबी पूँछ में लपेट लिया। हनुमान्‌जी को रथ लेकर जाते देखकर महाराजा सुबाहु उन पर बड़े वेग से तीक्ष्ण शरों की वर्षा करने लगे। उनके अंग-प्रत्यंग राजा सुबाहु के शरों से बिद्ध हो रहे थे और उनकी स्वर्ण तुल्य विशाल देह पर जपा (गोड़हर) के तुल्य लाल-लाल रक्तकण शोभा दे रहे थे।

धर्मप्राण सुबाहु की इस धर्ममय अर्चना से मुदित होकर भगवान् श्रीराम के अनन्य भक्त भक्तोद्धारक हनुमान् बड़े वेग से उछले और उन्होंने उत्तम योद्धाओं से परिवेष्टित परम भाग्यवान् राजा सुबाहु के विशाल वक्ष पर अपने चरणों से प्रहार किया। राजा सुबाहु उसे नहीं सहन कर सके। वे मुख से रक्तवमन करते हुए धरती पर गिरकर मूर्च्छित हो गये।

हनुमान्‌जी के लोक पावन चरण स्पर्श से तत्क्षण चमत्कार हुआ। मूर्च्छितावस्था में अमित धर्मानुरागी, परम वैष्णव, वीर पुंगव नरेश सुबाहु ने देखा,-''परम पावन साकेत। वहाँ पुनीत सरयू के सुरम्य तट पर यज्ञ करने वाले कौसल्यानंदन श्रीरामचन्द्रजी श्रेष्ठ ब्राह्मणों से घिरे विराजमान हैं। चतुर्मुख ब्रह्मादि देवगण तथा कोटि-कोटि ब्रह्माण्डों के प्राणी उन पद्‌मपत्रलोचन प्रभु के सम्मुख खड़े होकर श्रद्धा-भक्तिपूर्वक स्तवन कर रहे हैं। नवनीरदवपु कमललोचन श्रीराम ने अपने हाथ में मृग का सींग धारण कर रखा है। नारद आदि देवर्षिगण वीणादि की मधुर ध्वनि पर दयामय श्रीराम का सुयश गान कर रहे हैं।

चारों वेद मूर्तिमान होकर सीतापति श्रीराम की उपासना कर रहे हैं। निखिल सृष्टि में सुन्दरतम श्रेष्ठतम वस्तुओं को प्रदान करने वाले पूर्ण ब्रह्म भगवान् श्रीराम ही हैं।"

मूर्च्छा के अनन्तर सुबाहु की प्रत्याक्षानुभूति

कृतार्थ जीवन राजा सुबाहु की मूर्च्छा दूर हुई तो उनके नेत्रों में आनन्दमय प्रेमाश्रु बहने लगे। उन्होंने तुरंत अपने भाई और पुत्रों को युद्ध बंद करने का संकेत किया। उन्होंने सबको बतलाना प्रारंभ किया, "आज हमारा पुण्यमय दिवस है। आज ही हमारा सौभाग्य-सूर्य उदित हुआ है। प्राचीन काल की बात है । मैं तत्वज्ञान प्राप्ति की इच्छा से तीर्थों में भ्रमण कर रहा था। सौभाग्यवश मैं असितांग मुनि की सेवा में पहुँच गया। वे वीतराग महात्मा मुझे दशरथनंदन श्रीराम को परम ब्रह्म परमात्मा एवं उनकी हृदयाधिकारिणी विदेहजा को चिन्मयी शक्ति का मूर्तिमान् विग्रह बताने लगे। संसार-सागर से तरने के लिये उन्हें श्रीसीताराम की उपासना का उपदेश देने लगे। किन्तु मुझे उनके वचनों पर विश्वास नहीं हुआ। मेरा सहज सन्देह था-"अजन्मा का जन्म कैसे ? अकर्ता का संसार में आने का प्रयोजन क्या ?"

मेरी इस आशंका से महर्षि ने कुपित होकर मुझे शाप दे दिया, "नीच, तू रघुनाथजी के यथार्थ स्वरूप को नहीं जानता। फिर भी वाद-प्रतिवाद और तर्क कुतर्क कर रहा है। उन्हें साधारण मनुष्य बतला कर उनका उपहास कर रहा है। इस कारण तू तत्वज्ञान तो प्राप्त ही नहीं कर सकेगा।" महामुनि के शाप भय से भयभीत होकर मैंने उनके चरण पकड़ लिये। मुझे रोते देखकर दयामय मुनि ने द्रवीभूत होकर फिर कहा, "राजन्, जब तुम भगवान् श्रीराम के अश्वमेध यज्ञ के अश्व को पकड़कर उनके यज्ञ में विघ्न उपस्थित करोगे, तब ज्ञानमूर्ति सद्गति मुक्ति मुक्तिदाता हनुमान्‌जी बड़े वेग से तुम्हारे वक्ष पर प्रहार करेंगे। उन तत्वप्रकाशक पवननंदन के स्पर्श से ही तुम्हें तत्वज्ञान की प्राप्ति होगी।" महाराज सुबाहु ने आगे कहा, "और आज उन दुर्मतिनाशन परमपावन कृपामय श्रीरामदूत ने अपने लोकपावन चरणों को, प्रहार करने के बहाने मेरे वक्ष से स्पर्श करा दिया। उस स्पर्श से मेरी बुद्धि शुद्ध हो गयी, मैं पवित्र हो गया और मेरा जीवन और जन्म कृतार्थ और धन्य-धन्य हो गया। मैं ही नहीं, तुम सभी धन्य हो गये।"

ऐसा कहकर राजा सुबाहु ने भगवान् श्रीराम के अश्वमेधीय अश्व के साथ प्रचुर समृद्धि-सम्पन्न कोष, हाथी, घोड़े, वस्त्र, रत्न, मोती एवं अगणित द्रव्य लेकर धर्मात्मा नरशिरोमणि सुबाहु विचित्र, दमन, सुकेतु तथा अन्यान्य शूरवीरों के साथ पैदल ही चले।

सुबाहु और शत्रुघ्नजी का मिलन

भगवान् श्रीराम के स्मरण और ध्यान एवं हनुमान्जी की कृपा की स्मृति से राजा सुबाहु का हृदय उपकृत एवं आनंदमय हो गया था। उनकी वाणी अवरुद्ध हो गयी थी, उनके नेत्रों से अविरल धार बह रही थी। उद्‌भट राजा सुबाहु के प्रेमपूर्ण आगमन का समाचार पाते ही श्रीरामानुज शत्रुघ्न उनसे बाँहें पसार कर मिले। अपना सर्वस्व समर्पित करने की कामना अभिव्यक्त कर कुमार दमन के युद्धारंभ के लिये क्षमायाचना की। साथ ही उन्होंने अधीर होकर पूछा, ''भगवान् श्रीराम के त्रैलोक्यवन्दित चरणकमलों के अनन्य मधुकर भक्तानुरागी हनुमान्जी कहाँ हैं ? उन्हीं की असीम कृपा से मुझ महामूढ़ को त्रयतापनिवारक पद्‌म-पलाशलोचन परमप्रभु श्रीराम के दर्शन की तीव्रतम लालसा उत्पन्न हुई है।'' जब राजा सुबाहु ने भक्ततापनिवारक स्वर्णवर्ण प्रसन्नात्मा हनुमान्जी को देखा तो उनके मुक्तिदाता चरणों पर गिर पड़े, किन्तु विनीतात्मा महावीर हनुमान् ने उन्हें बीच से ही उठाकर अपने अंक में भर लिया।

महामुनि आरण्यक से मिलन

पवनपुत्र हनुमान्जी शत्रुघ्नजी की विशाल वाहिनी के साथ उनकी रक्षा के लिये सतत् सावधान रहते थे। अश्व के साथ-साथ वह सेना परम पावनी नर्मदा के तट पर पहुँची। वहाँ तपस्वी ऋषियों का समुदाय निवास करता था। वहीं नर्मदा के तट पर पलाश के पत्तों से बनी एक पुरानी पर्णशाला थी। उसे नर्मदा का जल स्पर्श कर रहा था। उसमें भगवान् श्रीराम के ध्यानपरायण महामुनि आरण्यक निवास करते थे। हनुमान्जी, पुष्कल एवं अपने नीतिकुशल मंत्री सुमति के साथ श्रीरामानुज के चरणों में प्रणाम किया। महर्षि ने जब उन्हें यज्ञाश्व के रक्षक के रूप में देखा, तो वे भगवान श्रीराम की भुवन मंगलकारिणी मनोहर लीला की कथा सुनाते हुए कहने लगे, ''स्थिर ऐश्वर्यपद को देने वाले एकमात्र रमानाथ भगवान् श्रीरामचन्द्रजी ही हैं। जो लोग उन भगवान् को छोड़कर दूसरे की पूजा करते हैं, वे मूर्ख हैं। जो स्मरण करने मात्र से मनुष्यों के पहाड़ जैसे पापों का नाश कर डालते हैं, उन भगवान् को छोड़कर मूढ़ मनुष्य योग और व्रतादि के द्वारा क्लेश उठाते हैं। सकाम पुरुष तथा निष्काम योगी भी जिनका अपने हृदय में चिंतन करते हैं तथा जो मनुष्यों को मोक्ष प्रदान करने वाले हैं, वे भगवान् श्रीराम स्मरण करने मात्र से सारे पापों को दूर कर देते हैं।''

फिर महामुनि ने महर्षि लोमश का उपदेश सुनाते हुए कहा, ''एक ही देवता हैं-श्रीराम, एक ही व्रत है,-उनका पूजन, एक ही मंत्र है-उनका नाम तथा एक ही शास्त्र है-उनकी स्तुति-

एको देवो रामचन्द्रो व्रतमेकं तदर्चनम्।
मन्त्रोऽप्येकश्च तन्नाम शास्त्रं तद्ध्येव तत्स्तुति।।

-प०पु०, पा०खं० ३५।५१

अपने परम आराध्य परमप्रभु श्रीराम का महात्म्य वचन सुनकर पवनपुत्र मन ही मन पुलकित हो रहे थे। उनका हृदय आनंद से परिपूर्ण हो गया था और नेत्र प्रेमाश्रुओं से भर गये थे। जब महामुनि आरण्यक भगवान् श्रीराम की लीला-कथा सुनाने लगे तो उनके नेत्र बरसने लगे और जब तक उनकी लीला का वर्णन होता रहा, उनके नेत्रों से अनवरत अश्रुपात होता ही रहा।

परमपावन श्रीराम की भवतापतारिणी एवं मुनिमनोहारिणी मधुर कथा का वर्णन कर लेने के उपरान्त जब महर्षि आरण्यक को ज्ञात हुआ कि मेरे आराध्य देव भगवान् श्रीराम ने ही अश्वमेध यज्ञ की दीक्षा ली है और मेरे आश्रम पर उनके अनुज शत्रुघ्न सहित उनका ही अश्व आया है, तब तो उनका मन मयूर नृत्य कर उठा और जब उन्हें यह विदित हुआ कि श्रीरामपरायण महावीर हनुमान् मेरे सम्मुख हाथ जोड़े खड़े हैं, तब वे जोर से बोल उठे, "आज मेरी जननी का जन्मदान सफल हो गया। आज मेरे ध्यान, जप, तप और अग्निहोत्र सब सफल हो गये।" तत्क्षण वयोवृद्ध महामुनि आरण्यक ने श्रीरामप्राण हनुमान्‌जी को अपने हृदय से सटा लिया। महामुनि आरण्यक और अनन्य भक्त हनुमान्‌जी जैसे प्रेम के दो विग्रह परस्पर आलिंगबद्ध हो गये हों। इसके पश्चात् आरण्यक जी को हनुमान्‌जी ने सादर अयोध्या पहुँचा दिया।

भक्त और भगवान्

धर्मप्राण महाराज वीरमणि देवनिर्मित देवपुर नामक अमित वैभव-सम्पन्न नगर के नरेश थे। पूर्वकाल में पवित्र क्षिप्रा तट स्थित महाकाल मंदिर में उनकी कठोर तपश्चर्या से संतुष्ट होकर देवाधिदेव महादेव ने उन्हें वर प्रदान करते हुए कहा था, "देवपुर में तुम्हारा राज्य होगा और भगवान् श्रीराम के अश्वमेध यज्ञ के अश्व के आने तक तुम्हारी रक्षा के लिये मैं वहीं निवास करूँगा।" भगवान् श्रीराम का अश्वमेधीय अश्व देवपुर के समीप पहुँचा ही था कि वीरमणि के यशस्वी पुत्र रुक्मांगद ने उसे पकड़ लिया। महाराज वीरमणि ने सुना कि श्रीराम के अनुज शत्रुघ्न की सेना युद्ध के लिये बढ़ती चली आ रही है, तब उन्होंने अपने प्रबल पराक्रमी सेनापति रिपुवार को सशस्त्र चतुरंगिणी सेना को तैयार करने का आदेश दे दिया। उसके सैनिक देखते-देखते सशस्त्र सुसज्जित हो गये। इसके अतिरिक्त महाराज वीरमणि के भाई वीरसिंह, भानजा बलमित्र तथा राजकुमार रुक्मांगद और शुभांगद भी युद्ध के लिये रथ पर आरूढ़ होकर प्रस्तुत हो गये। स्वयं शिवभक्त वीरवर महाराज

वीरमणि भी अस्त्र-शस्त्र से परे श्रेष्ठ रथ पर आरूढ़ होकर रणभूमि की ओर अग्रसर हुए।

भयानक युद्ध छिड़ गया। पवनपुत्र हनुमान् शत्रुपक्ष का संहार करते हुए पुष्कल और शत्रुघ्न की रक्षा का सदा ध्यान रखते थे। महाराजा वीरमणि के भाई वीरसिंह से हनुमान्जी की मुठभेड़ हो गयी। उनके तीक्ष्ण शरों से व्याकुल होकर हनुमान्जी ने उनकी छाती में अपने वज्र के समान मुक्के से प्रहार किया। वीरसिंह इस आघात को सह न सके और मूर्च्छित होकर पृथ्वी पर गिर पड़े। अपने चाचा को मूर्च्छित होते देखकर रुक्मांगद और शुभांगद दोनों मिलकर हनुमान्जी से भयंकर युद्ध करने लगे। महावीर हनुमान् ने उन्हें रथ सहित अपनी पूँछ में लपेटकर, रथ को घुमाकर पृथ्वी पर इतनी जोर से पटका कि वह तो ध्वस्त ही हो गया, दोनों राजकुमार भी मूर्च्छित हो गये। इसी प्रकार बलमित्र भी रणस्थल में मूर्च्छित होकर धराशायी हो गये। महाराजा वीरमणि ने वीर पुष्कल पर भयानक शरों की वर्षा की किन्तु पुष्कल ने प्रतिज्ञापूर्वक उन्हें तीन बाणों से मारकर मूर्च्छित कर दिया।

वीरमणि की ओर से भगवान् शंकर का भयंकर युद्ध

अपने भक्तों को मूर्च्छित देखते ही स्वयं भगवान् शंकर युद्धभूमि में आ डटे। उनके साथ उनके पार्षद और प्रथमगण भी शत्रुघ्न की सेना का भयंकर संहार करने लगे। शिव भगवान् की प्रेरणा से उनके प्रमुख गण वीरभद्र ने पुष्कल से भयंकर युद्ध करना प्रारम्भ किया। वीरभद्र ने कुपित होकर अपने भयानक त्रिशूल से पुष्कल का मस्तक काटकर धड़ से अलग कर दिया और फिर वे भयंकर गर्जना करने लगे।

भरतनंदन पुष्कल की मृत्यु के समाचार से शत्रुघ्नजी व्याकुल हो गये। वे अत्यंत क्रुद्ध होकर भगवान् शंकर से युद्ध करने लगे। शत्रुघ्न ने अद्भुत युद्ध किया, किन्तु भगवान् शिव ने शत्रुघ्न के वक्ष में एक अग्नि के समान तेजस्वी बाण भोंक दिया। शत्रुघ्न अचेत होकर वहीं गिर पड़े।

शत्रुघ्नजी के मूर्च्छित होते ही उनकी सेना में हाहाकार मच गया। यह दृश्य देखकर हनुमान्जी ने तुरंत पुष्कल और शत्रुघ्न के शरीर को रथ में लिटाया और उनकी रक्षा की सुदृढ़ व्यवस्था कर स्वयं प्रलयंकर शंकर से लड़ने आगे बढ़े।

भगवान् शिव एवं हनुमान्जी का युद्ध

हनुमान्जी अपने पक्ष के योद्धाओं का उत्साह बढ़ाते और अपनी पूँछ को जोर-जोर से हिलाते हुए भयानक काल की भाँति सर्वलोक-महेश्वर शिव की ओर बढ़ गये। उन्होंने कुपित होकर महादेव से कहा, "रुद्र, मैंने बहुधा ऐसा सुना है कि आप सदा श्रीरघुनाथजी

के चरणों का स्मरण करते रहते हैं, किन्तु आज आपको श्रीरामभक्त का वध करने के लिये प्रस्तुत देखकर ये बातें मिथ्या सिद्ध हो गयीं। धर्म के प्रतिकूल आचरण करने के कारण मैं आपको दण्ड देना चाहता हूँ।"

हनुमान्जी के वचन सुनकर महेश्वर ने उनसे कहा, "कपिश्रेष्ठ, तुम वीरों में प्रधान और धन्य हो। तुम्हारा कथन सर्वथा सत्य है। देव-दानव-वन्दित भगवान् श्रीरामचन्द्रजी ही मेरे हृदयधन और स्वामी हैं। किन्तु भक्त अपना ही स्वरूप होता है। वीरमणि मेरा अनन्य भक्त है। अतः जिस प्रकार भी हो, मुझे उसकी रक्षा करनी ही चाहिए। यही मर्यादा है।"

भक्तवत्सल शिव के वचन सुनते ही मारुतात्मज कुपित हो उठे। उन्होंने एक विशाल शिला लेकर उनके रथ पर पटक दी। उसके आघात से भगवान् शंकर के घोड़े, सारथि और ध्वजा सहित रथ चूर्ण-विचूर्ण हो गया। रथ के नष्ट होते ही भगवान् शिव नंदी पर बैठकर युद्ध करने लगे।

करुणामय भक्तवत्सल शिव की अद्भुत लीला थी। वे अपने जीवन सर्वस्व भगवान् श्रीराम और प्राणप्रिय भक्त वीरमणि-दोनों ओर से युद्ध कर रहे थे। उमानाथ को वृषभ पर आरूढ़ होकर युद्ध करते देख हनुमान्जी का क्रोध भड़क उठा। शिवजी एवं पवनपुत्र में भयानक संग्राम हुआ। अन्त में हनुमान्जी ने सर्वलोक महेश्वर को अपनी पूँछ में लपेटकर मारना प्रारंभ किया। यह दृश्य देखकर नंदी भयभीत हो गये। क्रुद्ध हनुमान्जी के प्रहार से व्याकुल होकर शिवजी ने उनसे कहा, "भक्तप्रवर हनुमान्, तुम धन्य हो। मैं तुम्हारे पराक्रम से पूर्ण संतुष्ट हो गया। तुम कोई वर माँगो।"

हनुमान्जी के शौर्य से प्रसन्न होकर शिवजी का उन्हें वर देना

भगवान् शिवजी के वचन सुनकर हँसते हुए हनुमान्जी ने उनसे कहा, "महेश्वर, श्रीरघुनाथजी की कृपा से मुझे कुछ भी अप्राप्य नहीं। किन्तु मैं आपसे यही वर माँगता हूँ कि मेरे पक्ष के पुष्कल आदि मृत एवं शत्रुघ्नादि मूर्च्छित होकर धरती पर पड़े वीरों की आप अपने गणों के साथ रहकर रक्षा करें। मैं इन्हें जीवित करने के लिये द्रोणगिरि पर औषधि लाने जाना चाहता हूँ।"

भगवान् शंकर ने कहा, "तुम्हारे लौटने तक मैं इनकी रक्षा अवश्य करूँगा।" हनुमान्जी अत्यंत वेगपूर्वक क्षीरोदधि के तट पर पहुँचे। वे द्रोण नामक पर्वत को लेकर चलने के लिये तैयार हुए ही थे कि वह काँपने लगा। पर्वत के रक्षक देवताओं ने हनुमान्जी से कहा, "तुम इसे क्यों ले जाना चाहते हो ?"अद्भुत शक्तिशाली हनुमान्जी ने सारी घटना विस्तार पूर्वक बताकर कहा, "मैं अपने पक्ष के मृत वीरों को जीवित करने के लिये इस पर्वत को ले जाना चाहता हूँ। बल के घमंड में आकर रोकने वालों को मैं जीवित नहीं

छोड़ूँगा। अतएव तुम लोग यह समूचा द्रोण पर्वत अथवा नवजीवन प्रदान करने वाली वह औषधि ही मुझे दे दो जिससे मैं अपने मरे हुए वीरों के प्राण बचा लूँ।" पवनपुत्र के वचन सुनकर सबने उन्हें प्रणाम किया और अत्यंत प्रसन्नतापूर्वक मृतसंजीवनी औषधि उन्हें दे दी। हनुमान्‌जी वेगपूर्वक युद्ध भूमि में पहुंचे। वहाँ गणों सहित भगवान् शिव अपने वचन के अनुसार पुष्कल एवं शत्रुघ्नादि वीर पुंगवों के शरीर की रक्षा कर रहे थे।

हनुमान् जी ने पुष्कल के वक्ष पर औषधि रखी। उनके सिर को धड़ से जोड़कर कहा, "यदि मैं मन, वाणी और क्रिया के द्वारा श्रीरघुनाथजी को ही अपना स्वामी समझता हूँ, तो इस दवा से पुष्कल शीघ्र ही जीवित हो जायँ।" पुष्कल तुरंत ही उठ बैठे। वे युद्ध करने के लिए वीरभद्र को ढूढ़ने लगे। इसके बाद हनुमान्‌जी शिव के वाण से मूर्च्छित शत्रुघ्न के पास पहुँचे। वहाँ उन्होंने शत्रुघ्न की छाती पर औषधि रखकर कहा, "यदि मैंने प्रयत्नपूर्वक आजन्म ब्रस्मचर्य व्रत का पालन किया है, तो वीर शत्रुघ्न क्षण भर में जीवित हो उठें। शत्रुघ्नजी तत्काल सचेत होकर उठकर बैठ गये और वे युद्ध में लड़ने के लिये भगवान् शंकर को ढूँढ़ने लगे। पराक्रमी हनुमान् ने उन औषधियों के द्वारा अपने पक्ष के समस्त मृत सैनिकों को जीवित कर दिया। फिर तो सभी योद्धा कवचादि से सुसज्जित हो अपने-अपने रथ पर आरूढ़ होकर शत्रुओं का मान-मर्दन करने के लिये वेगपूर्वक आगे बढ़े।

शिव एवं शत्रुघ्न का भयानक युद्ध

इस बार राजा वीरमणि स्वयं शत्रुघ्न से युद्ध करने के लिये डट गये। यद्यपि महाराज वीरमणि ने शत्रुघ्न के साथ भयानक युद्ध किया, किन्तु, शत्रुघ्न के तीक्ष्ण बाणों के असह्य आघात से वे मूर्च्छित हो गये। यह देखकर भगवान् शंकर अत्यंत कुपित हो गये। शंकरजी ने स्वयं शत्रुघ्नजी से युद्ध करना प्रारंभ कर दिया। शत्रुघ्न एवं शंकर का समर अत्यंत भयानक था। शत्रुघ्न प्रलयंकर शंकर के प्रहारों को सह नहीं पाते थे। उन्हें व्याकुल देखकर हनुमान्‌जी ने उनसे कहा, "शत्रुघ्नजी, अपनी रक्षा के लिये इस समय आप अपने अग्रज श्रीरघुनाथजी का ही स्मरण करें। इसके अतिरिक्त प्राणरक्षा का कोई अन्य मार्ग नहीं है।" हनुमान्‌जी के सत्परामर्श से शत्रुघ्नजी अपनी रक्षा के लिये श्रीरघुनाथजी से अत्यंत करुण स्वर में प्रार्थना करने लगे। फिर क्या था ? नवदूर्वादल-श्याम कमलनयन भगवान् श्रीराम हाथ में मृगश्रृंग लिये यज्ञदीक्षित पुरुष के वेश में उपस्थित हो गये। युद्धस्थल में उन्हें आया देखकर श्रीशत्रुघ्नजी अत्यंत विस्मित, किन्तु सर्वथा निश्चिंत हो गये।

हनुमान्‌जी की प्रसन्नता की तो सीमा ही न थी। वे दौड़कर प्रभु के चरणों में गिर पड़े। फिर उन्होंने हाथ जोड़कर निवेदन किया, "स्वामिन्, आपकी भक्तवत्सलता धन्य है।

हम अत्यंत धन्य हैं, जो इस समय श्रीचरणों का दर्शन पा रहे हैं। प्रभो अब आपकी कृपा से हम लोग शत्रुओं को कुछ ही क्षणों में पराजित कर देंगे।"

जब देवाधिदेव महादेवजी ने अपने हृदयधन भगवान् श्रीराम को वहाँ उपस्थित देखा, तो आगे बढ़कर उन्होंने उनके चरणकमलों में प्रणाम किया और प्रेमपूर्वक कहा, "कृपामय स्वामिन्, आज मेरा परम् सौभाग्य है, जो मैं यहाँ आपके दुर्लभतम दर्शन प्राप्त कर रहा हूँ। मैंने अपने भक्त के हित के लिये आपके कार्य में विघ्न उपस्थित किया है; कृपया मुझे क्षमा कीजिये। मैंने पूर्वकाल में इस नरेश को वरदान दिया था। उसी सत्य से मैं इस समय बँधा हूँ। अब यह राजा अपना सम्पूर्ण जीवन आपके चरणों की सेवा में समर्पित कर देगा।"

भगवान श्रीराम का शिवजी को आश्वासन

आशुतोष शंकर का कथन सुनकर भगवान् श्रीराम ने कहा, "भगवन्, अपने भक्तों का पालन करना तो देवताओं का धर्म ही है। आपने जो इस समय अपने भक्त की रक्षा की है, आपके द्वारा यह बहुत उत्तम कार्य हुआ है। शिवजी, मेरे हृदय में आप हैं और आपके हृदय में मैं हूँ। हम दोनों में भेद नहीं है। जो मूर्ख हैं, जिनकी बुद्धि दूषित है, वे ही भेददृष्टि रखते हैं; वे मनुष्य हजार कल्पों तक कुंभीपाक में पकाये जाते हैं। महादेवजी, जो सदा आपके भक्त रहे हैं, वे धर्मात्मा पुरुष मेरे भी भक्त हैं तथा जो मेरे भक्त हैं, वे भी बड़ी भक्ति से आपके चरणों में मस्तक झुकाते हैं।"

राजा वीरमणि का श्रीराम के चरणों में समर्पण

भगवान् श्रीरामचन्द्रजी के वचन सुनकर करुणामूर्ति शिवजी ने अपने अमृतमय कर-स्पर्श से मूर्च्छित राजा वीरमणि को सचेत कर दिया। इसी प्रकार उनके अन्य पुत्रादि भी मृत्युंजय शिवजी की कृपा से जीवित हो गये। फिर तो महाराज वीरमणि ने अत्यंत आदरपूर्वक यज्ञाश्व को प्रभु के सम्मुख उपस्थित किया तथा अपने पुत्र, पशु तथा बांधवों सहित प्रभु की सेवा में ही अपना सम्पूर्ण जीवन समर्पित कर दिया। यह देखकर परोपकार मूर्ति पवनपुत्र आनंदमग्न हो गये।

शापोद्धारक श्रीहनुमान्

अश्वमेधीय अश्व घूमता हुआ हेमकूट पर्वत के एक विशाल उद्यान में पहुँचा ही था कि वहाँ उसका सारा शरीर अकड़ गया। वह हिल-डुल भी नहीं पा रहा था। अस्त्र

रक्षकों के मुख से यह संवाद सुनते ही शत्रुघ्न तुरंत अपने सैनिकों के साथ अश्व के समीप पहुँचे। वहाँ पुष्कल ने उसे हिलाने-डुलाने और उठाने का अत्यधिक प्रयत्न किया, किन्तु अश्व तो जड़ सा हो गया था। वह तनिक भी नहीं हिला। अत्यंत चिंतित होकर शत्रुघ्नजी ने अपने मंत्री सुमति से पूछा, "मंत्रिवर, अब क्या करना चाहिए?" सुमति ने उत्तर दिया, "स्वामिन्, अब तो प्रत्यक्ष और परोक्ष बातों को समझने वाले किसी ऋषि-मुनि को ढूँढ़ना उचित प्रतीत होता है।"

शत्रुघ्नजी के आदेशानुसार सेवक तपस्वी ऋषि का पता लगाने दूर-दूर तक दौड़ पड़े। कुछ देर में उन्हें परम तपस्वी ऋषि के पवित्र आश्रम का पता चला। शत्रुघ्नजी हनुमान् और पुष्कल आदि के साथ वहाँ जाकर परिचय देते हुए तपोमूर्ति के चरणों में सादर प्रणाम किया। शौनकजी ने शत्रुघ्नजी का अर्घ्य आदि से पूजन करके उनका समाचार पूछा, तो शत्रुघ्नजी ने अत्यंत विनयपूर्वक कहा, "मुनिनाथ, सौभाग्यवश हमें आपका दर्शन हो गया। आप अश्वमेधीय अश्व की इस जड़ता को दूर करने की कृपा कीजिये।"

शौनकजी ने कुछ देर तक ध्यान किया। तदनन्तर उन्होंने कहा, "राजन, अत्यंत प्राचीन काल की बात है, एक ब्राह्मण के अपराध पर ऋषियों ने उसे राक्षस होने का शाप दे दिया। ब्राह्मण की करुण प्रार्थना पर ऋषियों ने पुनः कहा, "जिस समय तुम श्रीरामचन्द्रजी के अश्वमेधीय अश्व को अपने वेग से स्तब्ध कर दोगे, उस समय तुम्हें श्रीराम की पावन कथा सुनने का सुअवसर प्राप्त होगा, जिससे इस भयंकर शाप से तुम्हारी मुक्ति हो जायेगी।" उसी राक्षस ने अश्व का गात्र-स्तम्भ किया है। अतएव तुम लोग श्रीराम कथा-कीर्तन के द्वारा अश्व के साथ उस राक्षस को भी मुक्ति प्रदान करो।" उनकी बात सुनकर शत्रुघ्नजी ने हनुमानूजी एवं पुष्कल आदि के साथ महामुनि के चरणों में सादर प्रणाम किया और फिर वे हेमकूट पर्वत के उद्यान में अश्व के समीप पहुँचे।

वहाँ पहुँचकर श्रीरामभक्त हनुमानूजी अश्व को अत्यंत प्रीतिपूर्वक श्रीरघुनाथजी का पावन चरित्र सुनाने लगे। अन्त में उन्होंने कहा, "देव, श्रीरामचन्द्रजी के कीर्तन के पुण्य से अपने विमान पर सवार होइये और स्वेच्छानुसार अपने लोक में विचरण कीजिये। अब आप इस कुत्सित योनि से मुक्त हो जायँ।" हनुमानूजी के वचनों को सुनते ही देवता ने प्रकट होकर उनका आभार स्वीकार किया और फिर वे विमान पर बैठकर स्वर्ग चले गये। साथ ही यज्ञ के अश्व का भी गात्र-स्तम्भ निवारण हो गया और वह प्रसन्नतापूर्वक उद्यान में विचरण करने लगा।

श्रीराम-भक्त के बन्धन में

श्रीरामाश्वमेधीय अश्व भ्रमण करता हुआ प्रख्यात कुंडलपुर पहुँचा। वहाँ के अत्यंत

धर्मात्मा नरेश का नाम सुरथ था। वे वीर, धीर, बुद्धिमान एवं परम पराक्रमी तो थे ही, भगवान् श्रीरामचन्द्रजी के अनन्य भक्त भी थे। उनकी समस्त प्रजा भी रघुनाथजी की भक्त और धर्मपरायण थी। उनके राज्य में घर-घर अश्वत्थ और तुलसी की पूजा तथा भगवान् श्रीसीताराम की कथा होती थी। अनीति और अधर्म के लिये वहाँ कोई स्थान न था। पापी और अधर्मी लोग उस राज्य में रह ही नहीं सकते थे। एक बार विश्ववन्दित यमराज ने उनकी श्रीरामभक्ति से प्रसन्न होकर उन्हें इच्छानुसार वर प्रदान किया था, "राजन्, भगवान् श्रीराम के दर्शन बिना तुम्हारी मृत्यु नहीं होगी और तुम मुझसे सदा निर्भय रहोगे।"

अपने नगर के समीप चंदन से चर्चित अत्यंत मनोहर अश्व को देखकर सेवकों ने महाराज सुरथ को सूचना दी। श्रीराम के अनन्य भक्त राजा सुरथ ने अश्व को पकड़ने का आदेश देते हुए कहा, "अहा, हम सभी धन्य हैं; क्योंकि हमें भुवनपावन श्रीरामचन्द्रजी के मुखारविन्द का दर्शन प्राप्त होगा। इस अश्व को मैं तभी छोड़ूँगा, जब अनाथनाथ भक्तवत्सल श्रीराम यहाँ स्वयं उपस्थित होकर मुझे कृतार्थ करेंगें।"

राजा के आदेशानुसार अश्व पकड़ लिया गया। धर्मात्मा राजा सुरथ की श्रीरामचरणारविंद में अनुपम भक्ति का परिचय प्राप्त कर शत्रुघ्नजी ने उनके समीप दूत रूप में अंगदजी को भेजा। महाराज सुरथ ने अंगदजी से स्पष्ट शब्दों में कह दिया, "मैं अपने प्राणधन श्रीरामचन्द्रजी के मुखचंद्र का दर्शन करना चाहता हूँ। इस अभिलाषा के पूर्ण हुए बिना मैं क्षत्रियधर्म का पालन करने से पीछे नहीं हटूँगा।"

अंगदजी ने हनुमान्‌जी के शौर्य, पराक्रम, बल, बुद्धि, लंका-दहन, समरांगण में उनके युद्धकौशल आदि का वृत्तांत बताकर राजा सुरथ को समझाने की चेष्टा की, "ऐसे हनुमान्‌जी अश्वमेधीय अश्व के प्रबल रक्षक हैं। अतः तुम्हें इस प्रकार का हठ नहीं करना चाहिए।"

महाराज सुरथ ने सम्मानपूर्वक अंगदजी से इस प्रकार कहा, "कपिश्रेष्ठ, यदि मैं मन, वाणी एवं क्रिया द्वारा परम प्रभु श्रीराम का ही स्मरण, चिंतन और पूजन करता हूँ, तो वे करुणानिधान स्वयं पधार कर मुझे कृतार्थ करें, अन्यथा महाबली श्रीरामभक्त हनुमान्, शत्रुघ्नजी, भरतनंदन पुष्कल आदि मुझे बलपूर्वक बाँधकर अश्व ले जायँ। तुम मेरा यह निश्चय शत्रुघ्नजी की सेवा में निवेदन कर दो।"

अंगद के लौटते ही युद्ध की तैयारी हो गयी। उधर महाराज सुरथ अपने अनन्य वीर सेनापति के संरक्षण में विशाल वाहिनी एवं अपने वीर चंपक, मोहक, रिपुंजय, दुर्वार, प्रतापी, बलमोदक, हर्यक्ष, सहदेव, भूरिदेव तथा असुतापन नामक दस पुत्रों के साथ, जो समरभूमि में शत्रुओं का मान-मर्दन करने वाले थे, डट गये। भयंकर संग्राम प्रारम्भ हुआ। भरतनंदन पुष्कल सुरथकुमार चम्पक के साथ युद्ध करने लगे। दोनों अद्भुत पराक्रमी, परम शूरवीर थे। किन्तु वीरवर चम्पक ने पुष्कल को बाँधकर रथ पर बिठा लिया।

शत्रुघ्नजी की सेना में हाहाकार मच गया। हनुमानूजी कुपित होकर चम्पक के सम्मुख पहुँच गये। उन्होंने चम्पक पर कितने ही वृक्षों और शिलाओं से आक्रमण किया, किन्तु श्रीरघुनाथजी का स्मरण करते हुए चम्पक ने उन सबको तिल के समान काट गिराया। तब हनुमानूजी अत्यधिक कुपित हो गये और चम्पक को पकड़कर आकाश में उड़ गये। वहाँ उन्होंने उसका पैर पकड़कर पृथ्वी पर जोर से पटक दिया। धर्मात्मा राजा सुरथ का धार्मिक वीर पुत्र चम्पक धरती पर गिरते ही मूर्च्छित हो गया।

हनुमानूजी महाराज सुरथ और उनके पुत्रों तथा उनकी समस्त प्रजा की श्रीरामचन्द्रजी के चरणारविंद की भक्ति से पूर्ण रूप से परिचित थे। महाराज सुरथ श्रीरामचन्द्रजी के मुखचंद्र का दर्शन प्राप्त कर लें, यह वे हृदय से चाहते थे। पर अश्व की रक्षा के लिये भी कर्तव्यपालन आवश्यक था। उन्होंने देखा-उनके सम्मुख महाराज सुरथ विशाल धनुष पर शर-संधान किये डट गये हैं। महाराज सुरथ ने हनुमानूजी से कहा, "कपीश्वर, निश्चय ही तुम महावीर और मेरे प्रभु श्रीराम के अनन्य भक्त हो, किन्तु मैं सत्य कहता हूँ कि मैं तुम्हें बाँधकर अपने नगर ले जाऊँगा। तुम सावधान हो जाओ।"

अपने जीवन सर्वस्व को प्राण समझने वाले महाराज सुरथ को देखकर हनुमानूजी मन ही मन परम मुदित हुए। उन्होंने उत्तर दिया, "राजन्, तुम श्रीरघुनाथजी के चरणों का चिंतन करने वाले हो और हम लोग भी उन्हीं के सेवक हैं। यदि तुम मुझे बाँध लोगे, तो मेरे प्रभु बलपूर्वक तुम्हारे हाथों से छुटकारा दिलायेंगे। वीर, तुम्हारे मन में जो बात है उसे पूरी करो। अपनी प्रतिज्ञा सत्य करो। वेद ऐसा कहते हैं कि जो श्रीरामचन्द्रजी का स्मरण करता है, वह दुःख से पार हो जाता है।"

महाराजा सुरथ ने पवनकुमार की प्रशंसा करते हुए अपने तीक्ष्ण शरों से उन्हें घायल कर दिया। हनुमानूजी ने कुपित होकर राजा का धनुष पकड़कर तोड़ दिया। राजा ने दूसरा धनुष उठाया ही था कि हनुमानूजी ने उसे भी तोड़ डाला। इस प्रकार उन्होंने राजा के अस्सी धनुष और उनचास रथ नष्ट कर दिये। यह देखकर सुरथ ने ब्रह्मास्त्र का प्रयोग किया, किन्तु हनुमानूजी हँसते हुए उसे भी निगल गये। तब महाराज सुरथ ने श्रीरघुनाथजी के नाम का स्मरण कर रामास्त्र का प्रयोग करके हनुमानूजी को बाँध लिया। बँधते समय हनुमानूजी ने कहा, "राजन्, तुमने मेरे स्वामी के ही अस्त्र से मुझको बाँध लिया है। मैं उसका आदर करता हूँ। अब तुम मुझे अपने नगर में ले चलो।"

भक्तशिरोमणि हनुमानूजी ने अपने प्रभु के अस्त्र के सम्मान एवं भक्ताग्रगण्य सुरथ के हित के लिये बंधन स्वीकार कर लिया। हनुमानूजी को बँधते देखकर कुपित पुष्कल राजा के सम्मुख पहुँचकर युद्ध करने लगे। किन्तु राजा के तीक्ष्ण शरों से वे भी मूर्च्छित हो गये। इसी प्रकार शत्रुघ्नजी एवं सुग्रीव आदि भी राजा के तीक्ष्ण बाणों से घायल होकर मूर्च्छित हो गये। महाराज सुरथ संग्राम में विजयी हुए। उन्होंने शत्रुघ्नजी के पक्ष के प्रमुख वीरों को

रथ में बैठाया और वे प्रसन्न मुख नगर की ओर चल पड़े। राजसभा में पहुँचकर बँधे हुए हनुमान्‌जी से महाराज सुरथ ने कहा, ''पवनकुमार, अब तुम अपनी मुक्ति के लिये दयामय श्रीरघुनंदनजी का स्मरण करो।''

राजा सुरथ की बात सुनकर हनुमान्‌जी ने मन ही मन श्रीरामजी से अत्यंत करुण स्वर में प्रार्थना की, ''हा नाथ, हा पुरुषोत्तम, हा दयालु सीतापते, आप कहाँ हैं ? हम लोगों की दशा पर दृष्टिपात करें। प्रभो, आपका मुख स्वभाव से ही शोभा सम्पन्न है, उस पर भी सुन्दर कुण्डलों के कारण, तो उसकी सुषमा और भी बढ़ गयी है। आप भक्तों की पीड़ा नाश करने वाले हैं। मनोहर रूप धारण करते हैं। दयामय हम सभी को इस बंधन से मुक्त कीजिये; देर न लगाइये। प्रभो, सम्पूर्ण देवेश्वर भी आपके चरणकमलों की अर्चना करते हैं। यदि इतने स्मरण के बाद भी आप हम लोगों को बंधन से मुक्त नहीं करेंगे, तो संसार आपकी हँसी उड़ायेगा। इसलिए अब आप विलंब न कीजिये; हमें शीघ्र बंधन से मुक्त कीजिये।''

प्राणप्रिय पवनकुमार की आंतरिक करुण प्रार्थना सुनकर सर्वव्यापी सर्वसमर्थ परमप्रभु श्रीराम पुष्पक विमान पर आरूढ़ होकर तीव्र गति से चलकर वहाँ पहुँच गये। हनुमान्‌जी ने देखा, मेरे सर्वान्तर्यामी प्रभु श्रीराम आ गये। उनके पीछे लक्ष्मण, भरत एवं वीतराग ऋषियों के समुदाय को देखकर दयामय पवननंदन ने गद्‌गद कंठ से भाग्यवान् महाराज सुरथ से कहा, ''राजन्, देखो, भक्तों को संकट से मुक्त करने वाले मेरे प्राणसर्वस्व श्रीरघुनाथजी हमें बंधनमुक्त करने आ गये।''

हनुमान्‌जी का संकेत पाते ही महाराज सुरथ प्रभु श्रीराम के चरणों में लोटकर बारम्बार प्रणाम करने लगे। उन्होंने प्रभु के परम् पावन चरणों को अपने प्रेमाश्रुओं से ध ो दिया और जब दयाधाम श्रीराम ने चतुर्भुज रूप धारण कर राजा सुरथ को छाती से लगा लिया, तब हनुमान्‌जी के नेत्रों से आनंदाश्रु प्रवाहित होने लगे। प्रभु ने राजा से कहा, ''राजन्, तुमने अपने यशस्वी क्षत्रिय धर्म का पालन कर बड़ा उत्तम कार्य किया है।'' श्रीरघुनाथजी की दयादृष्टि से हनुमान्‌जी आदि सभी वीर बंधन से मुक्त और समस्त मूर्च्छित और मृत योद्धा जीवित हो गये।

राजा सुरथ के आनंद की सीमा न थी। उन्होंने पुत्रों सहित अत्यंत हर्ष से प्रभु की अर्चना की। राजा, मंत्री, राजा के पुत्र, सम्बन्धी, सैनिक एवं समस्त नागरिक भगवान् श्रीराम एवं उनके अनन्य भक्त श्री हनुमान् के दर्शन कर धन्य और कृतकृत्य हो गये। सबने अपना जन्म और जीवन सफल कर लिया।

श्री रामात्मज के साथ युद्ध

रामाश्वमेधीय अश्व भ्रमण करता हुआ वाल्मीकिजी के पुनीत आश्रम के समीप पहुँचा। प्रातःकाल का समय था। सीतापुत्र लव मुनिकुमारों के साथ समिधा लेने वन में गये हुए थे। वहाँ उन्होंने यज्ञाश्व के भाल पर स्वर्णपत्र पर अंकित पंक्तियाँ पढ़ते ही घोड़े को तुरंत पकड़कर एक वृक्ष में बाँध दिया। उसी समय शत्रुघ्नजी के सेवक वहाँ पहुँच गये। वे मुनि बालकों से अश्व बाँधने वाले व्यक्ति का पता पूछ ही रहे थे कि लव ने कहा, "इस सुन्दर अश्व को मैंने बाँधा है। इसे छुड़ाने वाला मृत्यु का ग्रास बनेगा। अतः इससे दूर ही रहो।"

"बेचारा बालक है, नासमझ है" यों कहते हुए शत्रुघ्नजी के सेवक घोड़े को खोलने के लिये आगे बढ़े ही थे कि लव ने अपने बाण से उनकी भुजाएँ काट डालीं। सेवक व्याकुल होकर महाराज शत्रुघ्न के पास भागे। उन्होंने शत्रुघ्नजी से कहा, "राजन्, प्रभु श्रीराम की मुखाकृति के तुल्य एक बालक ने हमारी यह दुर्दशा की है और उसी ने अश्व को बाँध लिया है।"

शत्रुघ्नजी ने कुपित होकर बालक को दण्डित कर अश्व छुड़ा लाने के लिए चतुरंगिणी सेना के साथ अपने सेनापति कालजित् को भेजा। सेनापति लव को देखकर समझाने का प्रयत्न करने लगे। पर लव ने कहा, "मुझे इस घोड़े की आवश्यकता नहीं, किन्तु इसके भाल पर सुवर्णपत्र पर अंकित पंक्तियाँ मुझे युद्ध करने के लिये विवश कर रही हैं। तुम सुवर्णपत्र यहाँ छोड़कर अश्वसहित सुरक्षित लौट सकते हो, अन्यथा युद्ध अनिवार्य है।"

कालजित् ने भयंकर युद्ध किया, किन्तु वे लव के द्वारा मार डाले गये। उनकी अजेय वाहिनी को भी लव के असंख्य तीक्ष्ण शरों से व्याकुल होकर पीछे हट जाना पड़ा। पर लव युद्ध करते ही रहे। भीषण संग्राम हुआ। प्रायः सभी वीर मारे गये। तत्पश्चात् हनुमान्, पुष्कल आदि के साथ स्वयं शत्रुघ्नजी समर भूमि में उपस्थित होकर सीताकुमार लव से युद्ध करने लगे। उन्होंने लव पर अनेक वृक्षों और शिलाओं से प्रहार किया। किन्तु लव ने अपने तीक्ष्ण शरों से उन सबको काट-काट कर तिल के समान टुकड़े-टुकड़े कर दिये। तब हनुमान्जी ने लव को अपनी पूँछ में लपेट लिया और आकाश में उड़ चले। लव ने अपनी सर्वशक्तिमयी जननी सीता का स्मरण कर हनुमान्जी की पूछ में मुष्टि प्रहार किया। उससे हनुमान्जी अत्यंत व्याकुल हो उठे और लव उनकी पूँछ के बंधन से मुक्त हो गये। उन्होंने कुपित होकर हनुमान्जी पर इतने तीक्ष्ण शरों की वृष्टि की जिन्हें वे सह न सके और पीड़ा से व्याकुल होकर मूर्च्छित हो गये।

यह देखकर स्वयं शत्रुघ्नजी सीतापुत्र से लोहा लेने आगे बढ़े। लव को पराजित

करना अत्यंत कठिन था। किन्तु शत्रुघ्नजी ने एक अत्यंत तीक्ष्ण वाण से घायल कर लव को मूर्च्छित कर दिया। शत्रुघ्नजी ने लव को अपने रथ पर डालकर बन्दी बना लिया।

मुनिकुमारों ने लव के पकड़े जाने का समाचार सीताजी को बताया; वे इस समाचार को सुनकर व्याकुल हो गयीं। किन्तु लव के बड़े भाई कुश ने उन्हें धैर्य बँधाया। वे अपनी माता जगज्जननी सीताजी से समस्त अस्त्र-शस्त्र और उनका अमोघ आशीर्वाद लेकर अपने अनुज लव को मुक्त कराने रणांगन की ओर चल पड़े। रथ में बँधे लव की चेतना लौट आयी थी। उन्होंने अपने अग्रज कुश को समरभूमि में उपस्थित देखा तो अपने बंधन को छुड़ाकर रथ से कूद पड़े। वे युद्ध के लिये चल पड़े। फिर तो कुश ने पूर्व दिशा से और लव ने पश्चिम दिशा से शत्रुघ्न की सेना को घेरकर मारना प्रारम्भ कर दिया।

शत्रुघ्नजी अत्यंत कुपित होकर कुश से युद्ध करने लगे। किन्तु कुश ने प्रतिज्ञा पूर्वक तीन बाणों से उन्हें मूर्च्छित कर दिया। अब महाराज सुरथ सम्मुख आये; पर वे भी कुश के बाणों से मूर्च्छित हो गये। यह देखकर हनुमान्जी ने क्रोध में भरकर एक विशाल शाल का वृक्ष उखाड़कर कुश के वक्ष पर प्रहार किया। वीरवर कुश ने माता सीता का स्मरण कर एक भयानक संहारास्त्र उठाया और उसे हनुमान्जी पर चला दिया। उसके आघात से वे मूर्च्छित होकर पृथ्वी पर गिर पड़े।

सीतापुत्र लव और कुश के भयानक प्रहार से शत्रुघ्न की चतुरंगिणी सेना व्याकुल होकर पलायन करने लगी। तब वानरराज सुग्रीव अपने सैनिकों को प्रोत्साहित करते हुए कुश पर विशाल शिलाओं और वृक्षों से प्रहार करने लगे। किन्तु वीर कुश ने उन्हें भी शीघ्र ही वरुण-पाश से दृढ़तापूर्वक बाँध लिया। सुग्रीव धरती पर गिर पड़े। कुश विजयी हुए। उधर लव ने भी पुष्कल, अंगद और वीरमणि आदि वीरों को पराजित कर दिया।

लव और कुश दोनों भाई हनुमान्जी और सुग्रीव को अच्छी तरह बाँधकर मनोरंजन के लिए अपने आश्रम पर ले चले। माता सीताजी ने अपने दोनों पुत्रों को सकुशल लौटे हुए देखा तो अत्यंत प्रसन्न होकर उन्हें हृदय से लगा लिया किन्तु हनुमान्जी और सुग्रीव पर दृष्टि पड़ते ही वे अधीर होकर कहने लगीं, "पुत्रों, ये दोनों वानर परम पराक्रमी एवं अत्यंत सम्मान के पात्र हैं। ये लंका को भस्म करने वाले अंजनानंदन हनुमान् एवं ये वानर-भालुओं के अधिपति सुग्रीव हैं। तुमने इन्हें बाँध लिया, इन्हें अभी तुरंत छोड़ो।"

परम पूजनीया अपनी जननी सीताजी के आदेश से हनुमान्जी और सुग्रीव का बंधन खोलते हुए पुत्रों ने कहा, "माँ, अयोध्या के प्रसिद्ध राजा दशरथ के श्रीराम नामक कोई पुत्र अश्वमेध यज्ञ कर रहे हैं। उन्होंने अश्व भी छोड़ा है, जिसके ललाट पर बंधे हुए सुवर्ण-पत्र पर लिखा है, "सच्चे क्षत्रिय इस अश्व को पकड़ें अन्यथा मेरे सम्मुख नतमस्तक हों।" उस राजा की धृष्टता से हमने घोड़े को पकड़ लिया। श्रीराम के भाई शत्रुघ्न-सहित उनकी विशाल वाहिनी को भी मार डाला है।"

माता सीता ने दुःख से व्याकुल होकर कहा, ''पुत्रों, तुमने यह बड़ा अनुचित कार्य कर डाला। तुम्हें पता नहीं, वह अश्वमेधीय अश्व तुम्हारे पिता का ही है। तुम शीघ्र उस अश्व को भी छोड़ दो।'' पुत्रों ने विनयपूर्वक निवेदन किया, ''माँ, हम लोगों ने महर्षि वाल्मीकि के उपदेशानुसार क्षत्रिय-धर्म का पालन किया है। अब उस उत्तम अश्व को भी छोड़ देते हैं।

परम सती जनकनंदिनी ने अपने जीवनधन श्रीरामचन्द्र का ध्यान करते हुए कहा, ''यदि मैं मन, वाणी और कर्म से श्रीरघुनाथजी के अतिरिक्त अन्य किसी का स्मरण नहीं करती तो शत्रुघ्न सहित उनकी सारी सेना पुनः जीवित हो जाय।''

उसी समय शत्रुघ्नजी के साथ उनकी सारी सेना जीवित हो गयी। माता सीता ने हनुमान्जी से पूछा, ''वत्स हनुमान्, तुम जैसा अतुलित बलधाम एवं परम पराक्रमी वीर एक बालक से कैसे पराजित हो गया ?''

हनुमान्जी ने हाथ जोड़कर माता जानकी जी से निवेदन किया, ''माँ, हम पराजित कहाँ हुए ? पुत्र पिता की आत्मा होता है। इस प्रकार ये दोनों कुमार तो मेरे स्वामी ही हैं। मेरे करुणानिधान भगवान् श्रीराम ने हम लोगों का अहंकार देखकर ही यह लीला रची है।''

हनुमान्जी ने अश्व की रक्षा के लिये अनेक स्थलों पर आश्चर्यजनक पराक्रम किये उनका विस्तृत वर्णन पद्मपुराण (पाताल-खंड) और जैमिनीयाश्वमेध आदि ग्रन्थों में प्राप्त होता है।

अध्याय २२

रुद्ररूप में श्रीहनुमान्

सदा सौम्यरूप में अवस्थित रहने वाले पवनपुत्र कभी-कभी अपने रूद्ररूप में भी दर्शन दे देते हैं। अमित महिमामयी माता जानकी का इनके प्रति अद्‌भुत वात्सल्य है। सहस्रों सेवक-सेविकाएँ जनकदुलारी की सेवा के लिये प्रतिक्षण सजग और सावधान रहकर उनके आदेश की प्रतीक्षा करती रहती थीं। माता सीताजी जो चाहतीं वह तुरंत ही पूरा हो जाता। किन्तु इससे उन्हें तृप्ति नहीं होती थी। इस कारण एक दिन माता सीता ने अपने प्राणप्रिय लाल हनुमान्जी को भोजन कराने के लिए अपने ही हाथों से विविध प्रकार के व्यंजन तैयार किये।

हनुमान्जी अत्यंत प्रसन्न होकर भोजन करने बैठे। माता के हाथ के बने भोजन की तुलना कहाँ ? यहाँ तो भगवती सीता जैसी माता और हनुमान्जी-जैसा पुत्र ! हनुमान्जी ने भोजन करना प्रारंभ किया। उन्होंने माता के हाथ से परोसा हुआ अमृतमय भोजन कितना खा लिया, इसका उन्हें ध्यान ही न रहा। वे आनंदपूर्वक भोजन करते ही जा रहे थे।

सीताजी ने हनुमान्जी को इतना खाते कभी नहीं देखा था। और वे अब भी खाते ही जा रहे थे। उधर माताजी के बनाये समस्त व्यंजन समाप्त हो गये। माता जानकी चकित थीं। विवशतः उन्होंने अपने प्राणनाथ भगवान् श्रीराम का स्मरण किया। अब तो माता सीता ने स्पष्ट देखा कि हनमान् के वेश में स्वयं भगवान शंकर भोजन कर रहे हैं। प्रलयकाल में निखिल सृष्टि को उदरस्थ कर लेने वाले प्रलयंकर रुद्र की क्षुधा कुछ व्यंजनों से कैसे शान्त हो पाती ?

भगवती सीता ने पीछे से जाकर उनके सिर के पिछले भाग में लिख दिया 'ॐ नमः शिवाय' साथ ही साथ उन्होंने मन ही मन रुद्रदेव का स्तवन करते हुए उनसे तृप्त हो जाने की प्रार्थना की। फिर क्या था ? हनमान्जी तुरंत तृप्त हो गये।

भीमसेन और हनुमानूजी

एक बार हनुमानूजी ने अपने भाई भीमसेन को भी अपने रौद्ररूप का दर्शन कराया था। यह द्वापर युग की घटना है। उस समय पाण्डव जुए में हारकर अरण्यवास कर रहे थे। एक दिन वे द्रोपदी सहित उत्तराखण्ड के पवित्रतम श्रीनरनारायण आश्रम में पहुँचे। वहाँ एक दिन ईशानकोण से वायु के सहारे सौगन्धिक नामक एक सहस्रदल कमल उड़ आया। उस सूर्य तुल्य तेजस्वी कमल में अद्भुत मनमोहक गन्ध थी। उसे देखते ही मुग्ध होकर द्रोपदी ने भीमसेन से कहा, "आर्य, यदि आपके मन में मेरे प्रति वास्तविक प्रेम है, तो आप ऐसे ही अद्भुत सुगन्धित दिव्य कमल और ला दीजिये। मैं उन्हें काम्यकवन में अपने आश्रम में ले चलूँगी।"

अपनी प्रियतमा द्रोपदी की प्रसन्नता के लिये भीमसेन ने अपने सुवर्णजटित पीठ वाले धनुष और तीक्ष्णतम शरों को उठाया और वायु जिस ओर से उस कमल को उड़ाकर लाया था, उसी ओर तीव्र गति से चल पड़े। परम पराक्रमी भीमसेन मार्ग में भीषण गर्जना करते हुए जा रहे थे। उनकी गर्जना से दिशाएँ गूँज उठती थीं और वन के व्यघ्रादि हिंसक जन्तु भयभीत होकर मार्ग से दूर हटकर अरण्य में छिप जाते थे। इस प्रकार भीमसेन आगे बढ़ते गये। थोड़ी दूर आगे जाने पर उन्हें गन्धमादन के शिखर पर, अत्यंत विस्तृत एक कदलीवन मिला। वह कई योजन लम्बा था। वीरवर भीमसेन ने गर्जना करते हुए उस कदलीवन में प्रवेश किया।

उस वन में हनुमानूजी रहते थे। उनके भीषणतम गर्जन को सुनकर उन्हें समझने में देर नहीं लगी कि यह मेरा भाई भीमसेन ही है। 'भीमसेन का इस मार्ग से स्वर्ग जाना उचित नहीं-ऐसा सोचकर वे कदलीवन से होकर जाने वाले सँकरे मार्ग को रोककर लेट गये। पवनपुत्र हनुमानूजी वहाँ जम्हाई लेते हुए जब अपनी विशाल पूँछ फटकारते, तब दिशाएँ प्रतिध्वनित हो जातीं और पर्वत-शिखर टूट-टूट कर लुढ़कने लगते। उस ध्वनि को सुनकर भीमसेन के रोंगटे खडे हो गये। कारण ढूँढ़ते हुए वे वहाँ पहुँचे, जहाँ एक विशाल शिखर पर उनके अग्रज हनुमानूजी लेटे हुए थे।

विद्युत्पात के समान चकाचौंध पैदा करने के कारण हनुमानूजी की ओर देख पाना अत्यंत कठिन हो रहा था। उनकी अंगकान्ति गिरती हुई बिजली के समान पिंगलवर्ण की थी। उनका गर्जन-तर्जन वज्रपात की गड़गड़ाहट के समान था। वे विद्युत्पात के सदृश चंचल प्रतीत होते थे। उनके कंधे चौड़े और पुष्ट थे। अतः उन्होंने बाँह के मूल भाग को तकिया बनाकर उसी पर अपनी मोटी ग्रीवा को रख छोड़ा था। उनके शरीर का मध्य भाग एवं कटि प्रदेश पतला था। उनकी पूँछ का अग्रभाग कुछ मुड़ा हुआ था। उनकी रोमावली घनी थी तथा वह पूँछ ऊपर की ओर उठकर फहराती हुई ध्वजा सी सुशोभित होती थी।

उनके होंठ छोटे थे। जीभ और मुख का रंग ताँबे के समान था। कान भी लाल रंग के ही थे और भौंहें चंचल हो रही थीं। उनके खुले हुए मुँह में श्वेत चमकते हुए दाँत और दाढ़ें अपने सफेद और तीखे अग्रभाग के द्वारा अत्यंत शोभा पा रही थीं। इन सबके कारण उनका मुख किरणों से प्रकाशित चन्द्रमा के समान दिखाई देता था। मुख के भीतर की श्वेत दन्तावली उसकी शोभा बढ़ाने के लिये आभूषण का काम दे रही थी। सुवर्णमय कदली वृक्षों के बीच विराजमान महातेजस्वी हनुमान्‌जी ऐसे जान पड़ते थे, मानो केसरों की क्यारी में अशोक पुष्पों का गुच्छ रख दिया गया हो।

प्रज्ज्वलित अग्नि के समान कान्तिमान् हनुमान्‌जी को देखकर वीरवर भीमसेन भीषण गर्जना करते हुए उनके पास पहुँच गये। हनुमान्‌जी ने उन्हें अपने मधुपिंगल नेत्रों से उपेक्षापूर्वक देखते हुए धीरे-धीरे कहा, "भैया, मैं तो पशु और रोगी हूँ। तुम बुद्धिमान् मनुष्य हो। मैं यहाँ सुखपूर्वक विश्राम कर रहा था, तुमने मुझे क्यों जगा दिया ? इसके आगे तो मनुष्य के जाने का मार्ग नहीं है। तुम कहाँ जाना चाहते हो ?"

भीमसेन ने चिढ़कर उत्तर दिया, "तुमसे मार्ग कौन पूछता है ? तुम यहाँ से हटो और मुझे जाने दो।" हनुमान्‌जी ने भीमसेन को समझाते हुए कहा, "देखो, भैया, यहाँ के कन्दमूल फल अत्यंत मीठे हैं। तुम इन्हें खाकर विश्राम करो और यहीं से लौट जाओ। उत्तराखण्ड में इतनी दूर तक आने वाले तुम कौन हो ?"

हनुमान्‌जी की बात सुनकर भीमसेन ने अपना परिचय देते हुए कहा, "वानरराज, मैं तुमसे सलाह नहीं माँगता। मैं चन्द्रवंश के अन्तर्गत कुरुवंश में उत्पन्न महाराज पाण्डु की सहधर्मिणी कुन्ती का पुत्र हूँ। मेरा नाम भीमसेन है। अब तुम उठकर मुझे आगे जाने का मार्ग दे दो।"

हनुमान्‌जी ने भीमसेन को पुनः मना करते हुए कहा, "मैंने पहले ही कहा कि यहाँ से आगे मनुष्यों के जाने का मार्ग नहीं है। इस पथ से जाने पर तुम्हारे प्राण संकट में पड़ सकते हैं।"

भीमसेन अत्यंत कुपित हो गये। उन्होंने रोषपूर्वक कहा, "तुम मेरी चिन्ता छोड़कर उठ जाओ। मुझे जाने दो।" हनुमान्‌जी ने कहा, "भैया, मैं तो रोगी हूँ। तुम मुझे लाँघ कर चले जाओ।"

भीमसेन ने उत्तर दिया, "कपिश्रेष्ठ, निर्गुण परमात्मा समस्त प्राणियों में व्याप्त है। इस कारण मैं तुम्हारा लंघन नहीं कर सकता। शास्त्रों के द्वारा यदि मुझे श्रीभगवान् के स्वरूप का ज्ञान नहीं होता, तो मैं तुम्हें क्या, इस गगनस्पर्शी पर्वत को उसी प्रकार लाँघ जाता, जैसे अतुलित बलधाम हनुमान्‌जी सौ योजन का विस्तृत समुद्र लाँघ गये थे।"

हनुमान्‌जी ने मुस्कराते हुए भीमसेन से पूछा, "अरे भैया, यह हनुमान् कौन था, जो सौ योजन समुद्र लाँघ गया था ?" भीमसेन ने उत्साहपूर्वक बतलाया, "वे कपिपुंगव

मेरे भाई हैं। वे अनुपम बल विक्रम सम्पन्न तो हैं ही, ज्ञानियों में भी अग्रगण्य हैं। वे भगवान् श्रीराम की सती पत्नी जनकनंदिनी का पता लगाने के लिये शत योजन विस्तृत सागर को एक ही छलाँग में पार कर गये थे। मैं उन्हीं वीराग्रणी हनुमानूजी का भाई हूँ। अब तुम मेरा मार्ग छोड़कर हट जाओ। यदि तुम मेरी बात नहीं मानोगे तो तुम्हें मृत्यु के मुख में जाना पड़ेगा।"

भीमसेन की बात सुनकर हनुमानूजी ने धीरे-धीरे कहा, "मुझ वृद्ध रोगी पर रोष मत करो, भैया ! अशक्तता के कारण मैं तो उठने में विवश हूँ। अतः तुम मेरी पूँछ हटाकर चले जाओ।"

हनुमानूजी की बात सुनकर वायुपुत्र भीमसेन क्षुब्ध हो गये। उन्होंने बायें हाथ से पूँछ हटा देनी चाही, किंतु यह देखकर वे चकित हो गये कि पूँछ तो हिली भी नहीं। भीमसेन ने जोर लगाकर उसे हटाना चाहा, पर वह टस से मस नही हुई। तब उन्होंने दोनों हाथों से अपनी पूरी शक्ति लगा दी। उनका मुख-मंडल स्वेद-सिक्त हो गया, पर पूँछ अपने स्थान से तिल भर भी न हट सकी। लज्जा के कारण वीरवर भीमसेन का सिर नत हो गया।

उन्होंने हाथ जोड़कर अत्यंत विनयपूर्वक पूछा, "कपिश्रेष्ठ, आप मेरे दुर्वचनों के लिये कृपया क्षमा कर मुझ पर प्रसन्न हो जायँ। आप इस वेश में कोई सिद्ध, देवता, गन्धर्व अथवा गुह्यक तो नहीं हैं ? मैं आपकी शरण में हूँ। आप कृपापूर्वक मुझे अपना परिचय दीजिये।"

हनुमानूजी ने अपना परिचय देते हुए कहा, "पाण्डुनंदन भीमसेन, मैं वानरराज केसरी के क्षेत्र में वायु से उत्पन्न वानर हनुमानू हूँ। भीमसेन, यहाँ गंधर्व और अप्सराएँ मुझे मेरे प्रभु श्रीरामचन्द्रजी के चरित सुना-सुनाकर आनन्द प्रदान करते रहते हैं और जगज्जननी सीताजी के अनुग्रह से मुझे यहाँ इच्छित दिव्य भोग प्राप्त हो जाते हैं।"

इसके पश्चात् उन्होंने आगे कहना प्रारंभ किया, "इस मार्ग में देवगण निवास करते हैं और मनुष्यों के लिये अगम्य होने के कारण मैंने इसे रोक लिया था। संभव है, इस मार्ग द्वारा जाने से तुम्हारा तिरस्कार हो जाय या कोई तुम्हें शाप दे दे। तुम जहाँ जाना चाहते हो वह सरोवर तो यहाँ समीप ही है।"

भीमसेन हनुमानूजी का परिचय प्राप्त कर अत्यधिक प्रसन्न हुए और उनके चरणों पर गिर पड़े और फिर उन्होंने अत्यंत प्रेमपूर्ण कोमल वाणी में कहा, "आज मेरे सौभाग्य का क्या कहना, जो आपने कृपापूर्वक मुझे अपना दर्शन दिया। अब आप कृपापूर्वक अपने समुद्रोल्लंघन के समय के अनुपम स्वरूप को भी दिखा दीजिए। उसके दर्शन की मेरी प्रबल आकांक्षा है।"

हनुमानूजी ने हँसकर उत्तर दिया, "भाई भीमसेन, तुम तथा अन्य कोई मनुष्य उस रूप को नहीं देख सकता।"

तदनन्तर चारों युग उनके आचार धर्म, अर्थ, और काम के रहस्य, कर्मफल का स्वरूप तथा उत्पत्ति और विनाश का वर्णन करते हुए हनुमान्‌जी ने भीमसेन से कहा, "तुम मेरे उस स्वरूप को देखने का आग्रह मत करो। अब सुखपूर्वक लौट जाओ।" पर भीमसेन ने साग्रह प्रार्थना की, "आप कृपापूर्वक मेरी इस इच्छा की पूर्ति तो कर ही दीजिये। आपके उस अद्‌भुत रूप का दर्शन किये बिना मैं यहाँ से नहीं लौटूँगा।"

"अच्छा, तुम नहीं मानते हो, तो मेरे उस रूद्र रूप को देखो।" इतना कहकर पवनपुत्र हनुमान्‌जी ने अपने भाग्यवान् भाई भीमसेन को वह विशाल रुद्र रूप दिखलाया, जो उन्होंने समुद्रोल्लंघन के समय धारण किया था। वे अमित तेजस्वी हनुमान्‌जी वृक्षों सहित समूचे कदली वन को आच्छादित करते हुए गंधमादन की ऊँचाई को भी लाँघकर वहीं खड़े हो गये। उनका वह उन्नत विशालशरीर दूसरे पर्वत के समान प्रतीत होता था। लाल आँखों, तीखी दाढ़ों और टेढ़ी भौंहों युक्त उनका मुख था। वे अपने तेज से सूर्य के समान दिखाई देते थे। उनका शरीर सुवर्णमय मेरु पर्वत के समान था। उनकी प्रभा से सारा आकाशमंडल प्रज्ज्वलित सा जान पड़ता था।

(महा०, वन०, अध्याय१५०/श्लोक ५,७)

अपने बड़े भाई हनुमान्‌जी के उस विराट स्वरूप को देखकर भीमसेन के आश्चर्य की सीमा न रही। उन्होंने अपनी आँखें बंद कर लीं। विन्ध्यगिरि के समान हनुमान्‌जी के उस विशाल रुद्ररूप को देखकर उनके रोंगटे खड़े हो गये । तब हाथ जोड़कर भीमसेन ने आदरपूर्वक कहा, "अद्‌भुत सामर्थ्य सम्पन्न हनुमान्‌जी, मैंने आपका यह भयानक रुद्ररूप देख लिया। अब आप कृपापूर्वक अपने मैनाक पर्वत के समान अपरिमित और दुराधर्ष रूप को समेट लीजिये। मैं आपकी ओर और देख भी नहीं सकता। किंतु मैं सोच रहा हूँ कि आप जैसे वीरपुंगव के रहते हुए तुच्छ असुर का संहार करने के लिये स्वयं भगवान् श्रीराम को युद्ध क्यों करना पड़ा ?"

हनुमान्‌जी ने अपने भाई भीमसेन को समझाया, "भाई भीमसेन, निश्चय ही मैं अकेले रावण क्या, समस्त राक्षसकुल का सर्वनाश करने में समर्थ था; किंतु वैसा करने से श्री रघुनाथजी की कीर्ति का विस्तार कैसे होता ? उनका गुणगान कर मनुष्य अपना उद्धार कैसे कर पाते ?"

इतना कहकर हनुमान्‌जी ने पाण्डुनंदन को सौगन्धिक वन का मार्ग बताते हुए उन्हें चारों वर्णों के धर्मों का भी उपदेश दिया और फिर अपने विशाल शरीर को समेट कर भाई भीमसेन को हृदय से लगा लिया। रुद्रावतार हनुमान्‌जी के स्पर्श से भीमसेन की सारी थकान दूर हो गयी। उन्होंने अपने शरीर में अद्‌भुत शक्ति का अनुसरण किया।

उसी समय हनुमान्‌जी ने अत्यंत प्रेमपूर्वक भीमसेन से कहा, "भैया भीम, मेरा दर्शन व्यर्थ नहीं होना चाहिये। तुम कहो तो मैं दुर्योधन को उसके भाइयों सहित मार डालूँ

या तुम्हारी इच्छा हो, तो मैं दुष्ट दुर्योधन को बाँध कर तुम्हारे चरणों में डाल दूँ अथवा विशाल पर्वत पर पटक कर उसका सम्पूर्ण नगर ही नष्ट कर दूँ। तुम मुझसे कोई वर माँगो।"

भीमसेन ने अत्यंत प्रसन्न होकर उत्तर दिया, "वानरराज, आपकी कृपादृष्टि ही मुझे अभीष्ट है। आपकी दया से शत्रु पराजित होकर रहेंगे।"

अत्यंत सद्भाव के कारण हनुमान्जी ने वचन दिया, "तुम मेरे भाई हो। इस कारण मैं तुम्हारा कुछ न कुछ प्रिय अवश्य करूँगा। महाबली भीम, जब तुम बाण और शक्ति के आघात से व्याकुल हुई शत्रुओं की सेना में घुस कर सिंहनाद करोगे, उस समय मैं अपनी गर्जना से तम्हारे उस सिंहनाद को और बढ़ा दूँगा। इसके अतिरिक्त अर्जुन की ध्वजा पर बैठकर मैं ऐसी भीषण गर्जना करूँगा, जो शत्रुओं के प्राणों को हरने वाली होगी, जिससे तुम लोग उन्हें सुगमता से मार सकोगे।"

(महाभारत, वनपर्व, अध्याय १५१, श्लोक १६-१८)

फिर हनुमान्जी ने अत्यंत प्रेमपूर्वक कहा, "भाई भीम, अब तुम सुखपूर्वक जाओ। कभी-कभी मेरा भी स्मरण कर लेना, किंतु मेरे यहाँ रहने की बात प्रकट मत करना।" इतना कहकर हनुमान्जी अंतर्धान हो गये।

अध्याय २३

श्री हनुमान्-गर्वहरण के निमित्त

गरुड़ चक्र और सत्यभामा का गर्वहरण

समस्त दुःखों का मूल अभिमान होता है। अतएव भक्त के हृदय में तनिक भी अभिमान का अंकुर उत्पन्न हुआ कि करुणावरुणालय प्रभु उसे शीघ्र मिटाकर भक्त का अन्तःकरण निर्मल बना देते हैं। उस समय भक्त को कुछ कष्ट की भी अनुभूति होती है; किंतु वह पीछे श्रीभगवान् की अद्भुत करुणा एवं प्रीति का दर्शन कर आनंदविभोर हो जाता है।

भगवान् श्रीराम और श्रीकृष्ण के नाम और रूप में ही अंतर है, वस्तुतः वे दो नहीं, एक ही हैं। इसी प्रकार जनकनन्दिनी सीताजी और वृषभानुदुलारी राधाजी भी एक ही हैं। इनमें कोई भेद नहीं। ज्ञानमूर्ति पवननंदन इस अभेद तत्व से अपरिचित हों, यह बात नहीं, किंतु उन्हें तो अवधबिहारी धनुर्धर श्रीराम एवं जनकदुलारी प्रिय लगती हैं। वे निरंतर उन्हीं के ध्यान में आनंदमग्न रहते हैं। प्रभु भी यह जानते हैं और उनके साथ वैसी ही लीला करके उन्हें सुख देते रहते हैं। वैवस्वत मन्वन्तर के अट्ठाइसवें द्वापर में भगवान् श्रीकृष्ण अवतरित हुए थे। उस समय उन्होंने अपने भक्तों के गर्वहरण के लिए पवनकुमार को निमित्त बनाया था।

द्वारकाधीश श्रीकृष्ण ने अपनी प्राणप्रिया सत्यभामा की प्रसन्नता के लिए स्वर्ग से परिजात लाकर उनके आँगन में लगा दिया था। बस, सत्यभामाजी के मन में अभिमान का अंकुर उत्पन्न हो गया कि मैं ही सर्वश्रेष्ठ सुंदरी और अपने स्वामी को सर्वाधिक प्रिय हूँ। इतना ही नहीं एक दिन उन्होंने श्यामसुन्दर श्रीकृष्ण भगवान् से कह भी दिया, "क्या जनकदुलारी मुझसे अधिक सुंदरी थीं, जो आप (श्रीरामावतार में) उनके लिये वन-वन

में भटकते फिरे ?" भगवान् श्रीकृष्ण ने कोई उत्तर नहीं दिया। वे चुप हो गये।

परम तेजस्वी चक्रसुदर्शन ने सुरेन्द्र के वज्र को भी पराजित कर दिया था। महामुनि दुर्वासा उनके भय से सर्वत्र भागते फिरे। कठिन अवसरों पर भगवान् अपने प्रिय आयुध चक्र सुदर्शन का स्मरण करते हैं; इस कारण उनके मन में भी अपने अमित बलशाली एवं अतुल पराक्रमी होने का अभिमान हो गया था।

इसी प्रकार प्रभु के निजी वाहन गरुड़जी को भी अपनी शक्ति एवं वेग से उड़ने का अभिमान हो गया था। उन्होंने एकाकी सुरसमुदाय को परास्त कर अमृत हरण किया था। सुरेन्द्र का वज्र भी उनका कुछ नहीं कर सका था। देवताओं एवं दानवों के युद्ध में उन्होंने अपनी चोंच, नखों और पंखों के आघात से अमित पराक्रमी दानवों को मार डाला था। युद्ध में श्रीभगवान् को संतुष्ट कर उन्होंने प्रभु की ध्वजा में स्थान प्राप्त कर लिया। वे श्रीभगवान् के आसन, वाहन, सेवक, सखा, ध्वजा और व्यजन आदि सब कुछ हो गये। अपने इन कार्यों की स्मृति से एक दिन उनके मन में भी अपने अप्रतिभट होने का अहंकार हो गया था।

अपने इस तीनों प्रीतिभाजनों का गर्व दूर करने के लिए लीलावपु प्रभु ने हनुमान्जी का स्मरण किया। भगवान् के मन में संकल्प उदित होते ही हनुमान्जी तत्क्षण द्वारका पहुँच गये। उन्होंने राजकीय उद्यान में प्रवेश किया। प्रहरियों ने उन्हें रोकना चाहा, किंतु भूधराकार आंजनेय के आग्नेय नेत्रों से भयभीत होकर वे दुबक गये।

हनुमान्जी उछलकर एक वृक्ष पर चढ़ गये। वे उसके मधुर फल कुछ खाते कुछ कुतरते, कुछ वैसे ही तोड़कर फेंक देते। फिर वे कच्चे फलों को डालियों सहित तोड़कर फेंकने लगे। इस प्रकार वे एक वृक्ष से दूसरे वृक्ष पर कूदते, उसके फलों एवं डालियों को तोड़-तोड़ कर फेंकते हुए वाटिका ध्वंस करने लगे। कुछ ही देर में समूची वाटिका तहस-नहस हो गयी। यह समाचार द्वारिकाधीश के समीप पहुँचा।

गरुड़ को बुलाकर श्रीभगवान् ने कहा, "विनतानंदन, कोई बलवान् वानर द्वारावती के राजोद्यान में बलात् प्रवेश कर उसे नष्ट-भ्रष्ट कर रहा है। तुम सशस्त्र सैन्य लेकर जाओ और उसे पकड़ ले आओ।"

गरुड़ को जैसे आघात लग गया। एक क्षुद्र वानर को पकड़ने के लिये प्रभु सेना साथ ले जाने को कह रहे हैं ? उन्होंने कह भी दिया, "प्रभो, एक बंदर के लिए तो मैं ही पर्याप्त हूँ। सेना की क्या आवश्यकता है ?" प्रभु ने मुस्करा कर आदेश दिया, "जैसे भी हो, उस वानर को पकड़ लाओ।"

गरुड़जी राजोद्यान में पहुँचे । उन्होंने देखा हनुमान्जी उनकी ओर पीठ किये कोई फल कुतर रहे हैं। गरुड़जी ने क्रोधपूर्वक कहा, "अरे धृष्ट वानर, तू कौन है ? तूने यह वाटिका क्यों नष्ट कर डाली ?" हनुमान्जी ने उपेक्षा से उत्तर दिया, "तुम तो देख ही

रहे हो कि मैं वानर हूँ और मैंने कोई नवीन कार्य तो किया नहीं। वानर जो कुछ करते हैं, वही मैंने भी किया है।"

गरुड़जी ने अपने बल के अभिमान से कहा, "अच्छा, तो तू चल महाराज के पास।" हनुमान्जी ने उत्तर दिया, "मैं किसी महाराज के पास क्यों चलूँ ?" इतना सुनते ही विष्णुवाहन गरुड़ ने कुपित होकर कहा, "तू सीधे चल, नहीं तो सुन ले, मेरा नाम गरुड़ है।"

हनुमान्जी ने उपेक्षा भाव से उत्तर दिया, "अरे ! चलो, तुम्हारी तरह कितनी चिड़ियाँ देखी हैं। तुममें कुछ बल है, तो उसे भी दिखा दो। "हनुमान्जी की ऐसी बात सुनते ही गरुड़जी क्रोधाग्नि में जल उठे। उन्होंने हनुमान्जी पर आक्रमण कर दिया। हनुमान्जी पहले तो उनसे नन्हीं-नन्हीं चिड़ियों की तरह क्रीड़ा करते रहे, पर गरुड़जी का दुराग्रह देखकर उन्होंने उन्हें अपनी पूँछ में लपेट लिया। गरुड़जी छटपटाने लगे। वे अपनी पूँछ थोड़ी और कस देते, तो गरुड़जी सहन भी नहीं कर पाते। विनम्रतापूर्वक उन्होंने कहा,"मुझे द्वारकाधीश श्रीकृष्णचंद्रजी ने भेजा है। मैं तुम्हें बुलाने आया हूँ।

हनुमान्जी ने अपनी पूँछ ढीली कर दी और उत्तर दिया, "मैं तो कौसलेश श्रीरामचन्द्रजी का भक्त हूँ। श्रीकृष्णचन्द्रजी के पास क्यों जाऊँ ?"

गरुड़जी का बलाभिमान दूर नहीं हुआ था। उन्होंने हनुमान्जी से कहा, "अरे श्रीकृष्णचन्द्रजी और श्रीरामचन्द्रजी दो तो हैं नहीं। वे दोनों एक ही हैं। अतएव तुम्हें उनकी सेवा में उपस्थित होना ही चाहिए।" उन्होंने यह भी सोचा, "यदि मैं इस वानर की पूँछ की पकड़ में न आता, तो यह मेरा कुछ भी नहीं कर सकता था।"

हनुमान्जी ने स्पष्ट उत्तर दिया, "गरुड़जी, आपका यह कथन सर्वथा सत्य है कि श्रीकृष्ण और श्रीराम एक ही हैं, किन्तु मेरा मन तो धनुर्धर श्रीराम का चरणानुरागी है। इस कारण मैं किसी की सेवा में नहीं जा सकता।"

हनुमान्जी के इस उत्तर से गरुड़जी अत्यंत क्रुद्ध हो गये। वे बोले, "श्रीकृष्णचन्द्र की सेवा में तो तुम्हें चलना ही पड़ेगा।"

"देखो भैया गरुड़ ! मुझसे झगड़ो मत। मुझे शांतिपूर्वक फल खाने दो। तुम यहाँ से चले जाओ।" हनुमान्जी का उत्तर सुनते ही गरुड़जी उन्हें पकड़ने का प्रयत्न करने लगे। हनुमान्जी ने प्रभु के वाहन पर तीव्र आघात करना उचित नहीं समझा। उन्होंने गरुड़जी को पकड़कर धीरे से समुद्र की ओर फेंक दिया और स्वयं मलयगिरि पर चले गये। गरुड़ सीधे मुँह के बल समुद्र में गिरे। वे क्षणभर के लिए मूर्च्छित हो गये। समुद्र का कुछ पानी भी पी गये। मूर्च्छानिवृत्ति के पश्चात् उन्हें दिग्भ्रम भी हो गया। उन्होंने मन ही मन प्रभु का स्मरण किया, तब उनकी बुद्धि स्थिर हो सकी।

भीगे पंख लज्जित गरुड़ प्रभु के समीप पहुँचे। व्यंग्यपूर्वक श्रीकृष्ण ने उनसे पूछा,

"गरुड़जी, समुद्र में स्नान करके आ रहे हैं, क्या ?" आर्त होकर गरुड़जी प्रभु के चरणों में गिर पड़े; और बोले, "प्रभो, यह वानर असाधारण है। उसी ने मुझे पकड़कर समुद्र में फेंक दिया था।" इतना कहते हुए भी उनके मन में अपने वेग से उड़ने का अहंकार अवशिष्ट ही था। भगवान श्रीकृष्ण मन ही मन मुस्करा उठे। उन्होंने कहा, "वें श्रीराम के अनन्य भक्त हनुमान्जी हैं। वे मलयगिरि पर चले गये हैं। अब तुम उनसे जाकर कहो कि तुम्हें श्रीरामचन्द्रजी बुला रहे हैं।"

गरुड़जी ने श्रीभगवान् के चरणों में मस्तक रखा और वे मलयगिरि के लिये प्रस्थित हुए। भगवान् श्रीकृष्ण ने सत्यभामाजी से कहा, "तुम सीताजी का रूप धारण कर मेरे समीप बैठो, क्योंकि हनुमान्जी को श्रीसीताराम का ही रूप सबसे प्रिय है। "

फिर प्रभु ने चक्रसुदर्शन को बुलाकर आदेश दिया, "तुम द्वार पर अत्यंत सावधान रहना। मेरी अनुमति के बिना कोई यहाँ प्रविष्ट न होने पाये।" सुदर्शन के चले जाने पर प्रभु स्वयं धनुर्बाण धर श्रीराम के रूप में सिंहासनासीन हो गये।

उधर गरुड़जी अत्यंत वेग से उड़कर प्रभु की आज्ञा से हनुमान्जी के समीप मलयगिरि पर पहुँचे। उन्होंने विनयपूर्वक हनुमान्जी से कहा, "कपीश्वर, द्वारका में तुम्हें भगवान् श्रीरामचन्द्रजी बुला रहे हैं।" हनुमान्जी ने हर्षपूर्वक कहा, "मेरे करुणामय प्रभु ने मुझे बुलाया है ? यह जानकर मुझे अपार प्रसन्नता हुई। तुम चलो, मैं आता हूँ।" वेगशाली वैनतेय को पवनपुत्र का उत्तर प्रिय नहीं लगा। गरुणजी सोचने लगे, यह शाखामृग मुझसे बलवान् अवश्य है, किन्तु गति में मुझ खेचर से इसकी क्या तुलना ? पता नहीं यह द्वारकापुरी कब तक पहुँचें ? किन्तु भयवश उन्होंने हनुमान्जी से कुछ कहा नहीं। वे प्रभु श्रीराम के पास पहुँचने के लिए अपनी तीव्रतम गति से उड़े। उन्हें यह भी प्रदर्शित करना था कि हनुमान्जी कितने पिछड़े हैं।

हनुमान्जी द्वारका पहुँचे। वे राजसदन में प्रविष्ट होना ही चाहते थे कि सुदर्शन ने उन्हें रोक दिया। प्राणनाथ श्रीराम के दर्शन में व्यर्थ विलम्ब होते हुए देख हनुमान्जी ने सुदर्शन चक्र को पकड़कर अपने मुख में रख लिया और भीतर चले गये। वे भगवान् श्रीराम के चरणों में गिर पड़े। फिर हाथ जोड़े प्रभु के मुखारविंद की ओर देखते हुए उन्होंने विनयपूर्वक पूछा, "नाथ, माता जानकीजी कहाँ हैं ? आज उनके स्थान पर आप किस दासी को गौरव प्रदान कर रहे हैं ?"

हनुमान्जी का प्रश्न सुनकर सत्यभामाजी लज्जा से अवनत हो गयीं। उनका सौंदर्याभिमान नष्ट हो गया। उसी समय अत्यंत वेगपूर्वक उड़ने के कारण हाँफते-काँपते गरुड़जी प्रभु के समीप पहुँचे, तो वहाँ पहले से ही हनुमान्जी को उपस्थित देखकर, उनका मुँह नीचा हो गया। उनका वेगपूर्वक उड़ने का सारा अभिमान भी गल गया।

मुस्कराते हुए भगवान् श्रीरामचन्द्रजी रूपधारी द्वारकेश ने हनुमान्जी से पूछा,

"हनुमान्, तुम्हें राजसदन में प्रविष्ट होते समय किसी ने रोका तो नहीं ?" हनुमान्जी ने विनयपूर्वक उत्तर दिया, "प्रभो, द्वार पर सहस्रार (सुदर्शन) मुझे आपके चरणों में उपस्थित होने में व्यवधान उपस्थित कर रहा था। व्यर्थ विलम्ब होते देखकर मैंने उसे अपने मुँह में रख लिया।" हनुमान्जी ने चक्र को मुँह से निकालकर प्रभु के सामने रख दिया। चक्र श्रीहत हो गये थे। इस प्रकार गरुड़जी, चक्रसुदर्शन और सत्यभामा का गर्व चूर्ण हनुमान्जी ने अपने प्रभु के चरणों में प्रणाम किया और उनकी आज्ञा से मलयाचल के लिये प्रस्थित हो गये।

अर्जुन का गर्व-हरण

बात है द्वापर के अन्त की। एक दिन अर्जुन एकाकी ही सारथि के स्थान पर स्वयं बैठकर अपना रथ हाँकते अरण्य में घूमते हुए दक्षिण दिशा में चले। मध्याह्नकाल हो जाने पर उन्होंने रामेश्वर के धनुष्कोटि तीर्थ में स्नान किया और फिर गव-पूर्वक इधर-उधर घूमने लगे। उसी समय उन्होंने एक पर्वत के ऊपर सामान्य वानर के रूप में महाबली हनुमान्जी को देखा। उनका शरीर सुन्दर पीले रंग के रोएँ से सुशोभित था और वे रामनाम का जप कर रहे थे। उन्हें देखकर अर्जुन ने पूछा, "अरे वानर, तुम कौन हो और तुम्हारा नाम क्या है ?"

हँसते हुए हनुमान्जी ने उत्तर दिया, "मैं समुद्र पर शिलाओं का सौ योजन विस्तृत सेतु निर्माण करानेवाले प्रभु श्रीराम का सेवक हनुमान् हूँ।"

अर्जुन ने गर्व में भरकर कहा, "समुद्र पर सेतु तो कोई भी महाधनुर्धर अपने बाणों से बना लेता। श्रीराम ने सेतु-निर्माण कराने में व्यर्थ ही प्रयास किया।" हनुमान्जी ने तुरन्त कहा, "बाण का सेतु हमारे जैसे वानरों का भार नहीं सह सकता था। इसी कारण प्रभु ने शर-सेतु के निर्माण का विचार नहीं किया।"

अर्जुन ने कहा, "यदि वानर-भालुओं के आवागमन से ही सेतु टूट जाय, तब तो धनुर्विद्या ही कैसी ? तुम अभी मेरी धनुर्विद्या का चमत्कार देखो। मैं अपने बाणों से समुद्र पर शत योजन लम्बा सेतु निर्मित कर देता हूँ। तुम उस पर आनन्दपूर्वक खूब उछल-कूद करो।" हनुमान्जी हँस पड़े और बोले, "यदि तुम्हारा बनाया हुआ शर-सेतु मेरे अँगूठे के भार से ही टूट जाय, तब तुम क्या करोगे ?" गर्वपूरित अर्जुन प्रतिज्ञा कर बैठे, "यदि तुम्हारे भार से सेतु टूट गया, तो मैं जीवित ही चिता की अग्नि में जल मरूँगा। अब तुम भी कोई प्रण करो।" हनुमान्जी ने कहा, "यदि तुम्हारे बाणों से निर्मित सेतु मेरे अंगुष्ठ-चाप से नहीं टूटा, तो मैं जीवन-भर तुम्हारे रथ की ध्वजा के समीप बैठकर तुम्हारी सहायता करता रहूँगा।"

हनुमान्जी की प्रतिज्ञा सुनकर अर्जुन ने कहा, "अच्छी बात है।" इतना कहते

हुए अर्जुन ने अपना विशाल गाण्डीव धनुष लिया और कुछ ही क्षणों में महान नीलोदधि के ऊपर अपने बाणों से सौ योजन विस्तृत सुदृढ़ सेतु तैयार कर दिया। तब उन्होंने महावीर हनुमान् से कहा, "वानरराज, अब तुम इच्छानुसार इस पर उछल-कूद कर देख लो।"

हनुमान्‌जी ने हँसते हुए उस सेतु पर अपना अगूँठा रखा ही था कि वह शर सेतु तड़तड़ाकर टूटा और समुद्र में डूब गया।

महाधनुर्धर अर्जुन का मुख मलिन हो गया। हनुमान्‌जी पर गन्धर्वों और देवताओं का समुदाय स्वर्गीय सुमनों की वृष्टि करने लगा। दुःखी और उदास अर्जुन ने वहीं समुद्र तट पर चिता तैयार की और हनुमान्‌जी के मना करने पर भी वे उसमें कूदने को तैयार हो गये। उसी समय वहाँ एक ब्रह्मचारी ने आकर अर्जुन से चिता में कूदने का कारण पूछा। अर्जुन ने उन्हें शर सेतु के सम्बन्ध में अपनी प्रतिज्ञा के साथ पूरी घटना सुना दी।

ब्रह्मचारी बोले, "प्रतिज्ञा-पालन तो अनिवार्य है ही। किन्तु साक्षी के बिना तुम लोगों की बाजी का कोई अर्थ नहीं। अब मैं यहाँ साक्षी के रूप में उपस्थित हूँ। तुम अपने बाणों से सेतु-निर्माण करो और ये कपिराज उसे अपने अगुष्ठ-भार से डुबा दें तब मैं उचित निर्णय दूँगा।

दोनों ने कहा "ठीक है।" अर्जुन ने अपने बाणों से तुरंत शत योजन का विस्तृत सेतु निर्माण कर दिया। हनुमान्‌जी ने उसे अँगूठे से दबाया, किन्तु सेतु का कुछ नहीं बिगड़ा। हनुमान्‌जी चकित हो गये। उन्होंने अपने पैरों, हाथों और घुटनों के बल से भी उसे दबाया, पर वह सुदृढ़ सेतु तिल भर भी टस से मस नहीं हुआ।

हनुमान्‌जी सोचने लगे, "जो शर-सेतु मेरे अँगूठे का सामान्य भार भी नहीं सह सका था, वही अब मेरा सम्पूर्ण भार सह ले रहा है। निश्चय ही इसमें कोई न कोई रहस्य है।" भगवान् श्रीराम के अनन्य सेवक परम ज्ञानी हनुमान्‌जी ने अर्जुन से कहा, "पाण्डुनंदन अर्जुन, इन ब्रह्मचारीजी की सहायता से मैं आपसे पराजित हो गया। ब्रह्मचारी के वेश में स्वयं श्रीभगवान् ने ही पधारकर आपकी रक्षा की है। उन्होंने इस सेतु के नीचे अपना चक्र लगा दिया है। त्रेता में इसी वेश में मेरे स्वामी श्रीरामचन्द्रजी ने द्वापर के अंत में मुझे श्रीकृष्ण के रूप में दर्शन देने का वरदान दिया था। आपके शर-सेतु के बहाने इन्होंने अपना वरदान भी पूरा कर दिया।"

सहसा बटु के स्थान पर वंशीविभूषित पीताम्बरधारी नवनीरदवपु श्रीकृष्णचंद्र का दर्शन होने लगा। हनुमान्‌जी ने उनके चरणों में प्रणाम किया और मयूर मुकुटी ने उन्हें आलिंगनबद्ध कर लिया। अर्जुन चकित होकर अपने रक्षक प्राणप्रिय सखा की अद्भुत लीला देख रहे थे। उनके सम्मुख ही श्रीकृष्ण के आदेशानुसार चक्र शर-सेतु से बाहर निकल कर अपने स्थान के लिये चला गया और अर्जुन के द्वारा निर्मित सेतु विशाल

जलधि की तरंगों में विलीन हो गया।

अर्जुन का गर्व नष्ट हो गया और अपनी प्रतिज्ञा के अनुसार हनुमान्जी अर्जुन के रथ पर ध्वजा के समीप रहने लगे। इसी कारण अर्जुन 'कपिध्वज' के नाम से प्रसिद्ध हुए।

महाभारत के युद्ध में महाधनुर्धर अर्जुन के बाणों के आघात से विपक्षी वीरों के रथ अत्यधिक दूर जा गिरते थे, किन्तु अर्जुन के रथ को पीछे फेंकने की सामर्थ्य किसी योद्धा के वाण में नहीं थी। एक बार वीरवर कर्ण के शराघात से अर्जुन का रथ थोड़ा ही पीछे खिसका था कि श्रीकृष्ण बोल उठे, "वाह, निश्चय ही कर्ण शूरवीर और महाध ानुर्धर है।"

अर्जुन खिन्न हो गये। उन्होंने मधुसूदन से पूछ भी लिया, "प्रभो, मेरे बाण के आघात से शत्रुओं के रथ कितनी दूर चले जाते हैं, तब तो आप कुछ नहीं बोलते, किन्तु कर्ण के द्वारा मेरा रथ तनिक सा पीछे सरका, तो आप उसकी प्रशंसा करने लगे।" जनार्दन ने उत्तर दिया, "पार्थ, तुम्हारे रथ पर हनुमान् बैठे हैं। उनके रहते हुए भी तुम्हारे रथ का पीछे हट जाना कर्ण की वीरता का ही द्योतक है। यदि इस पर आंजनेय आसीन न होते, तो न जाने तुम्हारे रथ की क्या दशा होती ?"

शनि के गर्व का हरण

भक्तवर हनुमान् श्रीराम-कथा के अनन्य प्रेमी हैं। इस कारण जहाँ भी श्रीराम कथा होती है, श्रीरामचरण-चंचरीक हनुमान्जी वहाँ उपस्थित रहते हैं। जब अपने प्राणाराध्य की कथामृत सुधा के पान का अवसर नहीं रहता, तब वे अपने प्रभु के ध्यान में तल्लीन हो जाते हैं।

एक बार की बात है। दिनांत समीप था। सूर्यदेव अस्ताचल के समीप पहुँच चुके थे। शीतल मंद समीर बह रहा था। भक्तराज हनुमान् रामसेतु के समीप अपने प्रभु श्रीराम के ध्यान में तन्मय बैठे थे। उनके रोम-रोम पुलकित थे, नेत्रों से प्रेमाश्रु की वर्षा हो रही थी। ध्यानावस्थित आंजनेय को बाह्य जगत की स्मृति भी न थी। उसी समय सूर्यपुत्र शनि समुद्र तट पर टहल रहे थे। उन्हें अपनी शक्ति और पराक्रम का अत्यधिक अहंकार था। वे मन ही मन सोच रहे थे, "मुझमें अतुलनीय शक्ति है। सृष्टि में मेरी समता करने वाला कोई नहीं है। समता की बात तो दूर, मेरे आगमन की बात सुन बड़े-बड़े रणधीर एवं पराक्रमी मनुष्य ही नहीं, देव-दैत्य तक भी काँप उठते हैं, व्याकुल हो जाते हैं। मैं क्या करूँ, किसके पास जाऊँ, जहाँ दो हाथ दिखा सकूँ ? मेरी शक्ति का कोई उपयोग नहीं हो पा रहा है।"

इस प्रकार विचार करते हुए शनि की दृष्टि ध्यानमग्न श्रीरामभक्त हनुमान् पर पड़ी। उन्होंने बज्रंग महावीर को पराजित करने का निश्चय किया। युद्ध का निश्चय कर शनि आंजनेय के निकट पहुँचे। उस समय सूर्यदेव की तीक्ष्णतम किरणों से शनि का रंग अत्यधिक काला हो गया था। उनकी आकृति भी परम भयावह थी। हनुमान्जी के समीप पहुँचकर अतिशय उद्दण्डता का परिचय देते हुए शनि ने कहा, "बंदर, मैं प्रख्यात शक्तिशाली शनि तुम्हारे सम्मुख उपस्थित हूँ। मैं तुमसे युद्ध करना चाहता हूँ। तुम पाखण्ड त्याग कर खड़े हो जाओ।

तिरस्कार करने वाली अत्यंत कटु वाणी सुनते ही भक्तराज हनुमान्जी ने अपने नेत्र खोले और बड़ी शालीनता एवं शान्ति से पूछा, "महाराज, आप कौन हैं ? यहाँ पध ारने का आपका उद्देश्य क्या है ?" शनि ने अहंकार पूर्वक उत्तर दिया, वानर मैं परम तेजस्वी सूर्य का परम पराक्रमी पुत्र शनि हूँ। जगत् मेरा नाम सुनते ही काँप उठता है। मैंने तुम्हारे बल-पौरुष की कितनी ही गाथाएँ सुनी हैं। इसलिए मैं तुम्हारी शक्ति की परीक्षा करना चाहता हूँ। सावधान हो जाओ; मैं तुम्हारी राशि पर आ रहा हूँ।"

अंजनानंदन ने अत्यंत विनम्रतापूर्वक उत्तर दिया, "शनिदेव, मैं वृद्ध हो गया हूँ और अपने प्रभु का ध्यान कर रहा हूँ। इसमें व्यवधान मत डालिये। कृपापूर्वक अन्यत्र चले जाइये।"

मदमत्त शनि ने सगर्व कहा, "मैं कहीं जाकर लौटना नहीं जानता और जहाँ जाता हूँ, वहाँ अपना प्राबल्य और प्राधान्य तो स्थापित कर ही देता हूँ।"

पवनपुत्र ने शनिदेव से बारम्बार प्रार्थना की, "महात्मन्, मैं वृद्ध हो गया हूँ। युद्ध करने की शक्ति मुझमें नहीं है। मुझे अपने आराध्य देव भगवान् श्रीराम का स्मरण करने दीजिए। आप यहाँ से जाकर किसी और वीर को ढूँढ़ लीजिये। मेरे भजन चिंतन में विघ्न उपस्थित मत कीजिये।"

अत्यंत उद्धत और गर्वोन्मत्त शनि ने परुष वाणी में कहा, "कायरता तुम्हें शोभा नहीं देती। तुम्हारी स्थिति देखकर मेरे मन में करुणा का संचार हो रहा है। किन्तु मैं तुमसे युद्ध अवश्य करूँगा।" इतना ही नहीं शनि ने दुष्टग्रहनिहन्ता महावीर हनुमान्जी का हाथ पकड़ लिया और उन्हें युद्ध करने के लिये ललकारने लगे। हनुमान्जी ने झटककर अपना हाथ छुड़ा लिया। युद्धोन्मादी शनि पुनः हनुमान्जी का हाथ पकड़कर उन्हें युद्ध के लिये खींचने लगे।

पिशाचग्रहघातक कपिवर ने शनि से कहा, "आप नहीं मानेंगे।" इतना कहकर उन्होंने अपनी पूँछ बढ़ाकर शनि को उसमें लपेटना प्रारंभ किया। कुछ ही क्षणों में सूर्यपुत्र शनि हनुमान्जी की सुदृढ़ पूँछ में भली-भाँति आबद्ध हो गये। उनकी शक्ति और उनका अहंकार व्यर्थ सिद्ध हुआ। शनिदेव सर्वथा अवश, असहाय और निरुपाय होकर दृढ़तम

बन्धन की पीड़ा से छटपटाने और कराहने लगे। पवनपुत्र यह कहते हुए उठे, ''अब रामसेतु की परिक्रमा का समय हो गया है।'' वे दौड़ते हुए सेतु परिक्रमा करने लगे। शनिदेव की सम्पूर्ण शक्ति से भी उनका बन्धन शिथिल न हो सका। भक्तराज हनुमानूजी के दौड़ने से उनकी विशाल पूँछ वानर-भालुओं द्वारा रखे गये शिलाखण्डों पर गिरती जा रही थी। वीरवर हनुमान दौड़ते हुए जान-बूझकर भी अपनी पूँछ शिलाखण्डों पर पटक देते थे। शनि की अत्यंत दयनीय और असहाय स्थिति हो गयी। शिलाखण्डों पर पटके जाने से उनका शरीर रक्त से लथपथ हो गया। उनकी पीड़ा की सीमा नहीं थी और हनुमानूजी की परिक्रमा में कहीं विराम नहीं दीख रहा था। तब शनि अत्यंत कातर स्वर में प्रार्थना करने लगे, ''करुणामय भक्तराज, मुझ पर कृपा कीजिये। मेरा प्राण छोड़ दीजिये। मैं आपकी शरण में हूँ।''

शनि की प्रार्थना सुनकर दयामूर्ति हनुमान् खड़े हुए। शनि के अंग-प्रत्यंग लहूलुहान हो गये थे। उनकी रग-रग में असह्य पीड़ा हो रही थी। हनुमानूजी ने शनि से कहा, ''यदि तुम मेरे भक्त की राशि पर कभी न जाने का वचन दो, तो मैं तुम्हें मुक्त कर सकता हूँ। और यदि तुमने ऐसा किया, तो मैं तुम्हें कठोरतम दण्ड दूँगा।''

पीड़ा से छटपटाते हुए शनि ने अत्यंत आतुरतापूर्वक प्रार्थना की, ''सुरवंदित पवनपुत्र, निश्चय ही मैं आपके भक्त की राशि पर कभी नहीं जाऊँगा। आप कृपापूर्वक मुझे शीघ्र बंधनमुक्त कर दीजिये।''

शरणागतवत्सल भक्तप्रवर हनुमान् ने शनि को मुक्त कर दिया। शनि ने अपना शरीर सहलाते हुए गर्वापहारी मारुतात्मज के चरणों में सादर प्रणाम किया। वे चोट की असह्य पीड़ा से व्याकुल होकर अपने देह पर मालिश करने के लिये तेल माँगने लगे। उन्हें जो तेल प्रदान करता, उसे वे संतुष्ट होकर आशीष देते। कहते हैं, इसी कारण शनिदेव को उनकी शान्ति के लिये अब भी तेल चढ़ाया जाता है।

अध्याय २४

व्यक्तित्व एवं दर्शन

श्रीहनुमान्‌जी अपूर्व नैष्ठिक ब्रह्मचारी हैं। वे सनातन, चिरंजीवी और परात्पर हैं। वे श्रीराम की कल्याणमयी कथा सुनने के अप्रतिम रसिक और गायक हैं। जहाँ-जहाँ श्रीराम की कथा हाती है, वहाँ-वहाँ वे अदृश्य रूप में अथवा छद्‌मवेश में विद्यमान रहकर उसका रसास्वादन करते हैं। उनके हृदय में घट-घट व्यापी श्रीराम नित्य रमण करते हैं। श्रीहनुमान्‌जी न तो किसी विशेष धाम अथवा लोक के सर्वतन्त्र स्वतंत्र अधिपति हैं, न उनके भगवद्‌भक्तिमय आप्तकाम जीवन के लिए श्रीराम की कथा को छोड़कर किसी विशिष्ट धाम में निवास की अपेक्षा अथवा आवश्यकता ही है। पर हाँ शास्त्रों में उनके किम्पुरुषवर्ष और साकेत (अयोध्या) में निवास करने का उल्लेख अवश्य मिलता है। यद्यपि वे किम्पुरुषवर्ष में निवास कर भगवान् श्रीराम की उपासना करते हैं, उनके विग्रह की पूजा-स्तुति करते हैं, तथापि वह उनका धाम नहीं है। वह तो उनके आराध्य देव (श्रीराम) के अर्चाविग्रह की उपस्थिति से गौरवान्वित तथा कृतार्थ है।

श्रीराम ने परमधाम जाने के समय हनुमान से कहा था, "वायुनंदन, तुम चिरंजीवी होओ। जब तक लोग मेरी कथा कहें, तब तक प्राणों को धारण करो।"

वायुपुत्र चिरंजीव मा प्रतिज्ञां वृथा कृथाः।।
यावल्लोका वदिष्यन्ति मत्कथां वानरर्षभ।
तावत्वं धारय प्राणान् प्रतिज्ञां प्रतिपालयन्।।

स्कंद पु०, वैष्णव, अयोध्या, मा० ६। १३७-३८

श्रीसीताराम के सन्निधान में श्रीहनुमान् उनकी सेवा के सुख का निरंतर आस्वादन करते हुए पृथ्वी पर साकार दिव्य ऐच्छिक देह से विद्यमान रहते हैं। श्रीहनुमान्‌जी

साक्षात् भगवत्सेवा-विग्रह हैं। सकल सिद्धियों के दाता, परम कल्याणस्वरूप सेवाब्रह्म हैं।

वैसे तो श्रीहनुमान्जी स्वयं भगवान् शंकर के अवतार होने के कारण गुणों के साक्षात् स्वरूप ही हैं; किन्तु उनका यह अवतार तो सेवक के रूप में ही हुआ था। उनके सम्पूर्ण गुणों का वर्णन होना तो कठिन है, तथापि सेवकोचित कतिपय विशिष्ट गुणों का यत्किंचित् उल्लेख किया जायेगा। वे गुण हैं-(१) स्वामिभक्ति (भगवद्भक्ति), (२) अपूर्व त्याग (३) ज्ञान की पूर्णता, (४) निरभिमानता (५) अद्भुत चातुर्य।

स्वामिभक्ति

श्रीहनुमान्जी दास्य भक्ति के आचार्य माने जाते हैं। स्वामी की आज्ञा का पालन ही सेवक का परम धर्म है। हनुमान्जी की सेवा का विशेष परिचय हमें तब मिलता है, जब सीताजी के वियोग में भगवान् श्रीराम और लक्ष्मण ऋष्यमूक पर्वत आते हैं। इधर अपने भाई बाली के भय के कारण सुग्रीव पर्वत के ऊपर अपने अनुचरों के साथ निवास करते थे। उन्होंने इन अज्ञात पुरुषों को पहचानने के लिए श्रीहनुमान्जी को भेजा। वे ब्राह्मण वटु का रूप धारण कर वहाँ गये।

श्रीराम-लक्ष्मण के श्याम-गौर शरीर, मनोहर मुखाकृति और सौम्य स्वरूप से प्रभावित होकर पवनपुत्र ने श्रीराम के चरणों में प्रणाम किया और उनका परिचय पूछा। अपना संक्षिप्त परिचय देते हुए श्रीरामजी ने कहा, "हम दोनों भाई अवध-नरेश श्री दशरथजी के पुत्र हैं। मेरा नाम राम है और ये मेरे अनुज लक्ष्मण हैं। सीता देवी के साथ हम लोग वन में आये थे। दुर्भाग्यवश किसी राक्षस ने जनकनन्दिनी का अपहरण कर लिया। उन्हीं की खोज में हम दोनों वन-वन में फिर रहे हैं।"

उन वचनों को सुनकर श्रीहनुमान्जी की जो दशा हुई, वह वर्णनातीत है। माता अंजना देवी के मुख से उन्होंने श्रीराम का वर्णन सुना था और उसी सीताहरण के प्रसंग की मानो पुनरावृत्ति हो रही थी। श्रीशंकरजी ने जिनके बालस्वरूप का दर्शन भी करा दिया था, उन्हीं प्रभु श्रीराम को आज किशोरावस्था में सम्मुख देखकर भी हनुमान्जी के नेत्रों से प्रेमाश्रु बहने लगे। अपने आराध्य देव के दर्शन करके वे अपना वास्तविक रूप छिपा न सके। प्रभु के चरणों को पाकर भला बाह्य आडंबर कहाँ तक टिक सकता है ? उन्होंने अपना वास्तविक रूप प्रकट कर दिया और श्रीराम के चरणों में साष्टांग प्रणाम किया। बालसखा एवं अनन्य भक्त को भगवान् ने अपने हृदय से लगा लिया। भक्त और भगवान् के इस अद्भुत मिलन का भला कौन वर्णन कर सकता है ?

फिर क्या था ? हनुमान्जी के प्रयास से सुग्रीव के साथ भगवान् श्रीराम की मैत्री हुई। बाली का वध हुआ तथा श्रीसीताजी की खोज के लिये प्रमुख वानरों का चयन हुआ।

श्रीरामजी ने हनुमान्जी को अत्यंत गुणनिधान, बलधाम और परम बुद्धिमान समझकर अपना विशेष संदेश सीताजी से कहने को कहा। साथ ही अपनी मुद्रिका भी उन्होंने जानकी जी को देने के लिए हनुमान्जी को दी।

समुद्रोल्लंघन कर हनुमान्जी लंका पहुँचे, उन्हें धैर्य बँधाया, अशोक वाटिका का विध्वंस किया, लंकादहन कर फिर वापस आ गये। स्वामी की आज्ञा का पालन ही सेवक का एकमात्र धर्म होता है। लंका में, राक्षसों के साथ भीषण संग्राम, लक्ष्मण मूर्च्छा, संजीवनी आनयन, एवं इसके पश्चात् अयोध्या-लीला में भी हमें हनुमान्जी की अनन्य भक्ति का दर्शन होता है। यही कारण है कि हम आज भी श्रीराम-पंचायतन में श्री पवनपुत्र का दर्शन करते हैं। इतना ही नहीं, हमें गाँव-गाँव में छोटे-मोटे रूप में प्रतिष्ठित श्रीहनुमान्जी के दर्शन होते हैं।

अपूर्व त्यागी

महामहिम हनुमान्जी के जीवन में त्याग ही त्याग भरा हुआ है। अपने आराध्य श्रीरघुनाथजी की विशुद्ध प्रीति, उनकी लीलाकथा का श्रवण एवं उनके मंगलमय नामकीर्तन के अतिरिक्त इन्हें और कुछ अभिष्ट नहीं।

यश-कामना का त्याग कितना कठिन होता है ? स्त्री-पुत्र, घर-द्वार अपार सम्पत्ति नहीं, यश की रक्षा के लिए प्राणोत्सर्ग तक किया जा सकता है; किंतु उस यश का त्याग सहज नहीं। बड़े से बड़े संत, महात्मा, ज्ञानी और त्यागी को भी इस लोकैषणा के ऊपर विजय प्राप्त कर पाना बड़ा ही कठिन है। किंतु हनुमान्जी के त्याग की एक छोटी सी झलक देखने योग्य है। वैसे तो उन्होंने स्वयं को भगवान् श्रीराम के चरणों में न्योछावर कर दिया था। स्वयं बाबा भोलेनाथ के अवतार होने के कारण वे वितृष्णा एवं वीतराग तो थे ही, किंतु लोकैषणा का त्याग करके, उन्होंने अपने जीवन मंदिर के ऊपर स्वर्ण-कलश चढ़ा दिया। वह प्रसंग इस प्रकार है-

जगज्जननी सीताजी के परित्याग के पश्चात् भगवान् श्रीराम उदासीन एवं एकान्तप्रिय बन गये थे। स्वामी की उदासीनता भला हनुमान्जी जैसे एकनिष्ठ संत कैसे सहन कर सकते थे ? अतः श्रीपवनकुमार प्रभु-सेवा के अवकाश के क्षणों में एक समीपस्थ पर्वत के ऊपर बैठकर श्रीराम का स्मरण करने लगे। बाललीला से लेकर उस समय तक की सभी लीलाएँ वे स्फटिक शिलाओं के ऊपर अपने वज्रनख से देववाणी में काव्यबद्ध करते हुए उत्कीर्ण करने लगे। थोड़े समय में सम्पूर्ण श्रीराम-चरितमय महाकाव्य तैयार हो गया।

जब इस बात की सूचना महर्षि वाल्मीकिजी को लगी, तब वे उस पर्वत पर

पधारे। श्रीहनुमान्जी ने महर्षि को नमस्कार करके उनके सामने अपनी रचना रख दी, जिसे देखकर महर्षि मुग्ध हो गये। साथ ही साथ उनके मन में यह भी विचार आया, "यदि यह श्रीरामचरित लोक-प्रसिद्ध हो जायेगा, तो फिर मेरे ग्रंथ को कोई नहीं पूछेगा। मेरी कृति इस महाकाव्य के आगे एकदम फीकी पड़ जायेगी।" इसी विचार में महर्षि जी डूबने-उतराने लगे।

"पूज्यवर !" अकस्मात् श्रीमारुति की आवाज सुनकर वाल्मीकिजी जाग उठे। हनुमान्जी ने प्रश्न किया, "आप उदास क्यों हो गये ? क्या मेरी रचना में कोई त्रुटि रह गयी है ?"

वाल्मीकिजी बोले, "नहीं, नहीं वत्स ! आपकी रचना अत्यंत उच्च कोटि की है। इसमें तो कोई सन्देह ही नहीं है; किन्तु......"

"आप शीघ्र कहिये, महर्षिजी," श्रीहनुमान्जी के स्वर में पूज्य भावना और अपनी भूल सुधारने की तत्परता थी।

श्री वाल्मीकिजी बोले, "आप प्रथम मुझे वचन दीजिये, फिर मैं कहूँगा। आप इसे वरदान भी कह सकते हैं।"

पवनपुत्र ने कहा, "मैं तो आपका तुच्छ दास हूँ। आप आज्ञा दीजिये; मैं अवश्य पालन करूँगा।"

वाल्मीकिजी बोले, "आपके रामचरित का विश्व में प्रकाश होने के पश्चात् मेरी रामायण को कोई भी नहीं पूछेगा।"

चरित्रवान् महोदार महावीर ने हँसते हुए कहा, "समझ गया, ऋषिवर, इतनी छोटी सी बात को आपने इतना अधिक महत्व दिया। आप शीघ्र ही मेरे साथ पधारिये। इन उत्कीर्ण शिलाओं को भी मैं अपने साथ लिये लेता हूँ।"

यह कहकर अपने एक कंधे पर महर्षि वाल्मीकि को तथा दूसरे पर उन सभी शिलाओं को लेकर पवनकुमार समुद्र-तट पर पहुँचे और मध्य समुद्र में जाकर महर्षि के देखते-देखते उन सभी शिलाओं को 'श्रीरामार्पणमस्तु!' कहकर समुद्र में फेंक दिया।

पलक मारते यह सब हो गया, जो वाल्मीकिजी की कल्पना में भी न था। बड़ा पश्चात्ताप हुआ ऋषिवर को। उन्हें बड़ी ग्लानि हुई। उन्हें लगा कि, "इन शिलाओं के बदले यदि कपिराज ने मुझे समुद्र में फेंक दिया होता, तो श्रेयस्कर होता। मैंने इन परम त्यागी, निस्पृह पवनपुत्र के साथ घनघोर अन्याय किया।" अपने स्थान पर आकर श्रीहनुमान्जी ने महर्षि के चरणों में प्रणाम किया और कहा, "ऋषिवर, यह कार्य तो मैंने यों ही समय-यापन के लिये किया था। "येन केन प्रकारेण रामे बुद्धिं निवेशयेत्" इसके सिवा इसमें मेरा कोई अन्य उद्देश्य नहीं था।"

महामना मारुति के हृदय में न दुःख था, न पश्चात्ताप। महान् परिश्रम से और

अमूल्य अवसर में की हुई अप्रतिम रचना को उन्होंने महर्षि के सन्तोष के लिये समुद्र में अर्पण कर दिया।

"धन्य श्रीराम के अनन्य भक्त, अद्वितीय सेवक, धन्य त्यागीश्वर, धन्य पवनकुमार !" महर्षि वाल्मीकि को समस्त शब्दकोष के विशेषण अल्प मालूम होते थे। उनके नेत्रों से अविरल अश्रु प्रवाह हो रहा था। वे बोले, "आपका तो समस्त जीवन ही भगवान् श्रीराम की यशोगाथा रूप ही है। महावीर, आप अमर हैं। मैं आज प्रतिज्ञा करता हूँ कि आपके संतोष व तृप्ति के लिये मैं दूसरा जन्म धारण कर आपका ही अनन्य उपासक 'तुलसी' बनकर आपके ही अनुग्रह से आपके महान् ग्रंथ के आधार पर सर्वजनहिताय 'रामचरितमानस' नामक अपूर्व ग्रंथ की रचना करूँगा। अपने जीवनपर्यन्त आपका उपासक बना रहूँगा।" इस प्रकार कहकर महर्षि वाल्मीकि अपने आश्रम को पधारे।

इस प्रकार सेवाधर्म परम गहन है। उसका मूलमंत्र है-आदर्श त्याग, तप और कठोर धर्माचरण। वास्तव में तन, मन, धन, यश एवं मान का त्याग करने के पश्चात् ही भगवान् की सच्ची सेवा का अधिकार प्राप्त होता है। श्रीहनुमान्जी के आदर्श त्याग के उदाहरण रामायण में भरे पड़े हैं।

निरभिमानी

'अभिमानं सुरापानम्' कहकर शास्त्रकारों ने अभिमान को सुरापान के समान त्याज्य माना है। श्री पवनकुमार में लेशमात्र भी अभिमान नहीं था। निरभिमानित्व भक्ति के मार्ग में भूषणस्वरूप है-"भक्तानां दैन्यमेवोक्तं हरितोषणकारणम्। भक्तों की दीनता ही भगवत्संतोष का कारण कही गयी है।" लंका-दहन के पश्चात् वहाँ से वापस आने पर श्रीराम ने पवनकुमार की प्रशंसा करते हुए उनसे पूछा-

कहु कपि रावन पालित लंका। केहि बिधि दहेउ दुर्ग अति बंका।
नाघि सिंधु हाटकपुर जारा। निसिचर गन बधि बिपिन उजारा।।

-रामचरितमानस, सुंदरकांड, ३२। २१/२, ४

भला, अपने स्वामी द्वारा की हुई प्रशंसा निरभिमानी सेवक श्रीमारुति को कैसे अच्छी लगती ? अपनी प्रशंसा का स्रवण ही तो अभिमान उत्पन्न करा देता है। अतः श्रीहनुमान्जी ने उत्तर दिया-

सो सब तव प्रताप रघुराई। नाथ न कछू मोरि प्रभुताई।।

-मानस, ५।३२। ४१/२

यदि यहाँ कोई स्वार्थी सेवक होता, तो वह स्वयं भी उसी के साथ-साथ अपनी

प्रशंसा के गीत गाने लगता। किन्तु हनुमानूजी तो जानते ही थे कि स्वयं प्रशंसा सुनने से या अपने ही मुख से अपनी प्रशंसा करने से तो स्वर्गाधिपति इन्द्र भी लघुता को प्राप्त हो जाते हैं। अतः वे बोले-

ता कहुँ प्रभु कछु अगम नहिं, जा पर तुम्ह अनुकूल।
तव प्रभावँ बड़वानलहिं जारि सकइ खलु तूल।।

–मानस, ५/३३

हनुमानूजी के इसी निरभिमानत्व महागुण को देखकर स्वयं भगवान् श्रीराम बोल उठे, ''कपिवर, तुम्हारे किये हुए अनेक उपकारों में से एक-एक उपकार के बदले यदि मैं अपना प्राण अर्पण कर दूँ, तो भी अन्य उपकारों का ऋण तो मेरे जिम्मे ही रह जाता है। अतः तुम्हारे ऋण से मैं कभी उऋण नहीं हो सकता।'' यही तो उनके जीवन की कृतार्थता है कि साक्षात् श्रीराम उनके ऋणी हैं।

पूर्ण ज्ञानी (दार्शनिक पक्ष)

श्रीहनुमानूजी जैसे अतुलित बलधाम हैं, वैसे ही वे ज्ञान के भी साक्षात् स्वरूप हैं। किष्किंधाकाण्ड में श्रीराम के मिलन-प्रसंग के समय श्रीहनुमानूजी के गुणों का परिचय कराते हुए स्वयं श्रीरामजी लक्ष्मण से कहते हैं, ''श्रीहनुमानूजी 'त्रयी' (तीन वेदों-ऋग्वेद, यजुर्वेद और सामवेद) के ज्ञाता और सम्पूर्ण व्याकरण को जानने वाले हैं।''

आध्यात्मिक ज्ञान के तो वे मूर्तिमान स्वरूप ही थे। अन्य रामायणों से ज्ञात होता है कि ऋषियों की विशाल सभा में उन्होंने ब्रह्मज्ञान का उपदेश भी दिया था। उनका बह्मज्ञान श्रवण, मनन, निदिध्यासन एवं पूर्ण वैराग्य तथा निरंतर अभ्यास पर आश्रित था। एक बार का प्रसंग है कि जब श्रीयुगल सरकार अपने भवन में विराजमान थे, उसी समय मारुतिजी ने आकर उन्हें प्रणाम किया। श्रीराम ने विनोदार्थ उनसे प्रश्न किया 'कस्त्वम् ?-तुम कौन हो ?'' तुरंत ही हनुमानूजी ने हाथ जोड़कर उत्तर दिया-

देहदृष्ट्या तु दासोऽस्मि जीवदृष्ट्या त्वदंशकः।
वस्तुतस्तु त्वमेवाहमिति मे निश्चिता मतिः।।

''प्रभो, देहदृष्टि से तो मैं आपका दास हूँ। जीवनदृष्टि के विचार से आपका अंश हूँ और तत्वदृष्टि से देखने पर वस्तुतः जो आप हैं, वही मैं हूँ-ऐसी मेरी निश्चित धारणा है।''

इसी प्रकार इन्द्रजित् द्वारा ब्रह्मपाश में आबद्ध होकर रावण की सभा में पहुँचकर वे रावण को आत्मज्ञान का उपदेश इस प्रकार देते हैं-

"तुम वास्तव में कौन हो ? उसे मैं तुम्हें बताता हूँ, उसे ध्यान देकर सुनो, तुम सर्वथा निर्विकार हो; इसलिये शरीर, बुद्धि, इन्द्रियाँ और दुःखादि-ये सब न तुम्हारे गुण हैं और न तुम स्वयं हो। इन सबका कारण अज्ञान है। स्वप्न दृश्य के समान ये सब असत् हैं। यह बिल्कुल सत्य है कि तुम्हारे आत्मस्वरूप में कोई विकार नहीं है; क्योंकि अद्वितीय होने से उसमें किसी विकार का कारण ही नहीं है।"

जिस प्रकार आकाश सर्वत्र होने से भी (किसी पदार्थ के गुण दोष से) लिप्त नहं। होता, उसी प्रकार तुम देह में रहते हुए भी सूक्ष्म रूप होने से उसके सुख-दुःखादि से लिप्त नहीं होते। 'आत्मा, देह, इन्द्रिय, प्राण और शरीर से मिला हुआ है'-ऐसी बुद्धि ही समस्त बंधनों का कारण होती है। 'मैं चिन्मात्र अजन्मा, अविनाशी और आनन्दस्वरूप ही हूँ' इस बुद्धि से जीव मुक्त हो जाता है। पृथ्वी का विकार होने से देह भी अनात्मा है और प्राण वायुरूप ही है, अतः वह भी आत्मा नहीं है। अहंकार का कार्य मन अथवा प्रकृति के विकार से उत्पन्न हुई बुद्धि भी आत्मा नहीं है। आत्मा तो चिदानंदस्वरूप, अविकारी तथा देहादि संघात से पृथक् और उसका स्वामी है।

"आत्मा निर्मल और सर्वदा उपाधिरहित है; उसका इस प्रकार ज्ञान होते ही मनुष्य संसार से मुक्त हो जाता है। अतः हे महामते, मैं तुम्हें आत्यंतिक मोक्ष का साधन बतलाता हूँ। उसे सावधान होकर सुनो। भगवान् विष्णु की अनन्य भक्ति बुद्धि को अत्यंत शुद्ध करने वाली है; उसी से अत्यंत निर्मल आत्मज्ञान होता है। आत्मज्ञान से शुद्ध आत्मतत्व का अनुभव होता है और उससे दृढ़ बोध हो जाने से मनुष्य परम पद प्राप्त करता है।

"इसलिए तुम प्रकृति से परे, पुराणपुरुष सर्वव्यापक, आदिनारायण, लक्ष्मीपति हरि भगवान् राम का भजन करो। अपने हृदय में स्थित शत्रुभावरूपी मूर्खता को छोड़ दो और शरणागतवत्सल श्रीराम का भजन करो। सीताजी को आगे कर अपने पुत्र और बन्धु-बान्धवों सहित भगवान् श्रीराम की शरण में जाकर उन्हें नमस्कार करो। इससे तुम भय से छूट जाओगे। जो पुरुष अपने हृदय में स्थित अद्वितीय सुखस्वरूप परमात्मा राम का भक्तिपूर्वक ध्यान नहीं करता वह दुःख तरंगावलि से पूर्ण इस संसार-सागर का पार कैसे पा सकता है ? यदि तुम भगवान् श्रीराम का भजन न करोगे, तो अज्ञानरूपी अग्नि से जलते हुए अपने आपको शत्रु के समान सुरक्षित नहीं रख सकोगे और उसे अपने किये हुए पापों से उत्तरोत्तर नीचे की ओर ले जाओगे; फिर तुम्हारे मोक्ष की कोई संभावना न रहेगी।"

-अध्यात्म रामायण, सुंदरकाण्ड, सर्ग ४, श्लोक १७ से २५

अद्‍भुत चातुर्य

जिस बड़भागी भक्त के ऊपर भगवान् की कृपा होती है, उसे वे अपने सद्‍गुणों का दान देते हैं। भगवान् श्रीराम चतुरशिरोमणि हैं, तो उनके अनन्य भक्त श्रीपवनपुत्र भी चतुरशिरोमणि क्यों न हों ? ऐसी कथा प्रचलित है कि एक समय कपिवर श्रीहनुमान्‌जी की प्रशंसा के आनन्द में निमग्न श्रीरामजी ने श्रीसीताजी से कहा,''वैदेही, लंकाविजय में यदि मारुति का सहयोग न प्राप्त हुआ होता, तो आज भी मैं सीता वियोगी बना रहता।''

सीताजी ने प्रश्न किया, ''आर्यपुत्र, आप बार-बार कपिश्रेष्ठ हनुमान्‌जी की प्रशंसा करते रहते हैं,-कभी उनके बल, कभी उनके शौर्य, कभी उनके ज्ञान तथा कभी उनके चातुर्य की; अतः आज आप एक ऐसा प्रसंग सुनाइये जिसमें उनका चातुर्य लंका विजय में विशेष सहायभूत रहा हो।''

''ठीक याद दिलाया तुमने !'' श्रीराम बोले, ''वैसे तो युद्ध में रावण थक चुका था। अनेक सुभटों का श्रीहनुमान्‌जी द्वारा वध भी हो चुका था। अब युद्ध में विजय प्राप्त करने का उसने अंतिम उपाय सोचा। वह था, देवी को प्रसन्न करने के लिये सम्पुटित मंत्र द्वारा चण्डी-महायज्ञ। अब यज्ञ प्रारंभ हो गया। किंतु हमारे चतुर शिरोमणि मारुति के मन में चैन कहाँ ? यदि यज्ञ पूर्ण हो जाता और रावण को देवी का वरदान प्राप्त हो जाता, तो उसकी विजय निश्चित थी। बस, तुरंत कपिवर ने ब्राह्मण का रूप धारण करके रावण के यज्ञ में सम्मिलित ब्राह्मणों की सेवा प्रारंभ कर दी। ऐसी निःवार्थ सेवा से प्रसन्न होकर ब्राह्मणों ने कहा, ''विप्रवर, आपकी इस अद्‍भुत सेवा से हम सब अत्यधिक संतुष्ट हैं। आप हम लोगों से कोई वरदान माँग लें।''

''पहले तो हनुमान्‌जी ने कुछ भी माँगने से इनकार कर दिया, किन्तु सेवा से सन्तुष्ट ब्राह्मणदेवों का आग्रह देखकर उन्होंने एक वरदान माँग लिया।''

''वरदान में क्या माँगा पवनपुत्र ने ?'' सीताजी के प्रश्न में उत्सुकता थी-''शीघ्र बतलाइये, नाथ।''

श्रीराम बोले, ''उस वर-याचना में ही तो चातुर्य है कपिराज का। जिस मंत्र के सम्पुटीकरण से हवन किया जा रहा था, उसी मंत्र के एक अक्षर का परिवर्तन महावीर ने वरदान में माँग लिया और उनमें से एक वयोवृद्ध श्रेष्ठ ब्राह्मण ने 'तथास्तु' कह दिया। उसी के कारण अर्थान्तर हो गया, जिससे रावण का घोर विनाश हो गया।''

''एक ही अक्षर में इतना परिवर्तन ?'' सीताजी ने प्रश्न किया-''कौन सा मंत्र था वह ?''

श्रीराम ने उत्तर दिया, ''वह मंत्र इस प्रकार है-

जय त्वं देवि चामुण्डे जय भूतार्तिहारिणि।
जय सर्वगते देवि कालरात्रि नमोऽस्तु ते।।

–अर्गलास्तोत्र-२

"इस श्लोक में 'भूतार्तिहारिणि' में 'ह' के स्थान पर 'क' उच्चारण करने का हनुमान्जी ने वर माँगा। ब्राह्मणों ने वैसा ही किया। 'भूतार्तिहारिणि' का अर्थ है–'सम्पूर्ण प्राणियों की पीड़ा हरने वाली' और 'भूतार्तिकारिणी' का अर्थ है–'सम्पूर्ण प्राणियों को पीड़ित करने वाली। इस प्रकार एक अक्षर के विपर्यय से रावण का सर्वस्व नाश हो गया! पता लगा कि जब पूर्णाहुति पर देवी कालरात्रि में प्रकट नहीं हुईं, तो दशग्रीव ने पूछताछ की। ब्राह्मणों ने सत्य को स्पष्ट स्वीकार कर लिया। दशग्रीव ने केवल इतना कहा,"वह वानर बहुत बुद्धिमान है। मुझे उसी ने सर्वत्र विफल किया।

"ऐसे चतुरशिरोमणि हैं हमारे हनुमान्"–श्रीराम ने प्रसंग को पूर्ण किया। सीताजी इसे सुनकर अत्यंत प्रसन्न हुईं।

साधना और सिद्धि

साधन की परिणति अथवा पूर्ति कामनारहित हो जाने में और उपासना की सिद्धि उपास्य के निकट नित्य आसन (निवास) प्राप्त कर लेने में है। स्वार्थ रहित सेवा ही सफलता का मूलमंत्र है। इस कसौटी पर जो भी खरा उतरता है, उसकी अनुभूति, उसकी अभिव्यक्ति और उसकी कृति समाज का सच्चा मार्गदर्शन कर सकती है। इसलिए कामनारहित उपासनारत होकर और सेवा का व्रत लेकर कार्य करने वाले श्री हनुमान्जी के जय-जयकारों की प्रतिध्वनि आज भी हम लोगों को चारों ओर सुनने को मिलती है।

साधना के द्वारा जिसने अपने अंग-प्रत्यंगों को वज्रांग बना लिया है, उपासना के द्वारा जिसका हृदय निर्मल हो चुका है और सेवा के द्वारा जिन्होंने समस्त ज्ञान विज्ञान की प्राप्ति कर ली है, ऐसा सदाचार एवं सद्विचार समन्वित रामदूत ही अघटित को घटित करने में समर्थ हो सकता है। ऐसे साधना-समन्वित पवनपुत्र जल, थल अथवा आकाश मार्ग जब, जहाँ, जिस कार्य के उद्देश्य से गये, उसे पूरा करके ही लौटे। आकाश में व्यवधान डालने वाली सुरसा, जल के भीतर से विघ्न पहुँचाने वाली सिंहिका और थल पर कार्य-विघटन करने वाली लंकिनी–इन तीनों के ही मनोरथ उनके सामने विफल हुए। अहंकारियों का मान-मर्दन के कारण तो वे 'हनुमान' कहे जाते हैं।

स्वार्थरहित सेवा के पथ पर बढ़ते ही भयानक और विपरीत शक्तियाँ मनोनुकूल कार्य करने लगती हैं। तभी तो हनुमान्जी के लिये शत्रु ने मित्र का, समुद्र ने गोपद का, अग्नि ने अपनी दाहकता छोड़कर शीतलता का रूप धारण कर उनके कार्य की पूर्ति में

सहयोग दिया। विषधर सर्पों की माता सुरसा अमृतोपम आशीर्वाद देकर गयी। शत्रु का सगा भाई विभीषण राक्षस 'रामदास' बन गया। अगाध और अपार समुद्र गोपद-जल की भाँति लाँघा जा सका। धधकती हुई अग्नि को अपनी पूँछ में बाँधकर हनुमान्‌जी लंका को जला सके।

अनिच्छित होते हुए भी सच्चे साधक की सेवा के लिये सिद्धियाँ अपने आप तैयार रहती हैं। अणिमा, महिमा, गरिमा, लघिमा, प्राप्ति, प्राकाम्य, ईशित्व और वशित्व-इन अष्ट सिद्धियों ने रामकार्य-संपादन में हनुमान्‌जी को सहायता देने के लिये होड़ सी लगा रखी थी। लघु रूप धारण करने में अणिमा, विशाल रूप धारण करने में महिमा, गुरु (अधिक भार वाला) बनने में गरिमा, विशाल होते हुए भी हलकापन लाने में लघिमा, अलभ्य वस्तु उपलब्ध करने-कराने में प्राप्ति, रामकार्य के लक्ष्य को पूरा करने में प्राकाम्य, निर्भयता लाने में ईशित्व तथा विपक्षी को भी वश में कर लेने में वशित्व नाम की सिद्धियों ने पवनपुत्र की स्वतः सहायता की।

वायु, आकाश, पृथ्वी, अग्नि तथा जल-इन सभी पंचतत्वों ने हनुमान्‌जी को समयोचित योगदान दिया। पवनदेव ने उनचास पवन चलाकर, आकाश ने हनुमान्‌जी की गर्जना के स्वर को और अधिक गंभीर और भयानक बनाकर, पृथ्वी ने देह की गरुता को हलका करके, अग्नि ने हनुमान्‌जी की रक्षा करते हुए लंका को जलाकर तथा जल ने आग बुझाने और श्रम दूर करने में उनका पूर्ण सहयोग किया।

जिस साधक में सेवा की इतनी तल्लीनता और तत्परता हो कि वह श्रम करने में ही विश्राम, स्वत्व-परित्याग में ही सर्वस्व की प्राप्ति और रामकार्य सम्पादित करने में ही अपने जन्म की सार्थकता और सफलता समझता हो, उसके लिये फिर किसी भी प्रकार की शक्ति, सम्पत्ति, भक्ति अथवा मुक्ति असंभव नहीं रह जाती। यही कारण है कि भगवान् श्रीराम ने हनुमान्‌जी को सब कुछ देकर भी उनका सदैव के लिए ऋणी होना स्वीकार किया और सीताजी ने उन्हें 'अष्टसिद्धि' और 'नवनिधि का दाता' बना दिया।

मन, कर्म और वाणी की एकता

हनुमान्‌जी महामनस्वी थे। उनका मन जितना पवित्र और सबल था, उतने ही उनके कर्म भी पवित्र और सबल थे। उनकी वाणी भी नितान्त निष्कपट, यथार्थ और ओजस्विनी थी। इस प्रकार शुद्ध मन, शुद्ध कर्म और शुद्ध वाग्बलवाले श्रीहनुमान्‌जी सदैव सत्य के ही पक्षधर बने रहे और उसी सत्य में एकाकार होकर, उसके लिये संकट झेलने को तत्पर रहे। इसके प्रमाण के लिये वाल्मीकीय रामायण का महान् आधार हमारे सम्मुख आज भी विद्यमान है।

उन्हें बाली के बल, प्रताप, ऐश्वर्य और राज्य से कोई प्रयोजन नहीं था। वे उन सुग्रीव के साथ थे, जिनके पक्ष में सत्य को छोड़कर और कुछ था ही नहीं। श्रीहनुमानूजी में ऐसी क्षमता थी कि वे धर्म और सत्य के पक्ष का तथा अधर्म और असत्य के पक्ष का अन्तर तुरंत समझ लेते थे और तत्क्षण ऐसा निर्णय लेते थे, जो स्थायी होता था। संसार का कोई प्रलोभन उन्हें उससे डिगा नहीं सकता था। अपनी महती प्रज्ञा के द्वारा उन्होंने श्रीराम के उस सत्यमार्ग की महत्ता भली-भाँति पहचान ली थी, जिसके लिये यह घोषित हो चुका है-"यतो धर्मस्ततो जयः।"

श्रीराम का पक्षधर होना सहज काम नहीं था। श्रीराम के पक्ष में किसी भी प्रकार भौतिक सुखों की प्राप्ति संभव नहीं थी। उनके पक्षधर के लिये यह अनिवार्य था कि वह सत्य की ओर से असत्य से संघर्ष करे। बाली और रावण जैसे असत्योन्मुख और सत्तासम्पन्न विपक्षियों का विरोध झेलना कोई सरल कार्य नहीं था। एक सत्याग्रही स्वयंसेवक की भाँति, उन्होंने स्वयं ही इस विरोध का वरण किया था।

भगवान् श्रीराम को सम्पूर्ण हनुमत्-चरित सुनाते हुए महर्षि अगस्त्य ने भी हनुमानूजी के गुणों के सम्बन्ध में अपना निर्णय इस प्रकार दिया है-

पराक्रमोत्साहमतिप्रताप-
सौशील्यमाधुर्यनयानयैश्च।
गाम्भीर्यचातुर्यसुवीर्यधैर्यै-
र्हनूमतः कोऽप्यधिकोऽस्ति लोके।।

-वा० रा०, उत्तरकाण्ड, अध्याय ३६, श्लोक ४४

अर्थात्, "पराक्रम, उत्साह, बुद्धि, प्रताप, सुशीलता, कोमलता, न्यायान्याय का ज्ञान, गंभीरता, चतुरता, बल और धैर्य में श्रीहनुमान् से अधिक इस त्रैलोक्य में कौन है ?"

हनुमानूजी की इन्हीं विशेषताओं के कारण वर्तमान युग के साधक, भक्त, दार्शनिक, राजनीतिज्ञ, मनीषी आदि इनके व्यक्तित्व से अत्यधिक प्रभावित हैं। श्रीरामकृष्ण परमहंस, स्वामी विवेकानन्द, महात्मा गाँधी, आचार्य विनोबा भावे, मदनमोहन मालवीय आदि ने हनुमच्चरित की मुक्त कंठ से भूरि-भूरि प्रशंसा की है एवं भारतीयों को उनके आदर्श चरित्र से शक्ति ग्रहण कर राष्ट्र को शक्तिशाली बनाने की प्रेरणा की है।